中国社会科学院学部委员专题文集
ZHONGGUOSHEHUIKEXUEYUAN XUEBUWEIYUAN ZHUANTI WENJI

中国边疆史地考论

吕一燃 ◎ 著

中国社会科学出版社

图书在版编目(CIP)数据

中国边疆史地考论／吕一燃著．—北京：中国社会科学出版社，2013.8
（中国社会科学院学部委员专题文集）
ISBN 978-7-5161-2665-3

Ⅰ.①中… Ⅱ.①吕… Ⅲ.①边疆地区—地方史—中国—文集
Ⅳ.①K928.1-53

中国版本图书馆 CIP 数据核字 (2013) 第 104217 号

出 版 人	赵剑英
责任编辑	易小放
责任校对	王兰馨
责任印制	戴　宽

出　版	中国社会科学出版社
社　址	北京鼓楼西大街甲 158 号（邮编 100720）
网　址	http://www.csspw.cn
	中文域名：中国社科网　010-64070619
发 行 部	010-84083685
门 市 部	010-84029450
经　销	新华书店及其他书店

印刷装订	环球印刷（北京）有限公司
版　　次	2013 年 8 月第 1 版
印　　次	2013 年 8 月第 1 次印刷

开　本	710×1000　1/16
印　张	22.75
插　页	2
字　数	351 千字
定　价	72.00 元

凡购买中国社会科学出版社图书，如有质量问题请与本社联系调换
电话：010-64009791
版权所有　侵权必究

《中国社会科学院学部委员专题文集》
编辑委员会

主任 王伟光

委员 （按姓氏笔画排序）

王伟光　刘庆柱　江蓝生　李　扬

李培林　张蕴岭　陈佳贵　卓新平

郝时远　赵剑英　晋保平　程恩富

蔡　昉

统筹 郝时远

助理 曹宏举　薛增朝

编务 田　文　黄　英

前　言

　　哲学社会科学是人们认识世界、改造世界的重要工具，是推动历史发展和社会进步的重要力量。哲学社会科学的研究能力和成果是综合国力的重要组成部分。在全面建设小康社会、开创中国特色社会主义事业新局面、实现中华民族伟大复兴的历史进程中，哲学社会科学具有不可替代的作用。繁荣发展哲学社会科学事关党和国家事业发展的全局，对建设和形成有中国特色、中国风格、中国气派的哲学社会科学事业，具有重大的现实意义和深远的历史意义。

　　中国社会科学院在贯彻落实党中央《关于进一步繁荣发展哲学社会科学的意见》的进程中，根据党中央关于把中国社会科学院建设成为马克思主义的坚强阵地、中国哲学社会科学最高殿堂、党中央和国务院重要的思想库和智囊团的职能定位，努力推进学术研究制度、科研管理体制的改革和创新，2006年建立的中国社会科学院学部即是践行"三个定位"、改革创新的产物。

　　中国社会科学院学部是一项学术制度，是在中国社会科学院党组领导下依据《中国社会科学院学部章程》运行的高端学术组织，常设领导机构为学部主席团，设立文哲、历史、经济、国际研究、社会政法、马克思主义研究学部。学部委员是中国社会科学院的最高学术称号，为终生荣誉。2010年中国社会科学院学部主席团主持进行了学部委员增选、荣誉学部委员增补，现有学部委员57名（含已故）、荣誉学部委员133名（含已故），均为中国社会科学院学养深厚、贡献突出、成就卓著的学者。编辑出版《中国社会科学院学部委员专题文集》，即是从一个侧面展示这些学者治学之道的重要举措。

　　《中国社会科学院学部委员专题文集》（下称《专题文集》），是中国社会科学院学部主席团主持编辑的学术论著汇集,作者均为中国社会科学院学部委员、荣誉学部委员,内容集中反映学部委员、荣誉学部委员在相关学科、专业方向中的专题性研究成果。《专题文集》体现了著作者在科学研究实践中长期关注的某一专业方向或研究主题,历时动态地展现了著作者在这一专题中不断深化的研究路径和学术心得,从中不难体味治学道路之铢积寸累、循序渐进、与时俱进、未有穷期的孜孜以求,感知学问有道之修养理论、注重实证、坚持真理、服务社会的学者责任。

2011年,中国社会科学院启动了哲学社会科学创新工程,中国社会科学院学部作为实施创新工程的重要学术平台,需要在聚集高端人才、发挥精英才智、推出优质成果、引领学术风尚等方面起到强化创新意识、激发创新动力、推进创新实践的作用。因此,中国社会科学院学部主席团编辑出版这套《专题文集》,不仅在于展示"过去",更重要的是面对现实和展望未来。

这套《专题文集》列为中国社会科学院创新工程学术出版资助项目,体现了中国社会科学院对学部工作的高度重视和对这套《专题文集》给予的学术评价。在这套《专题文集》付梓之际,我们感谢各位学部委员、荣誉学部委员对《专题文集》征集给予的支持,感谢学部工作局及相关同志为此所做的组织协调工作,特别要感谢中国社会科学出版社为这套《专题文集》的面世做出的努力。

《中国社会科学院学部委员专题文集》编辑委员会

2012年8月

目　　录

自　序 ………………………………………………………… (1)

领土与边界研究

驳柳条边"国界"说 …………………………………………… (3)
图理琛《异域录舆图》托讷山碑非中俄界碑考
　　——与刘远图先生商榷 ………………………………… (12)
关于早期中俄东段边界的几个问题 ………………………… (22)
俄国东侵与伊犁索伦营卡伦的变迁 ………………………… (40)
薛福成与中英滇缅界务交涉 ………………………………… (52)
历史资料证明：钓鱼岛列岛的主权属于中国 ……………… (77)
钓鱼列屿主权属中国，铁证如山
　　——读鞠德源著《日本国窃土源流　钓鱼列屿主权辨》 …… (83)

俄国与中国边疆

清俄合作开采外蒙古金矿初探(1899—1911年) …………… (89)
沙俄与漠河金矿 ……………………………………………… (104)
清末民初的禁烟运动与俄国在中国边境的鸦片
　　贸易(1906—1917年) …………………………………… (121)
俄国强占拉哈苏苏与中俄交涉 ……………………………… (137)
民国初年沙俄对阿尔泰地区的侵略 ………………………… (152)

清代中俄关系史研究述评 ………………………………………（166）

边疆民族研究

阿勒坦诺尔乌梁海究竟属于何族 ………………………………（199）
阿勒坦诺尔乌梁海图巴族人说质疑 ………………………………（204）
清政府对阿勒坦诺尔乌梁海的管辖 ………………………………（208）
阿勒坦诺尔乌梁海历任总管考略 …………………………………（220）
中华民族凝聚力与近代中国边疆 …………………………………（223）

边疆历史人物研究

日本殖民统治时期的台湾爱国文人连横 …………………………（239）
清代边疆名臣明谊 …………………………………………………（249）
噶尔丹"服毒自杀"说辨伪
　　——为神化康熙皇帝而制造的一个谎言 …………………（262）
哲布尊丹巴政权的首任"总理大臣"是谁? ……………………（267）

东北城市城站研究

关于长春城市起源的几个问题 ……………………………………（279）
沈阳市何时开始建城考 ……………………………………………（288）

边疆科技研究

关于西域回回炮及其东传的研究 …………………………………（299）

中国边疆研究史

中国边疆史地研究概述(1949—1990年) ………………………… (313)
爱国者谢彬及其中国边疆史地研究 ……………………………… (337)

自　序

中国边疆史地学是一门既古老又年轻的学科，说它古老，是因为我国自古以来就有重视边疆史地学的传统，《禹贡》、《山海经》、《穆天子传》、《史记》、《汉书》都可视为开中国边疆史地学风气之先的名著。其后历代史书和地志之类的著作，有关边疆史地的记述，更是汗牛充栋。说它年轻，是因为对这门学科对研究对象、任务、功能、方法和意义的认识还处在摸索阶段，还未形成一套完整的科学理论体系。

中国边疆史地学中的中国边疆沿革史，特别是中国近代边界史，由于各种原因，从20世纪50年代起，在一段时间里，学术界几乎把它视为禁区，问津者少，报纸杂志和出版社也多采取多一事不如少一事的态度，把这类论著拒之门外，造成了这一学科领域的许多问题缺乏研究。从70年代起，由于国内外形势的实际需要，中国边疆沿革史研究的重要性和迫切性逐渐为人们所认识，在有关部门的关怀下，改变了过去一些不适应这门学科发展的做法，成立一些研究机构，为研究者创造了一些有利条件，从而使中国边疆史地研究进入了一个新的发展阶段，并呈现出初步的繁荣。

笔者从1960年开始从事中国边疆史地方面的研究，在参加搜集、整理、编辑有关资料和撰写专著的过程中，先后发表了80多篇文章，本论文集收录了其中的一部分。

本书收入27篇文章，按其内容分为领土与边界研究、俄国与中国边疆、边疆民族研究、边疆历史人物研究、东北城市城站研究、边疆科技研究、中国边疆研究史7个部分。在这些文章中，如《图理琛〈异域录舆图〉托讷山碑非中俄界碑考》、《清俄合作开采外蒙古金矿初探（1899—1911年）》、《清末民初的禁烟运动与俄国在中国边境的鸦片贸易（1906—1917年）》、《俄国强占拉哈苏苏与中俄交涉》、《阿勒坦诺尔乌梁海究竟属于何族》、《阿勒坦诺尔乌梁海历任总管考略》等，都是前人未曾研究过的，具有填补研究空白点的作用。有些文章则是为了驳斥外国政府和学者的不实之词而撰写的，如《驳柳条边"国界"说》、《历史资料证明：钓鱼岛列岛的主权属于中国》、《俄国东侵与伊犁索伦营卡伦的变迁》等。有些文章是对学术界有争论的问题的考辨，如《关于早期中俄东段边界的几个问题》、《关于西域回回炮及其东传的研究》、《噶尔丹"服毒自杀"说辨伪——为神化康熙皇帝而制造的一个谎言》、《哲布尊丹巴政权的首任"总理大臣"是谁？》等。关于《日本殖民统治时期的台湾爱国文人连横》一文，是我怀着对这位身处日本残暴殖民统治下，坚贞不屈，热爱祖国，热爱中华民族的爱国知识分子的敬仰之情而撰写的。他是台湾知识分子的楷模，永远值得人们学习和尊敬。书中收入的几篇关于中国边疆研究史方面的文章，阐述了清代以来我国研究边疆史地的概况。

我一贯认为，研究问题不应在原地踏步，不应以重复别人说过的话和作过的结论为满足，应在前人研究的基础上有所前进，有所发现，有所提高，或提出新看法，或解决新问题，或开拓新领域，或提供新资料。一言以蔽之，总要有点儿新意，否则就没有什么意义。我经常以此来要求自己，写这些文章时，也努力这样去做。但究竟做得如何，这要由读者来评说。

2012 年 6 月 5 日
于中国社会科学院东厂北巷 2 号宿舍

领土与边界研究

驳柳条边"国界"说

柳条边从清初修建以来，已经历了数百年的沧桑。柳条边"国界"说的出现，则只是近十几年的事情。苏联官方是这一说法的首倡者，它为了替沙俄侵占中国黑龙江、乌苏里江流域的大片领土辩护，在1969年6月13日的《苏联政府声明》中宣称，"17世纪70年代末和80年代初"，满洲人在"奉天附近"修建的柳条边是清"帝国北部疆界的标志"。此后，一些苏联历史学者也跟着在柳条边问题上大做文章。1974年梅利霍夫出版了一本名为《满洲人在东北（17世纪）》的专著，发挥了苏联政府的论点。1981年8月，他又在苏联《历史问题》杂志上发表了《柳条边——清帝国的边界》一文，把他们的论点系统化。柳条边到底是什么性质，这就是本文要回答的问题。

什么是柳条边呢？简而言之，柳条边是清政府为了表明禁区界限而设置的一种标志。它是掘土为壕，垒土为墙，插柳结绳，以定禁区内外，所以叫做柳条边。[①] 柳条边也称"柳边"、"条子边"或"柳条边墙"。康熙时人杨宾描写辽东的柳条边说："高者三四尺，低者一二尺，若中土之竹篱。"[②] 在东北地区，清政府修建的柳条边有两条，一在辽河流域，一在威远堡以北。辽河流域的柳条边从山海关起，东北至开原的威远堡，然后从威远堡折向东南至凤凰城海边。因为它把盛京地区围绕起来，所以也叫做"盛京边墙"。这道柳条边可分为东西两段，从山海关至威远堡为西段，建成于顺治十一年（1654年）[③]；从威远堡至凤凰城为东段，建成于康熙十

[①] 乾隆《大清一统志》卷39；杨宾：《柳边纪略》卷1。
[②] 《柳边纪略》卷1。
[③] 《盛京通志》卷19，乾隆元年。

柳条边示意图

一年（1672年）。① 威远堡以北的柳条边起自威远堡附近，东北至吉林市北边的法特哈，建成于康熙二十年（1681年）。② 由于这道柳条边修建时间较晚，所以简称"新边"，辽河流域的柳条边简称为"老边"。柳条边沿线设有若干边门，驻扎官兵，"稽查出入"③。

---

① 《盛京通志》卷19，乾隆元年。
② 《清朝文献通考》卷182；光绪《大清会典事例》卷544。
③ 乾隆《大清一统志》卷39。

清政府修建柳条边把盛京地区环绕起来，这是有政治和经济原因的。

从政治上说，盛京地区是清朝"龙兴之地"，这里有清朝开国初期的三京，即兴京、东京和盛京；还有清帝祖先以及努尔哈赤、皇太极的陵墓。满洲贵族一向把这个地区看成"国家根本重地"，是一个不许人们随便出入的禁区，修建柳条边就是为了表明这个禁区的界限。从经济上说，盛京是当时中国统治民族满族聚居的地区，清政府为了保护满洲八旗的经济利益，不许他族进入这个地区放牧和狩猎，以免影响八旗人的生计。1654年建成的柳条边西段，就是为了防止漠南蒙古牧民进入盛京地区放牧而设置的。正如《奉天通志》所指出："清起东北，蒙古内附，修边示限，使牧畜游猎之民，知所止境。"[①]

柳条边作为禁区的界线，它不仅限制柳条边外的人们擅自进入盛京地区，同时也限制柳条边内的人们擅自到柳条边外去。因为柳条边外有满洲贵族的围场和采捕参、珠之地。早在清朝初年清政府就已明文规定，乌拉（吉林）一带地方，只准许亲王、郡王、贝勒、贝子、国公派遣打牲壮丁采捕人参、貂皮和珍珠等物，其他官民人等一概不得私自采捕。[②] 修建柳条边以后，清政府仍然在柳条边外"设官督丁，每岁以时采捕"；"或遣大人监督，甚重其事。至王公宗室，亦各按旗分地，令其采捕"[③]。为了保护满洲贵族的专利，清政府定有一套出入边门的制度，"山海关及各边门，官民往来出入，均由部予印牒，守者验实，乃准经行"[④]。并三令五申，严禁官民人等到柳条边外私采人参等物，如有违犯，必置重典。例如，"顺治十五年（1658年）议准，有偷采人参者，将带至之头目斩决，余众治罪"[⑤]。"康熙二年（1663年）题准，违禁采参者，为首之人处死，余仍照旧例治罪"[⑥]。1671年，清朝官员奏准修建柳条边东段，派遣官兵驻守各边门，就是为了便于"巡行私挖人参等弊"[⑦]。1681年，威远堡至法特哈

---

① 王树楠等：《奉天通志》卷78，东北文史丛书编辑委员会1983年影印本。
② 光绪《大清会典事例》卷232，卷889。
③ 杨宾：《柳边纪略》卷3。
④ 乾隆《大清会典》卷7—8。
⑤ 光绪《大清会典事例》卷233。
⑥ 王树楠等：《奉天通志》卷78，东北文史丛书编辑委员会1983年影印本。
⑦ 光绪《大清会典事例》卷232。

的柳条边竣工后，1682年清政府又下令重申："凤凰城至山海关，开原至萨林窝里，沿边设有柳条边墙，不得私入禁山。"① 所有这一切都清楚地说明，柳条边是清朝国境内区分禁区内外的封禁线。

东北的柳条边，由于它是沿着盛京、宁古塔、蒙古几个行政区之间的界线修建的，所以它既是禁区的界线，同时又是行政区划的分界线。柳条边的西段从山海关到威远堡，是盛京与蒙古的分界线；从威远堡到法特哈，是宁古塔与蒙古的分界线。1682年，跟随康熙巡行东北的翰林院侍读学士高士奇记载说，"柳条边，插柳结绳，以界蒙古"②，说的就是上面这两段柳条边。从威远堡到凤凰城的柳条边，是宁古塔和盛京的分界线，柳条边外"为宁古塔将军所辖"③。辽河流域的柳条边，作为行政区的分界线，直至乾隆初年，基本上没有什么变动。《清高宗实录》记载说："山海关外，迤东一带，共设七边门，边门外，系蒙古各部落。七边之东南，直接凤凰城，为六边，乃奉天（盛京）宁古塔分界。"④

上述历史事实表明，柳条边与国界毫不相干，梅利霍夫等人硬指柳条边为"国界"，完全是伪造历史。

梅利霍夫为了证明柳条边是"清帝国的边界"，还说什么修建柳条边时，漠南蒙古不属于清朝。然而，历史事实同他的说法正相反。

早在努尔哈赤兴起时，原附属于察哈尔林丹汗的蒙古科尔沁等部，就先后归附了后金。努尔哈赤及其继承者皇太极利用蒙古内部的矛盾，多次出兵讨伐林丹汗。1632年林丹汗兵败西奔，后来病死在大草滩。1635年，皇太极派遣多尔衮带兵西征，收服察哈尔部众，并获得传国玉玺。林丹汗之子额哲投降，察哈尔汗国灭亡。漠南蒙古除鄂尔多斯和西土默特部外，全部并入后金版图。这年9月，漠南蒙古各部贝勒会集盛京，承认皇太极为君主，奉上博格达·彻辰汗的尊号。事实上，皇太极之所以在1636年称帝，其重要原因就是这时他已统一了漠南蒙古各部，势力强大了。关于这一点，诸贝勒在表文中说得很清楚："我皇上应天顺人，……统一蒙古，

---

① 光绪《大清会典事例》卷233。
② 高士奇：《扈从东巡日录》卷下。
③ 同上。
④ 《清高宗实录》卷243。

更得玉玺，符瑞昭应，鸿名伟业，丕扬天下，是以内外诸贝勒、大臣同心推戴，敬上尊号曰宽温仁圣皇帝，建国号曰大清。"①

清朝统一漠南蒙古各部以后，就废除了蒙古原来的汗和济农等称号，授予各部封建主以亲王、郡王、贝勒、贝子、镇国公、辅国公的爵位②，并按不同等级，给予俸禄。在清政府中设有"蒙古衙门"（1638年改为理藩院），"专治蒙古诸部事"③。为了便于统治，防止权力集中在少数王公手中，清政府对该地区采取分而治之的政策，把漠南蒙古24部分为49旗。旗设扎萨克（旗长），由清朝中央政府任命，管理本旗事务。1636年，皇太极还派宏文院大学士希福、蒙古衙门承政尼堪塔布囊达雅齐和都察院承政阿什达尔汉前往察哈尔、科尔沁、喀尔喀等部，"稽户口，编牛录；谳庶狱，禁奸宄"④。希福等人到达蒙古后，即"以五十家编为一牛录"，并"具载牛录姓名及士甲清册以献"⑤。牛录是行政、军事相结合的基层政权单位，"谳庶狱，禁奸宄"则是处理司法方面的事务。1637年，皇太极又派都察院和蒙古衙门的官员到蒙古各部，"颁布赦诏，清理刑狱"⑥。可见，早在皇太极时，清朝就已经对漠南蒙古实行行政、司法的管理了。在清代，蒙古王公地位之所以高于汉族官员，就是因为他们在清兵入关之前已是清朝的重臣，为清朝的立国建立了巨大的功勋。在清政府修建柳条边之前，漠南蒙古已是清朝领土的组成部分，这个客观事实是谁也改变不了的。

梅利霍夫还说，在1661年奉天府尹张尚贤谈论"盛京形势"的奏折中，没有反映"开原以北"的"地理形势"，"这些地区""对满洲人均是空白点"。梅利霍夫企图以此来否定黑龙江、乌苏里江流域是清朝领土，但这又怎能办得到呢？张尚贤所谈的是"盛京形势"，不是宁古塔形势，这在奏折中说得明明白白。开原以北是宁古塔昂邦章京辖区，不属张尚贤

---

① 《清太宗实录》卷28。
② 《皇清开国方略》卷21。
③ 《皇清开国方略》卷25。
④ 《皇清开国方略》卷22。
⑤ 同上。
⑥ 《皇清开国方略》卷24。

所谈的范围，奏折中自然无须涉及。怎么能用这来证明开原以北"对满洲人均是空白点呢"？

众所周知，很早以来，中国就是一个多民族的国家。清朝开国皇帝努尔哈赤所属的女真族，就是明王朝管辖下的东北边疆少数民族之一。明政府在黑龙江、乌苏里江流域设置了数百个卫、所（军事行政机构），并在黑龙江下游设置了奴尔干都司，管辖东至库页岛，西至鄂嫩河，北至外兴安岭，南至日本海的广大地区。对于这个历史事实，世界上许多历史学家，包括沙皇俄国和苏联的历史学家都曾毫不含糊地承认过。例如，В. П. 瓦西里耶夫在《关于黑龙江口附近悬崖上的碑文的记载》一文中说，明王朝在黑龙江下游"建立了地方管辖机构，把奴尔干改为省一级的都司"①。苏联考古学家奥克拉德尼科夫也明确写道，明王朝"于1409年在吉烈迷人的地域设立了奴尔干都司"②。清朝统一黑龙江、乌苏里江流域，就是对明朝东北领土的继承。努尔哈赤是明朝的官员，他在16世纪末年，趁明朝国势日趋衰弱之机，崛起东北。从17世纪初年起，他和他的继承者采用"顺者以德服，逆者以兵临"的策略，先后招服了乌苏里江东南瑚叶河流域的瑚叶路、绥芬河流域的绥芬路、牡丹江一带的宁古塔路、海参崴以东西林河流域的西林路和雅兰河流域的雅兰路、乌苏里江下游的阿万部、乌苏里江以东尼满河流域的尼满部、阿库里河流域的阿库里部、锡霍特山以东额勒河流域的厄勒部和约色河流域的约瑟部等。与此同时，清朝还招服了黑龙江流域的萨哈连部、萨哈尔察部、虎尔哈部、索伦部、乌扎拉部、使犬部、使鹿部，以及居于鄂嫩河流域尼布楚一带的茂明安等部。③到17世纪40年代初，原属明朝的黑龙江、乌苏里江地区，基本上都为清政府接管。所以，清帝皇太极宣布，自东北海滨（鄂霍次克海）迄西北海滨（贝加尔湖），其间各部落，都是清朝的臣民。④

黑龙江、乌苏里江流域的居民，除部分被编入满洲八旗外，其余则由

---

① 《帝俄科学院通报》1896年第4期。
② [苏]奥克拉德尼科夫：《滨海遥远的过去》，莫润先等译，商务印书馆1982年版，第380—381页。
③ 据《清太祖实录》和《清太宗实录》。
④ 《清太宗实录》卷61，第3页。

清政府委派能约束部众之人为牛录章京、姓长、乡长等官,进行管辖,征收贡赋。① 仅1641年1月17日,清政府就任命十多人为索伦部牛录章京,赐他们"蟒缎朝衣",遣回原地,管理部民。② 姓长、乡长,也称某姓头目,某屯头目,由清政府发给"印信文书","每岁进贡"。如姓长乡长因年迈、有病,不称职守,或病故出缺,即由清政府另派合适之人充任。③ 进贡貂皮如有缺额,则须"取保结人姓名记档子,其欠缺进贡貂皮等,于次年补进"④。

在努尔哈赤、皇太极经营黑龙江、乌苏里江流域的过程中,宁古塔逐渐成为这一地区的经济、政治中心。清政府出兵黑龙江、乌苏里江地区招服各部,也多以宁古塔为基地。从1625年起,努尔哈赤就在宁古塔设官驻守。1636年,皇太极又以梅勒章京(副都统)吴巴海镇守宁古塔。⑤ 嗣后又设置镇守宁古塔章京。⑥ 1653年,清政府任命沙尔虎达为宁古塔昂邦章京,管理黑龙江、乌苏里江地区事务。从此,宁古塔成为省一级的地方行政区。⑦ 所谓1684年以前开原以北"对满洲人均是空白点"的论调,纯属无稽之谈。

梅利霍夫争辩说,清政府没有在黑龙江、乌苏里江流域和蒙古地区设置州县,所以这些地域不是中国领土。这更是荒谬绝伦。中国境内民族众多,在古代,各族居住地区社会经济发展极不平衡,而且各族有各族的风俗习惯。由于这种民族的和社会经济结构的差异,所以,历代封建统治者都没有在全国范围内实行单一的州县制度,而是因地制宜,"因俗而治"。直到今天,在我国内蒙古自治区的许多地方,仍然沿用旗、盟行政区划名称,没有设置州县。梅莉霍夫所谓必须实行州县制度才算中国领土,这是十分荒谬的。

---

① 《清朝文献通考》卷271。
② 《清太宗实录》卷56,第6页。
③ 中国第一历史档案馆编:《清代中俄关系档案史料选编》第1编上册,中华书局1981年版,第6页。
④ 同上书,第9页。
⑤ 《八旗通志》初集,卷150,《吴巴海传》。
⑥ 《八旗通志》初集,卷157,《多济礼传》。
⑦ 《清朝文献通考》卷271。

尽管梅利霍夫等人在柳条边问题上做了那么多文章，但是他们根本拿不出也不可能拿出什么确凿的证据来证明柳条边是"清帝国的边界"，而是把一切押在柳条边的一个"边"字上面。梅利霍夫振振有词地说：这个"独特的建筑物"的名称叫做柳条边，"边"就是"边界"，柳条边就是"柳条边界"，也就是"中华帝国的东北国界"。并且声称"客观的历史真实在这里是如此有力量"。梅利霍夫费尽心机地从柳条边的"边"字上推论出一条清帝国的国界来，确实是一大"发明"。但可惜，这种推论并不是建立在"有力量"的"客观历史事实"的基础上的，因此，它帮不了梅利霍夫什么忙。诚然，"边"字在某些场合确有"边界"的意思，但要知道，"边界"并不都指"国界"。省有省的边界，县有县的边界，游牧部落有游牧部落的边界，禁区有禁区的边界。正如我们上面所论证过的，柳条边就是禁区的边界。其实，作为禁区标志的柳条边，在清朝国境内，并非只有东北才有。1703年，康熙帝在热河建了一座避暑山庄（在今河北省承德市），并在避暑山庄之北建立了一个巨大的皇家围场（在今河北省围场县）。这个围场也称为"木兰"。"木兰"是满语，意为"哨鹿"。"围场为哨鹿之所，故以得名"①。清帝每年到这里举行秋狝仪式，是清朝的一个禁区。围场"周千三百余里，东西三百余里，南北二百余里"。"四面皆立界限，曰柳条边"②，也称"柳条边界"③。由八旗官兵驻守，每旗有一座营房，五座卡伦（哨所），"各有分地，以司稽查"④。乾隆帝有一首吟咏柳条边的诗说道："盛京柳条边，木兰建一致"，"所以限内外，事殊实同意"⑤。清楚地说明了盛京的柳条边和木兰围场的柳条边同样是区分禁区内外的标志。

梅利霍夫是"中国学家"，但许多中国文献他并没有真正读懂，例如他为了证明自己主观的说法，竟在自己的著作中，把中国现代历史学家刘选民在《清开国初征服诸部疆域考》中所说"清人入关前所并服东北诸

---

① 《热河志》卷45，《围场一》。
② 《承德府志》卷首，《围场》。
③ 《热河志》卷45，《围场一》。
④ 《承德府志》卷首，《围场》。
⑤ 《热河志》卷45，《柳条边》。

部落之位置既明，则其开国初之疆域亦了如指掌矣"①译为："从清人入山海关前所并服的东北诸部落的位置，可以清楚地看到，其开国初的边界就像伸开五指的手掌那样宽广"②。如此等等，不胜枚举。梅利霍夫的柳条边"清帝国边界"说，就是建立在这种歪曲事实和偏见的基础上的。

（原载《中国边疆史地研究报告》1987年第1辑）

---

① 刘选民：《清开国初征服诸部疆域考》，《燕京学报》1938年第23期。
② 梅利霍夫：《满洲人在东北（十七世纪）》，莫斯科，1974年，第112页。

图理琛《异域录舆图》托讷山碑非中俄界碑考

——与刘远图先生商榷

图理琛（1667—1740年）是清代早期著名的外交家和旅行家。1712年，他奉康熙皇帝之命，前往伏尔加河河畔访问额鲁特蒙古土尔扈特部阿玉奇汗。他从北京出发，途经喀尔喀地区，穿过西伯利亚，横渡伏尔加河，1714年到达阿玉奇驻地，1715年返回北京，历时3年，行程数万里。他于雍正元年（1723年）刊印的《异域录》，就是此次行程见闻的记录，是一部在国内外都极享盛誉的著作。在此书中，有一幅《异域录舆图》，图上绘有两座碑：一座绘在中俄界河葛（格）尔必齐河的东岸，这是签订《中俄尼布楚条约》之后，清政府按照该条约的规定在格尔必齐河竖立的一座界碑。关于这座界碑，文献记载明确，我国学术界看法一致，这里不去说它。另一座碑绘在呼伦湖西，黑（克）鲁伦河北，托讷山南，根（肯）特山东南。关于这座碑，刘远图先生在其《早期中俄东段边界研究》一书中断言：这是"一块不为世人所知的"中俄"界碑"，其实际位置"在额尔古纳河上中游支流根河口斜对面"①，它证明了根河口是康熙五十一年（1712年）前后中俄"边界的新起点"②。

刘远图先生这个发现如果属实，那就改变了《中俄尼布楚条约》关于"额尔古纳河亦为两国之界，河以南诸地尽属中国，河以北诸地尽属俄国"的规定③，从而一扫200多年来中外学者的传统说法，是个极有创造性的重要发现，是学术上的重大突破。然而，事实证明，刘远图先生的说法是

---

① 刘远图：《早期中俄东段边界研究》，中国社会科学出版社1993年版，第209—211页。
② 同上书，第51页。
③ 王铁崖：《中外旧约章汇编》第1册，三联书店1982年版，第1页。

不能成立的，是完全错误的。

在论证这座碑建立的时间、地点及其性质之前，我想先指出：刘远图先生对《异域录舆图》中这座石碑的位置的表述是很不准确的。他说：图理琛《异域录舆图》上所绘的这块碑，"其具体位置在呼伦池以西、喀尔喀山之东麓、托克山之中部地区"①。在"图理琛《异域录》所绘额尔古纳河界碑的启示"一节中也说："图理琛把界碑绘在呼伦湖以西，喀尔喀山的东北麓，托克山脉中部之东侧"②。刘远图先生的这些表述，仅"在呼伦湖以西"这几个字没有错，其他所谓"喀尔喀山"、"托克山"云云，则全都错了。

其实，《异域录舆图》上根本没有什么"喀尔喀山"，也没有什么"托克山"。该图所绘这座碑的位置是在呼伦湖西，根特山（肯特山）东南，托讷山南，黑鲁伦河（克鲁伦河）北岸（见附图）。在碑的西南方所标的"喀儿喀"并不是什么"喀尔喀山"，而是指蒙古族喀尔喀部。该图不仅在此处标有"喀儿喀"，在鄂尔浑河西、色楞格河南、杭爱汗山北，也标有"喀儿喀"。这里的"喀儿喀"，也不是山名，同样是指蒙古族喀尔喀部。该图上的山名与蒙古各部的名称是有严格区别的。凡是山，都清楚地标明是什么山，如托讷山、根特山、汗山、杭爱汗山、贺兰山、阿尔泰山、阿拉克山等，都有"山"字，无一例外。图中的"喀儿喀"，与图中的"喀儿沁"、"察哈儿"、"苏泥特"、"四子部落"、"鄂尔多斯"，都是蒙古部落的名称，都不是山名。标上这些部落名称的目的，在于向人们指明这些部落的分布情况。所以把"喀儿喀"说成"喀尔喀山"，是错误的。至于该碑北面的托讷山，在刘远图先生的书中，无论是考证定点，还是一般叙述，一概被写成"托克山"。刘远图先生不仅把喀尔喀部误认为"喀尔喀山"，将托讷山误认为实际上不存在的"托克山"，而且还毫无根据地声称"喀尔喀山，即准齐尔山，也就是今苏联地图上的额尔古纳山"；"托克山，即都穆达尔都齐山和黄佳多辉山，也即今苏联地图上的克里奇金斯克山"；"这样，《异域录舆图》上给我们标出的'界碑'位置，实际

---

① 刘远图：《早期中俄东段边界研究》，中国社会科学出版社1993年版，第210页。
② 同上书，第49页。

上，是在额尔古纳河中上游支流根河（和伦河）口斜对面、乌鲁伦古河的南侧一带"①。这就错上加错了。

《异域录舆图》既然标明该碑位于呼伦湖西、克（黑）鲁伦河北、托讷山南、肯（根）特山东南，那么，我们就应按其所示的位置去寻找，切不可随意推断。呼伦湖、克（黑）鲁伦河、肯（根）特山，是著名的湖泊、河流和山脉，这是尽人皆知的，无须作任何考证。剩下的就只有托讷山了。因此，弄清楚托讷山在什么地方，便成为确定该碑位置的关键。

那么，托讷山在哪里？这个问题，清代的一些著名的地图可以给我们作出解答。

《乾隆内府舆图》（也称《乾隆十三排铜版地图》）在克鲁伦必拉上中游北岸、僧库尔必拉与塔尔集尔集必拉之间，喀尔喀蒙古车臣汗部境内，绘有一山，标曰"托讷阿林"，并在山之南、克鲁伦必拉北岸标注："托讷阿林之碑"。"必拉"，满语，意为"河"；"阿林"，满语，意为"山"。"托讷阿林"即"托讷山"，"托讷阿林之碑"，即"托讷山之碑"。康熙五十八年（1719年）绘制的满汉合璧的《清内府一统舆地秘图》也在同样位置绘出这些山和河，只是不是用汉文，而是用满文书写，"托讷阿林"作"Tono alin"，"托讷阿林之碑"作"Tono alin-ibei"。在康熙《皇舆全览图》中，"托讷阿林"作"拖挪山"，"托讷阿林之碑"作"拖挪山碑"。同治二年（1863年）刊刻的《皇清中外一统舆图》（《大清一统舆图》）也在克（黑）鲁伦河上游北岸僧库尔河东，塔尔集尔集河西，绘有"托讷山"，在山南标有"托讷阿楚碑"。很显然，"托讷阿楚碑"之"楚"字，是竖写的"林之"二字之误，所谓"托讷阿楚碑"，实为"托讷阿林之碑"的误写。光绪年间绘制的《大清会典舆图》也在同样位置标注"托讷山之碑"。

嘉庆《大清会典图》，道光十二年（1832年）出版的董方立、李兆洛的《皇朝一统舆地全图》，也都在同样的位置绘有一山，并标明"托讷山"。"托讷山"在《清圣祖实录》中写为"拖讷阿林"②，在《亲征平定

---

① 刘远图：《早期中俄东段边界研究》，中国社会科学出版社1993年版，第211页。
② 《清圣祖实录》卷173，第12页。

朔漠方略》中写为"拖诺山"①。

关于托讷山碑的位置,清乾隆时人齐召南在《水道提纲》中写道:"克鲁伦河,即胪朐河,源出肯忒山东南百余里支峰西南麓,……东南流,经巴颜乌喇山西麓,……稍折东流,有孙可勒河(亦曰僧哭勒河,僧库尔河)自北合三源南流沙中隐见不常来注之,又东南百数十里,自沙地经拖诺山南麓圣祖御碑前。"②"孙可勒河",今地图上作"臣赫尔河"。"拖诺山"即"托讷山",拖诺山南麓的"圣祖御碑"即"托讷山碑"。据此,托讷山碑的具体位置是在臣赫尔河与克鲁伦河交汇处以东百数十里处的克鲁伦河北岸。比照当今地图,其地约在今蒙古国境内的巴彦蒙赫西边,距刘远图先生所说的额尔古纳河上游根河口斜对面约 800 公里。

托讷山和托讷山南之碑的位置既已考明,下面我们就来探讨此碑究竟是中俄界碑,还是别的什么碑。

关于托讷山碑的建立经过,清代的官私著作有相当详细的记载,这对我们解决上面的问题非常有利。

《清圣祖实录》记载:"康熙三十五年五月丁卯,上驻跸拖讷阿林地方,谕议政大臣等:噶尔丹逃窜已远,沿途溃散,今应选兵裹粮,蹑迹穷追。""又谕:噶尔丹亡命奔逃,量已至巴颜乌兰矣,若我合军追赶,似不能及,应选轻骑追逐。"③(按:巴颜乌兰也写为巴颜乌喇山或巴彦乌兰山,位于托讷山和僧库尔河之西。)

《亲征平定朔漠方略》也载:"康熙三十五年五月丁卯。上躬率前锋兵穷追噶尔丹。噶尔丹将器械、甲胄、帐房及卧病稚幼尽皆抛弃,乘夜逃遁。……是日,驻跸拖诺山、海绥尔哈图之东,酌议班师。"④又载:"五月辛未,上谕大将军(费扬古)曰:自五月初八日,朕先士卒,疾追五日,噶尔丹窘迫,抛弃器械刀枪、鸟枪、甲胄、锅釜、帐房等及羸病幼小,乘夜遁窜,朕亲率大兵追至拖诺山。再欲往追,因尔各路兵会不远,

---

① 《亲征平定朔漠方略》卷 24,第 5 页。
② 齐召南:《水道提纲》卷 25,《克鲁伦河》。
③ 《清圣祖实录》卷 173,第 12—13 页。
④ 《亲征平定朔漠方略》卷 24,第 5 页。(按:海绥尔哈图也写为活拉灰图、和罗海图,位于托讷山北。)

两军既会，需米甚多，粮必不继，恐至缺乏粮饷，关系甚大。量此穷寇，以尔兵自西而来，此次又发兵夹攻，即可剿灭，于是朕统大兵回迎粮米。"①

上引记载说明：托讷山是康熙皇帝穷追噶尔丹到达之地，也是他驻跸和部署进一步征伐噶尔丹事宜之地，同时还是他得胜班师之地。

康熙皇帝班师回朝之后，便受到了大臣们的颂扬，他们说："御驾亲征，深入敌境数千里，如行无人之地，臣等考之史册，未有如皇上之谋勇俱全者也。臣等钦惟皇上，功高二帝，德迈古今。"② 康熙三十五年（1696年）七月乙亥，给事中王原祁、御史刘珂便提出在拖诺山（托讷山）等地"勒石以纪皇上功德"的建议。王原祁奏说："明永乐（按：即明成祖）屡次出塞，勋烈远逊今日，犹且勒铭以张武功，况我皇上远御亲征，深入沙漠，栉风沐雨，剋期奏功，仰请于圣驾经行地方，御制鸿文，建立穹碑，以垂不朽。"③ 御史刘珂奏说："臣愚以为皇上驻跸之拖诺山及破贼之昭莫多地方，或立丰碑，或磨崖石，恭请御制铭辞，遣官镌勒，以昭后世。"④ 康熙皇帝命礼部议奏。礼部认为，康熙皇帝亲征噶尔丹，"功业之鸿骏，自古帝王所未有也"，所以，应如王原祁、刘珂所奏，"凡皇上经临驻跸之名山，以及剿灭逆寇之昭莫多等地方，允宜磨崖勒石，俾塞外亿万载臣民咸瞻仰骏烈神功于不朽"。并建议"所立碑石交与工部。其应立碑地方，由理藩院差官看定议奏。其刊碑文，由翰林院请旨遵行"⑤。

康熙皇帝没有立即同意在上述各处勒石立碑，而是把奏折"留中"，暂不批答。直到噶尔丹覆亡，康熙皇帝认为大功告成，才采纳礼部的建议，在拖诺山（托讷山）等处勒铭建碑。《亲征平定朔漠方略》记载，康熙三十七年（1698年）九月癸未，"御笔勒铭察罕七罗、拖诺、昭木多及狼居胥山，并建碑太学。先是礼部题请曰：恭惟皇上亲统六师至狼居胥山等地方，调度削平逆寇，此后边境永清，理合勒碑刻铭，以垂无穷。至皇

---

① 《亲征平定朔漠方略》卷20，第28页。
② 同上书，第18页。
③ 同上书，第53—55页。
④ 同上。
⑤ 同上书，第55—56页。

上亲幸拖诺山，灭贼昭木多，及太学中，亦当建碑刻文纪勋，以垂奕禩。上从之。至是亲制碑铭颁发"①。

康熙皇帝亲制拖诺山（托讷山）碑文的全文是："康熙三十五年岁次丙子五月丙辰朔十二日丁卯，大清皇帝征讨厄鲁特噶尔丹，驻跸拖诺山。御笔勒铭：'瀚海荡荡，胪朐（按：即克鲁伦河）泱泱，亲御六师，我武维扬，震雷霆威，奢日月光，剪厥凶丑，安定遐荒'。"②

我们已弄清楚托讷山是康熙皇帝亲征噶尔丹时驻跸的地方，托讷山碑是为了颂扬康熙皇帝亲征噶尔丹的战绩而建立的纪功碑，而不是标示"中俄边界新起点"的"界碑"。但我们的考证还不能就此结束，因为还有一个问题尚未解决。这个问题是：托讷山碑既然是纪功碑，那么，为什么有的书中刊载的《异域录舆图》在该碑之旁标有"界碑"字样？关于这一点，我们先从《异域录》的版本谈起。

图理琛的《异域录》从雍正元年（1723年）初刻开始，至民国二十五年（1936年）《丛书集成》收入该书止，共历200多年，其间有多种不同的版本，有的版本刊载了《异域录舆图》，有的版本则未刊此图。现将一些主要版本开列于下：

（1）雍正元年（1723年），满文本，有图。

（2）雍正元年（1723年），汉文本，有图。

（3）乾隆四十七年（1782年），《四库全书》本，有图。

（4）嘉庆十七年（1812年），《借月山房汇抄》本，无图。

（5）道光四年（1824年），《泽古斋重抄》本，无图。

（6）道光二十四年（1844年），《昭代丛书》本，有图。

（7）道光二十六年（1846年），《指海》丛书本，无图。

（8）咸丰十年（1860年）③，《朔方备乘》本，有图。

（9）光绪十七年（1891年），《小方壶斋舆地丛钞》本，无图。

（10）民国二十五年（1936年），《丛书集成》本，无图。

---

① 《亲征平定朔漠方略》卷48，第30页。
② 同上书，第31页。
③ 此指该书完成时间，刻印则在光绪七年，其后又有多种版本。

据刘远图先生说，他所依据的是"渐西村社本"的《异域录》①。我未曾见过此种版本的《异域录》，也不知有此版本的《异域录》。我曾请教几位清史专家，他们也都未曾见过此种版本。清光绪年间袁昶曾刊刻一套《渐西村舍丛书》，书名倒与《渐西村社》有些相像，但此丛书并未收有《异域录》。刘远图先生所说的《渐西村社》本的《异域录》，这里只好暂告阙如了。

上面我列举的这些不同版本的《异域录》，有图的只有雍正元年的满文本及汉文本、《四库全书》本、《昭代丛书》本和《朔方备乘》本5种。

雍正元年满文本《异域录》的《异域录舆图》绘有两座石碑，一座在 Garbici Bira（葛尔必齐河）东岸，一座在 Tono Alin（托讷山）南。在这两座石碑之旁，均标一个 Bei（碑）字。雍正元年汉文本《异域录舆图》与满文本《异域录舆图》的不同之处，在于它在葛尔必齐河东这座石碑之旁，标有"界碑"两字，而托讷山南之碑则仅绘出碑之标志，未标任何文字，更没有什么"界碑"字样。这就清楚地向人们指明，只有葛尔必齐河东之碑才是"界碑"，托讷山南之碑不是"界碑"。

《四库全书》收入的《异域录》，是《四库全书》总纂官纪昀的家藏本。该书的《异域录舆图》也仅在葛尔必齐河碑旁标上"界碑"二字，对于托讷山碑也仅绘出碑的标志，未标文字。

根据我见到的各种版本的《异域录舆图》，最早在托讷山碑旁标上"界牌"字样的是《昭代丛书》本的《异域录》。《昭代丛书》共8集，前3集为康熙时人张潮所编，康熙时已出版，与《异域录》无关。后5集为杨复吉所编，《异域录》即在该丛书的己集中。杨复吉把《异域录》收入《昭代丛书》的年代是乾隆五十八年（1793年），但这不是刊刻的时间，因为该丛书编成后，"仅梓题跋，全书尚淹箧笥"，直到道光二十四年（1844年），才由沈楙真为之刊印。② 在刊印的《异域录》书后，还印有"孙揆嘉、肇初校字"③。该书《异域录舆图》中托讷山碑旁所标的"界

---

① 刘远图：《早期中俄东段边界研究》，中国社会科学出版社1993年版，第47页。
② 沈楙真：《昭代丛书合刻略例》。
③ 《昭代丛书》本《异域录》。

牌"二字，究竟是乾隆五十八年（1793年）杨复吉自己添加的，还是刊刻时校字人添加的，现尚难以断定，只好存疑待考了。

何秋涛曾说：自《异域录》"原书得蒙编入《四库》，学士大夫尤欲争睹其全，于是金山钱氏、震泽杨氏咸刻入丛书中"①。金山钱氏，即钱熙祚，他编的丛书名为《指海》。震泽杨氏刻的丛书，即杨复吉编的《昭代丛书》。何秋涛《朔方备乘》中的《异域录》就是根据钱氏《指海》本和杨氏《昭代丛书》本互校而成的。《指海》本无图，《朔方备乘》的《异域录俄罗斯图》（即《异域录舆图》）应是根据《昭代丛书》本摹绘的。但有一点与《昭代丛书》本不同，《昭代丛书》本把托讷山碑误标为"界牌"，而《朔方备乘》本则把托讷山碑误标为"界碑"。由此可见，把《异域录舆图》中的托讷山碑标上"界牌"或"界碑"字样的不是图理琛本人，而是后人擅自添加的。根据《异域录》的各种版本看来，最早把托讷山碑误标为"界牌"的是杨复吉的《昭代丛书》，最早把托讷山碑误标为"界碑"的是何秋涛的《朔方备乘》。而何秋涛的错误则是沿袭《昭代丛书》本的错误而来的。然而，何秋涛毕竟是治学严谨、立论谨慎的学者，他在《北徼界碑考》中，仅考出格尔必齐河东、额尔古纳河口和极东北的威伊克阿林三座中俄界碑，从来没有把托讷山碑看做是中俄的分界石碑。实际上，他在《艮维诸水考》中还明确地指出：克鲁伦河与僧库尔河汇合后，东流"经拖诺山南麓，圣祖御制碑前"，并说"康熙三十五年五月丁卯，圣驾亲征噶尔丹驻跸是山"②。同时还录下了康熙皇帝"御笔勒铭"的《拖诺山碑文》。刘远图先生说何秋涛的著作反映了康熙五十一年（1712年）前后根河口为中俄边界的新起点，并说他"对于界河额尔古纳河上游由于诸种因素而形成的新界点，说得是何等清楚明确"③，这实在是冤枉了何秋涛，因为他从来没有说过根河口是康熙后期中俄边界的"新起点"，更不用说什么"说得是何等清楚明确"了！

综上所述，可以得出结论，图理琛《异域录舆图》中的托讷山碑，其

---

① 何秋涛：《朔方备乘》卷43，考订诸书三，考订《异域录》叙。
② 《朔方备乘》卷24，"艮维诸水考"。
③ 刘远图：《早期中俄东段边界研究》，中国社会科学出版社1993年版，第39页。

位置不在额尔古纳河的根河口斜对面,而是在喀尔喀蒙古克鲁伦河上游北岸僧库尔河(今蒙古国国境内臣赫尔河)东,塔尔集尔集河(今蒙古国国境内木伦河)西,巴彦蒙赫附近。托讷山碑,不是标明所谓康熙五十一年(1712年)前后中俄"边界新起点"的"界碑",而是清政府为纪念康熙三十五年(1696年)康熙皇帝亲征噶尔丹的功绩而建立的纪功碑。把额尔古纳河根河口定为中俄"边界的新起点"是没有根据的,是不符合历史事实的,因而是错误的。

附记:

刘远图先生为了证明根河口对岸是康熙五十一年(1712年)前后中俄边界的新起点,还把黑龙江齐齐哈尔官兵巡边路线到达的"呼伦口"改为"和伦河(即根河)口",说"呼伦口"是"和伦河口"的误译,并写了《根河又名和伦河考——兼论满文档案一个地名的翻译》、《后来,这个界点被推至和伦河(即根河)口对岸》、《根河口对岸成为新界点的补充原因》等专文和小节。关于这些,我另有文章讨论,本文专考证托讷山碑问题,故不涉及。

(原载《中国边疆史地研究》1995 年第 3 期)

图理琛《异域录舆图》托讷山碑非中俄界碑考　21

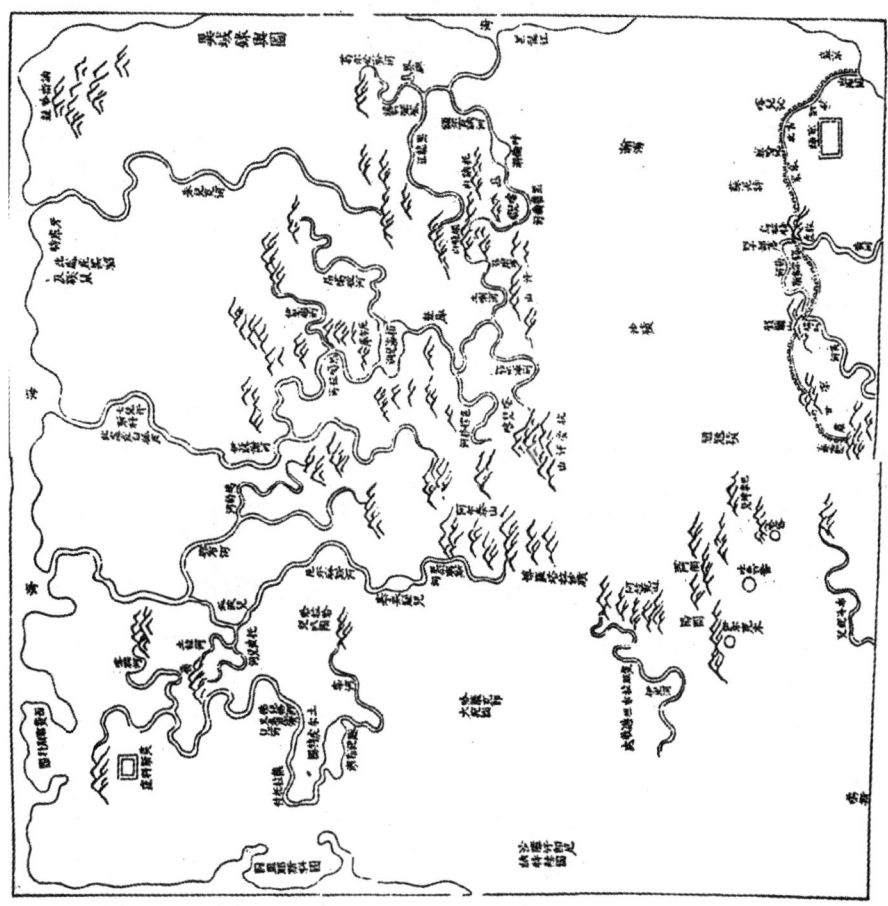

关于早期中俄东段边界的几个问题

刘远图先生利用中外历史资料和古地图,写成了《早期中俄东段边界研究》一书。书中对中俄《尼布楚条约》规定的中俄边界线、界点、界碑以及黑龙江官兵的巡边路线等问题进行考证,提出了一系列前人未曾提出的新看法,这对启发人们进一步思考问题是有益的。然而,考证的目的在于弄清事实。我认为,该书提出的一些主要看法与历史事实不相符合。因为事关领土边界问题,所以提出来与作者商榷,并就教于方家。

一 《尼布楚条约》规定中俄以整条额尔古纳河为界,墨里勒克河口不是中俄边界的起点

该书作者说,"黑龙江上游南侧支流额尔古纳河,1689 年中俄签订《尼布楚条约》划定为界河。但根据条约,这不是以整条支流为界"①,而是"以墨里勒克河口对面作为界河额尔古纳河俄方一侧边界的起点"②。

这个看法是否符合历史事实,这必须看一看《尼布楚条约》究竟是怎样规定的。

《尼布楚条约》有三种文本,即拉丁文本、满文本和俄文本。拉丁文本是经双方签字盖章互换的。

拉丁文本规定:"又流入黑龙江之额尔古纳河亦为两国之界:河以南诸地尽属中国,河以北诸地尽属俄国。凡在额尔古纳河南岸之墨里勒克河口诸房舍,应悉迁移于北岸。"③

---

① 刘远图:《早期中俄东段边界研究》,中国社会科学出版社 1993 年版,第 25 页。
② 同上书,第 33 页。
③ 王铁崖:《中外旧约章汇编》第 1 册,三联书店 1982 年版,第 1 页。

满文本规定:"将流入黑龙江之额尔古纳河为界:南岸属中国,北岸属俄罗斯,其南岸墨里勒克河口现有俄罗斯庐舍,著徙于北岸。"①

俄文本规定:"将流入阿穆尔河之额尔古纳河为界;左岸所有土地直至河源皆属大清国,右岸所有土地皆属俄罗斯国。额尔古纳河南岸所有房舍应迁移至该河对岸。"②

以上三种文本的这一条规定,虽然文字表述有所不同,但其基本内容是一致的,不论是拉丁文本的"流入黑龙江之额尔古纳河亦为两国之界:河以南诸地尽属中国,河以北诸地尽属俄国",还是满文本的"将流入黑龙江之额尔古纳河为界:南岸属中国,北岸属俄罗斯",抑或是俄文本规定的"将流入阿穆尔河之额尔古纳河为界;左岸所有土地直至河源皆属大清国,右岸所有土地皆属俄罗斯国",都是规定以整条额尔古纳河为中俄两国的界河。该书作者以条约中规定"在额尔古纳河南岸之墨里勒克河口诸房舍,应悉迁移于北岸",就认定墨里勒克河口是中俄这段边界的起点,这实在是对这段约文的误解。条约之所以规定额尔古纳河南岸的墨里勒克河口的俄罗斯诸房舍必须全部迁移于北岸,这是因为南岸土地尽属中国,北岸土地尽属俄国,所以,南岸的俄罗斯房舍不能继续留在南岸,而必须迁移到属于俄罗斯的北岸。根据《尼布楚条约》的这条规定,是得不出这段中俄边界是以额尔古纳河的墨里勒克河口为起点的结论的。

既然按照《尼布楚条约》的规定,墨里勒克河口不是中俄边界的起点,那么,作为界河的额尔古纳河的边界起点在什么地方呢?《尼布楚条约》有没有规定这一界点的名称呢?

根据国际惯例,一般说来,确定两国边界的程序,大致都要经过两个阶段,签订两种条约或协定。第一阶段是双方经过协商、谈判签订确定边界总体走向的条约;第二阶段是双方派出勘界人员,共同对上述条约规定的边界线进行实地勘查,决定界线和界点的具体位置,设立界牌、界碑或界桩之类的标志,然后签订勘界条约或勘界议定书。中俄《尼布楚条约》是属于上面

---

① 中国第一历史档案馆编:《清代中俄关系档案史料选编》第1编上册,中华书局1981年版,第123页。

② 苏联科学院远东研究所等编:《十七世纪俄中关系》第2卷,黑龙江大学俄语系等译,商务印书馆1975年版,第967页。

所说的第一类条约，它只对中俄东段边界走向作了总体上的规定，即只规定以什么河流什么山脉为界。《尼布楚条约》签订之后，双方没有派员会勘边界，所以没有签订勘界条约，自然也就没有界点的具体名称。这是一般常识。然而，《尼布楚条约》既然规定整条额尔古纳河为中俄界河，额尔古纳河的起点，自然也就是中俄这段边界的起点，这是不言而喻的。那么，额尔古纳河的起点在什么地方呢？大家知道，海拉尔河流到阿巴哈依图山下转折处开始称为额尔古纳河，所以，阿巴哈依图山下的这一转折处就是额尔古纳河的起点，也就是《尼布楚条约》规定的中俄东段边界的起点。

为了证明墨里勒克河口为中俄边界的起点，该书作者引用了中俄尼布楚谈判过程中清方提出的条约草案中的一段文字："从南岸流入鄂嫩河的额尔古纳河亦为两国之界。凡在额尔古纳河南岸之墨里勒克寨诸房舍应尽行拆毁，迁至该河对岸或北部地区。以上即为俄罗斯国东段边界。"并说，"俄方在正式、公开的场合是明确接受了这个界点的"，"这个界点，指明了俄方的边界范围在额尔古纳河以西（北）、墨里勒克河口对岸北侧的地方"①。在这里，我想指出：第一，这个条约草案是1689年9月3日（俄历8月24日）清方代表提出的草约，不是9月7日中俄双方签订的《尼布楚条约》。第二，俄国代表没有同意清方提出的这个草约，所谓俄方在正式、公开的场合明确接受了这个界点，纯属无稽之谈。事实是，在清方提出这个草案之后，中俄双方继续进行讨价还价，这只要看一看谈判过程就清楚了。

1689年9月3日，清方提出上述草约，俄方没有接受。9月5日，俄方派安德烈·别洛鲍茨基去见清钦差大臣，提出自己拟定的草约，该草约第二条写道："将流入阿穆尔河之额尔古纳河为界，左岸所有土地直至河源皆属大清国，右岸所有土地皆属俄罗斯国，额尔古纳河南岸所有房舍应迁至该河对岸。"②清钦差大臣命耶稣会士用拉丁文抄录这个条约文本，以便研究，并说他将在当日派耶稣会士去见俄国全权大臣时作出答复。同日，清钦差大臣派耶稣会士去见俄方全权大使科洛文。耶稣会士对俄方全权大使说，清钦差大臣已听取了该条约文本，"关于按照该条约文本双方划界一事，钦差大臣同意

---

① 刘远图：《早期中俄东段边界研究》，中国社会科学出版社1993年版，第31页。
② 苏联科学院远东研究所等编：《十七世纪俄中关系》第2卷，黑龙江大学俄语系等译，商务印书馆1975年版，第847页。

按照大使的意愿照办"。并说钦差大臣命令他们提出:"双方都应使阿尔巴津成为空地,以(黑龙江)右侧的额尔古纳河口至河源为界,而额尔古纳寨应迁至对岸;要求俄方不得再在阿穆尔河和额尔古纳河口建造任何房舍。"① 同时提出拉丁文本条约草约,其中第二条写道:"又流入萨哈连河之额尔古纳河亦为两国之界:河以南诸地尽属中国,河以北诸地尽属俄国。凡在额尔古纳河南岸之墨里勒克河口诸房舍,应悉迁移于北岸。"② 这说明,中方已接受俄方以整条额尔古纳河为界的要求。此后,中俄双方对于这段边界的划分没有再进行什么争论。9月7日,中俄双方签订的《尼布楚条约》关于额尔古纳河边界的规定,俄文本与9月5日俄方提出的俄文本的第二条规定相同,拉丁文本与9月5日清方提出的拉丁文本第二条相同。

  从上述中俄双方关于额尔古纳河边界起点的谈判过程看来,《早期中俄东段边界研究》的作者在引用论据方面的错误是明显的,那就是他用谈判过程中清方提出的未经双方同意的草约来代替经过双方同意并正式签字、交换的《尼布楚条约》,这样就把事情颠倒了。按照常理,应该是以双方正式签订的《尼布楚条约》来否定谈判过程中未经双方同意的单方面提出的草约,这才是正确、实事求是的论证方法。

  为了证明额尔古纳河的墨里勒克河口对岸是中俄边界的起点,该书作者还引用了1727年1月中俄边界谈判时清方代表对俄方代表说的一段话来做证据,这段话全文如下:"根据《涅尔琴斯克条约》(《尼布楚条约》)的规定,额尔古纳河是界河,该河左岸直至河源的地方尽属中国,右岸直至墨里勒克河注入额尔古纳河的地方尽属俄国。"③ 如果《尼布楚条约》真的是这样规定的话,那么,墨里勒克河口为中俄边界起点就是明白无误的。但可惜,这并不是《尼布楚条约》的规定。我们研究《尼布楚条约》规定的边界线,就应该以《尼布楚条约》为依据,而不是根据后人有悖于《尼布楚条约》的言辞来否定或更改《尼布楚条约》的规定。《尼布楚条约》的规定是额尔古纳河"河以北诸地尽属俄国",而不是俄国边界"至墨里勒克河注入额尔古纳河的

---

  ① 苏联科学院远东研究所等编:《十七世纪俄中关系》第2卷,黑龙江大学俄语系等译,商务印书馆1975年版,第851页。
  ② 同上书,第858页。
  ③ 尼古拉·班蒂什—卡缅斯基:《俄中两国外交文件汇编》(中译本),商务印书馆1982年版,第157页。

地方"为止。既然《尼布楚条约》规定以整条额尔古纳河为界，那么清政府代表在边界谈判中为什么要提出俄国边界止于墨里勒克河口呢？回答很简单，那是因为清政府想通过这次谈判争回由于签订《尼布楚条约》而失去的一些土地。关于这一点，清政府的内部文件是说得很清楚的。

雍正四年（1726年）正月三十日议政大臣多罗顺郡王锡保等奏称，签订《尼布楚条约》时，因喀尔喀未尽来归，故以额尔古纳河为界，今喀尔喀业已向化回归，"当以鄂嫩、巴尔济为界"。"今俄罗斯郎克称，该国为定界事，即派使臣萨瓦前来。为此，应预先派大臣为鄂嫩、巴尔济为界，明定边界，永息争端。如此则边界一带可永远安宁"。雍正皇帝朱批："所议甚好甚详，依议。"[1] 这是清政府关于如何划分北部边界的决策，主旨是要改变《尼布楚条约》以额尔古纳河为界的规定，而以鄂嫩河、巴尔济河来划分中俄北部边界。巴尔济河，亦作巴尔集河或巴勒集河，是鄂嫩河西边的一条支流，东南流入鄂嫩河，而鄂嫩河则东北流入黑龙江上源石勒克河。清政府要以巴尔济河与鄂嫩河为界，就是要以整条巴尔济河和巴尔济河与鄂嫩河交汇处以下的鄂嫩河为界，也就是要把巴尔济河西南和鄂嫩河至额尔古纳河之间的全部土地划归清国，从而取消《尼布楚条约》关于额尔古纳河作为界河的规定。雍正四年十一月，奉旨前往喀尔喀与边界谈判大臣隆科多商议谈判边界问题的御前侍卫胡比图、那延泰，也对隆科多说："而位于额尔古纳河之地，因原定界之人将额尔古纳河误认为东西流向，故归俄罗斯所属。我等今与俄罗斯萨瓦等会议时欲收回此地，不往察看，怎可与俄罗斯会议。"[2] 隆科多回答说："该俄罗斯萨瓦等，若被我皇仁恩所感，恭顺守理，归还我界，则我边界地段甚直，而额尔古纳河湾所有地方统归我属。"[3] 从这里可以得出两点结论：第一，清朝官员对于《尼布楚条约》规定中俄以额尔古纳河为界是清楚的；第二，他们想通过这次边界谈判，改变《尼布楚条约》以额尔古纳河为界的规定，收复由于签订《尼布楚条约》而失去的一部分土地。弄清楚这个背景之后，我们对1727年清方代表在中俄边界谈判过程中，在俄国想乘机多占中国

---

[1] 中国第一历史档案馆编：《清代中俄关系档案史料选编》第1编下册，中华书局1981年版，第438—441页。

[2] 同上书，第476—477页。

[3] 同上。

一些土地而展开激烈争论的情况下，提出《尼布楚条约》规定俄国边界止于墨里勒克河口的说法，以此来作为收复部分失地的理由，是完全可以理解的。但我们不能以清方代表的这段话作为《尼布楚条约》规定墨里勒克河口是俄国边界的起点的证据，这是不说自明的。

二 清政府巡边制度规定黑龙江官兵巡查整条额尔古纳河边界并及呼伦湖口，而不是巡查到墨里勒克河口或根河口为止

《早期中俄东段边界研究》一书的作者为了证明"中俄从来不是以整条额尔古纳河为界"，而是以额尔古纳河的墨里勒克河口或根河口为边界起点，因而断言黑龙江官兵巡边不是巡查整条额尔古纳河，而是仅巡查到墨里勒克河口或根河口为止。然而文献记载证明，这种说法是不合乎历史事实的。

康熙五十一年（1712年），清政府理藩院给俄罗斯西伯利亚总督玛特维伊·加加林的咨文中说："黑龙江将军宗室杨福奏称：由陆路之墨里勒克河至呼伦口，拟派齐齐哈尔官兵巡察；由墨里勒克河至额尔古纳口，拟派墨尔根官兵巡察等情。业经我圣主准允。为此，除将我黑龙江将军派其所辖官兵巡察地方之处，告知尔前来之俄罗斯商务专员外，特此咨行知照尔俄罗斯总督加加林。"[①] 呼伦口即呼伦湖口。由此可见，黑龙江齐齐哈尔官兵巡边路线是从墨里勒克河口往南巡查至额尔古纳河的起点，然后再往南巡查至呼伦湖口；墨尔根官兵巡边路线是从墨里勒克河口向北巡查至额尔古纳河与黑龙江汇合处的额尔古纳河口。也就是说，这两路官兵巡查了整条额尔古纳河边界，并及额尔古纳河以南的呼伦湖口。

额尔古纳河起点南至呼伦湖口一段，不是中俄边界，清朝官兵之所以巡查至呼伦湖口，是为了防止俄人越界至此打牲、伐木。因为越界者往往侵入边界线内数十里或更远的地方。这一年，黑龙江将军杨福就曾奏称："我属额尔古纳河沿岸各处之树木，俱已被伐，自我界百余里以内，皆有俄罗斯人打

[①] 中国第一历史档案馆编：《清代中俄关系档案史料选编》第1编上册，中华书局1981年版，第311页。此段引文，经中国第一历史档案馆满文部副主任吴元丰副研究馆员等先生核对原档，原译"厄鲁特"为"陆路"之误译，今改正。

牲之踪迹等情。"① 由此可以看出清朝为什么要巡查至呼伦湖口的原因。

康熙五十一年（1712年）建立的这种巡边制度，此后一直沿袭下来，到了光绪十一年（1885年），黑龙江将军文绪才根据当时的实际情况，奏请作了一些改变。② 所谓黑龙江巡边官兵只巡查到墨里勒克河口或根河口，没有巡查整条额尔古纳河的说法，是不能成立的。

三 和伦河口：一个根本不存在的中俄边界新起点

《早期中俄东段边界》一书作者以数万字的篇幅，论证了墨里勒克河口是《尼布楚条约》规定的界河额尔古纳河边界的起点，他的主要论据之一就是墨里勒克河口是清政府在额尔古纳河界段巡边的起点。他说，"如果墨里勒克河口不是界河额尔古纳河上的界点，那么，它绝不会成为清政府巡边的起点"③。此说与我们上面所引的中国第一历史档案馆编的《清代中俄关系档案史料选编》中的那条记载相矛盾。那条记载明确地说，黑龙江将军杨福奏请"由陆路之墨里勒克河至呼伦口，拟派齐齐哈尔官兵巡察"，并得到康熙皇帝的批准，清政府理藩院还把这一决定通知了俄国。据此，"巡边止于墨里勒克河口说"和"墨里勒克河口中俄边界起点说"便失去了依据。为了维护自己的论点，该书作者说：呼伦湖一带属于清朝的内地，"当然也就没有齐齐哈尔巡边队巡边至呼伦口、并将此事郑重通知俄国政府的道理"④。于是，他把"呼伦口"改为"和伦河口"，并说和伦河就是根河，和伦河口就是根河口。认为问题出在满文译成汉文时发生错误，把本应译作"和伦"的满文译成了"呼伦"⑤。还认为《一六八九年的中俄尼布楚条约》一书引用这段记载，把"呼伦口""再注为'呼伦池'口，那就是错上加错了"⑥。所以，他把"由陆路之墨里勒克河至呼伦口，拟派齐哈尔官兵巡察"，改为"由陆路之墨里

---

① 中国第一历史档案馆编：《清代中俄关系档案史料选编》第1编上册，中华书局1981年版，第317页。
② 光绪十一年四月三十日《黑龙江将军文绪等奏折》，中国第一历史档案馆档案。
③ 刘远图：《早期中俄东段边界研究》，中国社会科学出版社1993年版，第30页。
④ 同上书，第280页。
⑤ 同上。
⑥ 同上书，第281页。

勒克河（口）至和伦河口，拟派齐齐哈尔官兵巡察"①。并据此又提出一个新说："清政府在界河额尔古纳河之巡边，从墨里勒克河口上溯至和伦河（原注：即根河）口、并将此事通知俄国政府，说明，清政府事实上已经正式承认了根河口这个新界点。"②

原译"呼伦口"，究竟是不是"和伦河口"的误译？为了弄清事实，我查阅了康熙年间绘制的满汉文合璧的《清内府舆地秘图》和乾隆年间绘制的满汉文合璧的《盛京、吉林、黑龙江等处标注战迹舆图》，在这两部地图中，"呼伦湖"满文皆作 Hulun omo（呼伦鄂漠），"和伦河"满文皆作 Holon bira（和伦必拉）。"呼伦"和"和伦"，虽然只有一字之差，但各有各自的写法，不可以把呼伦湖的"呼伦"随意译为和伦河的"和伦"，反之亦然（满文写法，请看附记）。

既然满文地图中的"呼伦河"和"和伦河"是两个专有名词，各有各自的写法，不能混淆，那么就需要弄清楚，上引《清代中俄关系档案史料选编》中关于齐齐哈尔官兵巡边的那段译文究竟有没有错。为此，我走访了中国第一历史档案馆满文部副主任吴元丰副研究馆员，他在百忙中帮我查到了满文原档，经他与满文部的其他专家核对，证明原译"呼伦口"在满文原档中是 Hulun i angga（呼伦的口）。其"Hulun"一词，与上述清代官方地图上的"Hulun"完全一致。译成"呼伦口"是正确的，绝对不是"和伦河口"的误译。承吴元丰先生美意，帮我抄录了这段满文（见附记），并把它译成汉文："再，黑龙江将军·宗室杨福疏称：请委派齐齐哈尔官兵巡查自陆路之墨里勒克河至呼伦口地段，委派墨尔根官兵巡查自墨里勒克河至额尔古纳河地段，等因。"

关于黑龙江将军杨福奏请巡边一事，除了《清代中俄关系档案史料选编》中的记载外，在现存的档案中，我们还可以看到更为详细的记载。光绪十一年四月三十日（1885年6月12日），黑龙江将军文绪等在奏折中写道："奴才文绪、禄彭跪奏：……窃照黑龙江与俄国接壤，曾于康熙五十一年经原任将军杨福奏准，每年由黑龙江城出派协领带官四员兵八十名，由各路乘船前往额尔古纳河口，巡至定界格尔必奇（齐）河口立碑处为止；齐齐哈尔出派

---

① 刘远图：《早期中俄东段边界研究》，中国社会科学出版社1993年版，第39页。
② 同上。（按：关于和伦河是不是根河的问题，笔者拟另文讨论，这里暂不涉及。）

协领带官四员兵八十名，前往墨里勒柯（克）河口巡至额尔古纳河、呼伦泡为止；墨尔根出派协领带官四员兵八十名，前往墨里勒克河口巡至额尔古纳河口为止。如有俄人越界打牲、伐木，立即拿获，送交俄酋，从重治罪，等因。"①

至此，可以得出结论：所谓"呼伦口"为"和伦河口"的误译，完全是一种妄测；根据这种妄测，断定康熙五十一年（1712年）"清政府事实上已经正式承认了根河口这个新界点"，那就错上加错了。

由于"和伦河口中俄边界新起点说"立论的根据是错误的，因而该书作者为证明这一论点而举出的一些佐证，当然也只能是牵强附会的无影之谈了。兹举数例为证。

为了证明和伦河口是康熙五十一年（1712年）前后中俄边界的新起点，刘先生引了何秋涛《朔方备乘》卷23《北徼山脉考》中的："准齐尔山，在额尔古纳河北，其南岸即和伦河入额尔古纳河口也。又案：自此山以东，皆以额尔古纳河为界，直抵黑龙江南岸，其北岸则以安巴格尔必齐河为界。"又说，何秋涛的这段话，"对于界河额尔古纳河上游由于诸种因素而形成的新界点，说得何等清楚明确"②。并说："看来，这个新界点，直至咸丰朝，还受到清代学者的注意。"③读者如果没有看过何秋涛的原著，可能不会怀疑刘先生的话有什么不妥当，要是查阅《朔方备乘》原文，就会顿然醒悟，刘先生援引的仅是何秋涛谈《中国与俄罗斯交界处诸山》中之一山而已，在其所引的准齐尔山这段话之后，何秋涛还列举了许多座山，并明确指出和伦河口以南的额尔古纳河也是中俄的边界，但这部分被引用者砍掉了。

何秋涛《中国与俄罗斯交界处诸山》有关额尔古纳河的这段话原文如下："准齐尔山。臣秋涛谨案：准齐尔山在额尔古纳河北，其南岸即和伦河入额尔古纳河口也。又案：自此山以东，皆以额尔古纳河为界，直抵黑龙江南岸，其北岸则以安巴格尔必齐河为界，故未列山名。都穆达尔都齐尔山。臣秋涛谨案：都穆达尔都齐尔山，在准齐尔西，其南有黄佳多辉山。黄佳多辉山。

---

① 光绪十一年四月三十日《黑龙江将军文绪等奏折》，中国第一历史档案馆档案。
② 刘远图：《早期中俄东段边界研究》，中国社会科学出版社1993年版，第39页。
③ 同上书，第209页。

臣秋涛谨案：黄佳多辉山在都穆达尔都齐尔南，其南即额尔古纳界河。漠果尔绰克阿林。臣秋涛谨案：谟果尔绰克阿林在都穆达尔都齐尔西，其中接中国阿巴垓图阿林及额尔德尼陀罗海克鄂博界。"①

何秋涛的这段记载不仅指出和伦河以北的额尔古纳河为中俄界河，同时也指出和伦河以南的额尔古纳河也是中俄界河，并且直至额尔古纳河的起点阿巴垓图（即阿巴海图或阿巴哈依图）。刘先生为了证明自己的"和伦河口中俄边界起点说"，竟毫不留情地砍去了准齐尔山以下指明和伦河口以南的额尔古纳河也是中俄界河的这一段话。这样断章取义地援引材料，实为着意探讨问题者所不取。

不过，刘先生也不是绝对不引用准齐尔山以下"黄佳多辉山在都穆达尔都齐尔南，其南即额尔古纳界河"这段话的。我们在该书看到了引用这段话。但在这两处引文中，都把"其南即额尔古纳界河"的"界"字删掉了，于是变成了"其南即额尔古纳河"②。经过这么一删改，和伦河口以南的额尔古纳河也就不再是中俄界河了。显然，只有删掉"界"字，才能勉强借用何秋涛学术上的名气来证明自己的新论点。但去掉"界"字，却冤枉了何秋涛。我认为，如果要实事求是认真探讨问题的话，是不应该这样做的。

为了证明和伦河口是康熙五十一年（1712年）前后中俄边界的新起点，刘先生还说清代乾隆年间绘制的《盛京舆图》和《盛京、吉林、黑龙江等处标注战迹舆图》在根河口都绘有康熙五十一年前后这个新界点的"明确的边界标志"③。经检阅《盛京、吉林、黑龙江等处标注战迹舆图》（此图亦名《盛京舆图》），发现此话不真，图中根河口根本没有什么康熙五十一年（1712年）前后中俄边界起点的标志。所谓"明确标志"云云，实在令人百思不得其解。

为了证明根河口是中俄边界的起点，他还引用了1771年巴黎出版的《中国鞑靼地图》（Carte dela Tartarie chinoise）和1784年威尼斯出版的《中国鞑靼图》（La Tartaria chinese）作为佐证，说在此两幅地图上，"中俄东段与中

---

① 《朔方备乘》卷23，《北徼山脉考》。
② 刘远图：《早期中俄东段边界研究》，中国社会科学出版社1993年版，第50、210页。
③ 同上书，第39页。

段的边界的交接点均绘在根河口,界线十分明确"①。诚然,这两幅外国人绘的地图的确把中俄东段边界与中段边界的交接点绘在根河口,但这样的画法是绝对错误的,两幅地图不仅把1689年《尼布楚条约》规定的中俄边界线画错了,而且也把1727年《阿巴哈依图界约》规定的中俄边界线也画错了。关于这一点,就连刘先生也不得不承认:它们"把中俄东段与中段边界的交接点绘在根河口,当然未必妥当"②。其实,这种错误的绘法,从边界研究的角度看,是属于必须加以订正之列的。但《早期中俄东段边界研究》一书作者却不顾《尼布楚条约》和《阿巴哈依图界约》规定的中俄边界线,以这两幅地图中的错误作为依据,说他们把界点绘在根河口,说明根河口这个边界新起点"在中外学者中已经留下了较深的印记"③。其实,把根河口定为康熙五十一年(1712年)前后中俄边界新起点的,在中国,刘远图先生可说是第一人,在此之前,似不曾有人这样说过。仅以外国人错绘中俄边界的两张小地图为依据,便得出这个"新界点""在中外学者中已经留下了较深的印记"的结论,真不知从何说起。

为了证明根河口是中俄边界的新起点,刘远图先生还说他在图理琛《异域录舆图》上发现了一块不为世人所知的中俄界碑,说这块界碑的实际位置"在额尔古纳河上中游的支流根河口斜对面",这是"康熙五十一年清政府再次让步,把界河额尔古纳河上游边界起点让至根河(原注:和伦河)口对岸一带的明证"④。其实,《异域录舆图》中的这块石碑,根本不是什么"中俄界碑",而是康熙三十五年(1696年)康熙皇帝亲征准噶尔噶尔丹的纪功碑。其位置也不在根河口对岸,而是在僧库尔河(今蒙古国国境内臣赫尔河)与克鲁伦河汇合处以东百数十里处的克鲁伦河北岸。其地距根河口约有800公里。关于这座石碑,我已有专文论述⑤,这里就不多说了。

为了证明根河口对岸是中俄边界的新起点,该书作者还专门写了一节"根河口对岸成为新的界点的补充原因",说这里有金代、元代的边堡,有许

---

① 刘远图:《早期中俄东段边界研究》,中国社会科学出版社1993年版,第40页。
② 同上。
③ 同上。
④ 同上书,第50页。
⑤ 参见拙文《图理琛〈异域录舆图〉托讷山碑非中俄界碑考——与刘远图先生商榷》,《中国边疆史地研究》1995年第3期。

多古城遗址；说这里是中俄边境的贸易要地，"也是中俄外交往来的交通要道"，凡此皆是促使根河口成为中俄边界新起点的原因。① 上面我们已经辨明，根河口不是中俄边界的新起点，因此，对于这些与论证清代中俄边界没有直接关系的"补充原因"，也就没有再进行讨论的必要了。

四 呼伦湖不是额尔古纳河的河源，额尔古纳河的上源为海拉尔河

《早期中俄东段边界研究》写道："我国学术界，关于额尔古纳河的河源曾有两说：一为呼伦湖；一为流入呼伦湖发源于今蒙古人民共和国的克鲁伦河。""笔者赞同呼伦湖说"，"因为呼伦池作为额尔古纳河的河源是尽人皆知的事实"②。在这里，该书作者认为克鲁伦河不是额尔古纳河的河源，这是对的；但认为呼伦湖是额尔古纳河的河源那就错了。诚然，在清代的文献中，记载额尔古纳河发源于呼伦湖的甚多，其中包括清代官方和私人的一些重要著作，如《大清一统志》、《大清会典》以及图理琛的《异域录》、齐召南的《水道提纲》、何秋涛的《朔方备乘》等。但这些记载都不是实地调查得出的科学结论。其实，早在雍正五年（1727年），中俄双方勘界人员即已发现呼伦湖并非额尔古纳河的河源，同时，他们还查明阿巴海图山下为额尔古纳河的起点。有人从地图上看到额尔古纳河与呼伦河之间有达兰鄂罗木河相通，即认为呼伦湖为额尔古纳河河源，这实在是出于误会。事实上，在一般情况下，达兰鄂罗木河是南流入呼伦湖，而不是北流入额尔古纳河。额尔古纳河的上源是海拉尔河，而不是呼伦湖。

光绪二十三年（1897年），清工部主事著名历史地理学家屠寄，奉命主持测绘黑龙江地图。他受命之后，组织人员进行实地测绘，"凡车马可通之地，则步步详测；虽车马难通而人迹犹可至者，莫不穷幽凿险而探绘之"③。至光绪二十五年（1899年），绘成了《黑龙江舆地图》，共61幅。该图第37图在海拉尔河流至阿巴海图之后标曰"额尔古纳河"，并绘一指向东北的箭

---

① 刘远图：《早期中俄东段边界研究》，中国社会科学出版社1993年版，第40—43页。
② 同上书，第277页。
③ 《黑龙江舆地图》，首页。

头，表示额尔古纳河的流向。在呼伦湖与海拉尔河之间的达兰鄂罗木河旁绘一西南向的箭头，表示该河西南流入呼伦湖。这是我们迄今看到最早在地图上标明达兰鄂罗木河流向的地图。屠寄在《黑龙江舆图说》一书"呼伦贝尔图说"中写道："额尔古纳河，为本境东北诸水之经流，其上源曰海喇尔河，亦作哈拉尔，蒙古语，黑也。""海喇尔河正流歧而为二，其一北流经阿巴海图鄂博东南，迤而东北；其一东北流，傍室韦格特山西北麓，迤而北，合为一，自此折东北流为额尔古纳河。额尔古纳，蒙古语，以手递物也，河形似之。即《唐书》室建河。""《唐书》称室建河出俱伦泊（吕按：即呼伦湖）者误也"①。清宣统元年（1909年），呼伦贝尔副都统宋小濂根据实地调查写成的《呼伦贝尔边务报告书》也说，那种认为额尔古纳河上源为克鲁伦河或呼伦池的记载是错误的。"今查克鲁伦河汇鄂尔逊河流入呼伦池，即潴而不流，达兰鄂洛木河（即达兰鄂罗木河）由海拉尔河入呼伦池亦潴而不流。彼以额尔古纳河源出呼伦池，克鲁伦河为额尔古纳河上源者，盖未见达兰鄂洛木河水流之方向，谓达兰鄂洛木河非由海拉尔河流入呼伦池，系由呼伦池流入额尔古纳河也，其不误欤"②。清朝末年至民国期间，长期在呼伦贝尔、满洲里任职的官员姜春芳，曾多次对额尔古纳河、达兰鄂洛木河进行实地考察，他记载说："呼伦湖由东北收纳一小水，名为达兰鄂洛木河，系海拉尔河之支流。此河沟极浅，其水则时有时无。""旱干无雨时，海拉尔河不能溢流，则该河因之而涸"，"不晓当日绘该处之第一图者，因何而称额尔古纳河发源于此也"③。日本人成由精雄在《额尔古纳河调查志》中也证实：达兰鄂罗木河"不是自达赉湖（即呼伦湖）流出，当额尔古纳河水位高时，河水通过这一河沟流入达赉湖。虽说达赉湖水位高时，也能见到水倒流的现象，不过那是极为罕见的"。

屠寄、宋小濂、姜春芳、成由精雄等根据实地调查得出的这些结论是符合实际的，是经得起科学的检验的。

1989年，上海辞书出版社出版的《辞海》写道："额尔古纳河，黑龙江南源。古称完水。在内蒙古自治区东北部边境。上源称海拉尔河，源出大兴

---

① 《黑龙江舆图说》，"呼伦贝尔图说"。
② 宋小濂：《呼伦贝尔边务报告书》，第二，河流，"额尔古纳河源委广远及港汊"。
③ 姜春芳：《黑水洲中俄疆界志》，第46—47页。

安岭西侧吉勒老奇山西麓，西流到新巴尔虎左旗阿巴该图附近称额尔古纳河。折向东北在恩和哈达附近同石勒喀河汇合为黑龙江。"① 1993 年中国大百科全书出版社出版的《中国大百科全书·中国地理卷》也写道："额尔古纳河，黑龙江南源。其上源为海拉尔河，由东往西流，至阿巴盖堆转向北流称额尔古纳河。"② 其他如 1990 年上海辞书出版社出版的《中国地名词典》，1991 年中国大百科全书出版社出版的《黑龙江百科全书》的"额尔古纳河"条，也都有类似的记载，这里就不一一列举了。

以上一切说明，额尔古纳河上源是海拉尔河，不是呼伦湖，这已是一般常识，那种认为"呼伦湖作为额尔古纳河的河源是尽人皆知的事实"恰恰是最不合乎事实的。

五 《尼布楚条约》规定的待议地区北界在乌第河，不在诺斯山

关于《尼布楚条约》规定的待议地区，余绳武先生主编的《沙俄侵华史》第一卷中的"《尼布楚条约》和《布连斯奇条约》划定的中俄边界示意图"，谭其骧先生主编的《中国历史地图集》（清时期）中的吉林图和黑龙江图，都绘在乌第河以南外兴安岭以北。《早期中俄东段边界研究》的作者批评这种绘法"带有片面性"③，他认为，《尼布楚条约》规定的待议地区的范围应是南起乌第河以南的外兴安岭，北至乌第河以北的诺斯山。④

以上这两种说法，有一致的地方，也有不一致的地方。一致的是二者都认为待议地区的南界在乌第河以南的外兴安岭；不一致的是前者认为待议地区的北限在乌第河，而后者则认为在诺斯山。那么，这两种说法究竟哪一种正确呢？根据谈判过程和条约规定，我认为：《沙俄侵华史》和《中国历史地图集》是正确的，《早期中俄东段边界研究》是错误的。

请先看一看中俄谈判过程：

---

① 《辞海》（下），额尔古纳河条，上海辞书出版社 1989 年版，第 4843 页。
② 《中国大百科全书·中国地理卷》，额尔古纳河条，中国大百科全书出版社 1993 年版，第 88 页。
③ 刘远图：《早期中俄东段边界研究》，中国社会科学出版社 1993 年版，第 124 页。
④ 同上书，第 122、134、151 页。

1689年9月3日，清方提出："诺萨山（该山向东北延伸，直至北海和东海），亦为两国之界：凡上述山岭顶峰以南之所有土地皆属中国，山岭顶峰以北之土地皆属俄国。"① 诺萨山即诺斯山。这是中俄尼布楚谈判中第一次提到诺斯山。

9月5日，俄国全权大臣致函中国钦差大臣，表示不能接受以诺斯山为界的要求。同日，俄方提出一份草约，除提出以石头山（兴安岭）为界外，还提出以"俄国所属乌第河和大清国所属阿穆尔河已划分山岭（兴安岭）之间，所有入海河流及其间一切土地"，作为待议地区。② 对此，清方提出反建议，主张以石大兴安岭"至诺斯山中间流入海之其余河川及其间所有土地"为待议地区。③ 石大兴安岭，也称"兴安岭"，其东段在乌第河以南，诺斯山，在乌第河以北，"从圣诺斯山（即诺斯山）到沙弗利河（也称乌第河）需要走十个礼拜左右"④。显然，中俄的分歧在待议地区的北界，即俄方主张以乌第河为北界，清方主张以诺斯山为北界。

由于俄方坚决不同意以诺斯山为待议地区的北界，清方为了早日划定边界，开始对俄方作出让步，表示愿意将"圣诺斯山（即诺斯山）的那些河川和山脉""划归沙皇陛下方面，以期永敦和好"⑤。中俄双方意见暂趋一致。

9月6日，俄方向清方宣读一个草约，有关待议地区的条文是："俄国所属乌第河和大清国所属靠近阿穆尔河之山岭（按：即兴安岭，今外兴安岭）之间所有入海河流及其间一切土地，因全权大臣未得划分此等土地之沙皇陛下旨意，应暂行存放。"⑥ 这就是说，俄方主张以乌第河以南、兴安岭以北之间为待议地区。对此，清钦差大臣表示"同意以条约文本中所规定的条款为基础，缔结永久和约"⑦，并派耶稣会士去见俄国全权大使，告诉他：清方对俄方所拟"划分边界诸条都表示接受"⑧。9月7日，中俄双方交换了条约

---

① 苏联科学院远东研究所等编：《十七世纪俄中关系》第2卷，黑龙江大学俄语系等译，商务印书馆1975年版，第834页。
② 同上书，第847页。
③ 同上书，第857页。
④ 同上书，第843页。
⑤ 同上书，第860页。
⑥ 同上书，第861—862页。
⑦ 同上书，第863—864页。
⑧ 同上。

文本。

从上面的谈判过程看，清方虽曾主张以诺斯山和石大兴安岭为待议地区，但由于俄方反对而放弃这一要求，最后同意俄方的主张，把待议地区的北界定在乌第河。那种认为待议地区的北界在诺斯山的说法，显然是不符合历史事实的。

下面再让我们看一看《尼布楚条约》各种文本的规定：

拉丁文本规定："惟界于兴安岭与乌第河之间诸川流及土地应如何分划，今尚未决，……"① 这里明明白白规定，待议地区在乌第河与兴安岭之间，而不是乌第河与乌第河以北的诺斯山之间。这与满文本和俄文本的规定完全一致。满文本写道："惟乌第河以南、所定之兴安岭以北中间所有地方河溪暂行存放。"② 这十分清楚地说明，待议地区是在乌第河以南兴安岭以北之间的所有地方，乌第河是待议地区的北界。俄文本也写道，"俄国所属乌第河和大清国所属靠近阿穆尔河之山岭（即兴安岭）之间所有入海河流及其间一切土地，……应暂行存放"③。这也明明白白地写出，乌第河是待议地区的北界，兴安岭在乌第河之南。由此可见，尽管三种文本的措辞有所不同，但内容实质却是一致的，都规定待议地区在乌第河以南与兴安岭以北之间，待议地区的北界是乌第河，而不是诺斯山。

刘远图先生为了证明待议地区的北界在诺斯山，所以他说，俄文本"俄国所属乌第河和大清国所属靠近阿穆尔河之山岭之间"一语，是俄方私自塞进的。但这只是他的臆测，没有事实根据。事实上，俄文本的内容，俄方曾向清方宣读过，清方表示接受。至于满文本规定的"乌第河以南、所定之兴安岭以北中间所有地方河溪暂行存放"一语，表述清楚，并没有什么难懂的地方，但刘先生却说，满文本规定的"乌第河以南"，是指"乌第河南北两侧"④。乌第河以南，变成乌第河南北两侧，又说或"表示乌第河未定界区域南起乌第河流域的

---

① 王铁崖：《中外旧约章汇编》第1册，三联书店1982年版，第1页。
② 中国第一历史档案馆编：《清代中俄关系档案史料选编》第1编上册，中华书局1981年版，第123页。
③ 苏联科学院远东研究所等编：《十七世纪俄中关系》第2卷，黑龙江大学俄语系等译，商务印书馆1975年版，第961页。
④ 刘远图：《早期中俄东段边界研究》，中国社会科学出版社1993年版，第126页。

南侧"①。在刘先生的笔下，条约中"乌第河以南"这样明确的规定，是可以任意更改的。这不是在解释条约约文，而是在歪曲条约约文。乌第河在诺斯山的南面，乌第河以南怎能与其以北的诺斯山以北地区构成待议地区呢？乌第河以南，诺斯山以北，是两个相背的方向。乌第河以南只能和其南面的地方构成待议地区，诺斯山以北只能与其以北的地方构成待议地区。按其地理位置，乌第河以南和诺斯山以北是无法构成待议地区的。如果按照刘先生的说法，乌第河以南、诺斯山以北是待议地区，那么，只有把乌第河的位置从诺斯山之南搬到诺斯山之北，舍此别无他法。

又如，刘远图先生强调说："尤其是道光十二年成图的董方立《皇清地理图》，不仅绘示了乌第河南侧未定界范围（索伦河及其北侧的外兴安岭），而且绘示了乌第河北侧未定界范围。他把'俄罗斯界'几个字写在北纬75°的地方，而索伦河及其北侧的外兴安岭则绘在北纬55°，明确绘出未定界范围在北纬55°至75°之间"②，以此来证明待议地区北至诺斯山。读了这段文字，不禁使人感到奇怪，该图东北部明明只绘至索伦河北的外兴安岭，也就是只绘至清朝东北的界山，并未绘至乌第河，更不用说绘有什么乌第河以北的待议地区了。至于说该图"明确绘出未定界范围在北纬55°至75°之间"，那更是错误的。北纬75°那确实是在诺斯山以北很远的地方，而董方立图上也没有北纬75°。图中在北纬线上所标的"七十五"、"八十五"、"九十五"，并不是北纬75°、85°、95°。大家知道，纬度的极限是90°，哪有什么北纬95°的？图中的北纬"七十五"、"八十五"、"九十五"，实是57°、58°、59°，因为清代书写和阅读是从右到左，而不是从左到右。《早期中俄东段边界研究》一书作者说董方立《皇清地理图》把未定界范围绘在北纬55°—75°之间，这是读错了地图，以此作为证据，自然不能得出正确的结论。

上面是我对早期中俄东段边界几个问题的看法，如有不妥之处，谨请指正。

附记：

在撰写本文过程中，承蒙满文专家吴元丰、王熹二位先生热情帮助，谨致谢意。

---

① 刘远图：《早期中俄东段边界研究》，中国社会科学出版社1993年版，第124页。
② 同上书，第150页。

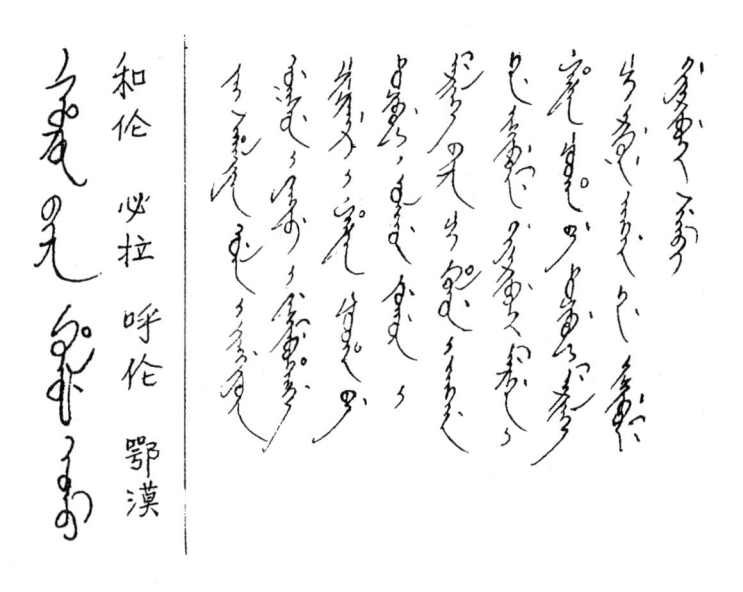

注：左为地图中用满文标写的和伦河和呼伦湖；右为康熙五十一年（1712 年）理藩院致俄国西伯利亚总督咨文中黑龙江将军杨福奏请建立巡边制度的满文原档摘抄。

（原载《中国边疆史地研究》1995 年第 4 期）

俄国东侵与伊犁索伦营卡伦的变迁

19世纪60年代，俄国为侵占中国领土寻找借口，曾把伊犁索伦营的一些卡伦指为清帝国的边界。此后，俄国学者也多沿袭此说。事实上，在俄国割占中国西北大片领土以前，伊犁索伦营全部卡伦皆与国界无关，它们距离边界线远者六七百里，近者四五百里。后来由于俄国通过一系列不平等条约割占中国西部领土，索伦营的一些卡伦才变成边界哨所，继而全部沦为俄境。阐明索伦营卡伦的变迁，不仅有助于了解清代西北地区的防务，同时也有助于澄清有关中俄边界形成的某些谬说。

一 索伦营卡伦的建立

18世纪50年代，清政府平定准噶尔亲王阿睦尔撒纳叛乱之后，由于战争的破坏，天山北路土地荒芜，人烟稀少。为了稳固统治和恢复生产，清政府在伊犁建立了将军衙门，实行军府制度，并从黑龙江、蒙古、陕西、甘肃等地征调满、汉、蒙古、索伦（鄂温克）、达斡尔、锡伯各族官兵到伊犁驻扎和从事生产。伊犁索伦营就是为了适应这一需要而建立的。

伊犁索伦营建于乾隆二十九年（1764年），由来自黑龙江的索伦、达斡尔官兵组成，分左、右两翼，左翼四旗为索伦族人，分布在霍尔果斯河以西齐齐罕河、萨玛尔河、奎屯河和图尔根河一带，从事游牧和农耕；右翼四旗是达斡尔族人，分布在科河、霍尔果斯河一带，经营农业。索伦营设领队大臣，各旗设佐领、骁骑校。霍尔果斯河两岸除索伦、达斡尔官兵外，还有来自陕西、甘肃的绿营兵。

1776年，清政府在霍尔果斯河东建筑拱宸城（也称霍尔果斯城），绿营兵参将衙门就设在城里。

伊犁地区安设卡伦并非自索伦营开始，早在平定准噶尔叛乱的过程中，清政府就在善塔斯等地驻兵设卡了。1758年，定边将军兆惠还提出了在伊犁河和特穆尔图淖尔（伊塞克湖）一带安设卡伦的计划。1761年，参赞大臣阿桂亲自选定了安设卡伦的地点，"自辉迈拉扈至爱古斯（今哈萨克斯坦共和国阿亚古斯）、招摩多（位于巴尔喀什湖东岸、阿亚古斯河下游南岸），自阿勒坦额默勒至伊犁河岸十七处，立木为记；对伊犁河四处，垒石为记"。至于特穆尔图淖尔迤西，楚河、塔拉斯河一带，因"地处极边，一时不能拨兵屯种"，暂且"每年派兵巡查一次，俟将来续行筹办"①。1763年，伊犁将军明瑞对阿桂的设卡计划提出异议，他说："原议周围安放卡伦二十一处，每处派兵二十五名，共需兵五百余名，此项卡伦与哈萨克交界甚近，而去伊犁、雅尔河二处近者二三百里，远者千里，派兵驻守，有鞭长莫及之势，恐不足以资防范。"因此，他建议："与其将五百名分于各处，莫若停止周围所放卡伦以集兵力，……所余之兵，即交领队大臣裹带口粮，于周围地方从容巡查，方为有益。"②此后，新疆卡伦的设置基本上遵循这一方针。这就是伊犁索伦营各处卡伦，都不设在边远地区的原因。

伊犁索伦营卡伦是在索伦营建立之时或稍后设置的。乾隆四十七年（1782年）增补的《钦定西域图志》记载："和尔郭斯，在伊犁西一百三十里，有屯田，自和尔郭斯西北行六十里为奇齐克，又西行六十里为奎屯，又南行六十里为惠番，又自奎屯西行六十里为博罗呼济尔，又自奎屯西行九十里至烘和尔鄂笼，皆在伊犁郭勒（伊犁河）北境，层山枕叠，地当险要，并设卡伦于此。"③也就是说，当时伊犁索伦营辖有和尔郭斯、奇齐克、奎屯、惠番、博罗呼济尔和烘和尔鄂笼六座卡伦。成书于乾隆四十年（1775年）的《伊江汇览》记载与《西域图志》基本一致，只是有些卡伦名称译成汉字音近而字不同，如博罗呼济尔与波罗胡济尔，和尔郭斯与霍尔果斯，烘和尔鄂笼与空果尔鄂伦。

---

① 傅恒：《平定准噶尔方略》续编，卷17，第7页。
② 傅恒：《平定准噶尔方略》续编，卷23，第13—15页。
③ 傅恒：《西域图志》卷13，第1页。

其后，随着伊犁西路的开发，以及人口的繁衍和外地居民的迁入，治安任务也就越来越繁重了。为了适应新的形势，索伦营卡伦也随之逐渐增加。嘉庆十三年（1808年）成书的《西陲总统事略》记载："索伦达虎尔领队大臣专辖卡伦八座"①。比原来增加了两座。一座是安设在空果尔鄂伦卡伦西北的套来图卡伦，一座是安设在惠番卡伦南面伊犁河岸的奇沁卡伦。稍后又从八座发展到十座。《总统伊犁事宜》和《钦定新疆识略》都详细地记载了这十座卡伦的名称和驻扎官兵的情况。《总统伊犁事宜》记载的十座卡伦，除了《西域图志》所载六处外，新增加的是霍尔果斯安达兰卡伦，图尔根布克申，以及冰冻时节由霍尔果斯卡伦、博罗呼济尔卡伦派兵分设的两座没有写出名称的"布克申"②。布克申也是卡伦，《新疆识略》称："小卡伦分置瞭望之处名曰布克申，而统名之则曰卡伦"③。

此后数十年间，直至19世纪50年代，索伦营所属卡伦基本上保持在十座左右，最多时曾达到十一座。关于各座卡伦的名称，各书记载很不一致。例如：《新疆识略》所载索伦营的十座卡伦中，与《总统伊犁事宜》相同的仅有七处；《伊犁略志》记载索伦营的十座卡伦中，六处见于《伊江汇览》和《西域图志》，其他四处均为他书所不载。④ 如此等等。索伦营卡伦名称之所以如此歧异，除了同音异译外，主要是由于存在着"一卡二名"或"一卡多名"的缘故。关于这一点，我们将在后面加以考订。

二 索伦营卡伦的名称、位置和类别

根据文献记载考订，从1764年索伦营卡伦建立到1840年鸦片战争爆发，索伦营先后安设卡伦十一座，其中六座是历年不移地点的常住卡伦，五座是春设冬撤或冬设春撤的添撤卡伦。下面是这些卡伦的名称、位置和类别。

（1）霍尔果斯安达拉卡伦，也称霍尔果斯安达兰卡伦、和尔郭斯安达

---

① 松筠：《西陲总统事略》卷9，"卡伦"。
② 永保：《总统伊犁事宜》，伊犁，"边卫"。
③ 松筠：《新疆识略》卷11，"边卫"。
④ 佚名：《伊犁略志》，卡伦，"索伦营领队大臣管辖"。

拉卡伦或霍尔果斯巡防哨。《西域水道记》记载："和尔郭斯河（霍尔果斯河）又南流，经拱宸城西、和尔郭斯安达拉卡伦东，是谓渡口。"① 这说明，这座卡伦位于霍尔果斯城西霍尔果斯河西岸。霍尔果斯安达拉卡伦见于嘉庆年间成书的《总统伊犁事宜》和《新疆识略》等书，其实这座卡伦早在乾隆年间就有了，它是伊犁索伦营最早建立的六座卡伦之一。乾隆四十年（1775年）成书的《伊江汇览》称之为"霍尔果斯卡伦"，乾隆四十七年（1782年）刊刻的《西域图志》称之为"和尔郭斯卡伦"②。其后，清政府在图尔根河（今哈萨克斯坦共和国的博罗呼济尔河）东岸又建立一座霍尔果斯卡伦，故将原来的霍尔果斯卡伦改称为霍尔果斯安达拉卡伦。霍尔果斯安达拉卡伦是添撤卡伦，驻扎索伦营官二员，兵三十名，每年春季设，冬季撤。

（2）齐齐罕安达拉卡伦。也称齐齐罕巡防哨，《新疆识略》记此卡伦在霍尔果斯安达拉卡伦西北六十里。③《西域水道记》记载："齐齐罕河，源发自北山中，南流，东疏渠一，又南流，东西各疏渠一，东渠南经齐齐罕安达拉卡伦西止不流。"④ 这说明齐齐罕安达拉卡伦位于齐齐罕河（即今哈萨克斯坦共和国的提什坎河）下游东岸。此卡为添撤卡伦，驻索伦营官二员，兵十五名，春季添，冬季撤。此卡伦始设于乾隆年间，《西域图志》作奇齐克卡伦。⑤《伊江汇览》称为齐齐罕卡伦。⑥ 其后，清政府在图尔根河东岸又设置了一个同名的卡伦，所以把原有的齐齐罕卡伦改称为齐齐罕安达拉卡伦。

（3）奎屯卡伦。《新疆识略》所附《伊犁西北境舆图》标此卡伦于图尔根河上游与奎屯河（今哈萨克斯坦共和国的乌谢克河）上游之间。《西

---

① 徐松：《西域水道记》，"巴勒喀什淖尔所受水"。
② 格琫额著《伊江汇览》载："霍尔果斯卡伦，东至伊犁城一百三十里，西北至齐齐罕卡伦六十里"。《西域图志》记载同。《新疆识略》载："旧霍尔果斯安达拉卡伦，在惠远城（即伊犁城）西北一百二十里，西至齐齐罕安达拉卡伦六十里"。由此可知，霍尔果斯安达拉卡伦即《西域图志》、《伊江汇览》所载的霍尔果斯卡伦。
③ 松筠：《新疆识略》卷11，"边卫"。
④ 徐松：《西域水道记》，"巴勒喀什淖尔所受水"。
⑤ 傅恒：《西域图志》，疆域6，卷13，第1页。
⑥ 格琫额：《伊江汇览》，"台卡"。

域水道记》记载此卡伦在图尔根河上游东岸小山梁上三十里处。① 图尔根河即今哈萨克斯坦共和国的博罗呼济尔河,俄文地图在该河上游东岸标有"克伊腾"地名,其方位与奎屯卡伦相符合。克伊腾为奎屯的异译。奎屯卡伦是常设卡伦,驻侍卫一员(道光八年裁撤),索伦营官一员,兵十五名;厄鲁特营兵五名。

(4) 博罗呼济尔卡伦。《新疆识略》记载:"奎屯卡伦西北至博罗呼济尔卡伦三十里。"②《西域水道记》也载:奎屯卡伦,"西北行经图尔根河河源北山阴,凡三十里,至博罗呼济尔卡伦。"③《伊犁西北境舆图》置博罗呼济尔卡伦于图尔根河源北山中。图尔根河即今哈萨克斯坦共和国的博罗呼济尔河,奎屯卡伦在该河上游东岸的克伊腾,博罗呼济尔卡伦即在博罗呼济尔河源北边。博罗呼济尔卡伦为常设卡伦,设卡伦侍卫一员(道光八年奉旨裁撤),驻索伦营官一员,兵二十名,厄鲁特营兵十名。春夏添惠远城满营官一员,前锋五名,索伦营兵十名。

(5) 齐齐罕卡伦。《西域水道记》记载:"图尔根河源发自都兰哈剌山,东南流折而南达山外,南流二十余里经齐齐罕卡伦西。"④《新疆识略》记载:"齐齐罕卡伦,北至奎屯卡伦三十里。"⑤ 这说明,该卡伦在今哈萨克斯坦共和国的博罗呼济尔河(图尔根河)东岸克伊腾南的延别克希(伊木别克什)附近。齐齐罕卡伦为常设卡伦,设卡伦侍卫一员[道光八年(1828年)裁撤],索伦营官一员,索伦兵十五名,厄鲁特营兵五名。

(6) 霍尔果斯卡伦。《新疆识略》记载:"霍尔果斯卡伦,北至齐齐罕卡伦二十里。"⑥《西域水道志》也载,图尔根河"经齐齐罕卡伦西,又南二十里经和尔郭斯卡伦西。"⑦ 齐齐罕卡伦既经考订在今博罗呼济尔河(图尔根河)东岸延别克希,那么,其南二十里处即为霍尔果斯卡伦所在。霍尔果斯卡伦是常设卡伦,设侍卫一员[道光八年(1828年)裁撤],驻

---

① 徐松:《西域水道记》,"巴勒喀什淖尔所受水"。
② 松筠:《新疆识略》卷11,"边卫"。
③ 徐松:《西域水道记》,"巴勒喀什淖尔所受水"。
④ 同上。
⑤ 松筠:《新疆识略》卷11,"边卫"。
⑥ 同上。
⑦ 徐松:《西域水道记》,"巴勒喀什淖尔所受水"。

索伦营官一员，兵二十名，厄鲁特兵五名。

（7）奎屯色沁卡伦。《伊犁西北境舆图》简称色沁卡伦，《伊犁略志》作奎屯堰卡伦，该卡位于奎屯河上游，"西北至博罗呼济尔卡伦二十里"①。博罗呼济尔卡伦在博罗呼济尔河源北边，奎屯色沁卡伦则在其东南二十里的乌谢克河（奎屯河）上游的西岸。奎屯色沁卡伦是添撤卡伦，驻索伦营官一员，兵二十名，冬季添，夏季撤。每年冬季，由博罗呼济尔卡伦拨兵十名来此协助驻守，三月间撤回原卡。②

（8）崆郭罗鄂伦卡伦。《西域图志》作烘和尔鄂笼卡伦，《伊犁略志》作洪谷洛鄂伦，同治三年（1864年）中俄《勘分西北界约记》作匡果罗鄂伦卡伦。此卡伦位于博罗呼济尔卡伦西南一百二十里处，清末洪钧翻译俄国绘制的《中俄交界图》，译作阔奴尔鄂连斯奇卡伦。其地在今哈萨克斯坦共和国科克捷烈克河西岸的阔奴尔鄂连，或译写为科内罗连。崆郭罗鄂伦卡伦是常设卡伦，设卡伦侍卫一员［道光八年（1828年）裁撤］，索伦营官一员，索伦兵二十五名，厄鲁特营兵十名。

（9）辉发卡伦。《西域图志》和《伊江汇览》皆作惠番卡伦。此卡伦西北至崆郭罗鄂伦卡伦七十里，东南至霍尔果斯卡伦七十里。③其地约在今哈萨克斯坦共和国科伊本附近。据《总统伊犁事宜》记载，惠番卡伦设"侍卫一员，索伦营官一员，索伦兵四十名，厄鲁特兵十名，共五十名"④。其后驻卡官兵逐渐裁减，只驻索伦营官一员，兵二十名，厄鲁特兵五名。

（10）河岸卡伦。此卡伦在《新疆识略》卷11中作河岸卡伦，同书所附《伊犁西北境舆图》作奇沁卡伦；《中俄勘分西北界约记》作"齐钦卡伦"；《伊犁略志》作"伊犁河岸巡防哨"。此卡伦在辉发卡伦南五十里，"在伊犁河北岸"⑤。《伊犁西北境舆图》标此卡伦于图尔根河西，伊犁河北岸，约在今哈萨克斯坦共和国的博罗呼济尔附近。河岸卡伦为添撤卡

---

① 松筠：《新疆识略》卷11，"边卫"。
② 《伊犁略志》，"卡伦"。
③ 松筠：《新疆识略》卷11，"边卫"。
④ 永保：《总统伊犁事宜》，"营务应办事宜"。
⑤ 松筠：《新疆识略》卷11，"边卫"。

伦，驻索伦营官一员，兵二十名。①

（11）套赖图卡伦。也作套来图卡伦或滔赖图卡伦。该卡伦在崆鄂罗鄂伦卡伦西北三十里，"东南至辉发卡伦一百里"②。约在今哈萨克斯坦共和国科内罗连（崆鄂罗鄂伦）西北的卡腊莫尔达附近。记事止于嘉庆二十年（1815年）的《新疆识略》所列索伦营领队大臣管辖的卡伦中已无此卡之名，只在《伊犁山川》中提到："雅尔噶图山在惠远城西北三百里，旧套赖图卡伦西。""享格尔图山，在惠远城西北三百里，旧套赖图卡伦东北。"③ 这说明该卡伦在1815年以前就已经不存在了。

除上述十一处卡伦外，《总统伊犁事宜》一书中记载："图尔根布克申一处，索伦蓝翎一员，索伦兵二十名，每年九月添设，三月撤回。"④ 该书没有说明这个卡伦的方位，因此无从确定其具体位置，也无从知道是哪一个卡伦的别称，或是单独存在的卡伦。但从其名称判断，这个布克申是设在图尔根河（今哈萨克斯坦共和国的博罗呼济尔河）附近。附记于此，留待以后考证。

三 索伦营所属卡伦的职责

清代伊犁境内有察哈尔营、锡伯营、厄鲁特营和索伦营，四营各设卡伦，负责管理自己地段的游牧部落，防止侵越地界、防止盗窃、稽查出入和捕拿逃人。这是各卡共有的一般职责。索伦营的有些卡伦，除负有以上职责外，还有自己的特殊任务。

崆鄂罗鄂伦卡伦、博罗呼济尔卡伦、辉发卡伦和河岸卡伦，西邻哈萨克部落，既要约束索伦营左翼兵民不令私自出卡滋事，也要防止哈萨克人私入卡伦偷窃牲畜。崆郭罗鄂伦卡伦是哈萨克人到伊犁进行贸易的第一道关卡，管理和护送哈萨克人到伊犁贸易是它的重要任务，每年夏秋之交，哈萨克"自匡俄尔俄鸾卡伦（即崆郭罗鄂伦卡伦）抵境时，卡伦侍卫查

---

① 松筠：《新疆识略》卷11，"边卫"。
② 松筠：《西陲总统事略》卷9，"卡伦"。
③ 松筠：《新疆识略》卷4，"伊犁山川"。
④ 永保：《总统伊犁事宜》，"营务处应办事宜"。

其人众、牲畜之数，先行具报，沿卡送至伊犁，满营接至芦草沟，带至西门外贸易亭。营务处呈禀将军，派委侍卫、协领暨驼马处等官监视贸易"①。

博罗呼济尔卡伦，也是一个比较特殊的卡伦，在1851年中俄签订《伊犁塔尔巴哈台通商章程》之后，它成了俄国对伊犁贸易的必经关卡之一，负有查验和护送前来贸易的俄国商人和货物的任务。《伊犁塔尔巴哈台通商章程》规定，俄罗斯国商人前来伊犁贸易，由俄罗斯国专管贸易的匡苏勒官（领事官）带领到中国伊犁博罗呼济尔卡伦，呈上俄罗斯国通商执照，由卡官检验，核实商人人数和货物数目，然后派拨官兵沿卡照料护送。

霍尔果斯安达拉卡伦，地处哈萨克草原至伊犁的通道上，此卡几乎专为管理哈萨克贸易而设。每年四月哈萨克来时安设，九月即撤去。

齐齐罕安达拉卡伦，邻近绿营兵四工屯垦区，绿营兵屯垦区有时也安置发遣犯人劳动。齐齐罕安达拉卡伦除了管理游牧外，还有防止犯人逃跑的任务。

四　沙俄割占中国西部领土与索伦营卡伦的变迁

18世纪50年代，清政府统一新疆以后，准噶尔所属地区全部纳入清帝国版图。那时清帝国的西部边界在爱古斯河和巴尔喀什湖，该湖以南的吹河（楚河）、塔拉斯河、伊塞克湖等广大地区都是清朝的领土。索伦营各卡距帝国边界十分遥远，霍尔果斯安达拉卡伦、齐齐罕安达拉卡伦距离边界线有六七百里之遥；崆郭罗鄂伦卡伦、博罗呼济尔卡伦和辉发卡伦距边界线也有四五百里。19世纪20年代，沙俄曾把侵略魔爪伸入巴尔喀什湖以南的哈喇塔拉地区，由于遭到清政府的强烈抗议，入侵者不得不撤回俄国，但没有放弃侵略中国领土的野心。鸦片战争后，清政府的腐败衰弱完全暴露出来，沙俄便加紧其侵略步伐，积极向中国东北和西北扩张，蚕食鲸吞中国边疆地区。1858—1860年，沙俄趁英法联军侵略中国之际，趁

---

① 格琫额：《伊江汇览》，"贸易"。

火打劫，先后强迫清政府签订《瑷珲条约》和《北京条约》，割占中国东北大片领土。1864年又逼签割占中国巴尔喀什湖以东以南广大地区的《勘分西北界约记》，规定中俄边界线"由奎屯河西边之奎塔斯山顶行至图尔根河水从山内向南流出之处，即顺图尔根河，依博罗胡吉尔、奎屯、齐齐罕、霍尔果斯等处卡伦，至伊犁河之齐钦卡伦。过伊犁河往西南至春济卡伦……"根据这一规定，索伦营所辖的图尔根河以西的崆郭罗鄂伦卡伦和辉发卡伦被划归俄有，原来远离边界线的博罗呼济尔、奎屯、齐齐罕、霍尔果斯、齐钦等卡伦，也一变而成为中俄边界线上的前哨。这是索伦营卡伦的一次大变动。

中俄《勘定西北界约记》签订不久，新疆爆发了维吾尔、回等族的反清起义，浩罕将军阿古柏趁机入侵，建"哲德沙尔"政权。1871年，沙俄以代守伊犁名义占领伊犁。阿古柏政权覆灭后，清政府便向俄国要求归还伊犁，并派钦差大臣崇厚与俄交涉。1879年，沙俄强迫崇厚签订《里瓦吉亚条约》。该条约规定，俄国将伊犁地方交还大清国管辖，但清国要将"伊犁帖克斯川一带地方，划归我国管属"。消息传来，朝野哗然，纷纷谴责崇厚屈辱卖国。清政府拒绝批准这个条约，另派钦差大臣曾纪泽赴俄交涉。曾纪泽及其参赞与俄国外交大臣格尔斯进行了十分艰苦的谈判，终于在1881年2月24日在圣彼得堡同俄国签订了《改订条约》，也称《圣彼得堡条约》或《伊犁条约》。条约第七条规定："伊犁西边地方应归俄国管属，以便因入俄籍而弃田地之民在彼安置。中国伊犁地方与俄国地方交界，自别珍岛山，顺霍尔果斯河，至该河入伊犁河汇流处，再过伊犁河，往南至乌宗岛山廓里札特村东边。自此处往南，顺同治三年塔城界约所定旧界。"①

根据上述规定，霍尔果斯河变成了中俄界河，原设在霍尔果斯河以西、图尔根河以东的博罗呼济尔、色沁、奎屯、齐齐罕、霍尔果斯、奇沁、齐齐罕安达拉、霍尔果斯安达拉等卡伦地方，全部划入俄境。也就是说，乾隆年间以来索伦营所设的卡伦，至此一个也没有了。

《改订条约》签订以后，霍尔果斯河由内河而变成了中俄两国的界河，

---

① 王铁崖：《中外旧约章汇编》第1册，三联书店1982年版，第382页。

此后索伦营新设的卡伦，皆在霍尔果斯河东岸，设卡目的也与乾隆年间大不相同，明显地具有国防哨卡的性质。根据《新疆图志》、《新疆乡土志》、《伊塔道图》的记载，索伦营在霍尔果斯河沿岸共设卡伦六座。从北而南分别是哈尔素胡尔卡伦、红山咀卡伦、尼堪卡伦、察罕鄂博卡伦、登元卡伦和河源卡伦。

哈尔素胡尔卡伦。位于霍尔果斯河上游，北距河源六十里[①]，南距红山咀卡伦七十里。[②] 哈尔素胡尔卡伦在今何地，由于没有明确记载，很难确指。有人把哈尔素胡尔卡伦定在俄国巴什坤泉（巴斯昆齐）对岸[③]，这恐怕不合乎事实。巴什坤泉对岸民国年间曾设有一座卡伦，名为"四道卡"[④]。四道卡距红山咀卡伦不到二十里，与《新疆图志》、《伊犁府乡土志》所记七十里相差悬殊，可见哈尔素胡尔卡伦并不位于巴什坤泉对岸。那么，哈尔素胡尔卡伦设在什么地方呢？我以为应该设在四道卡之北，可能是在五道卡（民国年间卡伦名称），或者在五道卡之北。五道卡也称阿拉马卡，该卡对岸卡伦也称阿拉马卡，位于今哈萨克斯坦共和国的阿勒马勒苏河口稍北处。据记载，"霍尔果斯河上有两座国际桥梁，一座在尼堪卡国界门，一座在五道卡，即阿拉马卡"，中俄边境贸易，"每年由此过牲畜"[⑤]。无论从道里远近还是地位冲要而言，把哈尔素胡尔卡伦定位于五道卡，要比定位于巴什坤泉对岸四道卡更接近事实。

红山咀卡伦。也称红山口卡伦或红山卡，民国年间又名三道卡[⑥]，现为红卡子边防站。红山咀卡伦南行三十里至尼堪卡伦。

尼堪卡伦，也称霍尔果斯卡伦。这一带原为绿营兵屯垦区，绿营由汉人组成，满语称汉人为"尼堪"，尼堪卡伦或由此而得名。尼堪卡伦在今

[①] 许国桢《伊犁府乡土志》记载："霍尔果斯河其源出别珍岛山，南流六十里经哈尔素胡尔卡伦西。"全国图书馆文献缩微复制中心1990年版。

[②] 王树枏：《新疆图志》卷80，"道路二"，东方学会1923年版。许国桢：《伊犁府乡土志》，"卡伦"，全国图书馆文献缩微复制中心1990年版。

[③] 张大军：《新疆风暴七十年》（三），兰溪出版社1980年版，第1428—1429页之间《霍尔果斯河中俄两国界图》

[④] 朱玉宁：《霍尔果斯河地区国界示意图》，民国年间手稿复印件。

[⑤] 朱玉宁：《霍尔果斯河地区国界示意图说明书》，民国年间手稿复印件。

[⑥] 1944年霍城警察局绘《中苏边界铁丝网移动位置略图》（复印件）标示："三道卡，又名红山卡"。

霍尔果斯桥头堡附近，地位冲要，是伊犁西境门户和国防要地，也是伊犁与俄国通商出入的必经之道。钟广生《新疆志稿》记载："伊犁密迩俄疆，俄商受廛于此，租市蕃盛，天山北路一都会也。……俄国商货自墨斯科（莫斯科）顺铁道越乌拉岭而东，……夏秋则东南行渡斋桑湖入塔城边境，春冬则西南行至阔帕勒城，渡霍尔果斯河，经尼堪卡伦入伊犁边境。"① 杨增新《呈报改设霍尔果斯县治文》也载："霍尔果斯向设分防通判，专司稽查通商事件，又于尼堪卡伦添设卡员，盘查来去行人，检查商车货物。"② 辛亥革命时期，俄国干涉伊犁革命的军队也是从这里入境的。尼堪卡伦南行三十里至察罕鄂博卡伦。

察罕鄂博卡伦。察罕鄂博，蒙古语，意为白石堆，可能是因为这里有白石堆而得名。该卡位置约在民国年间的黑树窝卡伦西边，今英塔尔边防站西南，霍尔果斯河东岸的英塔尔附近。察罕鄂博卡伦南行五十里至登元卡伦。

登元卡伦。具体地点难以确指，根据道里和清末的地图标示，其地应在今黄旗马队西南。黄旗马队附近，民国年间设有黄旗马队卡伦，又称下二道卡伦。登元卡伦南行五十里至河源卡伦。

河源卡伦。1944年2月，霍城县保安大队代电称："窃职于2月10日视察霍城沿边所属驻军，于十一日分别驰往视察，计到红山卡、尼堪卡、阿克炮台（原注：河源卡）各卡，视察边防配备、勤务官兵、内务各情形。"③ 又据1943年霍城县副县长朱玉宁《霍尔果斯河地区国界示意图说明书》称："目下水坝，一在红山卡，一在阿禾炮台，即下三道卡。"由上引记载可知，河源卡伦在阿克炮台（阿禾炮台）地方，又称下三道卡。据清宣统元年（1909年）《新疆全省舆地图》的《伊塔道总图》、《伊犁府总图》、《绥定县图》、《宁远县图》诸图标示，比照今图，河源卡伦约位于今三道河子边防检查站附近。

综上所述，可以看出，伊犁索伦营卡伦的变迁，是同中国西北一隅领

---

① 钟广生：《新疆志稿》卷2，1909年刻本，第62页。
② 杨增新：《补过斋文牍》丙集下，京城合兴文楷斋1921年版。
③ 1944年4月15日《新疆督办盛世才为苏方边卡人员在霍尔果斯河东岸黑树窝卡和黄旗马队卡之间越界饬令外交特派员公署与苏方交涉函》，存中国社会科学院近代史研究所图书馆。

土的变迁密切相关的。从乾隆年间索伦营设置卡伦至同治三年（1864年）中俄签订《勘分西北界约记》之前，索伦营卡伦远离边界线，与国界毫不相干，其职责主要是维持内部治安。《勘分西北界约记》签订之后，沙俄割占中国西北大片领土，索伦营卡伦一部分被划入俄境，一部分变成了国防前哨。《伊犁界约》签订后，俄国又割占了伊犁西部地区，霍尔果斯河由中国内河一变而成为中俄两国的界河，乾隆、嘉庆年间设置的索伦营卡伦，全部沦为俄境，因而有霍尔果斯河东岸卡伦的产生。霍尔果斯河沿岸卡伦的性质和任务，大大异于乾嘉时代的卡伦，主要不在内部治安，而是防止外人的越境和入侵。

（原载《中国边疆史地研究报告》1992年第3—4期）

薛福成与中英滇缅界务交涉

薛福成于光绪十五年四月（1889年5月）被任命为出使英、法、意、比四国大臣，十六年正月十一日（1890年1月31日）离沪赴任，二十年四月十五日（1894年5月19日）卸任回国，总共度过了四年多的外交生涯。其间，在薛福成办理的诸多外交事务中，最令人注目的重大事件，莫过于1894年同英国外交大臣签订了《续议滇缅界务商务条款》。长期以来，人们对于薛福成办理这一重大的外交事务的评价，褒贬不一，分歧极大。清朝总理各国事务衙门、云贵总督王文韶都认为，此约规定的边界线，"于旧界有益无损"①。沈林一说："中朝自简使出洋以来，轺车络绎。而识者推不辱君命之才，必曰曾、薛（指曾纪泽和薛福成）。二公奉使英俄，皆天下莫强之国。曾公索还伊犁，力改原约，薛公筹议滇缅分界，既得科干等地，并收回车里、孟连两土司全权。盖自中西交涉界案起，奉命之臣能不自蹙地者已鲜，况能拓地千数百里之广，捍卫边圉，此非忠诚智力浃服远人，不能折冲樽俎如是也。"②钟叔河对薛福成同英谈判滇缅界务也给予很高的评价，赞扬他使"英国除让出科干等地，并归还车里、孟连两土司全权外，还同意将野人山穆雷江北英国驻兵的昔马地区三百平方英里的地界，穆雷江南既阳江东约七八十平方英里的地界，划归中国所有。这在清季数十年外交史上，和曾纪泽赴俄谈判收回伊犁先后比美，是仅有的两个谈判得到比较成功的例子"③。但与此持相反意见的也大有人在。谢彬的《中国丧地小史》、尹明德的《中英滇缅界务交涉史》、李生庄的

---

① 《清季外交史料》卷88，第11页。
② 沈林一：《出使日记续刻·跋》。
③ 钟叔河：《从洋务到变法的薛福成》，载薛福成《出使英法意比四国日记》，岳麓书社1985年版，第54页。

《云南边务说略》、诸祖耿的《腾越两都司传》、张诚孙的《中英滇缅疆界问题》等都认为,这是一个失地条约。张诚孙说,薛之"交涉完全失败,殆无疑义"①。李生庄认为:"夫南段界务之失败,其总因由于薛使之愦愦。"又说:"南段界务,既误于薛使之界图,大错铸成,无法挽救。而今言界务者,动曰'刘、陈误国'(刘、陈指同英国官员勘界的腾越镇总兵刘万胜、迤南道陈灿),殊不知刘、陈之误国者小,而薛使之误国也大。"②诸祖耿也说:"及薛福成签订滇缅界约,刘万胜等实地履勘,不惟缅甸全疆及孟养、孟密、木邦、孟艮、景线诸土司地尽失,而陇川、猛卯、南甸、盏达四土司地亦丧失数十百里。"③尹明德也认为:统计失去孟艮、孟密、木邦、孟拱、蛮募诸土司地,及南甸、猛卯两土司地之一部,并虎踞、汉龙等关,共计领土十数万方里。④

对薛福成同英国签订这一条约的褒贬竟然如此不同,于是就提出了这样一个问题:薛福成同英国进行滇缅界务谈判,签订滇缅界约,究竟是得还是失,是功还是过?这是一个值得进一步研究的问题,本文拟对此作一探讨,并提出自己的看法。

一 英国并吞缅甸前的中缅边界沿革

要评论薛福成同中英滇缅界务谈判和签订滇缅界约的是非功过,首先必须弄清楚谈判前滇缅边界的历史变迁和当时的状况。这里从与要讨论的问题有关的明代谈起。

14世纪60年代,朱元璋推翻了元朝政府的统治,建立了明王朝。其后,明朝政府在元朝的基础上,在云南西南边疆地区,先后建立了10个宣慰使司和为数不等的宣抚司、御夷府、长官司等军事行政管理机构。缅

---

① 张诚孙:《中英滇缅疆界问题》,哈佛燕京学社1937年版,第50页。
② 李生庄:《云南边务说略》,载《云南边地问题研究》下卷,云南省立昆华民众教育馆1933年编印,第417—418页。
③ 李根源辑:《永昌府文征》列传卷3,诸祖耿《腾越两都司传》。
④ 尹明德:《中英滇缅界务交涉史》,载《云南边地问题研究》上卷,云南省立昆华民众教育馆1933年编印,第418页。

甸军民宣慰使司就是其中之一。《明史》记载，"永乐元年（1403年），缅酋那罗塔遣使入贡，因言缅虽遐裔，愿臣属中国"，"乞命以职，赐冠服、印章"。于是，明王朝"诏设缅甸宣慰使司，以那罗塔为宣慰使"①。缅甸宣慰使司的全称是"缅甸军民宣慰使司"，治所设在大金沙江（伊洛瓦底江）与阿瓦河会处的阿瓦。缅甸宣慰使司北以江头城地区与孟养军民宣慰使司毗邻，东跨伊洛瓦底江与木邦军民宣慰使司连界。

孟养宣慰使司辖地在伊洛瓦底江上游，西至那加山脉，东与里麻长官司为界。里麻长官司辖境在迈立开江和恩梅开江两江之间，因此，后来称这一地域为江心坡。

木邦宣慰使司，东北与陇川宣抚司（今陇川、瑞丽一带）接壤，东与镇康御夷州（今镇康及其以西一带）、孟定御夷府（今耿马县、沧源县及其以西一带）、孟琏长官司（今西盟县、孟连县及其以西一带）、孟艮御夷府（辖地相当于今缅甸景栋地区）以喳里江（即萨尔温江，也称潞江或怒江）为界，拥有萨尔温江以西，伊洛瓦底江以东的广大地域。成化二十年（1484年），明政府又在木邦西部分设孟密安抚司，治所在今缅甸蒙米特。孟密西南有摩勒江（瑞丽江）、大金沙江（伊洛瓦底江）与缅甸分界，东北有南牙山与腾越州南甸宣抚司分界。②

1555年，东吁王朝国王莽应龙统一缅甸以后，对外实行扩张政策，缅甸与明王朝的关系发生了变化，即从明王朝的属邦，变成了相互对抗的敌国。从16世纪60年代到90年代，莽应龙及其继承者向云南边境发动了多次进犯，首先控制了木邦，继而进攻孟养，尽并其地，破千崖、盏达，"且窥腾冲、永昌、大理、蒙化、景东、镇沅诸郡"③。万历十一年（1583年），云南巡抚刘世曾派腾越游击刘𬘡、永昌参将邓子龙率兵反击，大破缅军，出陇川、孟密，直抵阿瓦城，缅将孟乃投降，守孟养、蛮莫（今缅甸蛮冒）的缅将也皆遁去。明朝军队收复了被缅甸侵占的全部领土。刘𬘡"勒兵金沙江，筑将台于王骥故址，威名甚盛"④。明政府命刘𬘡以副总兵

---

① 《明史》卷315，云南土司三，缅甸。
② 《明史》卷64，地理志七，云南。
③ 《明史》卷315，云南土司三，缅甸。
④ 《明史》卷247，《刘𬘡传》。

署临元参将，移镇蛮莫，建立威远营，招抚木邦、孟养、孟密等土司，筑坛誓众，立碑于威远营。碑文曰："大明征西将军刘，筑坛誓众于此，誓曰：六慰①拓开，三宣②恢复，诸夷格心，永远贡赋，洗甲金沙（大金沙江，即伊洛瓦底江），藏刀鬼窟（孟养东有鬼窟山），不纵不擒，南人自服。威远营受誓：孟养宣慰司、木邦宣慰司、孟密安抚司、陇川宣抚司。万历十二年二月十一日立"③。万历十三年（1585年），明政府为了加强统治，改孟密安抚司为宣抚司；增设蛮莫、耿马二安抚司；孟连、孟养二长官司。

万历十九年（1591年），缅甸卷土重来，进犯蛮莫、迤西（孟养），被刘綎击退。此后，缅甸又连年骚扰边境土司。为了护卫西南诸土司，万历二十三年（1595年），云南巡抚陈用宾于腾冲西南边境，设立八关，驻兵戍守，联系木邦、蛮莫等土司，以抵御缅甸的侵扰。这八关是——铜壁关：设于布岭，在蛮哈山内，南甸宣抚司地，控制蛮哈、海黑、蛮莫之要隘；万仞关：设在盏达山后猛弄山顶，控制港得、港勒、迤西（孟养）等之要路；神护关：设在盏西后猛戛山，控制茶山、古勇、威缅、迤西等路；巨石关：设于户岗息马山，控制户岗、迤西诸要路；铁壁关：设于等练山，控制蛮暮（蛮莫）水路；虎踞关：设于邦杭山，控制蛮棍、遮鳌、先脑、猛密之要路；天马关：设于邦欠山，控制猛广、猛曲、猛密等处之要路；汉龙关：设于工回。

八关前四关设蛮哈守备统管，后四关设陇把守备统管。④陈用宾还筑平麓城于猛卯，开22屯田，以供军食。并派人至暹罗，约夹攻缅甸。万历二十三年（1595年），"缅帅思仁寇蛮莫，败之，斩其帅丙测，自是缅势顿衰，稀入寇"⑤。于是，六宣慰使司，除缅甸外，又都归于明王朝的统治之下。陈用宾对此踌躇满志，作《定六慰后说》，说"夫六慰者，乃国家西南之极际者也"，我朝设置六宣慰，"咸为之正疆界，明爵级。二百年

---

① 六慰，指缅甸、木邦、孟养、车里、八百、老挝等六处军民宣慰使司。
② 三宣，指南甸、干崖、陇川三个宣抚司。
③ 李根源辑：《永昌府文征》记载卷5，明3，《蛮莫威远营碑》。
④ 屠述濂纂修：《腾越州志》卷2，《疆域》，《关隘志》。
⑤ 屠述濂纂修：《腾越州志》卷8，《陈用宾传》。

来酋长安其位，夷民安其生"。近数十年来，木邦、八百、车里、老挝、孟养诸宣慰司及孟密宣抚司，遭受缅甸侵扰，故用联络暹罗夹攻缅甸之策，使木邦、孟养、孟拱、孟艮、孟连、车里、老挝等皆叛缅来归，"以数十年已失之物，一旦完璧归之故府"①。但时过不久，缅甸又卷土重来，万历三十二年（1604年），缅军攻占了孟养。万历三十四年（1606年），缅以30万大军围攻木邦城。木邦求救，明军不至，木邦失陷。明朝政府因此罢黜了总兵官陈宾。此后，明朝国势走向衰落，无力顾及西南边境，孟养、孟密、蛮莫、木邦等地区，都处于缅甸的控制之下。

　　1644年，清兵进入北京，明朝灭亡。顺治十六年（明永历13年，公元1659年），南明永历帝逃入缅甸，农民军领袖李定国、白文选进入孟定、孟艮、木邦一带，准备入缅迎永历帝，"结连诸土司，以为后图"②。1660年，李定国与白文选自孟艮分道入缅，迫近阿瓦城，与缅军大战。1661年，缅军设伏杀害永历帝随行文武官员。此时，清将吴三桂也率大军直抵阿瓦城郊。缅甸献永历帝与吴三桂。康熙元年（1662年），吴三桂于云南处死永历帝。白文选降清，李定国死于车里孟腊（或曰死于景线）。当时，吴三桂没有要求缅甸臣服清朝，但清政府把曾经是明朝土司的木邦、孟养与缅甸分开，并向他们征收赋税——差发银。康熙三十年（1691年）纂修的《云南通志》记载了各夷府州年交差发银数目："孟艮府金壹拾陆两陆钱柒分"，"木邦宣慰司银一千四百两"，"孟养宣慰司银七百五十两"③。当时云南西南边境有两大矿区，一为波隆（波龙）银矿，其地在木邦波龙（今缅甸郸邦包德温矿区）；一为茂隆矿区，其地在卡瓦山区茂隆山葫芦王辖地（今班洪以西约100公里缅甸境内）。波隆厂是随明永明帝（即永历帝）入缅的随从人员的后裔所开办。据说，"缅劫永明时，诸人分散，驻沙洲、蛮不之逐，谓水至尽漂矣，已而水平，洲不没，蛮共神之，百余年，生聚日盛，称桂家，兵力强，群蛮畏之"④。"波龙山者，产银，是以江西、湖广及云南大理、永昌人出边为商者甚众，且屯聚波

---

① 屠述濂纂修：《腾越州志》卷8，《陈用宾传》。
② 《南疆逸史》，《李定国传》。
③ 康熙《云南通志》，各夷府州差发，《永昌府文征》记载卷12，清一。
④ 屠述濂纂修：《腾越州志》卷10，《缅考》。

龙，以开银矿为生，不下十万人"①，或谓"采银者岁常有四万人"②。茂隆厂在明朝时"开采甚旺"，"乾隆十年（1745年），葫芦酋长以献，遂为内属"③。葫芦王请照内地抽课。乾隆十一年（1746年），云贵总督张允奏请减半抽收，一半给该酋长，得旨允行。清政府任命云南石屏州人吴尚贤当课长。吴尚贤"捐纳通判职衔，造军器，张黄盖，以自豪"④。乾隆初年，"厂既旺，聚众至数十万"。"当是时群蛮最畏者茂隆吴尚贤与桂家宫里雁"⑤。

乾隆十六年（1751年），云贵总督硕色逮吴尚贤入狱，把茂隆厂收归官办。1752年，缅甸东吁王朝灭亡。1753年，缅甸木梳头人雍籍牙建立雍籍牙王朝（贡榜王朝）。由于雍籍牙王朝的对外扩张，中缅关系随之发生了重大的变化。1755年，雍籍牙征木邦象只、索童女；1758年，雍籍牙劫波龙厂，攻桂家及木邦。波龙厂头人宫里雁联合木邦抵抗缅军。木邦城陷。乾隆二十七年（1762年），宫里雁到孟连乞内附，孟连土司刀派春收其兵器，索银两。宫里雁不愿受土司约束，率妾婢赴石牛厂，置妻囊占于孟连。刀派春向宫里雁妻囊占"索其资财妇女殆尽"⑥。囊占夜焚刀派春全家，逃归孟养。永昌知府诱擒宫里雁，总督吴达善下令杀之。"宫里雁已死，缅酋益无所忌"⑦。1763年，缅甸派头目率兵至孟连、耿马土司勒索岁币——花马礼，至普洱车里土司属地索银米；侵入孟定，执土司罕大兴，兵及茂隆厂。永顺镇总兵田允中率兵进剿，云贵总督吴达善责其轻率，令其还师。1765年，缅兵入侵车里宣慰司，犯猛笼，杀害土弁刀刁占等。又渡九龙江至猛腊、乌得、猛乌、整董、猛旺等地骚扰。⑧乾隆皇帝对于缅兵窜入上述各土司地方肆行焚掠十分震怒，命令云贵总督刘藻说："此等丑类，野性难驯，致于扰害边境，非大加惩创，无以儆凶顽而申国

---

① 吴楷撰，王昶增改：《征缅纪略》。
② 赵翼：《粤滇杂记》。
③ 吴楷撰，王昶增改：《征缅纪略》。
④ 孙士毅：《绥缅纪事》。
⑤ 屠述濂纂修：《腾越州志》卷10，《缅考》。
⑥ 赵翼：《平定缅甸略述》。
⑦ 孙士毅：《绥缅纪事》。
⑧ 同上。

法。""必当穷力追擒，捣其巢穴，务使根株尽绝，边徼肃清。"① 乾隆三十一年（1766年），乾隆皇帝派大学士杨应琚来滇，抵御缅甸的侵扰。杨应琚到云南后，收复了整欠，以土目叭先捧守之；收复孟艮，以土目召冈守之；攻克蛮莫之新街（八莫），蛮莫土司瑞团归附。腾越知州陈廷献遣人招抚猛密土司所属之猛敛土目线官猛，木邦故土司线雍团亦来归附。清政府以木邦头人前明时原是宣慰司职衔，所以授线雍团为木邦宣慰司，二品顶戴。同年，清军收复孟艮城，以孟艮土司召丙为指挥使。杨应琚派总兵朱仑进驻木邦，后因缅兵来袭，木邦失守。

乾隆三十二年（1767年），清将军明瑞率兵克复木邦，命线雍团招集人民，管理其地。明瑞乘胜"出木邦交界，经大山所属波尤等处，土司头目，均极恭顺"，"给土司罗外跃特顶戴，命往木邦会同该处土司雍团协助防守"②。后来，清军粮尽而回，明瑞自杀。三十四年（1769年），清廷命大学士傅恒为经略，率兵反击缅军。孟密土司头目线官猛，蛮暮土司瑞团，孟拱土司浑觉相继归附，清授浑觉为猛拱宣慰司，二品顶戴，"礼部铸猛拱宣抚司印以给之"③。收服孟拱后，又收复孟养，当时"孟养地方亦猛拱所属"，清即将猛养地方"即赏给浑觉管理"④。三十四年十月（1769年11月），清军围攻大金沙江畔的老官屯。十一月，缅人乞降，恳求停止进兵，情愿退保疆界，并乞开关通贡。清方提出：缮表称臣入贡，送还所掠兵民，永远不犯边境。缅甸表示接受这些条件。持续四年的中缅战争就此结束。议和之后，傅恒遵旨询问孟拱土司浑觉，是否情愿移居内地。浑觉答说："蒙大皇帝恩，愿欲在内居住，但家口俱在猛拱，且所有属下地方，亦须前往管束，仍愿回至猛拱，为边外土司。"⑤ 傅恒遂酌量赏给送回，并一面移文缅甸，嗣后不得滋扰。至于蛮暮土司瑞团，木邦土司雍团和孟密土司头目线官猛等，则分别安置在大理和蒙化居住，各取官庄

---

① 《东华录》，乾隆三十年十二月庚申条。
② 《东华录》，乾隆三十二年十二月戊寅条。
③ 王昶：《征缅纪闻》。
④ 《东华录》，乾隆三十四年十月丁巳条。
⑤ 《东华录》，乾隆三十四年十二月乙卯条。

租赡养之。①

乾隆五十五年（1790年），乾隆皇帝八十大寿，缅王孟陨备表祝寿，并请封号，愿十年一贡，又请开关禁以通商旅。乾隆皇帝接受了孟陨的请求，并封他为阿瓦缅甸国王，赐敕书印信。②从此，缅甸成为清帝国的属国。此时，中缅两国没有正式划定边界线，但木邦、孟艮、蛮暮都已处于缅甸的控制下。乾隆五十八年（1793年），清政府正式承认木邦、蛮暮属于缅甸。这一年，缅甸贡使孟干禀请赏给他明朝所给的官印。乾隆皇帝令军机大臣传知孟干，说他所请赏给的旧印，是明末桂王（永历帝）入云南时发给的，"前明废印若赏给钤用，不足以昭信守，特加恩敕部另行铸给蛮暮宣抚司印信，俾得永远遵守，以昭宠荣"。孟干说，前此恳请赏给旧印，曾经禀知缅甸国王，"所存旧印，既不便赏给，见在另铸印信颁赏之处，该国王未能悉，深虑心生疑惑"。乾隆皇帝命云贵总督富纲，"传谕该国王，将孟干前此所请印信系前明废印未便赏给该处，木邦土司即系天朝颁发信印，今另给孟干蛮暮宣抚司之印，与木邦土司同受天朝恩典，仍为该国王所属，更增荣宠。详晰檄知该国，裨益加感戴，免致生疑，方为妥善"③。由于乾隆皇帝正式承认木邦、蛮莫均为缅甸所属，所以，其后中缅边界，实际上是云南永昌府腾越州（后为腾越厅）所属盏达副宣抚司、南甸宣抚司、陇州宣抚司、孟卯宣抚司，龙陵厅属的芒市土司，遮放副宣抚司，孟定土知府，顺宁府的耿马宣抚司、孟连长官司，普洱府的车里宣慰司（即西双版纳）与缅甸控制、统治下的蛮莫土司、木邦土司和孟艮土司连界。这种情形，直至英国吞并缅甸以前基本未变。尽管两国的边界基本上是明确的，但由于两国边界没有正式划定，还由于清朝云南官员对边境少数民族地区管理的松弛，在英国吞并缅甸之前，清朝官员对滇缅边界中的某些地段已经模糊不清，甚至错误地把本国少数民族居住的一些地域看成是界外的瓯脱之地。这种情况，在此后中英划分滇缅边界的谈判中，为英方所利用，

---

① 吴楷撰，王昶增改：《征缅纪略》。
② 吴楷撰，王昶增改：《征缅纪略》；《东华录》，乾隆五十五年六月壬戌条。
③ 《东华录》，乾隆五十八年八月乙亥条。

产生了极不利于中国的后果。

二 中英滇缅边界谈判的序幕

由于英国帝国主义的向东扩张，1885年11月，英国侵略军占领了缅甸首都阿瓦（曼德勒），缅甸国王锡袍成为战俘，被流放到印度西海岸的特纳吉里；1886年1月1日，英国政府正式宣布，缅甸已成为女王陛下领土的一部分，由英印总督任命官员进行统治，从此，缅甸成为英国政府统治下的殖民地。

在英军吞并缅甸之前，当时云南巡抚唐炯已觉察到，如果英国占领缅甸与中国毗连的新街（即八暮，也写为北莫或八幕，原蛮暮土司所属之地），对中国将是严重威胁。他在1884年4月奏说："查缅甸近年变化日甚，新街为自缅入滇大路，商贾聚集之区，英人垂涎已久，倘缅甸国不能将土匪即时扑灭，窃恐英人乘乱占据新街，勾结夷匪，则永昌、腾越、龙陵沿边一带，均属可虞。"① 驻英使臣曾纪泽则提出收回八暮，"勿使英近我界"②，"据通海之江（伊洛瓦底江），以固圉而防患"③ 的主张。在英国占领缅甸首都俘虏国王之后，曾纪泽又向总理衙门重申了他的主张。总理衙门指示他就伊洛瓦底江划界、八暮通商两事同英国进行谈判。④ 曾纪泽即派使馆英文参赞马格里同英国外交副大臣克蕾进行谈判。八暮是缅甸商货汇集之区，是滇缅通商巨镇，英国不愿将此全缅精华所萃之地划归中国。曾纪泽与英国外交部进行交涉时，英国刚刚并吞缅甸，靠近中国边境的缅甸所属土司尚在反抗，统治尚未巩固，在此情势下，英国避免与中国发生对抗，所以态度不那么强硬，英国虽然不同意把八暮归还中国，"但允于大盈江北让一股归我，使我得到伊江，且得通于海"。中国可以在那里设商埠，征关税，并"允将大金沙江（伊洛瓦底江）为两国公用之

---

① 《清季外交史料》卷40，第12页。
② 《清季外交史料》卷61，第16页。
③ 《清季外交史料》卷52，第9—10页。
④ 《清季外交史料》卷64，第7—8页。

江"①。同时，英国外交部副大臣克蕾还声称："英还愿将潞江（萨尔温江）以东之地，自云南南界之外起，南抵暹罗北界，西滨潞江，东抵澜沧江下游，其中北有南掌国，南有掸人各种，或留为属国，或收为属地，悉听中国之便。"② 南掌国即老挝，明朝曾设老挝宣慰司。所谓"掸人各种"，指的可能是孟艮土司和明代的八百大甸宣慰司地。老挝和八百宣慰司之地当时根本不在缅甸境内，英国声称愿将此两地归中国，实是在做空头人情。至于孟艮，原是清政府所属土司，后虽在缅甸控制之下，但清政府从无正式宣布过该地划归缅甸，而那时，英国也还没有占领该地。曾纪泽致总理衙门的电文中说，"潞东归中国"，系指"潞江下游已入缅境者，英已得之而让我"③。这恐怕是受英欺骗，不是实情。谈判从 1885 年 1 月至 1886 年 3 月，先后会商 10 次，但尚未完全定议，曾纪泽即奉调回国。光绪十二年六月二十三日（1886 年 7 月 24 日），由总理各国事务衙门庆郡王奕劻和英国驻华使臣欧格纳在北京签订《滇缅条款》，此约完全没有涉及曾纪泽与英国外交部谈判滇缅边界的具体内容，而仅在其第三条中规定："中缅边界应由中英两国派员会同勘定，其边界通商事宜亦应另立专章，彼此保护振兴。"④《滇缅条款》签订之后，总理衙门对滇缅边境存在的严重形势认识不足，并未主动催促英国谈判滇缅边界问题，而继曾纪泽任驻英使臣的刘瑞芬，似乎也没有把滇缅界务放在心上，在他 3 年任期内，没有继续同英国进行谈判中缅边界问题。而英国则有意拖延，它一面加紧镇压边境地区人民的反抗，以巩固其对缅甸的统治；一面派人以勘查中缅边界为名，进行拓展边界，侵占中国领土。就在这样的历史背景下，薛福成被任命为驻英、法、意、比四国使臣。

三　薛福成与英国进行滇缅界务谈判

薛福成是一位关心云南边境安危和认真负责的外交家，他到任之后不

---

① 《清季外交史料》卷 65，第 2 页。
② 《清季外交史料》卷 84，第 16—20 页。
③ 《清季外交史料》卷 64，第 14 页。
④ 王铁崖：《中外旧约章汇编》第 1 册，三联书店 1982 年版，第 485 页。

久，就开始关注中缅边界问题。他从中国驻伦敦使馆的档案中了解到曾纪泽同英国外交部进行滇缅边界谈判的情形。这时，英国正在与暹罗勘办界务，并"屡次密派干员驰往滇缅交界查看形势，探询矿产。并有创筑铁路通接滇边之意"①。这使他十分忧虑，认为，"若彼果开铁路直通滇境，似欲将前议所分之地括而有之"②。在没有得到清政府指示与英国谈判滇缅界务的情况下，他就主动派驻英使馆参赞马格里到英国外交部询问中缅勘界何时进行，英国复文声称："俟暹缅交界事办毕，然后再办滇缅交界事宜。"③ 为了防止英国侵占云南边境，他于光绪十六年八月（1890 年 10 月 8 日）和十七年一月二十五日（1891 年 3 月 5 日）先后向清政府陈述中缅边界形势，建议及早做好谈判准备，"不使英国独占先著，以免临时棘手"。并强调说，如果仍然不作准备，"则彼从容而我仓猝，彼谙练而我生疏，彼措注已周而我进退失据。临时竭蹶，成算未操，断无不受亏损之理"④。为了对付即将到来的边界谈判，他认为"边情不可不洞悉，而旧议不可不重理"⑤。所谓"旧议"，就是指曾纪泽与英国外交部谈判滇缅边界时所取得的初步协议。因此，薛福成从驻英使馆的档案中抄录了曾纪泽与英国外交部交涉滇缅界务的有关文件，咨送总理各国事务衙门，以备决策时参考。要洞悉边情，必须先事预筹查探边情，因为"分界固非详察密访不能得其要领"，所以，他建议请云贵总督王文韶遴派妥员分途侦察；如南掌之存亡，掸人之强弱，腾越边外之地势、民风，一一查询明确，据实复陈，以备勘界时有所依据。同时，请清政府催问英国外交部，定期谈判分界办法。光绪十七年（1891 年）六月十四日，总理衙门奏准由滇省派员清查边境绘图贴说，咨送总理衙门，以备考核。王文韶立即命令永昌府沿边各境地方官督员逐细查勘，绘具图说。

薛福成在担任驻英使臣之前，他自己对滇缅边界情况是不熟悉的。正如他给总理各国事务衙门的咨文中所说，"本大臣亦未知该地情形如何"，

---

① 《清季外交史料》卷 84，第 18 页。
② 薛福成：《滇缅划界图说》，无锡传经楼 1903 年版，第 17 页。
③ 同上。
④ 《清季外交史料》卷 84，第 18 页。
⑤ 同上书，第 20 页。

但他十分看重滇缅界务，认为"边疆得失，动关紧要，且此为中外全局所系"①。为了使谈判立于不败之地，所以他自到任以后，大量查阅有关中缅关系和中缅边境的文献资料，了解中缅边界的历史变迁、云南西南边境历代行政建制、疆域所至以及滇缅边境的部落归属和邻近邦国的情况，"唯恐稍涉含混，致兹将来流弊"。从他的《出使英、法、意、比四国日记》、《出使日记续刻》中记录的有关中缅边界的大量资料、研究心得和谋划谈判对策等，就可看出，为了与英进行边界谈判，他是如何呕心沥血地认真进行准备。为了了解滇缅边境现状，薛福成还趁驻德使馆人员姚文栋回国途经缅甸等处之便，委托他顺路考察滇缅边界，"以备他日派员勘界之用"②。姚文栋一向"留心时务，研究舆地之学"，他不负薛福成的委托，悉心考察滇缅边界情况，结合历史文献记载，写出了《野人山说》、《南甸土司属地直至大金沙江考》等许多有价值的研究报告，并向薛福成和王文韶提出许多有见地的建议。③像薛福成如此身体力行，认真进行谈判准备，这在清末的官员中是很少见的。

英国对待滇缅边界问题，是采取先军事占领，然后才开始谈判的策略。它在吞并缅甸之后，于1886年便开始派兵侵入腾越虎踞关内的崩冈（盆干、捧干）寨，遭到了当地人民的激烈反抗。崩冈人民"乘其不备，中路埋伏，并劫英营垒，连毙英酋二员，英兵十余名，夺获西瓜炮、洋枪多件"，并"结党土匪（实则流民），誓与英抗"④。云南巡抚张凯嵩认为，"英既败衄，必复增兵"。"现野夷虽能用命"，但军伙缺乏。所以，他令腾越镇厅酌察情形，以助其急。但清政府极力反对张凯嵩的做法，下了一道上谕，说："中英并无衅隙，所称密饬镇厅暗助野夷军火，非但于事无益，且恐别启衅端，慎勿轻易从事，致滋后患。"⑤1889年，英兵再攻崩冈，当地人民"力拒不屈"，"英兵死者千余，该砦亦死亡大半"。由于得不到清政府的支援，崩冈终于为英国攻占。此后，由于清政府的不抵抗主

---

① 《清季外交史料》卷84，第20页。
② 薛福成：《滇缅划界图说》，无锡传经楼1903年版，第49页。
③ 参见姚文栋《云南勘界筹边记》，湖南新学书局光绪二十三年（1897年）版。
④ 《清季外交史料》卷67，第1—2页。
⑤ 同上书，第2页。

义，英兵继续入侵，烧毁汉董、户冈、罗哄三寨，占领麻汤、垒弄，进犯昔董、昔马，烧毁房舍残杀居民，驻兵建堡，实行军事占领。上述这些地方，都在腾越厅所属土司界内。此外，英兵还以考察边界为名，窜入麻栗坝土司、孟连长官司和江洪车里宣慰司境内骚扰，并非法会见当地土司，进行威胁或诱降。由于英国的步步入侵，云南边境"各土司属类，多聚团扎营，预备抵御"①。云贵总督王文韶遵照总理衙门的指示，"电饬腾越镇、厅传谕边民，但与理论，勿令越界，不可开仗启衅"②。在这种不抵抗主义指示的影响下，腾越镇、永昌府、腾越厅不是筹措如何保卫国土家园，而是时时惧怕"启衅获戾"，于是贴出了一连串为英国侵略行径开脱和不许人民抵抗侵略的告示。这些告示，把英兵入侵腾越西北沿边古永、神护、盏西、蛮奔、猛豹、万仞各关隘和抚夷土目所辖昔董、石竹河等处属境，说成是"因出不知，致有误入"③，并说"英兵现在界外游历，必定清查彼界，断不至入我境内之理"。"倘以后英兵游历将到我界，不准与之抵敌；又或误入我界，必是英人于界限不清，亦不准与之抵抗。本镇、府、厅闻报自当与之理说，决不至使彼扰及尔百姓也。切勿使强开衅、自取罪戾"④。甚至把"抚夷土目所辖"的昔董人民抵抗英国的入侵说成是界外野人与英兵交战，说"如有界外野人与英人接仗，逃过我境，不准容留，如有容留，即治以窝留盗匪之罪，切不姑宽"⑤。这种把云南土司所属领土说成界外的告示，很快就被英国所利用，给薛福成对英谈判造成了很大的困难。

对于英国派兵占据云南边境，薛福成曾多次照会英国外交部，提出抗议，指出"英兵所到之处，不特已入1886年7月24日北京所订条约俟两国派员查探之公共地方，且已至绝无缅甸管理证据之地，非维缅甸无管理之证据，实为中国向来所管辖之地"。英兵焚毁中国边民房屋，占据中国

---

① 光绪十八年三月《滇督王复总署电》，载《滇西界务陈牍》。
② 同上。
③ 光绪十七年二月《腾越厅告示》，载《德宏史志资料》1986年第6集。
④ 光绪十八年正月八日《腾越镇、永昌府、腾越厅会衔告示》，载《德宏史志资料》1986年第6集。
⑤ 光绪十八年二月《腾越镇、永昌府、腾越厅会衔告示》，载《德宏史志资料》1986年第6集。

属地,"似欲趁划界未定之前,擅踞地方"①。并指出,英兵以调查边界为名,未经中国允许,窜入中国界内,擅自会见中国地方官员,这是违反国际公法的。他要求英廷立即命令英兵退出侵占的地方,并从速派员谈判滇缅定界问题。

光绪十八年正月(1892年2月),英国使臣照复总理衙门,说印度大臣愿与中国官员会商边界。同月,英国外交部交给薛福成一份《滇缅划界节略》,提出了英国对划分滇缅边界的主张,并附上一幅标示英国所拟边界线的地图。《节略》的主要内容是:北纬25°30′之北,边界信息尚未全备,自此处至南边一带,英中双方可以派员划界,以此图所绘界线为底稿:(1)所有伊洛瓦底江上游之地均归英国管辖;(2)"厄勒瓦谛江(伊洛瓦底江)预备中国商务出路";(3)孟连、江洪有时进贡中国,有时进贡缅甸,今可认此为中国属地,英国愿将江洪、孟连地归于中国。② 英国的这些主张,不仅把曾纪泽与英国外交副大臣克蕾的三点协议一笔勾销,而且要把伊洛瓦底江上游原属中国的一部分地域划归英国。至于孟连、江洪,则自元、明至清一直是在中国的管辖之下,一直是中国领土的组成部分。英国吞并缅甸之后,也曾派官员率兵至孟连做过实地调查,并看过清政府发给孟连土司的官印,并会见车里宣慰司(江洪)的中国官员。孟连、江洪属于中国,英国是清楚的。诚然,在历史上某些时候,缅甸曾经侵犯过这些地方,并向土司索取过银米贡赋,但这怎能作为孟连、车里为缅中两属的证据呢?!所以,薛福成即据理加以驳斥,指出英方的划界主张是不能接受的。同时声明,孟连、江洪两地,原为中国所有,谓之应归中国所有则可,"谓之让与中国则不可也"。至于如何分界,他重申曾纪泽1886年与英国外交副大臣克蕾达成的三点协议:"一、将萨尔温江以东之地(指普洱、顺宁西南边外之各土司),并英国克缅甸时所得掸人之地均归让与中国;二、伊洛瓦底江上立一中国码头;三、伊洛瓦底江为中英两国公用之江,令中国船只出海与英国船同。"③ 这时,英国已镇压了缅属土

---

① 薛福成:《滇缅划界图说》,无锡传经楼1903年版,第50—51页。
② 同上书,第53页。
③ 同上书,第52—53页。

司的反抗，统治日趋巩固，萨尔温江以东孟良之地也被英国占据，因此，英国外交部忽翻前议，以"西洋公法，议在立约之后，不可不遵，议在立约以前，不能共守"①为由，拒绝了薛福成的要求。

光绪十八年六月十七日（1892年7月10日），清政府特专派薛福成同英国外交部商办滇缅界务商务。薛福成接到上谕后，立即照会英国外交部，商定派员会商划分滇缅交界之事。1892年9月2日，中英双方委员在英国外交部举行边界谈判。参加谈判的中方委员是驻英使馆参赞马格里，英方委员是英国外交部副大臣山特生、印度部参赞贝蕾。这时，薛福成重新策划谈判基本方针：（1）不再要求南掌掸人之地，因为"南掌掸人实已大半归属暹罗，故不欲受其虚惠也"②；（2）以力争野人山地为第一要义，至少须以伊洛瓦底江为界；（3）伊洛瓦底江为中英公用之江；（4）中国于伊洛瓦底江畔八暮附近之地设立商埠，征收关税。他所指的野人山地的范围是："东界腾越、维西两厅边外之大雪山，西界更的宛河西坡之孟力坡，南界八莫（即八暮）、孟拱，北界西藏米纳隆南之曼诸"③。这一地域一部分在云南界内，一部分在明代曾是中国土司所属之地，入清以后，成为既不属清朝政府管辖，也不属缅甸政府管辖的瓯脱之地。薛福成认为，按照公法，两不管之地两国平分之原则，中国和英属缅甸应各得其半。但他并没有提出这样的要求，而仅要求这一地域以伊洛瓦底江为界，江以东尽归中国，江以西尽归英国。野人山地在伊洛瓦底江以东者约占四分之一，在伊洛瓦底江之西者约占四分之三。这就是说，中国得其四分之一，英国得其四分之三。因此，薛福成很有把握地说："划江为界，英自无辞，因江以西野人山地尚赢两倍也。"④而中国"如得此一端，……则滇西诸土司安如磐石"⑤，所以，要全神贯注争此一著。他指示马格里在谈判时提出这一要求。并要求英兵退出昔董，因为昔董即在此地段内。由此，英兵退出昔董成为商议中缅边界的首事。英国外交部副大臣

---

① 《清季外交史料》卷88，第9页。
② 薛福成：《滇缅划界图说》，无锡传经楼1903年版，第39页。
③ 薛福成：《出使日记续刻》卷6，光绪十九年一月二十五日记。
④ 薛福成：《出使日记续刻》卷5，光绪十八年七月二十八日记，《致总理衙门电》。
⑤ 薛福成：《滇缅划界图说》，无锡传经楼1903年版，第39页。

致函中方委员马格里，说英国外交大臣劳思伯里对中国要求英兵退出昔董为商议中缅边界之首事"甚为诧异"，并质问要求英国撤兵和要求划分伊洛瓦底江上游地段的理由。光绪十八年七月二十七日（1892年9月17日），薛福成照复劳思伯里，指出，"中朝既欲索归金沙江（伊洛瓦底江）东边之地，自必力请英兵退出昔董"，"否则中国索问其地，岂非徒属虚文矣"！同时举出了索问伊洛瓦底江东缅王属地以北至伊洛瓦底江源止的五条理由：（1）为了保护中国边界一带野人之地不受别国侵占；（2）其地所居之民认中国为上邦，凡遇有事之秋，都向中国请示和要求中国帮助；（3）该处居民皆中国人或中国种类之人；（4）该处居民皆受中国教化；（5）贸易之事皆中国人经营。[①] 英国对薛福成的照会迟迟不作回答，并中断界务会议。薛福成一再照会催促，并亲自往会英国外交大臣劳思伯里。劳思伯里蛮横地说："昔董英兵，势难速撤。"[②] 为了打开僵局，使边界会议得以进行，1892年12月2日，薛福成照会英国外交部，撤回了昔董退兵为商议界务第一件事的要求。[③] 1892年12月13日，英国外交大臣劳思伯里照会薛福成，说英国查得百年以来中国未经管理金沙江上游克钦人，所以，金沙江上游左右至恩梅开江及迈立开江汇流之处，必系缅王管理。对此，薛福成于1893年1月11日复照加以驳斥，说上述地区应归属中国，前本大臣已举出五条理由，不能因英国未查出中国治理实据，遂谓中国不能有治理之权。至于说该地必系归缅王管理，更是荒唐无稽。坚持了野人山地以伊洛瓦底江划界的要求。[④] 但英国蛮横不讲理，再次停止界务会议，采取先行军事占领，然后进行谈判的武力政策，派兵攻占腾越边境的昔马，并利用前述腾越镇厅会衔告示措辞失当，"执为中国不管野人山地的铁据"[⑤]。对于英国派兵攻占昔马，薛福成除向英国外交部提出抗议外，并声称，"中国亦须派兵赴夙昔有权之地，保护华商"[⑥]。薛福成深知

---

① 薛福成：《滇缅划界图说》，无锡传经楼1903年版，第55页。
② 同上书，第20页。
③ 同上书，第55页。
④ 同上书，第56—57页。
⑤ 薛福成：《出使日记续刻》卷6，光绪十八年十二月初六日记。
⑥ 薛福成：《滇缅划界图说》，无锡传经楼1903年版，第41页。

外交谈判，"仍各以力量为主，使臣口舌笔墨之功，不过可得十之二三"①。"滇省逼近强邻，选将练兵必不可缓，庶和局乃可长恃耳"。因此，他致函总理衙门、云贵总督王文韶和北洋大臣李鸿章说：英国非但不撤昔董之兵，"又在昔马修筑炮台，近又派兵赴盏西土司边外之开社地方攻击野人"。建议王文韶等"密审机宜，整军经武，庶足为建威销萌之计"②。鉴于清帝国的衰弱，边境官吏的昏聩畏葸，没有实力作谈判的后盾，他夙夜焦虑，已感到有些力不从心了。

英国还向薛福成提出"车里、孟连两土司曾经入贡缅甸，英国亦有索问之权"③。1893 年 1 月 19 日，薛福成照复英国外交大臣，加以驳斥，说：车里、孟连曾向缅甸纳贡，不知是否确实，即使实有其事，"进贡不过有上邦之权而已，若江洪（车里）、孟连，非仅认中国为上邦，实资中国为治理，'回匪'（指回民起义）在云南作乱以前，江洪、孟连向属中国，唯此管辖之权，作乱时暂为停阻。该处小事，中国虽听宣慰司办理，而其如何计地输粮，系由滇督派员定夺。且征收钱粮数目，《大清会典》所载甚明"，怎么能说是两属之地呢？④ 其实，英国也知道江洪、孟连一向是中国领土，其提出江洪、孟连归属问题，主要是为了抵制中国对伊洛瓦底江以东野人山地的要求，以达到其独占这一地区的目的。

中英滇缅分界会议中断后，薛福成亲自到英国外交部会晤外交大臣劳思伯里，再三催促复会。光绪十九年元旦（1893 年 2 月 17 日），马格里赴英国外交部与山特生、贝蕾会谈。会谈时，英方全神所注在伊洛瓦底江东野人山地，并渐露在潞江（萨尔温江）以东让地之意。马格里询问所让何地，答称即送地图。会后，英国送来科干地图节略。薛福成派马格里告以地太褊小。3 月 1 日，中英双方继续会议，英方答应再于潞江以西让地一处，其户口与科干相等。关于野人山地，英方宣称伊洛瓦底江以东，中国老界以西，须尽归英国。马格里按薛福成的指示与之力辩。山特生说，迫不得已，可作为两国瓯脱之地，再就中间分界，其东近中国者名为东瓯

---

① 薛福成：《滇缅划界图说》，无锡传经楼 1903 年版，第 41 页。
② 同上书，第 24 页。
③ 同上。
④ 同上书，第 57—58 页。

脱,归中国管理;其西近伊洛瓦底江者名为西瓯脱,归英国管理。马格里向其申明,清驻英公使薛福成同意这样划分。但英方允而复翻。3月20日,薛福成率马格里到英国外交部诘问英外交大臣劳思伯里:堂堂英国外交部为什么出尔反尔,无端翻悔?劳思伯里推说"山特生并未请示,自陈所见,实系错误",但微露"愿允滇西老界稍加展拓"之意,并请薛福成另拟一个分界办法,以便协商。薛福成看到英国外交部异常狡黠,所以决定按照劳思伯里的展拓之说,"见风收帆"[1]。

光绪十九年二月初五日(1893年3月22日),薛福成照会英国外交大臣劳思伯里,提出分界办法四条:"一、中国所索问厄勒瓦谛江(伊洛瓦底江)东边全地归中国,今改为中国边界应行展拓之地,距边界外扯算酌中之数阔20英里,自莫雷江起,至北纬25度40分止,归中国;二、自北纬25度40分外之地,俟查得该处地理情形稍详细后,然后两国再定;三、所有照以上所定地界之外,至厄勒瓦谛江之地,均归英国,英国须将江洪、孟连各处上邦之权,皆归中国,并将萨尔温江之东九乡之地,俗乎为科干者让与中国。又由萨尔温江之西中国属地猛卯城相近处,包括汉龙关在内起,作一直线,至萨尔温江对面马里百(麻栗坝)地方止,一切之地皆归中国;四、所有兵寨,刻下或日后两国之兵倘遇驻于以上所说之地,非其本国者,俟议定边界后,两国再定退兵日期。"[2] 英国对第一条提出异议,只同意中国于界外展出5英里。薛福成告以5英里太狭,且昔董不归中国,断难了结。英国则变5英里之说,"改为以庚老开钦全地让我,约三百英方里,昔马亦在其内,又将坪陇之南界线以西地一小块划归中国,约数十英方里。如此则我所得地仍与展五英里之说,通计不相上下"[3]。对于伊洛瓦底江上游地区,英国提出了"自萨伯坪北,以萨尔温江(怒江)及恩梅开江中间之山,水流分界处为界线"[4]。这里所说的萨尔温江与恩梅开江"中间之山",指的就是高黎贡山。英国的这一要求,不仅要把中国明朝政府管辖的里麻土司和茶山土司之地划归英国,而且还

---

[1] 薛福成:《滇缅划界图说》,无锡传经楼1903年版,第42页。
[2] 同上书,第58页。
[3] 薛福成:《出使公牍》卷2,光绪十九年四月三日《咨总理衙门并北洋大臣李云贵总督王》。
[4] 薛福成:《出使公牍》卷9,光绪十九年五月六日《与英国外交部照会》。

要把当时清政府现管的小江流域也划归英国。薛福成对英国的这一无理要求，坚决地加以拒绝，并提出"以迈立开江及恩梅开江中间之地分一界线"①的主张。英国对此表示不能同意，双方相持不下。薛福成考虑到，英人注意这一地区，其目的是为了"由滇西野人山通入西藏"。自己不熟悉这一地区的地理形势，"万一受其蒙混，分入藏地，将来彼必执条约为证据，关系非轻"。所以，他与之力争，订明北纬"25°30′以北暂不划分"②。此外，汉龙关久沦于缅，腾越八关既去其一，形势不全，薛福成要求英国把汉龙关归还中国。因为该关旧址不明，英国答复说，若在孟卯西南，势难归还。当时英国已从八暮到南坎修一条路，其中一段修在孟卯天马关内山梁上。英国蛮横地声称，这条"八莫（即八暮）、南坎往来之大路断难隔断，历年所用工程经费，断难弃掷，且此时尚未竣工，缅官亦未肯罢役"③。真是强盗逻辑。薛福成与英国外交部商议，将南碗河之南，天马关之北，中国地界内一条最捷之大路，借与英人行走，而将英人所修之路收回。

经过三年多的滇缅界务交涉，1894年3月1日，薛福成和劳思伯里在伦敦签订了《续议滇缅界务商务条款》，约文共20条，有关边界的7条，把中缅边界分为四段：

第一段：自北纬25°35′、东经98°14′之尖高山起，随山脊而行，向西南过高仑坪及瓦仑坪山尖，直至萨伯坪。自萨伯坪起，其线向西而行，稍向南，过式脱仑坪，到纳门格坪，自此仍向西南，随山脊而行，至大萨尔河，自此河源至此河与太白江相会处。自此界线溯南太白江而行，至此江与雷格拉江相会处，循雷格拉江上至其源，在尼克兰相近。自雷格拉江发源处，分尼克兰、古庚、升格拉在西，昔马及美利在东，其线自来色江之西源起，至此江与美利江相会处。复溯美利江上至其源，在赫畲辣冈相近，再向西南，顺列塞江而行，自列塞江源至该江流入穆雷江处，在克同相近，界线即循穆雷江向东南而行，至与既阳江相会处，然后溯既阳江上

---

① 薛福成：《出使公牍》卷9，光绪十九年五月六日《与英国外交部照会》。
② 薛福成：《滇缅划界图说》，无锡传经楼1903年版，第47页。
③ 同上书，第28—29页。

至其源，在爱路坪。然后由南奔江（即红蚌河）西支源起，顺南奔江而行，至流入太平江（即大盈江，一名槟榔江）之处。

第二段：由库弄河（葛龙江）与太平江相会处起，循库弄河，经过其西边一条之支江，至其江源，自此向南而行，与洗帕河（即下南太白江）相会，适在汉董之西南，以麻汤归英国，垒弄、格东、铁壁关、汉董归中国。至此溯洗帕河之支江而上，至江源附近之孟定格江源，即循山脊而行，向东南方，至南碗河边靠南之克沱，以克沱归中国，配仑归英国。循南碗河向西南方而行，下至该河转向东南处，约在北纬23°55′，其线由此往南，稍向西，至南莫江以南，盖归英国。循南莫江而行，至南莫江分开处，约在北纬23°47′，溯南边一条支江而行，至蛮秀南边高岭之脊，约在北纬23°45′，即循此岭脊而行，此岭脊系向东行，稍向北，至瑞丽江（即龙川江）与南莫江相会处，以蛮秀地方及天马关、欣隆、拱卯各村归中国，此数处在以上高岭之北首。即溯瑞丽江而上，至此江分流处，再溯南边一条之支江而上，以江中大洲归中国，至此江与孟卯相对东边合流相会之处。

第三段：自瑞丽江与孟卯相对东边合流相近之处起，照天然界限及本地情形，东南向麻栗坝而行，约在格林尼治东经98°7′、北纬23°52′地方，有一大山岭，自此循岭脊而行，过来邦及来本陇，至萨尔温江（即潞江），约在北纬23°41′。此段由瑞丽江至萨尔温江之边界，应由勘界官划定，所有归与中国之地，极少须与孟卯至麻栗坝作一直线为边界所包之地相等。自北纬23°41′起，边界线循萨尔温江至工隆北首之边界。即循此工隆边界向东，留出工隆全地及工隆渡归英国，科干归中国。由此循英国所属之琐麦与中国所属之孟定分界处之江而行，仍随此两地土人所熟悉之界线，至界线离此江登山处，以萨尔温江及湄江（即澜沧江）之支江水分流处为界线，约自格林尼治东经99°、北纬23°20′，约至格林尼治东经99°40′、北纬23°，将耿马、猛董、猛角归中国。在格林尼治东经99°40′、北纬23°处，边界线即上一高山岭，此山名公明山，循山岭向南而行，约至格林尼治东经99°30′、北纬22°30′，以镇边厅地方归中国。然后其线由山之西斜坡而下，至南卡江，即顺南卡江而行，约过纬度10′之路，以孟连归中国，孟仑归英国。然后循孟连与康东之界线，此界线亦皆土人所熟悉，至北纬

22°稍北处，即离开南卡江向东略南，循山脊而行至南垒江，约在北纬21°45′、格林尼治东经100°。由此循康东及江洪之界线，此界线大半系顺南垒江而行，唯除属江洪一小带之地系在南垒江之西，北纬21°45′稍南。界线行至江场边界后，约在北纬21°27′、格林尼治东经100°12′，即循江洪之界线而至湄江。

第四段：北纬25°35′之北一段边界，俟将来查明该处情形稍详，两国再定界线。

此外，条约中还规定：由八暮至南坎各路中之最捷一条大路，经南碗河之南中国一小段地内，听英国办事官员及商民、游历之人行走，并不阻止。英国如要修理或改筑此路，通知中国官员后，便可动工。英国兵可以随便经过此路，但不得超过200名。带军器之兵在20人以上，应预先行文知照中国。该约还规定，孟连、江洪二地，如未经英国同意不得让与别国。签订此约时，双方对中国的汉龙关遗址尚未勘查清楚，条约规定，倘查得关址在分界线的英国一侧，"英国当审量可否归还中国"①。

四 对《续议滇缅界务商务条款》所规定的滇缅边界的评议

现在我们来探讨一下《续议滇缅界务商务条款》所规定的滇缅边界，对中国来说，究竟是拓地还是失地。关于这个问题，当时薛福成就有自己的评论，他认为此约规定的边界线，对中国云南边境来说，一是"西南两面均有展拓"；二是"收回车里、孟连土司全权，铁壁、天马等关，昔马、汉董等要地"②。关于他所说的西南两面均有展拓的主要内容是指：(1) 英国把科干地让给中国，计750平方英里；(2) 猛卯土司边外包括汉龙关在内作一直线，东抵潞江麻栗坝之对岸止，悉划归中国，约计800平方英里；(3) 滇西老界与野人山地毗连之处亦稍有展出。所以他得出结论，此次划界，"而我获益稍多"③。薛福成的这些看法是有他的根据的，

---

① 《中外旧约章汇编》第1册，三联书店1982年版，第575—580页。
② 《清季外交史料》卷89，第3页。
③ 同上。

一是根据云贵总督提供的云南西部边境图，这幅地图是薛福成建议总理衙门责成王文韶派人调查绘制的；二是英国同中国谈判时的说法。但当时的"滇中官员，懵于边务"[①]，加上对边境管理的松弛，边界线原在野人山西麓，而云南官员勘察诸土司边界时，因怕与英人发生冲突，故以八关自限，把关外的野人山视为既不属缅甸，亦不属中国的瓯脱之地，因此，他们提供的地图，是不准确的。薛福成在阅读有关中缅边界文献记载时已获知："野人山本中国土司所分辖。如陇川、猛卯土司之地，以野人山之地之洗帕河为界，麻汤、汉董两隘，尚在其内。此边民所共知也。允帽（一译浑门，一译黄麻），扼古勇、昔董两隘之口，在野人山外厄勒瓦谛江（伊洛瓦底江）东边，为盏达土司之属地，据厄勒瓦谛江上游，形势亚于八暮，对江即为孟拱。南甸土司与旧时蛮暮土司以野人山中之红奔河分界，红奔河，译作红蚌河"[②]。其实，红蚌河以西还有南甸土司管辖的村寨。光绪元年（1875年），清朝上谕明白宣示："滇省野人，虽居铁壁关外，其地仍属中国，不得谓非中国管理。"[③] 光绪年间南甸土司绘制的《神护关图》也清楚地标出，神护关外昔董西南的小盏西和昔马拱自明代以来始终在盏达土司所属的万仞关控制之下。[④] 事实上，英国未吞并缅甸之前，也承认蛮暮八暮以东的野人山为中国所属。光绪元年，英国驻华公使威妥玛要求中国派员护送英国驻华参赞到八暮时说："恭王（清恭亲王奕䜣）必须即刻写一凭据，说明有人护送格参赞到云南，保护他一路平稳，并且由云南省到满云（蛮允），如果他要到仰光地去，必要护送他到巴谟（八暮）交界处所，查八谟离满云不过数英里。"[⑤] 这清楚地说明，八暮与蛮允交界，而八暮与此交界处，只有数英里，其东即为中国领土。但云贵总督王文韶提供的地图，以及他在给薛福成信中关于滇缅边界的说明，都是不正确的，他说："红蚌河尚在野人山偏西，野人向来于滇缅两

---

① 姚文栋：《云南勘界筹边记》卷下，湖南新学书局光绪二十三年（1897年）版，《再复薛星使书》。

② 薛福成：《出使日记续刻》卷5，光绪十八年八月十一日记。

③ 《清季外交史料》卷1，第16页。

④ 尤忠：《中国西南边疆变迁史》，云南教育出版社1987年版，第317页。

⑤ 《清季外交史料》卷3，第10页。

非所属，亦非中国老界也。""麻汤在铁壁关外，非即铁壁关。汉董为陇川土司羁縻之野地，以相沿论，实在界外。盏西之昔董坝子亦然。"①

至于说"英国把科干地让与中国"，这是根据英方的说法。英国的确在《续议滇缅界务商务条款》中写道："现因中国不再索问永昌、腾越边界处之隙地，英国大君主于北丹尼（即木邦）地及科干，照以上所划边界，让与中国之外，又允将从前属于中国兼属缅甸之孟连、江洪所有缅甸上邦之权，均归中国大皇帝永远管理。英国大君后于该地所有权利一切退让，唯订明一事，若未经大皇帝与大君后预先议定，中国必不将孟连与江洪之全地或片土让与别国。"②从此段约文来看，中国好像真的得到了原来属于英国的科干，并取得了原来中缅两属的孟连和江洪。但事实并非如此。科干，原来就是中国所有，称为果敢或麻栗坝。这里居民有傣族、崩龙族、景颇族、瓦族和从内地迁往的汉人，而以汉人占绝大多数。雍正八年（1730年），杨献才开始成为该地首领。道光二十年（1840年），云贵总督奏准册封杨献才的后裔杨国华"世袭果敢县"，其地属镇康州，并不是木邦所有。③英国并吞缅甸后，光绪十二年四月二十三日（1886年5月26日），木邦土司钟文原曾到云南要求归附，说，木邦土司"曾属中华，沦陷于缅，现在缅国无主，决计来投，如蒙中华收恤，自当效力边陲"。清政府惧怕英国，拒不接纳。于是，木邦降英。其后，英国进而侵占了麻栗坝。光绪十七年（1891年），英国以考察边界为名，派兵侵入潞江下游和九龙江一带，当时冒充雇工跟随英国队伍窥探其活动的腾越人张成瑜，在其《密察英人窥探潞江下游以东至九龙江一带边地情形》的报告中写道："麻篱坝（麻栗坝），又曰独牛，又曰老街，……此一带尽是汉人，有杨街长官驻扎。""麻篱坝亦是一个土司，因木邦土司与之交好，洋人使之教来投，遂得之。兼之硔弄地方、于市、中猛各处，凡与相连土司，尽被木邦土司说来投降。故洋人不费半分财力，安享麻篱坝一带地方，此皆

---

① 薛福成：《出使日记续刻》卷6，光绪十八年十月二十二日记。
② 《中外旧约章汇编》第1册，三联书店1982年版，第577—578页。
③ 光绪十六年镇康州土知州刀绳祖《亲供册》，转据尤忠《中国西南边疆变迁史》，云南教育出版社1987年版，第284页。

木邦土司困桑董红之力，实即困桑董红万死之罪也。"① 事实很清楚，英人侵占麻栗坝（科干），是1891年的事。至于孟连和江洪两地，一直在中国的版图之内，绝不是什么中缅两属之地。

此外，北纬25°35′以北，迈立开江、恩梅开江流域，明代是里麻土司和茶山土司辖境，清代恩梅开江以东小江流域属登埂土司管辖，根本与缅甸毫不相干（当时缅甸管辖最北之点为北纬25°24′的密芝那），条约规定这一地区暂不划分，待将来查明稍详再定界线，为之后英国侵占这一地区埋下伏笔。1910年清政府外务部也觉察到这一点，指出，"滇缅北段界务，英兵竟果越界强占"，"但英人蓄谋已久，薛使立约所指纬度以北，即以坠其术中"②。应该指出，条约签订后，英国不经过谈判，擅自出兵强占片马、江心坡等地，这是一种违约的侵略行为，其责任在英国，不能归咎于薛福成。

条约还有一个重大缺点，那就是第三款所规定的边界地名与所规定的经纬度不相符合，为以后英国继续侵占中国边境提供了借口。

总的来说，从滇缅界约中得大利的是英国，而非中国。英国把缅甸的边界向中国属境推进，把原属中国的昔董、虎踞关、汉龙关以及昔董、巨石关、崩冈一线以西的野人山地划为己有，并取得了在中国云南天马关内建筑道路和孟连、江洪不经英国同意不得让与别国的权利，甚至把本来与缅甸毫不相干的尖高山以北作为中英未定界地区。

界约使中国失去了"野人山"的一些土地，但并不像尹明德、诸祖耿、张诚孙等所说的那样多。尹明德等人没有考察明帝国的西南疆域和清帝国西南疆域之不同，没有弄清楚乾隆年间中缅战争之后，木邦、蛮莫、孟拱、孟密、孟艮等土司已为缅甸控制或统治，以及清政府已曾正式宣布木邦、蛮暮归属缅甸统治的事实。木邦、蛮暮既归缅甸，那么在蛮暮以西的孟养、孟拱当然也不为清朝所有了。事实正是这样。由此可见，把100多年前丢失的领土，通通算在100多年后的薛福成身上，这是欠公道的。

事实上，薛福成为了捍卫国家的领土主权，已是尽心尽力了。对内，

---

① 张成瑜：《侦探记》卷下，第18—19页。
② 《清季外交史料》卷18，第52页。

他委婉地批评了清政府以"我朝不勤远略"为名,不关心边疆安危的错误政策,他指出:"盖中国素有不勤远略之名,外洋各国知之甚审,莫不夺我所不争,乘我所不备,瞰瑕伺隙,事端遂百出而不穷。夫惟不勤远略,是故琉球灭而越南随之,越南削而缅甸又随;其北则珲春一带及黑龙江以北,蹙地数千里;其西布哈尔、布鲁特、哈萨克诸回部,尽为俄罗斯所并吞。"[①] 因此,他希望总理衙门在他同英国谈判时,要坚定地支持他提出的要求,不要受"不勤远略"之说的影响,同时他还要求云南地方官员加强边防,以支持他的外交谈判。对外,他同英国官员反复争辩,抗议英国入侵中国领土,终于收回了被英国侵占的科干、昔马等地,签订了基本上同云贵总督王文韶提供的边界地图相一致的界约。这就是他的功劳。在同英国进行艰难的界务交涉中,他显示出了爱国者的本色。我们不要忘记,薛福成是个备受帝国主义欺凌的衰败的清帝国的使臣,要他同富强的侵略成性的英国帝国主义者签订一个辉煌的条约,这是绝对办不到的。如果我们把薛福成对待滇缅边界的态度,同当时负有守土之责的云贵总督王文韶作一比较,那就不难发现,前者是竭力捍卫国家领土主权的爱国者,后者则是严禁边境人民反击英国入侵的不抵抗主义者。有人把薛福成与曾纪泽相提并论,认为他们是清末分别同英、俄进行边界领土谈判最出色的外交家,这是符合历史实际的。

(原载《中国边疆史地研究》1995 年第 2 期)

[①] 薛福成:《出使日记续刻》卷 4,光绪十八年六月二十九日记。

历史资料证明:钓鱼岛列岛的主权属于中国

钓鱼岛列岛,也称钓鱼台列屿或钓鱼列岛,由钓鱼岛、黄尾屿、南小岛、北小岛、赤尾屿等8个小岛屿组成,分布在北纬25°40′—26°,东经123°20′—124°40′之间,是我国台湾省的附属岛屿。其中钓鱼岛面积最大,约有4平方公里,黄尾屿次之,约一平方公里,其他各岛面积皆不满一平方公里,最小的只有0.0239平方公里。钓鱼岛列岛是中国大陆的自然延伸,愈靠近中国大陆深度愈浅,与琉球之间有深逾2000米的海沟相隔。钓鱼岛列岛一带海产丰富,中国福建、台湾渔民历来在这些岛上及其海域从事生产活动。钓鱼岛列岛周围海底蕴藏丰富的石油,据估计约有800亿桶。

钓鱼岛古称钓鱼屿、钓鱼台或钓鱼山,黄尾屿也称为黄尾山或黄麻屿,赤尾屿又称赤屿或赤坎屿等。

钓鱼岛等岛屿是我国最早发现和命名的。明朝永乐元年(1403年),一位奉差前往西洋(南洋)等国开诏的官员,参考我国古代航海指南书籍,"累次较正针路",编写了一本名为《顺风相送》的海道针经,该书记载福建往琉球的针路说:"太武放洋,用甲寅针,七更,船取乌坵。用甲寅并甲卯针,正南东墙开洋,用乙辰取小琉球头。又用乙辰取木山。北风东涌开洋,用甲卯取彭家山。用甲卯及单卯取钓鱼屿。南风东涌放洋,用乙辰针取小琉球头,至彭家、花屿在内。正南风梅花开洋,用乙辰取小琉球。用单乙取钓鱼屿南边。用卯针取赤坎屿。用艮针取枯美山。"[①] 引文中的钓鱼屿,即钓鱼岛;赤坎屿即赤尾屿。明朝官员胡宗宪编纂的《筹海图编》辑录的历代和明初《福建使往日本针路》写道:"梅花东外山开

---

① 向达校注:《顺风相送》,载《两种海道针经》,中华书局1961年版,第95—96页。

船，用单辰针、乙辰针或用辰巽针，十更，船取小琉球。小琉球套过北船见鸡笼山及梅花瓶、彭嘉山。彭嘉山北边过船遇正南风用乙卯针，或用单卯针，或用单乙针，西南风用单卯针，东南风用乙卯针，十更，船取钓鱼屿。钓鱼屿北边过十更船，南风用单卯针，或用乙卯针，四更，船至黄麻屿。黄麻屿北边过船，便是赤屿……"《筹海图编》原注云："以上针路乃历代以来及本朝国初中国使入番之故道也。"[①] 明朝开国于1368年，这说明早在14世纪下半叶以前，我国人民已经发现了钓鱼岛等岛屿并为之命名。

1534年，明朝政府派往琉球的使臣陈侃在其《使琉球录》中不仅记载了钓鱼屿和赤屿，还记载了黄毛屿。该书写道："舟行如飞，……过钓鱼屿，过黄毛屿（黄麻屿），过赤屿。"郑若曾（1522—1566年）《使倭针经图经》也记载："十更，船取钓鱼屿。钓鱼屿北边过，……四更，船至黄麻屿，……黄麻屿北边过船，便是赤屿。"1556年出使日本的明朝官员郑舜功在其《日本一鉴桴海图经》书后所附《沧海津镜图》也画了钓鱼屿、黄麻屿（黄尾屿）、赤坎屿（赤尾屿）等。其后，钓鱼屿、黄尾屿、黄麻屿、赤屿、赤尾屿等名称便一直沿用下来，只是个别的称呼稍有不同，例如成书于18世纪初年的航海针经《指南正法》，康熙五十八年（1719年）出使琉球的徐葆光的《中山传信录》，都把钓鱼屿称为钓鱼台。[②]

因为钓鱼岛列岛属于中国，不属琉球和日本，所以在19世纪下半期以前，琉球和日本的图籍中，凡提到这些岛屿的都沿用中国的名称。如1650年琉球国的《中山世鉴》，就称这些岛屿为钓鱼屿、黄毛屿（黄麻屿）和赤屿。1708年琉球华裔著名学者程顺则著的《指南广义》也袭用中国钓鱼台、黄尾屿和赤尾屿之名。1785年日本学者林子平著《三国通览图说》中的地图，不仅标明钓鱼台、黄尾山、赤尾山诸名，而且明确地把它们画在中国的海域之内。

大量历史文献记载证明，钓鱼岛列岛自明代以来就是中国的领土。

---

① 胡宗宪：《筹海图编》卷2。
② 向达校注：《两种海道针经》，中华书局1961年版，第168页。徐葆光：《中山传信录》卷1。

明朝嘉靖十三年（1534年），陈侃在《使琉球录》中记载了从福州出海至琉球的航程："……十日……过平嘉山，过钓鱼屿，过黄毛屿，过赤屿，目不暇接，一昼夜兼三日之程。夷船帆小不能及，相失在后。十一日夕，见古米山，乃属琉球者。夷人（琉球人）鼓舞于舟，喜达于家。……又竟一日，始至其山，有夷人驾小舠来问，夷通事与之语而去。"这段记载十分明确生动，从中国福州乘船出发去琉球，经过平嘉山（彭嘉山）、钓鱼屿、黄尾屿、赤屿，到了古米山（即久米山），才进入了琉球的国境。船上琉球人，望见了古米山，心情激动，"鼓舞于舟，喜达于家"。这清楚地说明，古米山是琉球最西边的境域。古米山以西的赤屿、黄毛屿、钓鱼屿等岛屿，不属琉球，而属中国。关于这一点，1719年出使琉球的清国使臣徐葆光的《中山传信录》也用十分明确的语言指出："姑米山（即古米山），琉球西南方界上镇山。"

1561年，明朝出使琉球的官员郭汝霖记载他往琉球的行程说："闰五月初一过钓鱼屿，初三日至赤屿，赤屿者界琉球地方山也。再一日之风，即可望姑米山矣。"① 这里也说得明白，赤屿是中国与琉球交界的岛屿，赤屿往东一日程，才到达琉球的古米山。

《中山传信录》记载的"姑米山，琉球西南方界上镇山"和郭汝霖记载的"赤屿者界琉球地方山也"，已经十分清楚地说明，中国和琉球的海上分界是在赤屿与古米岛（山）之间。但其具体分界处在什么地方呢？乾隆二十一年（1756年）奉旨前往琉球的使臣周煌是这样记载的：琉球"环岛皆海也。海面西距黑水沟与闽海界，福建开洋至琉球，必经沧水过黑水沟"②。这清楚地说明，琉球西边以黑水沟与闽海为界。"闽"指福建，"闽海"即指福建所属的海域。也就是说，黑水沟是琉球海面与福建海面交界的海沟。康熙二十二年（1683年），清政府派往琉球的使臣汪楫在《使琉球杂录》中也写道："二十四日天明……辰刻过彭佳山，酉刻遂过钓鱼屿，船如凌空而行，……二十五日见山，应先黄尾而后赤屿，不知何以遂至赤屿，……薄暮过郊（或作沟），风涛大作，……问郊之义何取？

---

① 严从简：《殊域周咨录》卷4，第22页。
② 周煌：《琉球国志略》卷5，山川条。

曰中外之界也。"① 这里的"郊"就是"沟",福建省闽南话"沟"与"郊"同音。这个在赤屿之东的"中外之界"的"沟"就是周煌所说的琉球海面与福建海面交界的黑水沟,也就是赤屿与古米岛之间深逾2000米的海沟。中琉以此海沟分界,海沟以西的钓鱼岛列岛属中国,海沟以东的古米岛属琉球。

清同治二年（1863年）刊刻的《皇朝中外一统舆图》也标明,钓鱼屿、黄尾屿、赤尾屿属中国,古米岛属琉球。

1785年,日本学者林子平《三国通览图说》中的《琉球三省并三十六岛之图》,对于上述岛屿的归属也绘得很清楚。这是一幅彩色地图,以着色不同来区分不同国家的领域,图中所绘钓鱼山（钓鱼屿）、黄尾山（黄尾屿）、赤尾山（赤尾屿）与中国大陆同着浅红色,古米山则与琉球各岛同着浅黄色,钓鱼屿、黄尾屿、赤尾屿属中国,古米岛属琉球,一目了然。

根据现存的记载看来,在明代钓鱼岛列岛已经划入了福建的海防区域。

明朝嘉靖四十一年（1562年）,总督江苏、福建、浙江等省军务的官员胡宗宪,是负责讨伐倭寇和巩固沿海诸省海防的最高长官,在他主持编纂的《筹海图编·福建沿海山沙图》中,清楚地绘出钓鱼屿、黄毛山和赤屿等岛屿。这说明,这些岛屿既属福建,而且又在福建的海防区域之内。

天启元年（1621年）,茅元仪《武备志》海防二《福建沿海山沙图》也明确地把钓鱼山、黄毛山、赤屿绘入福建的海防区域。

此外,明代郑若曾《郑开阳杂著》卷一《万里海防图》福（建）七图、福（建）八图,施永图《武备秘书》卷二《福建防海图》等图籍,也都把钓鱼屿、黄毛山和赤屿绘入福建海防区域之内。

钓鱼岛列岛是台湾的附属岛屿。

明朝嘉靖三十五年（1556年）,"奉使宣谕日本国"的郑舜功,在他所撰《日本一鉴》的《桴海图经》卷一《万里长歌》中写道:"自回头定小东,前望七岛白云峰。……或自梅花东山麓,鸡笼上开钓鱼目,……"

---

① 汪楫:《使琉球杂录》卷5。

原注云:"梅花所地名,……自所东山外,用乙辰缝针或辰巽缝针,约十更,取小东岛(台湾岛)之鸡笼山,自山南风用卯乙缝针,西南风正卯针或正乙针,约至十更,取钓鱼屿。……钓鱼屿小东小屿也。""小东"就是台湾。"钓鱼屿小东小屿也",这十分明白地说,钓鱼屿是台湾所属的小屿。

康熙六十一年(1722年),奉命巡视台湾的清政府官员黄叔璥撰写的《台湾使槎录》卷二《武备》列举了台湾所属的各港口,写道:"近海港口哨船可出入者,只鹿耳门,南路打狗港,北路蚊港、笨港、淡水港、小鸡笼、八尺门。其余如凤山大港、西溪蠔港、蛲港、东港……可通杉板船。台湾州仔、尾西港仔……只容艍仔小船。……山后大洋北,有山名钓鱼台,可泊大船十余。"此处十分明确地记载了钓鱼岛为台湾所属"可泊大船十余"的港口。同样的记载也见于清人范咸的《重修台湾府志》、余文仪的《续修台湾府志》和李元春的《台湾志略》等书。

钓鱼岛列岛属于中国,中琉两国从来没有发生过任何争议。1879年,怀有强烈扩张领土野心的日本吞并琉球;之后,1885年,日本内务省便企图把钓鱼岛、黄尾屿和赤尾屿并入日本版图,并派人到这些岛屿进行秘密调查。1885年9月6日,中国《申报》以"台岛警示"为标题,作了如下报道:"台湾东北边之海岛,近有日本人悬日旗于其上,大有占据之势。"[1] 这则报道,使秘密筹划侵占中国这些岛屿的日本政府有所顾忌,认为侵占时机尚未成熟。1885年10月21日,日本外务卿井上馨在给日本内务卿山县有朋的复函中说,"查该岛屿与清国国境接近","清国对各岛已有命名,近时清国报纸刊登我政府占据台湾近旁清国所属岛屿之传言,猜疑我国,屡促清政府注意。当此之际,公然建设国标等措施,势必招致清国猜疑。目前只宜实地勘查,……至于建立国标,着手开拓等事,宜待他日另找机会。"[2] 1894年,日本发动侵华战争,中国战败求和,日本政府认为时机已到,遂于1895年1月私自把钓鱼岛等岛并入日本版图,并于4月1日强迫清政府签订不平等的《马关条约》,规定"台湾全岛及所有附

---

[1] 《申报》,清光绪十一年七月二十八日(1885年9月6日)。
[2] 日本外务省编:《日本外交文书》第18卷,第575页。

属各岛屿","永远让与日本"①。这样，日本就完成了对台湾全岛及其附属的钓鱼岛等岛屿的侵占。

第二次世界大战期间，1943年，中美英三国发表的《开罗宣言》指出："三国之宗旨……在使日本所窃取于中国之领土，例如满洲、台湾、澎湖群岛等，归还中国。"1945年，中美英《波茨坦公告》又重申："《开罗宣言》之条件必将实施。"同年，日本无条件投降，根据《开罗宣言》和《波茨坦公告》，日本窃取中国台湾的附属岛屿钓鱼岛列岛自应归还中国。钓鱼岛列岛主权属于中国，这是无可争辩的。

(原载《抗日战争研究》1996年第4期)

---

① 王铁崖：《中外旧约章汇编》第1册，三联书店1982年版，第614页。

钓鱼列屿主权属中国,铁证如山

——读鞠德源著《日本国窃土源流　钓鱼列屿主权辨》

钓鱼列屿（包括钓鱼屿、橄榄屿、黄尾屿、赤尾屿等岛屿），原是中国领土。1894年日本发动侵略中国的甲午战争，清政府战败求和，日本强迫清政府签订《马关条约》，割占了中国台湾及包括钓鱼列屿在内的台湾所有附属岛屿。第二次世界大战时，侵略者日本被迫接受中、美、英等国的《开罗宣言》和《波茨坦公告》，宣布无条件投降，承诺履行公告中的所有条款，包括把窃取的中国领土归还中国的条款。据此，中国自应收复台湾及其附属岛屿钓鱼列屿等失去的全部领土。但是，从20世纪60年代末发现钓鱼列屿附近海底有丰富的石油蕴藏后，日本政府便再萌侵吞中国领土之心，并与美国勾结，歪曲历史事实，颠倒黑白，硬把中国的钓鱼列屿说成是日本国固有的领土，并肆无忌惮地登岛竖碑，挑起了中日关于钓鱼列屿主权归属的争端。

对于日本政府及其御用学者的侵略言论，中国学者和正直的日本学者都曾给予有力的批驳。鞠德源教授的《日本国窃土源流,钓鱼列屿主权辨》(首都师范大学出版社2001年版)，也是为同一目的而撰写的一部专著。该书洋洋100多万言，是作者长期研究的结晶。拜读之后，获益良多，并为作者多方搜求资料和深入钻研的精神所感动。现将几点读后感书写出来，以与学友共切磋。

第一，资料丰富翔实，远远超过同类著作。翔实的资料是研究任何问题的基础。作者为了撰写这部书，用了十多年的时间，多方搜求资料。不仅在中国的档案馆和图书馆搜集，还利用在美国哈佛大学哈佛燕京学社任客座研究员和在日本京都大学文学部任客座研究员的机会，在美国和日本各大学图书馆、研究机构以及日本外务省史料馆和冲绳县立图书馆等处进行搜集。功夫不负有心人,由于作者的努力,终于收集到大量有重要价值的档案资料和图籍,其中有些是前人未曾利用过的。这就为该书的撰写打下了一个坚实的基础,也使该书在利用档案资料和地图方面远远地超过了前人。

第二,结构合理,层次分明,观点正确,论据充分。全书分上、中、下三篇。上篇"日本国窃土源流",按照历史顺序,系统地论述了日本军国主义窃取中国及周边邻国领土的侵略扩张历程。中篇"钓鱼列屿主权辨",是本书的核心部分。为了深入地论证问题,作者不是采用教科书式的叙述,而是采用考证的方法,设立若干专题,对中国台湾附属岛屿钓鱼列屿的领土主权、历史地理、中琉海界,作了全面系统的考察论证,深刻地揭露了日本歪曲、篡改历史与地理的具体事实和真相。下篇"铁案如山证据说",实为本书的证据篇。主要是展示和阐释中国对钓鱼列屿拥有不可争辩的领土主权的各项历史证据,以及日本军国主义在窃土历史过程中形成的各种实证。通读三篇后,读者自然会不断加深对日本军国主义窃取中国领土的历史和中国对钓鱼列屿拥有神圣领土主权的认识,也自然会从如此丰富、确凿的原始资料中评审和辨别中日之间领土争端的是非曲直和谁是谁非。

第三,本书不是重复前人之作,而是作者深入研究的结晶,有作者自己的独立见解和新的发现。例一,作者用1880年中日谈判琉球问题时日本驻清全权大使宍户玑向清方谈判代表提供的琉球宫古、八重山《两岛考略》和大槻文彦绘制的《琉球诸岛全图》,证明琉球所属的宫古、八重山群岛内,根本不含钓鱼屿、橄榄屿、黄尾屿和赤尾屿。这说明,当时中、日双方都知道钓鱼列屿是中国领属的岛屿,从而驳斥了钓鱼列屿属琉球八重山群岛的谬论。例二,证明中日谈判和签订《马关条约》之际,确定割让"台湾全岛及所有附属各岛屿"条款及割让"澎湖列岛"条款的经纬四至线,都是依据英国测绘的中国东海海图;说明《马关条约》割让"台湾全岛及所有附属各岛屿"确是包括台湾附属的钓鱼列屿在内,从而驳斥了所谓《马关条约》割台条款不包括钓鱼列屿的谬说。例三,以确凿的证据,第一次揭开一个被人们忽略的重大问题,这就是从第二次世界大战日本无条件投降以后，至20世纪60年代末，日本各界和日本政府行政措施上都履行了放弃窃取别国领土的承诺。在此期间，日本官方和民间出版的《日本地理》、《日本地图》、《西南诸岛图》、《冲绳诸岛图》、《宫古八重山图》，都放弃绘入"窃土"钓鱼屿、黄尾屿和赤尾屿。而当20世纪60年代末，日本得知中国东海大陆架及钓鱼列屿海域海底发现蕴藏丰富的石油以后，便起窃土再占之心，在全国推行"舆图窃土战略"，命所有《日本地图》、《西南诸岛图》、《冲绳县图》、《八重山图》均须加绘出"尖阁诸岛"，以为再占我国领土制造根据。例四，经过缜密考证，证实英国海图中的 Pinnacle Islands 就是明代以来中国地图中的"橄榄山"。钓鱼屿附属的五个小岛，英国海图与图志均命以 Pinnacle Islands 之名，有的译为"凸列岛"，有的译为"众尖岛"，日本则译为"尖阁群岛"。作者证实，这五小岛早在明代胡宗宪主编的《筹海图编》福八（即福建省第八幅）《沿海山沙图》内，就已称为"橄榄山"。证明钓鱼屿与橄榄山之命名，绝对属于中国之首创，因此具有无可置疑的法律效力。像这类的发明与发现，该书中还有不少，这里就不再一一列举了。

第四，利用中外有关地图之多，以及对这些地图研究之深，是该书的一大特色。作者在书中利用中国、琉球、日本以及法、英、美等国所绘的各式地图就有近百种之多，除了对其中绝大部分地图逐一作了阐释之外，还对这些地图作了细致的综合研究和比较研究，证明了钓鱼列屿自古以来就是中国领土这一不可辩驳的事实，查明了所谓"尖阁列岛自古以来就是日本国固有领土"之说纯粹是日本窃土者捏造的谎言，揭破了日本随意篡改地图、变易岛名以窃取中国领土的罪恶行径。

以上是我对《日本国窃土源流 钓鱼列屿主权辨》一书的几点粗浅看法，实不足以概括该书的全部优点以及其对钓鱼列屿研究的重大贡献。总之，该书是一部高水平的著作，具有重要的学术价值和现实意义。

（原载《抗日战争研究》2002年第4期）

俄国与中国边疆

清俄合作开采外蒙古金矿初探

（1899—1911 年）

19 世纪末 20 世纪初，清政府曾同俄国蒙古金矿公司合作开采外蒙古金矿。清朝灭亡后，俄国操纵的外蒙古傀儡政府同俄国蒙古金矿公司重订开采合同。1919 年，外蒙取消自治，俄国蒙古金矿公司恢复向中国政府缴纳税金。1920 年 6 月，俄国蒙古金矿公司与美国蒙古贸易公司签订合同，把所有矿权产业全部租与美国蒙古贸易公司。同年 12 月，美国蒙古贸易公司又把所有租借权转让给北京蒙古金矿公司。本文拟用原始档案资料，对清朝末年中俄合作开采外蒙古金矿的起因、经过和结果，作一初步探讨，并求教于方家。

一

在清代，恰克图以南，库伦以北，图谢图汗、车臣汗两盟北部，是外蒙古最著名的黄金产地。由于这个地区与俄国毗连，从 19 世纪 60 年代起，就有许多俄国游民越过国界到这里偷挖金矿。为了保护国家权益，1890 年清政府驻俄国使臣洪钧提出了由中国自己开采的建议。他说："图谢图汗部与俄接壤，东西数百里，到处产金。俄人挖金，往往侵入华界，荒山旷野，势不能多驻兵役昼夜梭巡，防维杜绝，智力为穷。唯有我先设厂挖金，则彼自无从越取。"[①] 洪钧的建议，当时没有引起清政府的重视。此后，俄人越境挖金，愈演愈烈，到 1897 年，"车臣汗旗产金处所……，

[①] 光绪二十五年三月二十四日《总理各国事务衙门奏折》，载郭廷以等编《矿务档》（八），台北"中研院"近代史研究所 1960 年版，第 4902 页。

大半已为俄人偷挖"①。

继洪钧之后，建议开采外蒙金矿的是一个叫做维托克·柯乐德的俄国人。此人1888年进入中国海关，曾先后在总税务司、天津税务司任职，受到了总税务司英国人赫德的赏识。1896年，柯乐德跟随李鸿章访问俄国，俄国驻华公使喀希尼特意把他推荐给俄国财政大臣维特。②因此，柯乐德有机会结识俄国政界、财界和工商界的许多重要人物。李鸿章与俄国签订中俄密约之后回国，柯乐德暂留圣彼得堡。在中俄会谈"中东铁路合同"时，柯乐德为俄国出谋献策，建议用破裂谈判来威胁清政府，迫使其接受俄国提出的条件。根据柯乐德的建议，俄国照会中国政府说，如果不签订合同，俄国"将探求与别国联合，而与中国的同盟亦将成为一纸空文"③。柯乐德就是这样一位表面上为清政府服务，而实际上处处为俄国侵华利益着想的中国客卿。

柯乐德对开采外蒙古金矿这样感兴趣，是因为他认为如果俄国参与其事，可以获得巨大的利益。他向李鸿章报告外蒙金矿情况，并毛遂自荐地说："如国家（指清朝）派柯乐德开办蒙古矿务，即可将私挖人等驱逐，并报效国家厚利。"④李鸿章对柯乐德的建议深表赞同，指示他携带矿师前往勘察，并要他将办理情形呈报库伦办事大臣连顺，对此，柯乐德一一照办了。在库伦，他向连顺报告勘察结果，并表示：如果中国集股兴办蒙古金矿，他愿意代为招集俄股，一切完全遵守中国所定章程办理；"如用俄人，悉听中国官员约束"⑤。连顺很赞赏柯乐德的意见，给予介绍信函，指示他回京向有关大臣禀报。在北京，柯乐德谒见了管理矿务的直隶总督北洋大臣王文韶。王文韶对他说，此矿是否开办，尚未核定。请他等候信息。

---

① 光绪二十五年三月二十四日《总理各国事务衙门奏折》，载郭廷以等编《矿务档》（八），台北"中研院"近代史研究所1960年版，第4904页。
② [苏] 鲍里斯·罗曼诺夫：《俄国在满洲》，陶文钊等译，商务印书馆1980年版，第99页。
③ 同上书，第118页。
④ 光绪二十九年三月七日《外务部收路矿总局文》，载郭廷以等编《矿务档》（八），台北"中研院"近代史研究所1960年版，第4918页。
⑤ 光绪二十四年十一月《库伦办事大臣连顺奏折》，载郭廷以等编《矿务档》（一），台北"中研院"近代史研究所1960年版，第270页。

为了掠夺外蒙古金矿，柯乐德曾回俄国进行活动。1897年6月，在柯乐德的建议下，由道胜银行和俄国采金公司发起，成立了一家以经营蒙古矿产为主的辛迪加——中国矿藏勘查公司。这家公司资本50万卢布，参加董事会的有俄国政界和财界的著名人物彼特罗科基诺、罗特什捷英、涅尔平、菲利皮耶夫、璞科第和柯乐德。①

开采还是不开采外蒙古金矿，在清政府内部引起了一场争论。主张开采的以库伦办事大臣连顺为代表。1898年，他上了一个奏折，说明只有由官招商开采，才能抵制俄国人越界偷挖，否则，俄人在唐努乌梁海境内造屋挖金、盘踞不去的故事，将在图、车两盟重演。他提出了一个开采外蒙金矿的计划，主要内容是：（1）图、车两盟金矿丰富，依流河（伊罗河）一带最佳，其金质驾于著名的漠河金矿之上，但均产自河内，水势颇深，人力淘取所得有限，必须采用西法，以机器抽水，雇工开挖，其利方厚；（2）官督商办，招集商股，并准招俄股，一切按照中国所订章程办理，以免事权旁落；（3）除聘用外国矿师和机器管理人员外，工人全招蒙众和内地民人，不雇俄人，以免妨害中国穷民生计；（4）获利分十成，以四成报效国家，一成津贴蒙古王公，五成归股东。②

连顺的计划，遭到了侍讲学士贻谷的反对。他认为："若招俄开采蒙古金矿，是唯恐虎不能奋附之翼，而速其噬。"对于虎视眈眈的北方强邻，"此时拒闭之不遑，奈何开门而揖之"。总之，他认为，招俄开采蒙古金矿，是"引狼入室"，"有害无利"③。贻谷从中国边防考虑，指出俄国的侵略野心，不是没有道理的。但他除了反对"招俄开矿"外，并没有提出任何开采计划，也没有提出任何抵制俄人觊觎外蒙金矿的办法。

连顺对贻谷的说法进行了反驳，理由是：（1）招集俄股，是因为开矿需要巨额资金，中国商情筹款不易。山西、河南各矿均借洋款兴办，何独于库伦为有碍？（2）俄人越界偷挖年多一年，若认真驱逐，则恐激成事端，倘置之不问，日久盘踞，将来图、车两盟北边，将有意外之虞。

---

① ［苏］鲍里斯·罗曼诺夫：《俄国在满洲》，陶文钊等译，商务印书馆1980年版，第170页。
② 光绪二十五年正月二十六日《总理各国事务衙门发定边左副将军连顺文》，载郭廷以等编《矿务档》（八），台北"中研院"近代史研究所1960年版，第4895页。
③ 同上书，第4896页。

（3）允许俄人附股，可使俄国禁止该国无业游民越界偷挖，以弭边患。开办金矿虽然使蒙境增加管厂之俄商及洋工程师十余人，而遣去者却是千百成群偷挖金矿之无业俄民，"其为有利无害，情事显然"。（4）"金矿利之所在，难保不另有俄人禀请俄廷由俄使向我请办，拒之则彼益纵令无业俄民越界滋事，与我为难。允之则矿权全落俄手。甚至名为商办，实则俄国家主持"。到那时，"再商如现议办法，恐不可得"①。连顺和贻谷的主张虽然不同，但在维护国家权益这一点上却是一致的，只是在方法上存在分歧罢了。

  与此同时，总税务司赫德也致函总理各国事务衙门，竭力推荐柯乐德办理外蒙古金矿，说柯乐德"谨慎练达，委令办理矿务，可称得人"②。赫德的推荐，对清政府决定委派柯乐德开采外蒙金矿起了重要的作用。

  关于开采外蒙金矿的争论，经总理衙门与矿务铁路总局辗转咨商后，决定同意连顺的建议。因为若不设法兴办，"俄人愈来愈多，图、车两盟北边，势成盘踞"。"难保不另由公使领事向我请办，矿权全落俄手"。"现在直省内地业经奏定开矿章程，准附洋股"，"新疆塔城厅、乌苏厅等处，亦准令与俄商合股试办，库伦事同一律，……自应准如所请，设厂自行开采，以保蒙旗利权"③。1899年4月，清政府指派定边左副将军连顺会同库伦办事大臣兴廉督办蒙古图谢图汗盟鄂尔河等处金矿，从而结束了这场争论。

  连顺奉旨后，立即拟订了《开办鄂尔河等处金厂章程》，奏准委派柯乐德为总办该金矿委员，并取得了柯乐德的"甘结"，即保证书。④

  章程共有六条，主要内容是：（1）采金处所，不得有碍游牧；（2）此厂为官督商办，一切用项，不准派累蒙旗；（3）金厂获利，五成归于股本，三成交户部，二成分给蒙古王公和产金旗下蒙民；（4）聘请外国矿

---

  ① 光绪二十五年二月十二日《定边左副将军连顺致总理衙门函》，载郭廷以等编《矿务档》（八），台北"中研院"近代史研究所1960年版，第4897—4899页。
  ② 光绪二十五年三月二十四日《总理各国事务衙门奏折》，载郭廷以等编《矿务档》（八），台北"中研院"近代史研究所1960年版，第4902页。
  ③ 同上。
  ④ 《三品衔总办鄂尔河等处金厂委员柯乐德甘结》，载郭廷以等编《矿务档》（八），台北"中研院"近代史研究所1960年版，第4945页。

师、机器匠师不过十余人，淘沙挖土皆募华人，不用俄人；（5）招集华洋商股，蒙古王公、有钱之家皆可入股。①

柯乐德的甘结，除声明遵守六条章程外，还增加如下几点：（1）承办期限为25年，在此限内，倘柯乐德遇有事故，由中国另外派人照章办理。（2）如果赔累，悉由柯乐德设法筹补。（3）柯乐德为清朝官员，与俄国国家无有干涉，俄国不能因有俄商股份，干预其事。②

综观六条章程和柯乐德所具甘结，连顺还是注意维护国家主权的，但是由于中国缺乏资金，招收华股没有成为事实。金厂内的一切事务，完全操于柯乐德之手，中国官员只在很小的范围内起监督作用。

柯乐德获得外蒙古图谢图汗部鄂尔河等处金矿的开采权后，便踌躇满志地回俄国筹划。他在彼得堡会见维特，得到了维特的支持。1900年1月26日，俄国中国矿藏勘察公司委员会决定成立"蒙古图谢图汗盟和车臣汗盟矿业股份公司"（简称"蒙古金矿公司"），把股本扩大到300万卢布，其中100万卢布由"比利时帮"承担。柯乐德任公司经理兼公司驻外蒙的全权代表。这家公司从一成立起就有一个野心勃勃的从经济方面侵略中国的计划，他们不仅要在外蒙古开采金矿，而且要在库伦开设银行，同时还要攫取"张库铁路"（从张家口到库伦）的建筑权。③

二

清政府批准开采外蒙古金矿后，在清朝官员和蒙古王公内部仍然存在着不同的意见。有些蒙古王公以开矿破坏风水、有碍游牧和影响黄教为名，反对开采金矿。随着"扶清灭洋"的义和团运动的兴起和慈禧太后对列强态度的变化，反对开采外蒙金矿的势力也开始抬头，并得到了慈禧太后和军机大臣昆冈的支持。1900年2月，慈禧太后派昆冈驰赴库伦查办矿务，并指示他，如蒙众不愿开办，应"即行停办"。1900年6

---

① 郭廷以等编：《矿务档》（八），台北"中研院"近代史研究所1960年版，第4944—4945页。
② 同上书，第4945—4946页。
③ 参见鲍里斯·罗曼诺夫《俄国在满洲》，陶文钊等译，商务印书馆1980年版，第484—488页。

月,昆冈报告调查结果,说蒙古王公异口同声"吁请停办,实因畏惧俄人,后患难防,深恐毁及黄教,且游牧失所,生计全无"。又说,开矿"使俄阑入蒙地,置他人于卧榻,引敌国为同舟"。因此,他在奏折中说:"奴才谨拟遵旨停办"。慈禧太后立即下令"永远将矿地封禁",并处分了一批同意开办金矿的蒙古官员,连顺交部议处,柯乐德被"妥为遣散"①。

清政府虽然降旨将图、车两盟矿地永远封禁,并取消了柯乐德承办开矿的权利,但柯乐德并没有真正执行。1906年春,库伦办事大臣揭露了这一情况,他说,库伦矿务,既经奉旨停办,"正可由此将俄商柯乐德妥为资遣,以免利权外溢。乃数年以来,俄人之厂房并未拆毁,矿工亦未遣散,名为在彼守候,实则便于私挖"②。

1903年,柯乐德又到北京请求续办。他首先拜访总税务司赫德,希望得到他的支持。赫德表示愿意帮助他,并让他将办矿始末和要求写出,由他代呈外务部。

光绪二十九年二月十二日(1903年3月10日),赫德在给外务部的函件中,建议该金矿由柯乐德经理,他说:"总税务司虽为局外之人,然以鄙意度之,图、车两盟矿地,有该员在彼统率兴工,实较弃置停办之为愈也。"③ 柯乐德在由赫德代递的呈文中,首先质问清政府,说他奉命开办金矿、购买机器、聘请矿师等事,已经花费巨款,现在停办,此款应如何筹还?然后举出继续开办的好处。他说,现在机器、矿师均属现成,开办甚易,即以今年而论,足可报效国家实银3万两,分给蒙古王公实银2万两。如再推广,或可增至10倍之多。值此国库奇绌、蒙人生计维艰之时,"得此意外之款,不无小补,于国计民生两有裨益"④。接着,他又呈文路

---

① 光绪二十六年五月初二日《总理各国事务衙门收昆冈抄折》,载郭廷以等编《矿务档》(八),台北"中研院"近代史研究所1960年版,第4906—4907页。
② 光绪三十年一月二十九日《外务部收军机处交出库伦办事大臣德朦奏折》,载郭廷以等编《矿务档》(八),台北"中研院"近代史研究所1960年版,第4947页。
③ 郭廷以等编:《矿务档》(八),台北"中研院"近代史研究所1960年版,第4915页。
④ 光绪二十九年二月八日《柯乐德呈文》,载郭廷以等编《矿务档》(八),台北"中研院"近代史研究所1960年版,第4916页。

矿总局，要求继续让他开办此矿，"如不准开此矿，即请筹还股本"①。外务部收到赫德的信和柯乐德的呈文后，即向乌里雅苏台将军连顺和库伦办事大臣丰升阿征求意见。连顺表示赞成仍让柯乐德继续开办，并说："况此产矿之处，与俄连界，久为彼国垂涎之地，若不及早自行开办，争此先着，免资外人口实，设俄人一为启口，则我势必处于两难，却之则顿失邻睦，许之则坐失权利。辗转迁延，缪辖横生，恐不待烦言，而权利外去。以天地自然之利，我不自取，而拱手让人，甚属可惜"②。丰升阿也复函表示赞成让柯乐德继续开办。这时，清政府由于八国联军侵华被迫与列强签订《辛丑条约》，担负了4亿5千万两银的空前巨额赔款，财政上已陷入完全崩溃的境地。为了解决财政困难，"开辟利源，以裕国库"的呼声响遍了朝野，而开辟利源的重要途径之一，就是广开矿藏。因此，续办外蒙金矿之声又起。在《外务部议复热河都统锡良折》中要求"请将蒙古各旗矿产设法开采"。在《政务处议复山西巡抚赵尔巽折》内亦有"内外蒙古矿产甚繁，兴利实边，当务之急"的话，并且都"奉旨允准"③。在这种形势下，外务部于光绪二十九年五月二十三日（1903年6月18日）奏请仍照原案开办图谢图汗界内的金矿，由库伦办事大臣丰升阿会商定边左副将军连顺拟订详细章程，以裕利源。由于形势的变化，这个建议当天就得到了慈禧太后的批准。④

光绪二十九年八月二十四日（1903年10月14日），连顺和丰升阿奏请外蒙金矿的开采范围，由原来限于图谢图汗境内扩大到车臣汗境内，将原来办理图谢图汗盟鄂尔河等五处金矿名目改为办理图谢图汗、车臣汗两盟金矿。他们认为，这样一来，图、车两盟"同时并举，其利方厚"。同时奏请委派柯乐德为图、车两盟总办委员，厂内一切事务悉归经理。因为"该员柯乐德肩任集股，成算在胸"，而且总税务司赫德也认为柯乐德是一

---

① 光绪二十九年三月初七日《外务部收路矿总局文》，载郭廷以等编《矿务档》（八），台北"中研院"近代史研究所1960年版，第4918页。
② 光绪二十九年三月十六日《外务部收定边左副将军连顺文》，载郭廷以等编《矿务档》（八），台北"中研院"近代史研究所1960年版，第4921页。
③ 同上。
④ 参见光绪二十九年一月二十三日《外务部奏折》，载郭廷以等编《矿务档》（八），台北"中研院"近代史研究所1960年版，第4929—4930页。

个最合适的人选，"力为推荐"①。他们遵旨议订了一个《续议开办库伦金矿章程》，该章程共有十条，内容与前六条基本相同，不同的是把办矿范围扩大为图、车两盟，并明确规定，开办蒙古图、车两盟金矿，"系由中国派员官督商办，承办招集商股设厂采金，始终系为中国办事，即与中国官员无异"。所有金厂事宜，皆禀由外务部、路矿总局及督率大员奏请办理。俄国国家及各官员不得干预。其工匠人等，应听中国官员约束，若滋有事端，即送库伦衙门及各地方官照例惩办。"该承办遇有事故，仍照前章，由中国另派妥员作为总办"②。总之，续议章程更加强调了中国的主权。

1903年秋，就在清政府同意续办蒙古金矿不久，俄国蒙古图谢图汗盟和车臣汗盟矿业股份公司董事会认为，柯乐德不能"合理经营"已探明的矿产地，决定与柯乐德断绝关系，并指派一名叫做三盖禄的俄国土木营造工程师来接替柯乐德。这样，柯乐德无可奈何地到美国加利福尼亚矿区"当普通工人去了"③。

三

俄国派三盖禄接替柯乐德，这是俄国企图攫取外蒙古矿权的重大步骤。1903年秋，恰克图俄国廓米萨尔照会库伦大臣德麟说："总管图、车两盟金矿柯乐德之缺改委土木营造公三盖禄管理"④。俄国蒙古金矿公司的这一决定，既违反了《开办鄂尔河等五处金矿章程》和《续议开办库伦金矿章程》的规定，也违反了柯乐德"甘结"中的保证，纯粹是侵犯中国主权的行为。因为上述章程和"甘结"明确规定，柯乐德是清政府委派办理矿务的官员，"如柯乐德遇有事故，由中国另派妥员办理"。

---

① 光绪二十九年八月二十四日《库伦办事大臣丰升阿、定边左副将军连顺奏折》，载郭廷以等编《矿务档》（八），台北"中研院"近代史研究所1960年版，第4935—4938页。
② 《续议开办库伦金矿章程》，载郭廷以等编《矿务档》（八），台北"中研院"近代史研究所1960年版，第4939页。
③ ［苏］鲍里斯·罗曼诺夫：《俄国在满洲》，陶文钊等译，商务印书馆1980年版，第487页。
④ 光绪三十年一月二十九日《外务部收军机处交出德麟抄折》，载郭廷以等编《矿务档》（八），台北"中研院"近代史研究所1960年版，第4948页。

事关国家主权，绝不能让俄国蒙古金矿公司派人接替，更不能容许俄国政府出面干涉。因此，清外务部电库伦办事大臣说："查该矿系派柯乐德办理，柯有事回国，如不复来，应由中国照章另派妥员接办，俄员三盖禄到库，未经尊处委令接办，自未便与议矿章，希查照"①。这时，俄国驻库伦领事对库伦办事大臣进行威胁说："柯乐德因病回国，今年不来，众俄股始请俄皇派三盖禄接办，如不准接办，须将柯乐德经手数年所赔之款，不止百余万，如数偿还"②。德麟因怕俄国另生枝节，主张向俄妥协，准其接办。外务部不同意德麟的意见，认为"现三盖禄系由俄皇派出，俄国国家显有干预情事，核与柯结不符，碍难迁就"，应该"照章驳辩"③。俄驻库伦领事再次照会德麟，声称不承认柯乐德与清政府所订的章程和所具的甘结，如清政府阻止三盖禄接替柯乐德，就得补偿俄国2500万卢布。实际上，在中俄官员来往驳辩时，三盖禄已在矿区"添募俄工，硬做矿务"④。

面对俄国政府支持的蛮不讲理的俄国商人，软弱的清政府无能为力，十分难堪，只得向赫德求救，请他催促柯乐德迅速返回库伦，认为此事非柯乐德回来处理，断难了结。赫德此时不知柯乐德的去向，写信委托俄京华俄道胜银行转交柯乐德，但久无复音。他请北京道胜银行代发一份电报给柯乐德，该行董事说他们不知柯乐德的下落。后又电询俄京总行，才知道柯乐德在美国西部哥伦比亚。1904年8月10日，赫德接到柯乐德的复函。函中一面责怪清政府办事拖延，使他不能放手经营金矿，以致有今日的麻烦；一面表示愿意回来督办一切。⑤清政府得此信息后，大大地松了一口气。

---

① 光绪三十年二月十三日《外务部给库伦办事大臣德麟电》，载郭廷以等编《矿务档》（八），台北"中研院"近代史研究所1960年版，第4950页。
② 同上书，第4951页。
③ 光绪三十年二月十六日《外务部致库伦办事大臣电》，载郭廷以等编《矿务档》（八），台北"中研院"近代史研究所1960年版，第4951页。
④ 光绪三十年五月二十六日《外务部发库伦大臣电》，载郭廷以等编《矿务档》（八），台北"中研院"近代史研究所1960年版，第4957页。
⑤ 参见光绪三十年七月三日《外务部收总税务司赫德函》，载郭廷以等编《矿务档》（八），台北"中研院"近代史研究所1960年版，第4960页。

四

  柯乐德虽然表示愿意返回库伦办矿，但他并不能决定自己的行止，他必须征得俄国蒙古金矿公司的同意。此时，日俄战争正在激烈地进行，俄国无意向清政府退让，也无意让柯乐德返回库伦。1905年，俄国被日本打败，签订了割地丧权的《朴次茅斯条约》。在这种形势下，俄国蒙古金矿公司才同意召回三盖禄，让柯乐德返回库伦，继续经营金矿。1906年5月，柯乐德回到金厂，立即雇工开采。库伦办事大臣延祉"询以矿章未奉部复，何以遽行开采"？柯回答说，负债太多，不得不如此。他要求"仍请遵照旧章，先在一二厂试办，免致赔累"①。柯乐德所说的一二金厂，指的是图谢图汗盟的依流河珠尔琥珠金厂和车臣汗盟的特勒基（特勒尔济）金厂。珠尔琥珠金厂也称西金厂，在珠尔琥珠西北10余里，宽不足2里，环矿皆山，分段均有淘金处所。特勒尔济金厂也称东金厂，位于特勒尔济地方两山之间，有3个淘金处所，长约10余里，宽2里多。外务部认为，"柯乐德既照前议，重来开工，其厂屋机器早已布置，势难中止"②。同意柯试办两厂的要求，并指示延祉同柯妥议办法。柯表示愿意按照光绪二十五年（1899年）所定的章程办理。但在获利分成问题上，他提出了新的设想，即按所产金沙总数分一成五给清政府。这个新设想同前拟章程的主要区别在于它不是在获利项下提成，而是就产金之数提成，也就是不管金厂是赢是亏，清政府都能拿到这笔收入。这对清政府来说，"比较原章程尚属有盈无绌"，所以决定按照这种分成法"准其暂行试办"③。

  1906年12月，库伦办事大臣延祉同柯乐德共同拟定了一个"试办章程"，共6条，主要内容是：（1）先试办上述二厂，如有成效，可以报请

---

  ① 光绪三十二年五月二十七日《外务部收库伦办事大臣电》，载郭廷以等编《矿务档》（八），台北"中研院"近代史研究所1960年版，第4981页。
  ② 光绪三十二年六月初四日《外务部致库伦办事大臣电》，载郭廷以等编《矿务档》（八），台北"中研院"近代史研究所1960年版，第4982页。
  ③ 光绪三十二年八月二十二日《外务部致库伦办事大臣电》，载郭廷以等编《矿务档》（八），台北"中研院"近代史研究所1960年版，第4990页。

逐渐推广；（2）每年按出金总数，无论有无赔累，提一成五交户部；（3）将这一成五，分作十成，提出一成，再由金厂照数提出一成，合为二成，分给产金各蒙旗，作为津贴；（4）由官派一委员，监视金柜；（5）股本由柯乐德招集，无论有无赔累，仍由柯自行处理，与清政府无干；（6）以后如定有新章，此试办章程即自行作废。[①] 1907年3月24日，清政府批准《试办章程》。接着，由库伦办事大臣发给柯乐德"试办库伦金厂总办官"钤记，并派蒙古六品军官车林多尔济，花翎同知衔升用同知即选知县阎学沂，分别为该两金厂的监办官。同时，在延祉的主持下，库伦印务处与柯乐德拟定了一个《库伦东西金厂商定一切权限单》，共14条，规定了总办官、监办官的权限、职责和管理办法。金厂于1907年5月12日正式开工，清政府派库伦办事大臣延祉和库伦蒙古办事大臣绷楚克车林为矿务督办和会同督办。

其后，按照《试办章程》"逐渐推广"的规定，1908年获准开办与俄连界的乌依拉格卡伦南面的克勒司金矿，以理藩部领催荣泉为该金厂监办官。1909年，柯乐德勘察了依流河珠尔琥珠金厂附近的哈拉格囊图、鄂奴雷台、沙雷毕利台等处金矿。同年12月，清政府批准开采哈拉格囊图金矿，1910年设厂，以笔帖式崇志为该金厂监办官。1911年1月，清政府又批准开办车臣汗盟的奎腾河金矿，以印房理藩部笔帖式苏都理为该厂监办官。[②] 1911年获准开办的还有雅勒弼克金矿，以候选府经历梁鹤年为该厂监办官。[③] 加上最先开办的珠尔琥珠金厂和特勒基金厂，清政府同俄国合作开办的金厂共有6处。

五

外蒙古图、车两盟金厂是当时清政府所办的几个大型金厂之一，也是利用外资兴办的最大的金厂，其所属"各处金厂所招华、俄工人每年将近

---

① 参见《试办库伦金厂章程》，载郭廷以等编《矿务档》（八），台北"中研院"近代史研究所1960年版，第5006—5007页。

② 参见三多《库伦奏稿》卷上，第59—60页。

③ 同上书，第5页。

万人"①。其开采方法，按照原来规定是采用先进的西法开采，但据当时人的实地考察，这些工厂基本上还是采用人工淘金的土法。1904年，库伦办事大臣德麟报告说："柯乐德承办此厂……原称购买机器，所费甚巨。奴才此次到厂验视，所用系属木器，非若铜铁轮机必以重价始能得者，可见饰词欺诈，希图邀准。"②其后，依流河矿区曾用汽铲机采掘，但各厂区主要还是用人力开采。1920年，美国工程师美留寿、满宁二人曾实地考察了图谢图汗、车臣汗两盟金矿，写了一本《外蒙图什图、车臣两汗蒙古金矿公司报告书》，其中记载："在耶鲁矿区（笔者按：即依流河矿区）施用汽铲机采掘时，本报告内所述各处产金矿区一切矿工未尝使用机器，只用人力，兼之以两轮倒卸车而已。开辟地面之土乃用人工，采出金沙则以是项卸车运往淘洗金沙之地治理。矿区之水均用本地抽水机筒，故偶遇流入矿内之水，该项旧式抽水筒不能为力时，则于工作大有妨碍。"报告书中附有清末矿工工作情景的照片，作者说明："照片内一切矿工情形，均属十年前蒙古金矿公司开采之法。是项照片乃由前俄男爵即蒙古金矿公司总理飞丁哥夫得来，然后翻晒者也。"③可见，有些矿区虽然部分使用机器，但总的来说，采金方法还是相当落后的。

尽管如此，从经济效益上看，开采外蒙古金矿，清政府和俄国蒙古金矿公司都得到了好处。

从光绪二十五年（1899年）柯乐德获准开采外蒙金矿，至光绪二十六年（1900年）清政府下令封闭金厂，这一年多所采的金沙，完全为俄方私吞。其后名为停办，实际上是俄方私挖，直到1906年才按照《试办章程》的规定分成。在此之前，俄方共获得多少金沙，没有统计数字，但我们从光绪三十年（1904年）库伦办事大臣德麟的报告中，也可略知一二。他说："光绪二十九年，矿章尚未奉复，而柯乐德先行一面派人开采，……此次经奴才突至该厂察视俄人账簿，计上年一年，共私得金九蒲

---

① 参见三多《库伦奏稿》卷上，第27页。
② 光绪三十年一月二十九日《外务部收库伦办事大臣德麟抄折》，载郭廷以等编《矿务档》（八），台北"中研院"近代史研究所1960年版，第1948页。
③ 美留寿、满宁：《外蒙图什图、车臣两汗蒙古金矿公司报告书》，外蒙图什图、车臣两汗蒙古金矿公司1921年版，第23—24页。

卢半，每蒲卢重华秤二十七斤。"① 按照这样折算，仅这一年俄方就得金沙4104两。

1906年，中俄开始分成，从这一年5月至1911年10月，图、车两盟金矿每年所产金沙数目列表如下：

年份	产金量
光绪三十二年（1906年）	5967两1钱4分7厘
光绪三十三年（1907年）	7591两6钱2分
光绪三十四年（1908年）	8592两9分9厘
宣统元年（1909年）	30804两5分2厘
宣统二年（1910年）	50921两7钱7分6厘
宣统三年（1911年）	59600两
总　　计	163476两6钱9分4厘

注：此表资料据《矿务档》、三多《库伦奏稿》和陈篆《止室笔记》的有关记载。

据上表可知，1910年和1911年产量最丰。《外蒙图什图、车臣两汗蒙古金矿公司报告书》记载："因患火灾，历年账目多数被烧毁，……1901年至1919年历年赢亏全盘账目，只得1910、1911、1916三年收支账目而已。"根据账簿记载，俄国蒙古金矿公司1910年支出145.5429万卢布，售出之金得218.7658万卢布，除本净得利73.2129万卢布，除缴纳给清政府外，余47.3877万卢布，按公司股本180万卢布计算，获利26%。② 1911年，公司净得33.8431万卢布，以公司股本计算，获利18%。

清政府从该矿得利的情况是：1907年分得金沙1252两6钱1分4厘，除提给蒙古王公等二成津贴外，尚得1024两8钱6分6厘，共合银2.8578万两，加上补给1906年的2.3690万两，这一年共缴交户部银

---

① 光绪三十年一月二十九日《外务部收库伦办事大臣德麟抄折》，载郭廷以等编《矿务档》（八），台北"中研院"近代史研究所1960年版，第4947页。
② 参见羡留寿、满宁《外蒙图什图、车臣两汗蒙古金矿公司报告书》，外蒙图什图、车臣两汗蒙古金矿公司1921年版，第11—14页。

5.2269 万两。① 1908 年缴交 4.6 万多两，1909 年猛增到 17.2 万多两，1910 年 19.3 万两。②

清政府常常称赞"漠河金矿，办理最有成效"，并向全国推广漠河经验，要"一体仿照漠河金矿办法"③。1898 年，路矿总局大臣王文韶在奏折中说："至于各省矿务，漠河、开平成效最著，漠河岁解户部银约二十万两。"④ 由此看来，外蒙古图谢图汗、车臣汗两盟金矿的收益，1910 年已赶上了全国闻名的漠河金矿了。

开办外蒙古金矿，在一定程度上缓解了清政府的财政困难。原来"库伦有著进款每年仅有银一万六千两有零（奇）"⑤，现在金矿收入每年少则三五万，多则近 20 万。因此，不管是库伦办事大臣，还是清朝中央政府，都很满意。监办矿务的官员被提升职衔，总办官柯乐德更是备受称赞，说他"于深山大泽之中，冰雪严寒之候，稽查各厂，劳瘁不辞。每年所得金沙，上于国库无亏，下于蒙民有济"⑥，并将赏给他的二品顶戴改换为头品顶戴。

清政府开采外蒙古金矿的本意，是为了抵制俄人越境偷挖和开辟利源。但当时政治腐败，国家贫弱，无力抵御外国侵略，在无可奈何之下，才采取了同俄国财团合作这种"以俄制俄"的办法，希冀用它来保护中国国家主权。由此可知弱国边疆官员的苦心，并无出卖国家主权的意思。在清政府的官员中，有人对开办外蒙金矿赞不绝口，说它"实于国帑边防两有裨益"⑦，这不完全符合实际。说它有裕国库还可以，说它有裨边防则未

---

① 参见光绪三十四年一月十一日《外务部收库伦办事大臣延祉抄折》，载郭廷以等编《矿务档》（八），台北"中研院"近代史研究所 1960 年版，第 5061—5062 页。

② 参见三多《库伦奏稿》卷上，第 58、60—61 页。

③ 光绪二十五年九月十八日《矿务铁路总局奏折》，载郭廷以等编《矿务档》（一），台北"中研院"近代史研究所 1960 年版，第 38 页。

④ 光绪二十四年七月四日《矿务铁路总局大臣王文韶等奏》，载郭廷以等编《矿务档》（一），台北"中研院"近代史研究所 1960 年版，第 30 页。

⑤ 光绪三十三年九月二十日《库伦办事大臣延祉奏折》，载郭廷以等编《矿务档》（八），台北"中研院"近代史研究所 1960 年版，第 5052 页。

⑥ 宣统元年一月《外务部收理藩部文》，载郭廷以等编《矿务档》（八），台北"中研院"近代史研究所 1960 年版，第 5082—5083 页。

⑦ 三多：《库伦奏稿》卷上，第 60—61 页。

必。实际上，与俄合作开采外蒙古金矿，是有利于俄国侵略势力对外蒙古进行渗透的。总之，与俄国合作开采外蒙古金矿，不是"有利无害"，也不是"有害无利"。但对于广大人民群众，则丝毫没有什么好处可言；对于维护国家领土主权的初衷，最终也未能实现。这是由当时清政府的腐败、国势的衰弱决定的，不是某一位官员的能力造成的。

（原载《中国边疆史地研究》1992 年第 4 期）

沙俄与漠河金矿

漠河金矿，曾以金沙蕴藏丰富和质地优良而驰名中外。近代学者林传甲"漠河号称黄金国"的诗句①，概括地反映了漠河这个地方的特点。在清代，漠河金矿包括漠河、奇乾河、观音山和乌玛河四个金厂，由漠河矿务总局管理。"统曰漠河金厂者，从总局所在名之也"②。漠河矿务总局所属地域辽阔，黑龙江、呼伦贝尔两城副都统所辖之地，除宽河金厂外，"归入黑龙江及额尔古纳河流域境内之矿"皆属之。③ 从19世纪80年代起，到1911年清王朝覆灭止，沙俄一直处心积虑地要把漠河金矿据为己有。本文试图通过漠河金厂的创办及其坎坷的历程，揭示沙俄对我国黑龙江金矿的觊觎和掠夺。

一

漠河金矿是在清政府大搞工矿企业的热潮中开办的，是洋务运动的一个组成部分。但它不是中外反动势力相勾结的产物，而是为了抵制沙俄的经济掠夺和维护国家主权而创办的。为了说明这个问题，让我们回顾一下清政府筹办漠河金矿之前沙俄觊觎和掠夺黑龙江漠河等处金矿的历史。

俄国人越界偷挖漠河一带的金矿，早在19世纪60年代就已经开始了。当时越界挖金的人数不多，没有引起清政府的注意。1883年，当地一鄂伦春人为其母挖墓穴，竟然挖出若干金沙，这引起了俄国金商式赖特钦的重视。他立即组织人力，进行开采，结果大获其利。于是，漠河发现亘

---

① 缪学贤：《黑龙江》"序"，东三省筹边公署1913年版，第2页。
② 张伯英等编：《黑龙江志稿》卷23，"漠河金矿"。
③ 郭廷以等编：《矿务档》（七），台北"中研院"近代史研究所1960年版，第4714页。

古未有之丰富金矿的消息不胫而走，在俄国阿穆尔州和外贝加尔一带广泛传播。①俄国商人和休职官吏，以及矿工、哥萨克和逃犯等，成群结队，蜂拥而来，在漠河、奇乾河一带，毫无顾忌地擅自开采中国的金矿。②据《黑龙江述略》记载："至光绪十年，俄人在漠河山内招集中俄四千人，大事工作，造屋七百余间，立窑五百余所。"③光绪十三年（1887年）候补知府李金镛到漠河一带调查后说："旧时金匪六七千人，盘踞至四五年之久。"④俄人波兹德涅也夫认为，1883年至1884年偷挖金矿的人数为5000—7000，1885年初达到万人以上。⑤从这些并非精确的数字可以看出，在漠河偷挖金矿的场面之大，人数之多。据记载，在这些人中，除绝大多数俄国人外，还有"俄人从海参崴、恰克图等处雇觅（来的）山东直隶之民"⑥，以及其他国籍的人。

俄国商人侵犯中国主权，越界偷挖金矿，得到了沙俄官吏的支持。这一点，清政府官员也是清楚的。黑龙江将军文绪曾一针见血地指出，俄人"盗采漠河金坑，俄官佯为不知，暗予主持"⑦。沙俄阿穆尔州政府机构还向这些商人收购黄金，存入国库，从中得到极大的好处。⑧

1884年冬，清政府为捍卫国家主权，指示文绪派黑龙江城副都统成庆，"与俄人据约辩论，妥为办理"⑨。成庆向俄交涉，没有取得满意的结果。光绪十一年（1885年）三月，文绪奏说："俄人越界至漠河山淘

---

① 参见［俄］波兹德涅也夫《满洲记》，转引自汤尔和译《黑龙江》，商务印书馆1931年版，第754—755页。
② 参见中国史学会主编《洋务运动》（七），上海人民出版社1961年版，第314页。
③ 徐宗亮：《黑龙江述略》卷4。
④ 光绪十三年十月初十日《军机处抄黑龙江将军恭镗奏折》，载郭廷以等编《矿务档》（七），台北"中研院"近代史研究所1960年版，第4359页。
⑤ 参见［俄］波兹德涅也夫《满洲记》，转引自汤尔和译《黑龙江》，商务印书馆1931年版，第755页。
⑥ 李金镛：《筹议黑龙江金厂公司章程十六条》，载郭廷以等编《矿务档》（七），台北"中研院"近代史研究所1960年版，第4370页。
⑦ 徐宗亮：《黑龙江述略》卷4。
⑧ 参见［俄］波兹德涅也夫《满洲记》，转引自汤尔和译《黑龙江》，商务印书馆1931年版，第755页。
⑨ 《清德宗实录》卷178，第12页。

金……叠经照会俄酋，令其呼回，该酋饰词搪塞，请向俄公使理辩。"① 清政府一面由总理各国事务衙门照会俄国驻京公使，要求他转饬阿穆尔总督"将漠河俄人勒限收回，以符界约"，②一面由黑龙江将军派遣官兵，前往漠河严行驱逐。在这情势下，沙俄阿穆尔官员才被迫"出示收回"越界挖金的俄民。③ 在这年秋季，前往漠河的清兵也把"漠河金厂所剩华、俄各民，一律驱除净尽，将木房、窝铺全行焚毁"④。但是，时过不久，又有淘金俄人"复行闯越"⑤。因此，光绪十二年十二月二十八日（1887年1月21日）上谕说，上年俄人过江偷挖金矿，"虽经派兵驱除，孽芽未净，自应及时开采，以杜外人觊觎"⑥。以上事实说明，杜绝俄人越界挖金，是清政府创办漠河金矿的一个重要原因。

促使清政府决心开办漠河金矿的另一个重要原因是沙俄妄图攫取漠河金矿的开采权。

越界偷挖金矿的俄国金商，虽然被迫撤退回国，但是黑龙江、额尔古纳河右岸丰富的金矿，却刺激着沙俄政府和俄国资本家的贪欲，使他们垂涎欲滴。从1886年起，他们通过不同的途径，接二连三地向清政府提出开采黑龙江金矿的要求。

1886年初，俄国商人萨比汤亲自到清驻俄使馆，向代理参赞联芳提出："欲在中国黑龙江之粗鲁海图卡内，约租地段，设立公司，开采金石各矿。"⑦ 清政府对萨比汤的要求，坚决予以拒绝。总理衙门指示驻英俄大臣曾纪泽说："粗鲁海图卡内，系中国地，外人岂得开矿，现已行文黑龙江防范。萨比汤所请，应由贵处切实驳斥。"⑧ 萨比汤的要求没有实现。

1886年3月21日，俄国商民瓦西里面见黑龙江办理金矿事宜委员总

---

① 《清德宗实录》卷205，第15页。
② 徐宗亮：《黑龙江述略》卷4。
③ 《清德宗实录》卷212，第6页。
④ 《清德宗实录》卷214，第12页。
⑤ 《清德宗实录》卷217，第12页。
⑥ 《清德宗实录》卷227，第9页。
⑦ 光绪十二年正月二十二日《总理衙门咨文黑龙江将军文绪文》，载郭廷以等编《矿务档》（七），台北"中研院"近代史研究所1960年版，第4171页。
⑧ 《清季外交史料》卷63，第27页。

管固伯里，要求"在中国呼伦贝尔巴图尔霍硕卡伦左近之特勒布里河起，顺兴安岭山脊，达乌鲁苏牡丹，至额尔古纳河、黑龙江南岸一带地方，约租挖金伐木"①，并拿出地图一幅，图内绘有黑龙江内兴安岭等处山河。固伯里答以"当此防守淘金之际，断无出租之理"。瓦西里把租地开矿的范围缩小，只要求"由额尔古纳山河起租地"。固伯里坚决拒绝说："租地开矿，断难准行，应作罢论"②。但俄国资本家和沙俄政府结合在一起，他们并不从此止步。1886年，新任驻英俄大臣刘瑞芬向总理衙门报告说，俄国官商对黑龙江的金矿"仍思集股采取"③。

1887年，候补知府李金镛奉命赴精奇里江与俄交涉江东六十四屯（当时称"四十八旗屯"）界务时，俄国官员又提出开采漠河等处金矿的要求。李金镛向清政府报告说："漠河金厂久为俄人偷挖觊觎，此次卑府奉差前赴黑龙江分界，俄员谆谆以税租金厂为托"④。

正是沙俄政府和商人的这些行动，使清政府中的一些官吏感到必须采取有力措施，以杜俄人觊觎而保主权。1886年，新任驻英俄大臣刘瑞芬在给总理衙门的函件中强调指出：俄国官商觊觎黑龙江金矿，如果我们不及早筹办开采，"久必为人占据，贻患非轻"⑤。刘瑞芬这种维护国家主权，抵制沙俄侵略的正确主张，立即引起了清政府中许多官员的共鸣。黑龙江将军恭镗是最积极的响应者，他为筹办漠河金矿尽了最大的努力。他奏说：开办漠河金矿"事关杜患边防，早办一日，则可息外邦觊觎之心"⑥。着眼点和刘瑞芬一样，也是为了抵制沙俄。清政府采纳恭镗的建议，命北洋大臣李鸿章负责筹办。李鸿章完全同意刘瑞芬和恭镗的意见。他在筹办漠河金矿章程的奏折中明确指出，俄人对"漠河、奇乾河之间，尤所注意"，"若不及早经营，诚为可虑"。又说："若金矿一开，人皆趋利，商

---

① 光绪十二年四月十六日《黑龙江将军文绪致总理衙门函》，载郭廷以等编《矿务档》（七），台北"中研院"近代史研究所1960年版，第4171页。
② 同上。
③ 李鸿章：《李肃毅伯奏议》卷11，《漠河金矿章程折》。
④ 李金镛：《筹议黑龙江金厂公司章程十六条》，载郭廷以等编《矿务档》（七），台北"中研院"近代史研究所1960年版，第4370页。
⑤ 李鸿章：《李肃毅伯奏议》卷11，《漠河金矿章程折》。
⑥ 中国史学会主编：《洋务运动》（七），上海人民出版社1961年版，第313—314页。

贾骈集，屯牧并兴，可与黑龙江北岸俄城声势对抗，外以折强邻窥伺之渐，内以植百年根本之谋"①。由此可见，"折强邻之窥伺"，"息外邦觊觎之心"，是清政府创办漠河金矿的又一个重要原因。

当然，开办漠河金矿也是为了"开辟利源"，但这不是开办的唯一目的，负有筹办漠河金矿之责的候补知府李金镛当时就已指出："漠河一区，界连俄人边境，号称金穴，狡焉思启，防不胜防，开矿之举，实关边要利害，与内地矿务之专以利言者不同。"②

根据上面的论述，可以得出结论，清政府决心开办漠河金矿，是和抵制沙俄的觊觎和掠夺分不开的。

二

漠河金厂于光绪十四年十二月十三日（1889 年 1 月 14 日）"祭山开工"。随后，奇乾河金厂也在光绪十五年正月十二日（1889 年 2 月 11 日）开办。③ 督理黑龙江等处矿务候补道李金镛"熟习矿务，任事勇敢"④，漠河等矿在他的主持下，艰苦经营，卓有成效。1890 年 10 月 17 日，李金镛因积劳成疾去世，漠河金矿由候补知府（后升道员）袁大化接办。1894 年，袁大化奏准开办观音山金矿。⑤ 观音山矗立在黑龙江中游右岸，"相传昔年民船过此遭风，向山拜祷，求观音保佑，嗣得无恙。后人遂以此山有神，置庙祠之，群呼之为观音山云"⑥。观音山金矿设在嘉荫河源、太平沟等处，金沙成色极佳，产量也高。光绪二十一年（1895 年）正月至七月，

---

① 李鸿章：《李肃毅伯奏议》卷 11，《漠河金矿章程折》。
② 光绪十三年十月初十日《军机处抄转黑龙江将军恭镗奏折》，载郭廷以等编《矿务档》（七），台北"中研院"近代史研究所 1960 年版，第 4357 页。
③ 光绪十六年正月十七日，黑龙江将军依克唐阿说："漠厂自光绪十四年十二月十三日，乾厂自光绪十五年正月十二月次第开工。"参见《矿务档》（七），台北"中研院"近代史研究所 1960 年版，第 4428 页。《黑龙江志稿》第 23 卷载："奇乾河金厂……光绪十七年由北洋办理。"
④ 中国史学会主编：《洋务运动》（七），上海人民出版社 1961 年版，第 314 页。
⑤ 光绪二十一年李家鏊《胪陈漠河观音山金矿分办利弊情形》，载郭廷以等编《矿务档》（七），台北"中研院"近代史研究所 1960 年版，第 4572 页。
⑥ 光绪二十年正月二日《北洋大臣李鸿章致总理衙门函》，载郭廷以等编《矿务档》（七），台北"中研院"近代史研究所 1960 年版，第 4739 页。

漠河矿务总局所属大小各金厂，共出金35280余两，57%出于观音山金厂。① 可见观音山金厂已是后来者居上了。继观音山金厂之后，清政府又开办了乌玛河（五马河）金厂。这样，漠河金矿总局就拥有漠河、奇乾河、观音山和乌玛河四个金厂，统称漠河金厂或漠河金矿，是当时中国规模最大的金矿之一。

漠河金矿名闻中外，但它所走过的道路却是坎坷不平的。除来自封建制度的束缚外，最主要的是来自帝国主义的窥伺和掠夺。贪婪的沙俄一有机会，便把它的魔爪伸向漠河金矿。

1894年，中日甲午战争时期，沙俄"叠次来员窥探，希冀乘隙抵瑕"②，"意在越界开挖"漠河金矿。同时它还煽动矿工闹事，"边患几因之而起"。只是由于清朝官吏"设法开导严防"，才得以"保全大局"③。

1899年，俄国驻京代理公使格尔思遵照俄国外交大臣和财政大臣的指示，致函清总理衙门，要求准许西伯利亚大资本家阿思达摄福"承办黑龙江省金矿"④。总理衙门答以黑龙江著名金矿现已由华商先后开办，而且颇有成效。其他"产金处所，定议由现办各金矿之华商陆续推广办理"⑤。婉言谢绝了格尔思的要求。

1900年，中国发生了义和团反帝爱国运动，沙俄出兵东北，镇压义和团，占领东三省。黑龙江全省处在沙俄侵略军的铁蹄之下，漠河等矿当然也不可避免地落入沙俄手中。《漠河金矿沿革记略》记载了俄军攻占漠河金厂的经过：1900年，俄国兵轮两艘，开到漠河上游二里许，漠河护矿营开枪抵抗。在俄军的进攻下，华兵不支败退，"厂中官弁兵夫逃散一空，或深入大林，或夜窜溪谷。其弱者率皆委于沟壑，其强者越荒山，斩荆

---

① 参见光绪二十一年李家鏊《胪陈漠河观音山金矿分办利弊情形》，载郭廷以等编《矿务档》（七），台北"中研院"近代史研究所1960年版，第4572页。

② 光绪二十三年五月二十六日《北洋大臣王文韶奏请奖叙黑龙江漠河金厂出力人员折》，载郭廷以等编《矿务档》（七），台北"中研院"近代史研究所1960年版，第4610页。

③ 光绪二十三年五月十六日《王文韶请将已革道员袁大化送部引见片》，载郭廷以等编《矿务档》（七），台北"中研院"近代史研究所1960年版，第4608页。

④ 光绪二十五年八月初七日《总理衙门收俄代理公使格尔思函》，载郭廷以等编《矿务档》（七），台北"中研院"近代史研究所1960年版，第4174页。

⑤ 光绪二十五年八月初九日《总理衙门复俄界公使格尔思函》，载郭廷以等编《矿物档》（七），台北"中研院"近代史研究所1960年版，第4175页。

棘，猎兽杀马以食，月余逃至齐齐哈尔，始得生还，盖已无几人矣"①。沙俄占据漠河、观音山等矿后，"沿江卡伦兵房，悉行焚毁"，"俄民于华界内，伐木挖金，任意而为，毫无顾忌"②。沙俄并不以占据漠河等矿为满足，它还进一步采用外交恫吓手段，向黑龙江将军要索黑龙江全省金矿的开采权。

1901年3月3日，俄国驻吉林、黑龙江两省外交官员刘巴照会署黑龙江将军萨保说："俄国人亦知满洲地方出有五金矿务，伊等均愿求挖此金。"要求清政府"将金厂方圆里数，及落租银两若干，定立章程"，租与俄国开办。③萨保在复照中说，东三省地方各有将军分管，奉天、吉林两省矿务，本人无权代为答复。就黑龙江省而论，漠河、额尔古纳河、观音山三处，都是北洋大臣筹款派员专办。黑龙江将军向不过问。"至贵照会内询租银若干，应请指明何处金厂，约方圆里数若干，可出租银若干，未便悬揣。且中国朝廷亦无出租之谕"④。这个复照反映了在俄国军事占领的形势下，黑龙江清朝官员已经十分胆怯，对沙俄的侵略要求既想拒绝又不敢拒绝的矛盾心情以及准备接受其部分要求的妥协倾向。

刘巴向黑龙江将军提出租让满洲金矿之后不久，俄国政府委派科洛特科夫为驻黑龙江省外交官，从此，俄国与黑龙江地方的商务交涉"概归该俄员经理"。科洛特科夫于1901年6月到达黑龙江省会齐齐哈尔，他向萨保提出勘探和开采黑龙江全省金矿的要求，"一起手即从事于要挟恐吓之途"⑤。萨保屈服于沙俄的势力，答应准许俄国人在嫩江流域和黑龙江省所属松花江左岸地段采勘矿苗。但沙俄胃口很大，不把漠河矿务总局所属额尔古纳河、黑龙江右岸的金矿统统弄到手，决不罢休。科洛特科夫气势汹

---

① 《漠河金矿沿革纪略》，1918年，第6页。
② 光绪三十三年九月初三日《外务部收东三省总督文》，载郭廷以等编《矿务档》（七），台北"中研院"近代史研究所1960年版，第4691页。
③ 光绪二十七年四月十七日《总理衙门收署黑龙江将军萨保文》，载郭廷以等编《矿务档》（七），台北"中研院"近代史研究所1960年版，第4179—4180页。
④ 《署黑龙江将军萨保给俄国驻吉黑交涉官刘巴复照》，载郭廷以等编《矿务档》（七），台北"中研院"近代史研究所1960年版，第4182页。
⑤ 光绪二十七年八月十七日《萨保与俄订勘金矿草约折》，载郭廷以等编《矿务档》（七），台北"中研院"近代史研究所1960年版，第4321—4322页。

汹地指责萨保"与俄往来不睦","仇敌我俄",并以前任黑龙江将军寿山因抵抗沙俄侵略最后兵败自杀为例,恫吓萨保说:"观阁下欲学寿妄(寿山)矣"①。他还扬言,"倘贵将军不肯允准俄人采勘江省全境矿苗,本官员只好自行设法保守旧矿金子(按:指霸占漠河等金厂)","只好报明兵部","将各官矿令俄营占守,此事将来中国国家定有许多糜费也"②。萨保与科洛特科夫前后交涉一个多月,光绪二十七年六月初八日(1901年7月23日),终于在沙俄的军事压力与外交恫吓的双重威胁下,被迫签订了《十二条草约》。"草约"规定:(1)"准俄人在江省地界内采办金铁煤各矿苗"。(2)"查出矿苗之后,可由将军给以执照,准其即在所指地方开办"。(3)"开办时,每出金百两,须报效中国国家十五两"。(4)"自齐齐哈尔往上,凡两岸大小河流汇入嫩江者,各至嫩江江源为止,及呼兰河口以下与都鲁河口以上,凡大小河源汇入松花江者,各到河源为止(对岸吉林界不在内),均由将军发给采苗执照"。(5)"此约画押后,另拟漠河、观音山二矿,及都鲁河,宽河各商办金矿条呈,咨送北京矿务局查核定夺"③。

这个草约,几乎完全满足沙俄的侵略要求,本来黑龙江将军无权过问的漠河、观音山金矿,在这个草约中也规定另拟条呈咨送北京矿务总局查核定夺,这就为沙俄日后索取漠河等矿的开采权埋下伏笔。

草约签订后,萨保在奏折中为自己开脱罪责,理由有两条:一是此约与吉林省同俄国签订的采矿条约"不甚悬远";二是"当此商疲财竭,苟能借俄之资力,扩极塞之矿政,而复权不旁落,未始非兴利睦邻之道"④。明明是出卖国家主权,还厚颜无耻地称之为"权不旁落"的"兴利睦邻之道",清朝官员的腐败,于此可见。

---

① 光绪二十七年五月三十日《俄驻黑龙江交涉官科洛特科夫致署黑龙江将军萨保信》,载郭廷以等编《矿务档》(七),台北"中研院"近代史研究所1960年版,第4311—4312页。
② 光绪二十七年六月初七日《科洛特科夫致萨保信》,载郭廷以等编《矿务档》(七),台北"中研院"近代史研究所1960年版,第4313—4314页。
③ 郭廷以等编:《矿务档》(七),台北"中研院"近代史研究所1960年版,第4318—4321页。
④ 明清档案馆编:《义和团档案史料》第4册,中华书局1959年版,第1323页。引文中"扩极塞之矿政"之"矿"字,原作"卝","卝"为"矿"之古体字。《东北义和团档案史料》第577页将"卝"字作"弊"字,误。

由于"十二条草约"规定漠河、观音山等矿另拟条呈咨送矿务总局核夺，因此，在此约签订之后不久，科洛特科夫就以此为理由，进一步要索勘探和开采额尔古纳河和黑龙江右岸金矿的权利。并说越界进入这一地域挖采中国金矿的俄人已达 8000 多人，如中国同意俄国的要求，俄国将负责把这些俄人驱逐出境。言外之意，即如中国不答应俄国要求，这一带的金矿将由俄国人继续私挖。萨保派员与科洛特科夫谈判。科洛特科夫态度蛮横，"始终要索"①，没有商量余地。1901 年 10 月 2 日，科洛特科夫提出一个勘采额尔古纳河、黑龙江右岸以及宽河、都鲁河、呼兰河各处金矿的草约，逼迫萨保签字画押。这个草约共有 11 条，除第 10 条是关于勘采宽河、都鲁河和呼兰河各处金矿外，其余各条全部都是关于勘探和开采漠河矿务总局所属地域内各金矿的规定。主要内容有三点：（1）自呼伦湖起，沿额尔古纳河和黑龙江，至松花江入黑龙江处止，包括额尔古纳河，黑龙江右岸所有各支流，分为五段：自呼伦湖起至贝子河止为头段；自贝子河起至呼玛尔河止为二段；自呼玛尔河起至瑷珲城此为三段（宽河不入此段，此河旧有金厂，仍听原有公司挖采）；自瑷珲城起至观音山止为四段；自观音山起至松花江汇入黑龙江处止为五段。（2）第一段内归俄国黑龙江上游矿业公司，第二段归俄国矿业资本家阿思达硕夫，第三段归公爵阿布拉克新、波波夫和耶米立羊掠夫（阿莫里雅诺夫）公共矿业公司，第四段归积股矿业公司，第五段归俄国矿业公司。"此约一经画押后，暂先采勘金苗，俟大清国国家允准，再行开挖"。（3）将来开采，每段挖出金子，应提 15% 报效中国国家。此外，每段应于所得净利内，提取 2% 交中国漠河公司股东均分，提取百分之二交黑龙江将军，作为地租。②

从上述草约内容看来，沙俄不仅要勘探和开采漠河矿务总局所属地域内尚未开采的金矿，而且对中国已经开办的漠河、观音山等矿，也要据为己有。沙俄的要求大大地超出了黑龙江将军的权限，按理说，萨保是完全无权处理这一问题的。但在沙俄侵略者的淫威下，萨保再次妥协，他复照

---

① 光绪二十七年十一月初十日《萨保奏俄员觊觎漠河等矿折》，载郭廷以等编《矿务档》（七），台北"中研院"近代史研究所 1960 年版，第 4642—4644 页。

② 郭廷以等编：《矿务档》（七），台北"中研院"近代史研究所 1960 年版，第 4253—4255 页和第 4628 页，都载有此草约。但译文不尽一致，并有详略之别。本文所述内容，参考这两个文本。

科洛特科夫，同意将漠河矿务总局所属黑龙江和额尔古纳河右岸"所有先前未经开采金矿之各河沟，暂由本署将军发给采勘金苗执照"。至于乌玛河、奇乾河、漠河、观音山等处，已由北洋大臣派员开采，"勿庸采勘"。同时还答应将科洛特科夫的来照和"十一条草约""咨送矿务总局、北洋大臣核定，请旨遵行"①。并随照会附去五张满汉文合璧的勘采金苗执照。由于萨保没有完全接受"十一条草约"，因此，执照的内容与"十一条草约"也不完全一样，主要区别有两点。

第一点：执照对采勘金苗地域范围加以某些限制。"十一条草约"规定，自贝子河起至呼玛尔河止为第二段，归俄国金矿商人阿思达硕夫勘采金苗。执照则加上"其中自乌玛尔河往下至鄂尔河（又名阿勒巴昔哈河）之西南沿一带无论大小河源，自发源处起，均不在采勘之列"一句。"十一条草约"规定，自观音山起至松花江入黑龙江处止为第五段，归俄国矿业公司采勘金苗。执照则把它改为"除观音山河东沿起，至托罗山止，内中一带无论大小河流自发源处起，均不在采勘之列。其余托罗山以下，入松花江，至都鲁河止，暂准采挖金矿股伙（即俄国矿业公司）采勘矿苗"②。萨保在执照中加上这些限制，这是因为自乌玛河至鄂尔河一带是乌玛河、奇乾河、漠河等金矿的矿区，自观音山至托罗山是观音山矿区。也就是说，萨保在执照中把漠河矿务总局已开采的金矿排除在允许俄人采勘金苗的范围之外。

第二点：执照仅是"暂准"俄商采勘金苗，完全没有涉及开采金矿的问题。"十一条草约"规定，五段地界内，准许俄国各金商"暂先开采金苗，俟大清国国家允准，再行开挖"，同时还有将来开挖后各种提成的规定。这说明"十一条草约"不仅要求允许俄国采勘金苗，并且还为将来俄国开采这一带金矿作了某些原则规定，是一个既要求勘探权又要求开采权的掠夺性条约。从性质上说，执照和"十一条草约"有其一致的地方，但二者毕竟有很大的区别。这就是执照只是"暂准勘采金苗"的执照，不是

---

① 光绪二十七年九月初《萨保给科洛特科夫照会》，载郭廷以等编《矿务档》（七），台北"中研院"近代史研究所1960年版，第4632—4633页。

② 光绪二十七年九月初九日《萨保发给金商的执照》，载郭廷以等编《矿务档》（七），台北"中研院"近代史研究所1960年版，第4633—4654页。

允准俄人开采金矿的执照。

清政府对沙俄"十一条草约"和萨保发给俄人采勘金苗执照抱什么态度呢？这看一看光绪二十八年（1902年）七月初八日外务部的奏折就清楚了。奏折说："臣等复查，该俄员等先后占地过宽，不无窒碍，惟该将军所给执照，据称业与订明，只准采勘，不为开办之据。应俟将来勘竣后，请予开办时，令其绘图贴说，咨部酌核，再行定夺。"又说："漠河等处为江省产金最旺之区，前经北洋大臣派员开办，历有年所，余利报效，藉充军饷，为款颇巨，自不能让给外人。"① 清廷在这份奏折上批上"依议"二字，这说明，清政府同意萨保暂准俄人采勘金苗，不同意"十一条草约"。因此，清政府对"十一条草约"始终未加批准。萨保将清政府的意见转告俄国驻黑龙江省交涉官，请其"转饬领照各俄人，一体照办"②。

沙俄金商并不遵守执照的规定，也不按照清外务部奏准的办法办理，他们"于采得金苗后，并未声明中国政府，听候指定章程，辄即擅行开挖"③。他们不仅开采新矿，而且还侵占中国原已开采的旧矿。第一段勘探区，他们开采了吉拉林金矿；第二段勘探区，他们侵占了漠河金厂和奇乾河金厂；第三段勘探区，他们开采了呼玛尔金矿；第五段勘探区，他们侵占了观音山金矿。④ 东三省总督徐世昌曾悲愤地说：俄人"设厂私挖，又攘据北洋大臣所开之漠河、观音山等金矿，沿江省数千里，始于西北，迄于东南，凡金苗荟萃之区，俄人固已视为囊中物矣。"⑤ 这概括了沙俄在镇压东北义和团之后霸占漠河等金矿的情况。

---

① 光绪二十八年七月初八日《外务部奏折》，载郭廷以等编《矿务档》（七），台北"中研院"近代史研究所1960年版，第4658页。

② 光绪三十四年四月二十一日《东三省总督、黑龙江巡抚致驻齐齐哈尔俄领事照会》，载郭廷以等编《矿务档》（七），台北"中研院"近代史研究所1960年版，第4658页。

③ 光绪三十三年二月二十七日《外务部收黑龙江将军咨文》，载郭廷以等编《矿务档》（七），台北"中研院"近代史研究所1960年版，第4196—4197页。

④ 《俄商采勘五段金苗节略》，载郭廷以等编《矿务档》（七），台北"中研院"近代史研究所1960年版，第4247页。

⑤ 徐世昌：《东三省政略》卷3，矿务交涉篇。

三

沙俄违背执照，霸占和开采漠河矿务总局各矿，完全是侵犯中国主权的行为，清政府为收回各金矿，曾与沙俄进行长期的交涉。

1902年4月8日，中俄签订《交收东三省条约》，根据这个条约，沙俄应分期撤回侵入中国东三省的军队。署黑龙江将军萨保受到这个条约的鼓舞，于1902年2月1日奏请派员收回漠河、观音山、奇乾河等金厂，"重行开办，以维利权"①。1903年1月11日，北洋大臣袁世凯奏准派遣候补道刘燨前往黑龙江察看各金厂情形，"妥议章程，禀明试办"②。这时，沙俄虽然与清政府签订了《交收东三省条约》，同意分期撤兵，但并未真正实行。1903年4月18日，沙俄又向清政府提出独占东三省的《七条》要求。其中第四条规定：清政府"如果聘请别国人办理矿务，则其人所出之策，不得用之于蒙古及东三省各矿厂，若有此种事务，应派俄人管理"③。这充分地说明，沙俄仍然念念不忘独吞东三省的矿藏资源。在这种情况下，刘燨收回漠河等矿的使命是不可能完成的。事实正是这样，刘燨到黑龙江之后，"历查该处各矿，均有俄人招集矿丁，在内掏挖金苗"。经与俄官俄商交涉，他们踞据不交，"未能收回"④。清外务部就此事照会俄国驻京公使雷萨尔，要求他转告俄滨海总督和驻齐齐哈尔交涉官，"饬令该处俄商，迅速交还刘道接办，以敦睦谊"⑤。但如石沉大海，杳无回音。

俄国金商不仅违背执照规定，占据和开采漠河、观音山等矿，并且将他们的侵略行为说成是有根据的。1903年11月2日华俄道胜银行副代办

---

① 光绪二十八年四月二十五日《署黑龙江将军萨保片》，载郭廷以等编《矿务档》（七），台北"中研院"近代史研究所1960年版，第4655页。

② 光绪二十八年十二月二十三日《北洋大臣袁世凯奏折》，载郭廷以等编《矿务档》（七），台北"中研院"近代史研究所1960年版，第4660页。

③ 光绪二十九年三月二十一日《俄国驻华公使柏郎逊照会》，载日本外务部编《日本外交文书》第36卷第1册。

④ 光绪二十九年八月二十三日《外务部收北洋大臣袁世凯咨文》，载郭廷以等编《矿务档》（七），台北"中研院"近代史研究所1960年版，第4666页。

⑤ 光绪二十九年八月二十七日《清外务部致俄驻华公使照会》，载郭廷以等编《矿务档》（七），台北"中研院"近代史研究所1960年版，第4667页。

宝至德致清政府商部的函件中说："俄国金矿公司，当年曾立有合同，开采黑龙江观音山金矿，按合同内每百分交纳中国政府矿课十五分。此十五分矿课，从开矿之日起，均存于伯力道胜银行，现已集有八千两成数。……（此款）业已如数汇到，可否即由敝行登入总帐，作为贵部存款，听候随时提用之处，专望示下遵行。"① 他所说的"合同"，就是未经清政府批准的没有任何法律效力的"十一条草约"。如果清政府接受此款，那就等于承认了"十一条草约"，承认了沙俄享有开采额尔古纳河和黑龙江右岸五段金矿的权利。这是清政府所不能接受的。1903年11月16日，清外务部函复道胜银行副代办宝至德说："观音山等处金矿，向归北洋大臣派员督理，虽庚子年因乱事停止，现仍派员接办，并由本部照会俄国驻京大臣在案。前黑龙江将军与俄员立采苗草约，……尚未议准，不能作为开办之据，所纳矿课银八千两，未便准收。"② 这个答复没有斥责俄商私自开采的强硬措辞，反映了清政府的软弱，但它坚持维护国家权益，是值得肯定的。

这时，沙俄与日本争夺我国东北的矛盾十分尖锐，日俄战争有如箭在弦上，一触即发。俄国企图维护它"在满洲的绝对势力"③，决定继续占领这个地区，对清政府收回矿权的要求，不予理睬。1904年2月，日俄战争爆发，东北成为战场，清北洋大臣只得把刘燨调回天津，收回黑龙江漠河等金矿的计划，没能实现。

1905年，沙俄对日战争失败，接受日本提出的条件，签订《朴次茅斯条约》。日俄战争削弱了沙俄的力量，为清政府收回矿权提供了一个较有利的条件。因日俄战争而暂时中断的收回黑龙江漠河等金矿的交涉，这时又重新开始了。

在这次收回矿权的交涉中，黑龙江将军程德全表现出极大的主动性和积极性。1905年秋，他为了"挽回权利"，派遣候选知县马六舟、五品军功未庆收回了原黑龙江自办的都鲁河金厂。④ 因为"都厂附近观音山金矿，

---

① 郭廷以等编：《矿务档》（七），台北"中研院"近代史研究所1960年版，第4744页。
② 同上书，第4745页。
③ [苏] 鲍里斯·罗曼诺夫：《俄国在满洲》，陶文钊等译，商务印书馆1980年版，第381页。
④ 参见程德全《程将军守江奏稿》卷6；《试办矿务折》卷10，《收复都鲁河金厂请奖片》。

都鲁河一日不复,观音山一日难以得手"。这说明,他收回都鲁河金厂是为了给收回观音山金厂作准备。① 都鲁河金厂收回后,他又先后派遣委员赵进修和千总龚太山带领工人收回了额尔古纳河旁的吉拉林金厂。② 与此同时,他咨请北洋大臣袁世凯速派刘焌来黑龙江接收漠河、观音山等金矿。袁世凯请示外务部"可否即派该道赴江接办",外务部认为时机尚未成熟,答复说:"东省各案,现在中俄尚未议结,所有请派刘道焌赴江接办漠河等处金矿,应暂缓办理。"③ 程德全不满意外务部这种畏首畏尾的做法。1906年秋,他又派马六舟收回了观音山金矿。④

收回上述各矿,一般说来,还算比较顺利,总的原因当然是沙俄在日俄战争中被削弱了。当程德全派马六舟前往都鲁河金厂时,"该厂聚有金匪百余人私挖,俄人但收税金,出产并不甚旺,当与磋商数次,幸得交还"⑤。不过,收回之后,又有反复。那时,"该处金匪,勾结外来之贼,肆意窜扰"。俄人便乘马六舟带队剿贼之际,"又复盘踞","初则严定日期,逼令该员(马六舟),依限出境。继则谓,未奉彼国明文,不允开厂,甚至以兵威相恫吓"⑥。马六舟等毅然不动,据理力争,"卒使外人折服而退"⑦。收回吉拉林金厂时,赵进修、龚太山等先后向违约私挖该矿的俄国公司代办人声称,吉拉林一带金矿,中国要收回自办。俄国公司代办人妄图加以阻挠,赵、龚等置之不理,带领矿工,进行开采,俄人亦无可奈何。⑧ 观音山金厂,当时被俄国"满洲矿业公司"占据。这个公司是由俄国财政大臣办公室主任普季洛夫、信贷处特别办公室官员达维多夫出面创办的。名义上是私人公司,实际上是俄国政府掠夺中国东北矿权的一个机

---

① 参见程德全《程将军守江奏稿》卷17,《试办矿务木植拨过款项片》。
② 郭廷以等编:《矿务档》(七),台北"中研院"近代史研究所1960年版,第4191—4193页。
③ 光绪三十二年闰四月十五日《外务部给北洋大臣袁世凯咨文》,载郭廷以等编《矿务档》(七),台北"中研院"近代史研究所1960年版,第4678页。
④ 关于观音山金矿收回的时间,《黑龙江志稿》第23卷载"光绪三十一年索还"。本文据刘焌禀报,载郭廷以等编《矿务档》(七),台北"中研院"近代史研究所1960年版,第4702页。
⑤ 程德全:《程将军守江奏稿》卷6,《试办矿务折》。
⑥ 《程将军守江奏稿》卷10,《收复都鲁河金厂请奖片》。
⑦ 同上。
⑧ 参见郭廷以等编《矿务档》(七),台北"中研院"近代史研究所1960年版,第4191—4193、4206—4207页。

构。日俄战后,"俄国的财政困难状况使它未必能在不久的将来使用国家资金去开发满洲的矿业"①,况且,自日俄战争以来,"观音山金矿屡遭红胡子的骚扰,以致任何防范措施都无济于事了"②。尽管如此,但要沙俄将该矿归还中国仍然不是容易的事。"满洲矿业公司"全权代表道胜银行哈尔滨分行经理高培里,先是强词夺理地说俄国开采观音山金矿是根据黑龙江将军发给的执照办理的,继而提出所谓"中俄合办"的要求。这一切都受到程德全的驳斥和拒绝。最后,高培里才表示愿意归还,但又向清政府勒索"补偿"。马六舟到达观音厂后,付给"俄商"12000卢布,对俄人在太平沟所盖数处木房和兵房,也一律给价收买。③中国付款收回被沙俄非法占据的金厂,这表现了清政府对俄国的极大让步。但事后,沙俄又嫌"补偿"太少,喋喋不休地要求清政府再付给一笔"补偿未足之款"。

收回观音山金厂之后,在程德全的催促下,刘焜于光绪三十三年(1907年)"正月上旬,驰抵漠厂"④。这时,原据漠河、奇乾河金厂的俄商阿思达硕夫已死,其妻将漠河金厂租与俄商谢纳都鲁索夫,奇乾河金厂租与思利极阔夫。刘焜到达漠河金厂后,此二人作为她的代理人与刘焜接洽,将两厂房屋家具点交,立有中俄文清单,互执存照。正当双方商议请人"秉公估价"时,阿思达硕夫之妻忽来电称:漠河和奇乾河两厂房屋家具各项价值,她已委托俄国驻齐齐哈尔交涉官代为主持办理。显然,这是要用俄国官方的力量,对清政府进行敲诈勒索。对于漠厂俄人谢纳都鲁索夫、乾厂思利极阔夫自盖房屋及售剩货物,刘焜均与他们"按单点收","估价付清"⑤。大约与此同时,清政府又收回了乌玛河金厂。但乌玛河厂

---

① [苏]鲍里斯·罗曼诺夫:《俄国在满洲》,陶文钊等译,商务印书馆1980年版,第471页。
② 同上书,第467页。
③ 参见光绪三十三年十一月十七日《外务部收署北洋大臣文》,载郭廷以等编《矿务档》(七),台北"中研院"近代史研究所1960年版,第4702页。
④ 同上。按:《东三省政略》卷3载:光绪三十二年九月,俄人始归还漠河金厂。《黑龙江志稿》卷23也载:"漠河金厂……至光绪三十二年始行索还。"皆不确。
⑤ 光绪三十三年十一月十七日《外务部收署北洋大臣文》,载郭廷以等编《矿务档》(七),台北"中研院"近代史研究所1960年版,第4702页。按:《东三省政略》卷3载,光绪三十二年九月,俄人始归还漠河金厂。《黑龙江志稿》卷23也载:"漠河金厂……至光绪三十二年始行索还。"皆不确。

和奇乾河厂一样，经过俄人私挖破坏之后，"凋敝殊甚，振兴颇难"①。

漠河矿务总局所辖金厂收回后，中俄关于这些金厂的交涉是否就此结束了呢？没有。这是因为沙俄节外生枝，又向清政府提出各种无理要求。下面谈其中最主要的两点。

第一，勒索赔款。1907年初，道胜银行哈尔滨分行总经理高培里就以俄商开采漠河"各厂亏累为词，反向中国索偿"②。接着，沙俄驻华公使璞科第也照会清外务部，说"俄金商占据华商所开漠河、观音山各厂，所费已收未足"，要清政府按照俄商所索赔偿数目，"急速办理"③。仅仅俄商耶米立羊掠夫就要求清政府付给他"五年余所费五十四万卢布之款，并计由金厂开工所应得之利益"④。沙俄占据并开采中国金矿，反向清政府要求赔偿，这真是地地道道的强盗逻辑。早在1907年4月，清外务部就给予有力的驳斥：俄商违反执照规定，擅行开采金矿，又侵入观音山，漠河等处，"刻下漠河等处金厂，虽已交出，其中国历年（本应）所得之利益，仍须责令俄商赔偿"⑤。黑龙江将军程德全在致俄国驻黑龙江交涉官的照会中，也理直气壮地说，耶米立羊掠夫"不遵原约，擅行开挖，历四五年之久，若以公法而论，尚当议罚，不仅责令将原矿退还已也"⑥。由于清朝官吏坚持不再给予俄商"补偿"的原则，所以，尽管俄国官商一再要索，终于未能达到目的。

第二，勒索矿权。俄国金商曾在呼玛尔河和吉拉林河一带的金矿进行勘探，并进行开采，发现这些地方的金矿质地优良，蕴藏丰富，不愿将这块到口的肥肉吐出来。为了攫取金矿开采权，沙俄驻华官员说什么俄国金

---

① 光绪三十三年十二月初一日《北洋大臣致东三省总督黑龙江巡抚函》，载郭廷以等编《矿务档》（七），台北"中研院"近代史研究所1960年版，第4715—4716页。

② 光绪三十三年二月二十七日《外务部收黑龙江将军咨文》，载郭廷以等编《矿务档》（七），台北"中研院"近代史研究所1960年版，第4196—4197页。

③ 光绪三十三年八月二十六日《外务部收俄公使璞科第照会》，载郭廷以等编《矿务档》（七），台北"中研院"近代史研究所1960年版，第4688—4689页。

④ 《耶米立羊掠夫禀文》，载郭廷以等编《矿务档》（七），台北"中研院"近代史研究所1960年版，第423页。

⑤ 光绪三十三年三月初六日《外务部致驻京俄使照会》，载郭廷以等编《矿务档》（七），台北"中研院"近代史研究所1960年版，第4680页。

⑥ 郭廷以等编：《矿务档》（七），台北"中研院"近代史研究所1960年版，第4198页。

商所领执照不能作废,[1] 应准许管理中国北满金矿公司商人耶米立羊掠夫和俄国"黑龙江上游金矿公司"开采呼玛尔和吉拉林一带的金矿。[2] 对沙俄的无理要求,外务部驳斥说:执照曾准俄商暂行采勘金苗,"然该商或以逾限,或不候中国政府允准,擅行开办,即属妨背章程,均应将各矿交还,不得因原有执照,遂执以为开矿之据"[3]。并指出,耶米立羊掠夫仍在呼玛尔一带聚众私挖,实属违约,应"全行退出,以清疆界"[4]。私挖金矿,显然是违反执照的,因此,耶米立羊掠夫抵赖说,"本公司各帮之人,业于1907年3月底至4月一律撤尽"[5],在呼玛尔河一带挖金的是金匪,不是他的属下。[6] 清政府明知该俄商聚众"擅自开挖,反诿为金匪所为"[7],但他既不敢承认,清政府也就顺水推舟,无所顾虑地收回自办。漠河矿务局所属金矿,经过多年的艰苦交涉,终于摆脱沙俄的魔掌,回到祖国的怀抱。

(原载《瑷珲历史论文集》,黑河市宣传部1984年1月编印)

---

[1] 参见光绪三十三年二月二十七日《外务部收黑龙江将军咨文》,载郭廷以等编《矿务档》(七),台北"中研院"近代史研究所1960年版,第4196—4197页。
[2] 参见光绪三十三年八月初七日《外务部收俄国驻华公使璞科第照会》,载郭廷以等编《矿务档》(七),台北"中研院"近代史研究所1960年版,第4206—4207页。
[3] 光绪三十三年八月初七日《外务部收俄国驻华公使璞科第照会》,载郭廷以等编《矿务档》(七),台北"中研院"近代史研究所1960年版,第4206—4207页。
[4] 光绪三十三年九月二十九日《外务部致俄国驻华公使璞科第照会》,载郭廷以等编《矿务档》(七),台北"中研院"近代史研究所1960年版,第4216页。
[5] 郭廷以等编:《矿务档》(七),台北"中研院"近代史研究所1960年版,第4230页。
[6] 同上书,第4299页。
[7] 《俄商采勘五段金矿节略》,载郭廷以等编《矿务档》(七),台北"中研院"近代史研究所1960年版,第4247—4249页。

清末民初的禁烟运动与俄国在
中国边境的鸦片贸易

(1906—1917 年)

一 弛鸦片之禁及其危害

鸦片像一个恶魔缠扰中国社会 100 多年,给中华民族带来了极大的灾难。

从 19 世纪 30 年代起,鸦片之害已成为中国严重的社会问题,民族英雄林则徐奋起领导了轰轰烈烈的禁烟运动,但由于英国侵略者发动鸦片战争而失败了。

第一次鸦片战争结束后,清政府的鸦片禁令虽然没有宣告取消,但实际上已是名存实亡。英国鸦片以走私的形式源源而来,数年之后,其输入量已超过了鸦片战争之前。然而英国政府并不以此为满足,它把要求清政府放弃禁烟政策、实行鸦片自由贸易作为其对华贸易的基本政策之一。[①] 1857 年,英国外交大臣克勒拉得恩指示英使额尔金同中国钦差大臣商讨取消鸦片禁令的问题,并说:"鸦片贸易的合法化是否将扩大鸦片贸易,还有疑问;因为现在的鸦片贸易,在地方当局的许可与纵容之下,似乎已达到充分满足中国鸦片需要的程度。但是以完纳关税把鸦片贸易置于合法地

---

① 参见《1854 年 2 月 18 日英国外交大臣克勒拉得恩伯爵致包令博士函》,载〔美〕马士《中华帝国对外关系史》第 1 卷,张汇文等译,商务印书馆 1960 年版,第 764—769 页。

位，显然是比现在这种不正规的方式更为有利。"① 1858 年，额尔金逼迫清朝钦差大臣桂良等人同意取消鸦片进口的禁令，在中英《通商章程善后条约：海关税则》中规定："洋药准其进口，议定每百斤纳税银三十两。"② 这里所说的"洋药"就是"鸦片"。从此，鸦片不再是违禁的商品，鸦片贸易也不再是非法的贸易了。

鸦片贸易的合法化，后果是十分严重的。时人薛福成曾忧愤地指出："洋人布此鸩毒于中国，杀人之身，复杀人之心，其害过于洪水猛兽远甚。今天下之日趋于洋烟（即鸦片）者，如水之源源东向而无穷期也。"③ 据清政府民政部的报告，20 世纪初年，"各省吸烟人数，十居三四"。"开灯之烟馆，由省会以至于乡市村镇，几于无处无之"④。吸食之人，废时失业，日形贫弱，"破家亡身，为祸最烈"⑤。然而，各国鸦片商却由于对华进行鸦片贸易而大发其财，腐败的清政府也因征收鸦片烟税而捞到了一笔可观的收入。清朝末年，鸦片烟税已成为清政府财政收入的主要来源之一。

鸦片的毒害，尽人皆知，为国家和民族的发展着想，为人民的身心健康着想，社会舆论普遍主张严禁这种毒品。"有志之士，往往纠合同志创立戒烟善会，互相劝勉"⑥。在清政府的官员中，痛感鸦片之危害而极力主张禁烟者亦颇不乏人，清朝名臣左宗棠就是其中之一。他在陕甘总督任内，就曾采取严厉措施，禁止种植罂粟，取缔鸦片贸易。他不仅禁止省内生产鸦片，同时也坚决反对洋烟进口。⑦

既然朝野人士都认为鸦片之害胜过洪水猛兽，既然社会舆论普遍主张禁烟，那么，为什么清政府任其泛滥全国而不下令禁止呢？关于这个问题，清政府显然是出于以下两点考虑，一是怕禁烟引起那些由于对华进行

---

① 1857 年 4 月 20 日《英国外交大臣克勒拉得恩给额尔金的指示》，译文见姚贤镐《中国对外贸易史资料》（1840—1895）第 2 册，第 63 页。
② 王铁崖：《中外旧约章汇编》第 1 册，三联书店 1982 年版，第 117 页。
③ 薛福成：《庸庵海外文编》卷 3，第 29—30 页。
④ 《光绪朝东华录》，光绪三十二年十二月丁亥，民政部奏。
⑤ 邹焌杰等：《浏阳县志》卷 8，第 37 页。
⑥ 《光绪朝东华录》，光绪三十二年十月戊寅条。
⑦ 参见左宗棠《左文襄公全集》，奏稿，第 55 卷，《复陈边务折》。

鸦片贸易而大获其利的帝国主义国家的反对，二是舍不得丢弃那笔为数可观的鸦片烟税。

弛鸦片之禁，对清政府来说，有得也有失。得的是它可以从中获得大量税收，暂时缓解财政上的危机；失的是暴露了它不顾人民死活，不顾民族利益的本质，从而使它失去了广大民众之心。

二　为缓和人民的不满而实行的禁烟政策

19世纪末20世纪初，被称为睡狮的中国人民逐渐觉醒，一场推翻清政府腐败统治的革命暴风雨正在酝酿着。清政府为了挽救摇摇欲坠的政权，改变自己的形象，一反顽固守旧的常态，下令宣布实行"新政"。鸦片之害既已成为全民族所关注的问题，清政府为了挽回失去的民心，也在1906年9月20日降旨宣布禁烟，以颇为悔恨和沉痛的语言说："自鸦片烟弛禁以来，流毒几遍全国，吸食之人，废时失业，病身败家，数十年来，日形贫弱，实由于此，言之可为痛恨。今朝廷锐意图强，亟应申儆国人，咸知振拔，俾袪沉痼，而蹈康和。著定限十年以内，将洋、土药之害，一律革除净尽。"最后，还指示政务处，"妥议禁烟章程具奏"[①]。

在这道禁烟上谕中，清政府极力表示自己不再是一个腐败无能的政府，而已是一个关心民瘼锐意图强的政府了。这完全是针对当时的革命形势而发的，目的是缓和人民的不满，维护自己的统治。尽管如此，清政府表示要将洋烟土药之害一律革除净尽，这还是符合广大人民的要求的。

1906年11月30日，政务处根据清廷的指示，拟定了一个《禁烟章程》，主要内容有以下几点：

（一）禁种罂粟。凡未种罂粟之田地，嗣后永远不准再种，已经栽种者，给予凭照，令业户递年减种九分之一，统限九年内尽绝根株。

（二）禁止吸食鸦片。在禁烟期间，各省在籍官绅要起带头作用，

---

① 《光绪朝东华录》，光绪三十二年八月丁卯条。

先行戒断，以为平民之倡。文武官员限六个月内一律戒断。一般平民勒限减瘾，每年减少二三成，于数年内一律禁绝。

（三）不准新开鸦片烟店和烟馆，原有鸦片烟店和烟馆须逐渐收歇，限十年内一律停歇。

（四）禁止鸦片进口。由外交部与英国使臣妥商办法，使洋药进口逐年递减，十年内完全禁绝。对于其他对华进行鸦片贸易的国家，如系有约之国，即商诸该国使臣，一律查禁；如系无约之国，则施行清国自治法权，严禁其鸦片进口。①

这次禁烟虽然以十年为限，不像林则徐禁烟时那样雷厉风行，但由于禁烟符合人民的愿望和要求，所以得到了广泛的响应。《禁烟章程》颁布之后，一场自上而下的禁烟运动就在全国范围内展开了，并且很快就取得了良好的效果。特别是禁种罂粟一项，成绩尤为显著。根据当时官方的报告，在1908年下半年，江苏、安徽、河南、云南、福建、黑龙江等六省已"全行禁种"②。山西原是著名的鸦片产地，本来是"几于无地不种，无人不吸，自种自食，延及妇孺，其锢溺情形，尚非他省可比"。在这次禁烟运动开始后，全省官绅再三集议，认为"非一律禁种，别无下手之方"，决定采用"一有偷种，立即犁毁"的办法。这样，1908年"冬苗全省均未栽种"，1909年"春苗亦未敢尝试"③。此外，如奉天、吉林、新疆等省，在禁种罂粟方面，也取得了可喜的成绩。

清政府的禁烟包括禁种、禁卖和禁吸三项内容。禁种的成绩已如上述，禁卖和禁吸虽然也取得了一定的成绩，但并不与禁种同步。因为要使鸦片吸食者改过自新，不再吸食鸦片，这要比禁种鸦片艰难得多。吸食者的存在，就需要鸦片的供应。俄国的官吏、地主、商人就利用中国国内禁种罂粟、鸦片产量急剧下降和英国鸦片输入逐年减少的时机，在与中国毗连的边境地区竭力发展鸦片生产，利用走私的方式，运入中国的新疆、吉

---

① 《光绪朝东华录》，光绪三十二年十月戊寅条。
② 《光绪朝东华录》，光绪三十四年九月壬辰度支部奏。
③ 宣统元年闰2月28日《政治官报》，《山西巡抚宝棻奏晋省禁种土药办理情形折》。

林、黑龙江等地，从中攫取巨利。这样，就出现了一个奇怪的现象，原来并不怎么热衷于对华进行鸦片贸易的俄国，如今却成了中国边境地区禁烟运动的主要障碍。中国的禁烟运动，出人意料地为俄国带来了鸦片贸易的黄金时代。

三 俄国鸦片输入，破坏了新疆的禁烟运动

苏联历史学家齐赫文斯基断言：俄国没有在中亚种植鸦片，更没有把鸦片输入中国。他对某些历史著作揭露俄国对华进行鸦片贸易大为恼火，说这是对俄国进行"毫无根据的诽谤"[①]。但历史事实恰恰与齐赫文斯基的说法相反，俄国在中亚等地区大力发展鸦片种植业，并偷偷地把鸦片输入中国边境地区销售，这是历史的存在，有大量的文献记载可资证明。清末民初，新疆地区禁烟运动之所以未能达到预期的目的，其重要原因之一，就是俄国中亚鸦片的不断输入。

俄国中亚种植鸦片的地方，主要是在邻近中国新疆边境一带。1911年编成的《新疆图志》记载说，当"新省办理禁烟颇有端绪"的时候，俄国在毗连新疆的"萨玛尔（俄国称札尔肯特）、哈喇湖及沿边一带，每年所种罂粟不少"[②]。据宁远县（今伊宁）派往俄境进行调查的人员报告说，他们在上述地区"旅行数日夜，凡足迹所经之处，无非栽种罂粟之地。烟苗遍野，几无处无之"[③]。这种大规模发展鸦片种植业的景象，实在足以令人惊心动魄。

俄国在中亚发展鸦片生产，是在官方的提倡和鼓励下进行的。1916年伊犁道尹许国桢报告说："俄边界官纵令俄民普种罂粟。"[④] 当时的新疆省长杨增新也说："现在俄国财政困难，却告人民广种烟苗。"[⑤] 俄国在七河

[①] 齐赫文斯基主编：《文件在反驳——反对伪造中俄关系史》序言，莫斯科，1982年。
[②] 王树楠等：《新疆图志》卷57，《交涉志五》。
[③] 同上。
[④] 杨增新：《补过斋文牍》，庚集三，第1—2页，《训令伊犁道尹许国桢遵部电取缔俄国烟土输入新省文》。
[⑤] 杨增新：《补过斋文牍》，庚集三，第10—11页，《电院部据喀什道呈赍七河种烟告示请向俄使交涉》。

省还设立了种植鸦片烟总局和分局，作为推动和管理鸦片生产的机构。俄国驻喀什噶尔领事曾就此事给喀什噶尔道尹朱瑞墀一个照会，照会中附有七河省官方鼓励俄民种植鸦片的布告一件，"内称俄官于七河省设立种烟总、分各局，谕人民招股遍种罂粟，仍由俄官定价收浆，缴入公库"①。俄国驻喀什噶尔领事为什么要将七河省鼓励种植鸦片的决定通知喀什噶尔道尹呢？对此，杨增新曾作如下判断："照会内既有请朱道尹转告人民知悉等语，则意在招致华人赴俄种烟可知。"② 应该说这个判断是十分正确的。

由于中亚地区地广人稀，俄国鸦片种植主在发展鸦片生产的过程中感到劳动力不足，于是就"招纳中属无票游民赴俄佣工"，利用中国的劳动力来为俄国发展鸦片种植业服务。在俄国的引诱下，"一般贪利不肖华民趋之若鹜"③。1917年上半年，受俄国招引到中亚种烟的中国游民竟达20000余人之多。他们有的直接充当俄国鸦片种植主的雇工，有的则成为俄国地主的佃户。这些"贪利不肖华民"，被引诱到俄境种烟，不仅未能达到发财的目的，而且受尽了俄国官吏、地主的残酷迫害和敲骨吸髓的剥削。"烟浆成熟"时，俄国地方政府便以贱价向租地种烟的华民收购烟浆，"稍不遂意，辄复罚办"④，或者干脆"勒收烟浆不给价值"，或者"派兵硬抢强夺，有时甚至并将华民带去马匹银两概行搜掠，稍与辩论，即以偷烟为名，毒打拘禁，苛虐异常"⑤。1917年，在烟浆即将成熟时，俄国即派兵将租地种烟华民驱逐出境。伊犁镇守使杨飞霞揭露这一事实说："俄国派兵驱逐种烟华民，纯系为利起见，盖鸦片再缓月余，即可收割，一经驱逐，彼即坐收渔利。"⑥ 杨增新也愤愤地谴责说："我国厉行禁烟，俄政府自当力表赞成，乃我国烟苗现在一律禁绝，俄人乘此时机招募华工，在

---

　　① 杨增新：《补过斋文牍》，庚集三，第10—11页，《电院部据喀什道呈赍七河种烟告示请向俄使交涉》。
　　② 同上。
　　③ 中华民国外交部文书科编：《外交部交涉节要》，民国六年九月。
　　④ 杨增新：《补过斋文牍》，庚集三，第1—2页，《训令伊犁道尹许国桢遵部电取缔俄国烟土输入新省文》。
　　⑤ 中华民国外交部文书科编：《外交部交涉节要》，民国六年九月。
　　⑥ 杨增新：《补过斋文牍》，庚集三，第4—5页，《指令伊犁镇守使杨飞霞呈报与俄领交涉办理种烟华民一案》。

沿边一带遍植毒卉，遗害邻邦，居心已不堪问。况利用华工租地，既已倍取租金，迨至期届收浆，又复强逐回国，只图垄断权利，不顾公理邦交。"①

上面我们已经说明俄国在中亚发展鸦片种植业的事实，那么，俄国中亚生产的鸦片有没有输入中国呢？回答是肯定的。

1910年，伊犁宁远县报告说："常有俄商将烟土藏入百货之内，或由山径私运入境潜销，流毒无已。"②

1912年，伊犁镇边使广福在给外交部的电文中也说：在与中国西疆毗连的"俄境各地，中俄人民广种罂粟，偷运入境，请予交涉"③。

1914年，新疆民政长杨增新在一个有关禁烟的文件中写道："新疆俄土（按：即指俄国生产的鸦片——引者）入境，叠经本民政长电外部暨中国禁烟总会，协商俄使办理。嗣奉到部令，办法仍以自行禁绝为归旨，俄土虽络绎灌输，而我禁止人民不准吸烟，不买外来烟土，自系法律范围内当然之能力，既禁人民不买，则外来之土销路日塞，不禁自绝，此定约之无庸议者也。"④

1917年，杨增新又指出："俄人希图重利，纵令俄民普种罂粟，招纳中属无票游民赴俄佣工，烟浆成熟之后，由沿边山口，偷运入境，行销新（疆）、甘（肃）各省。"⑤

在当时，贩运俄国中亚鸦片进入新疆境内的不仅有俄国商人，也有中国的鸦片烟贩，他们"贪利之心重，畏法之心轻"，"肆行赴俄偷运，是英土来源既绝，而俄土输入未已"⑥。

对于俄国中亚鸦片的输入，新疆地方官吏曾经采取措施，禁止偷运。

---

① 杨增新：《补过斋文牍》，庚集三，第4—5页。《指令伊犁镇守使杨飞霞呈报与俄领交涉办理种烟华民一案》。
② 新疆外交研究所编：《新疆外交报告表》，1910年编印。
③ 中华民国外交部文书科编：《外交部交涉节要》，民国元年十二月，《各省禁烟案》。
④ 杨增新：《补过斋文牍》，辛集一，第18—19页，《指令绥定知事黄赓陶呈复办理禁烟情形文》。
⑤ 杨增新：《补过斋文牍》，庚集三，第1—2页，《训令伊犁道尹许国桢遵部电取缔俄国烟土输入新省文》。
⑥ 同上。

清朝末年，在乌什和温宿等处，都曾破获过俄商贩运鸦片的案件。民国初年，新疆政府惩办俄、英等国商人"贸易烟土，偷运烟土各案"，也"为数甚多"①。然而，新疆与俄国连界数千里，要堵住俄国商人的鸦片走私活动，的确不是件容易的事情。所以，被中国官兵破获的鸦片走私案件，也只能是其中的一小部分而已。

俄国中亚鸦片的输入，对新疆地区的禁烟起了很大的破坏作用。新疆未能实现10年内禁绝鸦片的计划，这与俄国的鸦片输入关系极大，杨增新在禁烟期满时指出："烟约限期业已届满，此十年中我政府捐弃此项税厘巨款，毅力进行，无非欲假此良好机缘，登进我民于自强之域。""现在英人囤积巨土于沪上，伺隙图销，俄人私植烟苗于边疆，乘机输入。"②虽然"新疆近年于禁种一事著有成效，而禁吃仍难断绝者，实因俄土流毒所致"③。

以上事实说明，俄国在中亚种植鸦片，并将之输入中国，并不像齐赫文斯基所说是中国历史学家对俄国政策的"毫无根据的诽谤"，而是千真万确的事实。

四　俄国鸦片输入东北地区和中俄"互禁烟酒"的交涉

在俄国将中亚七河地区变成对华鸦片贸易的生产基地的同时，"东海滨省（滨海省）迤西沿边一带区域之俄民"，也在官方的默许下，"勾引华民种植罂粟，私制鸦片，潜行运入我界（中国边境）出售"④。根据1881年中俄《改订陆路通商章程》的规定，"洋药"（鸦片）是"违禁之物"，"不准贩运进口、出口"⑤。俄国这种违约行为，理所当然地要引起

---

① 王树楠等：《新疆图志》卷57，《交涉志五》。
② 杨增新：《补过斋文牍》，辛集二，第50页，《训令各道尹外人在中境行销烟土应严行防范文》。
③ 杨增新：《补过斋文牍》，庚集三，第10—11页，《电院部据喀什道呈赍七河种烟告示请向俄使交涉文》。
④ 1913年7月9日《外交部特派吉林交涉员傅疆给俄国驻吉林领事、驻哈尔滨领事照会》。档案，辽宁省图书馆藏。
⑤ 王铁崖：《中外旧约章汇编》第1册，三联书店1982年版，第389页。

正在厉行禁烟的中国官方的严重关注。

1910年，吉林省交涉司就俄国鸦片输入照会驻吉林俄领事，要求俄国政府采取有效措施，禁止在毗连吉林的俄境种植鸦片和将鸦片输入中国。与此同时，清国驻海参崴（符拉迪沃斯托克）总领事桂芳和清政府外务部也分别向俄国海参崴长官和俄国驻京公使提出同样的要求。海参崴俄国官员答复说，俄国滨海地区"所种罂粟，系为专供食物"[①]，不承认有制造鸦片输入中国之事。诚然，俄国滨海地区"种植罂粟，收取子粒，以供食物"这种情况是存在的，[②]但制造鸦片输入中国也同样是不容否认的事实。俄国官方的答复是企图用前一种事实来掩盖后一种事实，所以，桂芳对俄国官员的答复是很不满意的。他在给吉林省交涉司的复文中明确指出，俄国官员所称种植罂粟"系为专供食物"，实在是一种"回护之词"。不久，俄国海参崴行政长官易人，桂芳抓紧时机向其"申明前案，郑重言之，并以两国交谊之所关，与鸦片流毒之所极，反复推陈，请其认真查办"[③]。俄国官员答复说："此事关系两国交谊，亦关系敝国治安，所有查禁一节，实敝处义务所应尽，定当认真查办，务令禁绝，以答贵领事之公谊。"[④] 这样通情达理的答复，实在使桂芳喜出望外，连忙将此事报告外务部。

差不多与此同时，俄国驻华代理公使照复清政府外务部，竭力否认滨海省内制造鸦片输入华境，他说："据伯力（哈巴诺夫斯克）总督查复，江左各处，并无种罂粟私售。"但他也没有把话说死，接着又说："如有其事，俄界官员当认真设法禁止制造鸦片运入华境，以副中国政府之意。"[⑤]

不论是海参崴官员的答复，还是伯力总督的答复都是敷衍之词。他们既不准备禁止种植鸦片，也不准备禁止鸦片输入中国。因此，"俄国烟土仍行偷运入华，到处私售"。"俄人由哈尔滨内地某处雇用华工广种罂粟，越界私售，俄官竟置若罔闻"[⑥]。

---

① 1910年9月《驻海参崴总领事官桂芳咨复吉林交涉司文》。档案，辽宁省图书馆藏。
② 同上。
③ 同上。
④ 同上。
⑤ 1910年10月17日《东三省总督锡良吉林巡抚陈昭常致外务部文》。档案，辽宁省图书馆藏。
⑥ 同上。

俄国在靠近中国的边境地区发展鸦片生产，这是同它的财政经济危机相联系的。日俄战争导致了俄国经济破产，战后工业萧条，农业连年歉收，财政经济困难到了极点。在邻近中国的边境地区发展鸦片生产，这是当地地主、商人和政府寻觅新财源的一种手段。要俄国放弃这种有巨利可图的鸦片贸易，如果没有给予相当的补偿，它是绝对不会同意的。

1910年，俄国伯力总督向吉林省官员提出了一个"互禁烟酒"的建议。这个建议的主要内容是，俄国禁止该国与吉林、黑龙江相连界的地区种植鸦片，中国同时禁止吉林、黑龙江两省的酒类输入俄境销售。如果中国不禁止酒类输入俄国，俄国也就不禁止种植鸦片、不禁止鸦片输入中国。

俄国为什么提出这种"互禁烟酒"的交换条件呢？禁止酒类输入俄境，究竟对俄国有什么好处呢？要回答这个问题，我们必须先从俄国的酒类专卖制度说起。俄国实行烟酒专卖制是从1896年开始的。实行这种制度，酒类归政府专卖，没有竞争者，政府可以任意提高酒价，可以使国家的财政收入大量增加。曾任俄国财政大臣的维特伯爵说过，提高酒价的主要目的是为了"减少酗酒现象"①。但是事实上，自日俄战争以来，酒类专卖制度已不再含有此种目的了。由于战争的庞大开支，俄国财政大臣科科夫采夫主要是从国库收入的角度来关心专卖制度的，目的是想通过这一改革得到尽可能多的收入。"把卖酒收入多少作为衡量消费税务工作人员工作成绩的尺度，消费税务工作人员不是通过减少酗酒现象，而是以增加卖酒收入来建立特殊功劳的"②。中国酒类的输入，意味着俄国国库收入的减少。为了增加国库收入，俄国政府当然不欢迎中国酒类的输入。但是，根据1881年中俄《改订陆路通商章程》第14款的规定：酒是"免税之物"，"由陆路进口、出口，皆准免税"③。也就是说，中国酒不仅可以自由运往俄境销售，并且还可以享受免税的待遇。如果俄国人不喜欢喝中国酒，那么这条规定对俄国酒的销售就不会产生什么影响。但事情恰恰相

---

① ［俄］维特：《俄国末代沙皇尼古拉二世——维特伯爵的回忆》，张开译，新华出版社1988年版，第63页。
② 同上书，第64页。
③ 王铁崖：《中外旧约章汇编》第1册，三联书店1982年版，第388—389页。

反，由于中国烧酒价格比伏特加便宜，度数又高，所以，中国烧酒在俄国滨海省和阿穆尔省深受欢迎。俄人伊凡·纳达罗夫曾说，乌苏里地区的俄罗斯居民"宁愿喝中国烧酒而不喝俄国伏特加"[①]。曾经到过俄国阿穆尔省的李树棠也记载说："俄人性最嗜酒，尤喜吃中国烧酒。"[②] 免税的中国烧酒的大量输入俄境，影响了俄国酒的销路，使俄国阿穆尔地区和滨海地区的财政收入减少，并使俄国与中国东北地区的贸易产生逆差。这就是伯力总督为什么提出中俄"互禁烟酒"的原因。

但正如我们上面提到的，在有关中俄贸易的条约中，鸦片是被禁止买卖的毒品，而酒类则是允许自由贸易的商品，二者是截然不同的。所以，东三省总督锡良认为，"禁烟与禁酒例同而事殊"，不能混为一谈，"我之禁烟，为各国所公认。彼族之酒，自且不禁，何论于他"[③]。但他同意于车站、边界各处，张贴禁止出售烧酒给俄国人的告示。至于禁运烧酒出境一层，他则认为这要看俄国"禁烟之效力何如，再为妥订办法"[④]。

实际上，清政府已部分地接受了俄国的禁酒要求，但在这以后，俄国在北乌苏里地区和南乌苏里地区一带种植鸦片的规模非但毫无缩小，反而不断地扩大了。1912年，吉林省密山知府魁福报告说："密山迤南俄界凡都鲁克暨五色气、金货高力、红土崖等村屯，沿兴凯湖南岸及西岸百余里间，种植罂粟之地，不下千垧，徒以国界有关，无凭取缔。"[⑤] 1913年，外交部特派吉林交涉员傅疆在给俄国领事的照会中也说："吉省所属之珲春、东宁、密山、虎林、饶河等县，皆与俄国东海滨省（即滨海省）迤西各属地界毗连，界线之西我国领土以内，已无播种罂粟情事，界线之东，俄国所属境内沿边一带地方，竟无一处不种罂粟，而以东宁县治之瑚布图河迤东之俄属各地为最多数。……该处本年所种罂粟不下数千垧之多。"[⑥]

---

① ［俄］伊凡·纳达罗夫：《北乌苏里边区现状概要及其他》，复旦大学历史系等译，上海人民出版社1975年版，第67—72页。
② 李树棠：《东微记行》，第20页。
③ 1910年9月15日《东三省总督锡良给吉林行省衙门咨文》。档案，辽宁省图书馆藏。
④ 同上。
⑤ 1912年8月6日《吉林都督陈昭常给吉林交涉司札》。档案，辽宁省图书馆藏。
⑥ 1913年7月9日《外交部特派吉林交涉员傅疆给俄国驻吉林代理领事、驻哈尔滨总领事照会》。档案，辽宁省图书馆藏。

由此可见，俄国滨海省鸦片种植业是如何的兴盛了。

俄国滨海省生产的鸦片，由鸦片烟贩千方百计地输入华境，有的在边境一带销售，有的则"装载火车，运经哈（尔滨）、长（春）两埠"①。为此，外交部曾多次与俄国驻京公使交涉，但俄国公使重弹"互禁烟酒"老调，说"华官如禁止烧锅制酒作坊及烧酒私运俄境，则俄国亦禁种罂粟"②。外交部与之"往来辩论"，但都没有取得什么结果。

俄国鸦片输入中国，这不仅违反了1881年中俄《改订陆路通商章程》，同时也违反了1912年公布的海牙《各国禁烟公约》。按照该公约的规定，缔约各国应颁布有效力的法律或章程，以检查鸦片的生产及散布，并阻止鸦片运往拟禁绝鸦片进口的国家。该公约还明确规定，各国应会同中国政府制定切实有效之办法，以阻止远东殖民地、租借地鸦片之输入和售卖。③ 1913年7月9日，外交部特派吉林交涉员傅疆照会俄国驻吉林领事和驻哈尔滨领事，要求俄国履行海牙国际禁烟公约的规定。他指出："贵国前派全权大臣既赞成此约，即应颁布有效力之法律或章程，以检查鸦片之生产及散布，并阻止生鸦片运往拟禁绝进口之国。现在贵国东滨海省沿边一带区域之俄民，仍然勾引华民播种罂粟至数千垧之多，皆系私制鸦片，潜行输入华境，转运于哈、长等埠出售吸食，实属违背公约，妨害人道。"④他要求俄国领事转致俄国边界长官，按照海牙国际禁烟公约的规定，采取切实有效的办法，严禁种植罂粟，并将已种罂粟铲除尽绝，以杜孽根，并阻止中东铁路火车装载鸦片输入中国各埠销售。⑤ 傅疆的照会，论据充分，说理透彻有力，是无可辩驳的。俄国领事答复说：禁种鸦片一事，"非经国会议决，实不成为法律"⑥，要等到俄国订出禁烟法律以后再

---

① 1913年7月9日《外交部特派吉林交涉员傅疆给俄国驻吉林代理领事、驻哈尔滨总领事照会》。档案，辽宁省图书馆藏。
② 中华民国外交部文书科编：《外交部交涉节要》，民国元年十二月，《各省禁烟案》。
③ 商务印书馆编译所编：《国际条约大全》上编，第1卷，商务印书馆1928年版，第277—282页。
④ 1913年7月9日《外交部特派吉林交涉员傅疆致俄国驻吉林领事、哈尔滨总领事照会》。档案，辽宁省图书馆藏。
⑤ 同上。
⑥ 1913年12月18日《外交部特派吉林交涉员傅疆呈外交总长文》。档案，辽宁省图书馆藏。

谈。在傅疆照会俄国领事之前，外交部也曾援引海牙《各国禁烟公约》与俄国驻华公使交涉，但"俄使辄以该约未经（俄国）政府批准为言"①，不予理睬。俄国滨海地区种植鸦片如故，俄国鸦片输入中国也如故。

此后，中俄曾就禁烟和禁酒问题进行多次交涉。1915 年 5 月，俄国公使在给中国外交部的照会中，对"互禁烟酒"作了进一步的说明，他说：俄国政府"允认以立法之规定，禁止种植罂粟"。交换条件是"中国方面亦应允认俄交界邻近黑龙江、吉林两省之百里限内，禁止制造酒精及他项酒品，并禁止运入俄境售卖。不但禁止制造，且无论何处产造，均应禁止其出口进口"。最后，他还用威胁的口气说："如得满意之答复，自应转致伯里（哈巴罗夫斯克）总督禁止种植罂粟。否则，时机将失，本季仍旧任便种植。"②

外交部将俄国的要求电告吉林巡按使孟宪彝。吉林巡按使认为，如果俄国政府允禁沿边种植鸦片，并严禁贩运鸦片到中国境内，吉林省当严定条例，不准华商将酒售与俄人和私运入俄境。至于在与俄国交界百里地带禁止酿酒和开设酒店一事，则断不能接受。因为吉林沿边烧锅（即酿酒作坊）七处，都在交界百里之内，"若允从此禁闭，不再酿造，于我边垦前途，实多妨碍"。该地带售卖华酒的店铺，如果"一并禁之，势必使百里内之华民一概禁喝而后已，似又窒碍难行"③。吉林巡按使同意禁止华酒运入俄国境内，这已是很大的让步，他不同意禁止华境酿酒和开设酒铺，也是合情合理的。因为此项华酒是沿边华人日用的必需品，中国并无禁止饮酒的法令，所以不能听从俄人要求，禁止中国人民在中国边境地区酿酒和开设酒铺。

1915 年 6 月，中国外交部与俄使就"互禁烟酒"问题进行磋商，表示中国愿意在沿边百里内禁止华商酒铺售酒与俄人；俄使也对其前此的要求作了一些修改，提议中俄双方订立章程，规定吉林、黑龙江两省沿边一

---

① 1913 年 8 月 30 日《外交部总长曹汝霖给外交部特派吉林交涉员傅疆的指令》。档案，辽宁省图书馆藏。
② 中华民国外交部文书科编：《外交部交涉节要》，民国四年五月，《俄使请禁酒精私运俄境案》。
③ 同上。

带，嗣后"不准再设酒厂，其已有之厂，即加以各种限制，并不准较前增卖增酿"①。

中国外交部为了禁烟法令不受俄国鸦片输入的破坏，再次作出让步，在1915年7月给俄国驻华公使的照会中说：华酒系沿边华人日用必须之品，中国向无禁饮明文，断无一律禁止酿制之理，但既经贵公使迭次照请，为敦笃睦谊起见，俄国政府如禁止俄边种植罂粟和禁止烟土贩运来华，"中国政府亦允于吉黑两省沿边百里内禁止华商酒铺将酒精暨各项酒品售与俄人，并禁止运入俄境，其原无烧锅、酒铺地方，亦即不再增设"②。这样，中俄双方在"互禁烟酒"的问题上，已不再存在什么分歧。1915年8月，俄国驻华公使照复中国外交部说，俄国政府已经在外贝加尔、阿穆尔、滨海省及中东铁路沿路各处，禁止种植罂粟，并禁止烟土及罂粟种粒运入中国境内。但他作了如下声明，"食品之罂粟不在禁运之内，唯当设法加以限制"。并要求中国"立即于吉林及黑龙江两省交界一带，概行禁止出售酒精、酒品"。同时要求中国方面派员同俄国驻哈尔滨领事会同商订互禁烟酒细则，以及就地稽查之办法。③ 中国外交部收到俄国政府的照会后，即派吉林省滨江道尹兼外交特派员李鸿谟与俄国驻哈尔滨总领事特罗特晓尔特就地商订互禁烟酒的细则和稽查的办法。几经谈判，双方代表于1916年5月21日签订了《北满若干地区禁卖酒精协定》。7月10日，中国外交部与俄国驻华公使互换照会，声明本国政府已批准这一协定，并订于1916年9月9日开始施行。这个协定共有14条，主要内容如下：

（一）凡酒精、酒精饮料及含有酒精之酒类，并包括中国烧酒，不论其如何制造，均禁止由吉林、黑龙江两省与俄国相连接之五十俄

---

① 中华民国外交部文书科编：《外交部交涉节要》，民国四年六月，《俄使请禁酒精私运俄境案》。

② 中华民国外交部文书科编：《外交部交涉节要》，民国四年七月，《俄使请禁酒精私运俄境案》。

③ 中华民国外交部文书科编：《外交部交涉节要》，民国四年八月，《俄使请禁酒精私运俄境案》。

里地方输入俄国,亦不准在上述地方售与俄人。

（二）上述地区不准制造酒精、酒精饮料及含有酒精之酒类；现有中国烧酒烧锅,其烧酒产量应以该烧锅目前生产量及专供中国居民之需要量为限,并不准于上述地方新建中国烧锅,亦不得新开中国酒店及贮藏所。

（三）上述五十俄里地方内中国烧酒贮藏所及酒店之业务只能按照该地方居民之增加而增加,但不得超过通常每年需要,即每人每年十二斤之限度。

（四）中国政府允在中东铁路两旁各十俄里地带内,采取该铁路地区范围内所采取禁止酒精之完全相同办法。

（五）经俄国官署之请求,中国官署应向俄国官署提供禁止酒精之详细情况。俄国官员为搜集情报,如认为应亲往本协定规定之地区；该俄国官员应通知中国官署,并由中国官署予以协助。[①]

通观这个协定的全部内容,没有一条规定是对中国有利的,该协定甚至连中国在自己领土上开设酒厂酒店,生产和售卖烧酒都加以限制,不得自主。不言而喻,这是一个有损中国国家主权的协定。对于作为交换条件的俄国禁种鸦片和不将鸦片输入中国一事,在这个协定中连一个字也没有提到,只是事后由俄方以照会的方式,"将俄国禁烟法规暨中东铁路禁绝布告等件照送外部,并声明食品之罂粟,先以炮制,以不能施种为度,准由通商孔道运入北满为限"[②]。

中俄互禁烟酒之后,俄国滨海省当局在一定程度上是信守禁烟诺言的。1916年9月,中国驻海参崴领事馆报告说：滨海省查禁鸦片实较往年为严,对于鸦片烟苗,"业已芟除过半,并确有罚办者"。但由于"俄境辽阔,警察无多,稽查既属难周,根株仍未尽绝。况乎官民上下,不免狼狈为奸,果能纳贿加丰,即可从容免究。在上者严申禁令,而在下者或视

[①] 王铁崖：《中外旧约章汇编》第二册,三联书店1982年版,第1202页。
[②] 中华民国外交部文书科编：《外交部交涉节要》,民国五年七月,《俄使请禁酒精私运俄境案》。

同具文。故沿边四站等处，山隅海澨，仍闻有毒卉滋蔓，割成烟浆，势又秘密输运漏入吾华，其营运之机巧，夹带之周详，诚有匪夷所思百出其途者。现崴埠（海参崴）税关业已加严搜查，但欲求悉数破获，殊未易易耳"①。

事实正是如此，此后俄国滨海地区的鸦片仍然不断地偷偷运入中国境内，不仅运入吉、黑两省，甚至绕道运入外蒙古地区。1917年3月25日，中国驻库伦办事大员陈箓曾为此事往晤俄国驻库伦总领事，向其指出："近日俄商取道恰克图运来烟土甚多，秘密转售华商。库伦禁烟已久，遍发告示，三令五申，自应将其来源禁绝，方能肃清。从前贵国禁酒事，彼此约明以禁烟为交换条件，应请设法查禁，勿令烟土私运入蒙，并禁止转售华商为荷。"② 俄国领事狡辩说："俄地寒冷，向来不宜种植罂粟，此等烟土，从何而来？"陈箓回答说："多半皆海参崴一带所产，近月以来，本署查获私土，已有多起，俄土色红而滞，西土色黑而泽，极易辨认，一望而知。俄商私贩转售华商，蒙人之嗜好者亦颇不乏，妇女尤甚，库伦禁烟，所以较他处为困难。"俄国领事无言可答，只得"允为查禁"③。

据上所述，可以看出，尽管中俄有互禁烟酒之约，但事实上，终沙皇之世，俄国商人贩运鸦片入华的问题，并没有得到真正的解决。

（原载《边疆史地研究导报》1989年第3期）

---

① 中华民国外交部编：《驻外国领事馆报告》，民国五年，第五编。九月，《驻海参崴领事馆报告本年俄境种植罂粟情形》。

② 陈箓：《止室笔记·奉使库伦日记》卷3。

③ 同上。

俄国强占拉哈苏苏与中俄交涉

拉哈苏苏位于松花江、黑龙江汇合处的松花江右岸。在清代，其地居民主要是赫哲族人。拉哈苏苏是赫哲语，意为"老屋"。拉哈苏苏原属吉林将军三姓副都统富克锦协领衙门管辖。光绪三十二年（1906年），清政府为了加强对松花江下游右岸一带的统治，在这里设置临江州，宣统元年升为临江府，民国二年（1913年）改设同江县，今为黑龙江省同江县治所在地。

拉哈苏苏北临黑龙江，与俄国阿穆尔省境为邻，是我国东北边疆的重要门户，"凡俄轮顺黑龙江而下，溯松花江而上者，此处实扼其咽喉"[①]。

1896年，俄国的势力开始伸入拉哈苏苏，其后不断扩大侵略，在拉哈苏苏强占土地，修建洋楼，建筑码头，创立医院，设立税关，驻扎军队，俨然把拉哈苏苏视为俄国统治下的殖民地。从1898年至1918年的20年间，清政府和民国政府曾先后同俄国政府进行过一系列的交涉。对于这段史事，徐世昌的《东三省政略》、魏声和的《增订吉林地理纪要》都仅有数百字的记述。长期以来，由于史料缺乏，对这个问题的研究，几乎处于空白。笔者搜集到一些有关的档案资料，草成此文，希望对中俄关系史和东北边疆史的研究有所帮助。

一 俄国占据拉哈苏苏的背景

19世纪后期，俄国一直把中国的东北地区视为其势力范围和未来的殖

[①] 光绪二十八年九月《吉林将军长顺奏折》，档案，辽宁省图书馆藏。（笔者注：本文所引文件，凡未注明出处者，皆为辽宁省图书馆所藏档案，为了节省篇幅，以下不再一一注明。）

民地，不容其他帝国主义国家染指，"占领满洲的一部分"、"重划阿穆尔疆界"，是当时沙俄政府内部经常谈论的话题。在这时，新兴的日本帝国主义势力也力图向朝鲜和中国东北扩张，因而与俄国产生了尖锐的矛盾。1894 年日本发动中日战争，1895 年逼迫战败的中国割地赔款，其中包括割让辽东半岛。在《马关条约》尚未签订之前，俄国外交大臣洛巴诺夫就上奏沙皇说，"日本占领南满"，"从我们利益的观点看来"，"是绝对不能容许的"[1]。"为便利西伯利亚铁路的建筑起见，我们必须兼并满洲若干部分"[2]。沙皇尼古拉在这几行字下画了重线，并批上："正是"。从而确定了侵占中国东北领土、修筑接连西伯利亚铁路的基调。1895 年 4 月 17 日，清政府代表李鸿章与日本政府代表伊藤博文在马关签订了《中日讲和条约》（即《马关条约》）。4 月 23 日，俄国联合法、德两国照会日本，劝告其放弃对辽东半岛的永久占领。日本考虑到自己的力量不足以与俄、法、德三国相对抗，于 5 月 5 日宣布接受三国劝告，以增加赔款为交换条件，把辽东半岛归还中国。俄国带头干涉日本占领辽东，是为了自己独霸"满洲"的私利，但它却装出中国的保护者的模样，并用贿赂的手段，诱使清朝特命全权大臣李鸿章于 1896 年同俄国签订了《御敌互相援助条约》（《中俄密约》）。该条约在"共同防日"的名义下，换取了清政府允许俄国建筑一条穿过中国黑龙江省和吉林省通往符拉迪沃斯托克（海参崴）的铁路。接着，中俄又签订了《合办东省铁路公司合同》。该合同第四条规定："中国政府谕令该管地方官，凡该公司建造铁路需用料件，雇觅工人，及水、陆转运之舟车、夫、马，并需用粮草等事，皆须尽力相助，各按市价，由皆公司自行筹款给发。其转运各事，仍应随时由中国设法，使其便捷。"[3]

1897 年春，俄国即以上述规定为由，向清政府总办黑龙江、吉林交界铁路公司事宜大臣许景澄提出允许俄国船只运载铁路建筑材料航行中国内

---

[1] [苏] 鲍里斯·罗曼诺夫：《俄国在满洲》，陶文钊等译，商务印书馆 1980 年版，第 66 页。
[2] 《外交大臣上沙皇奏》（1895 年 4 月 6 日），张蓉初：《红档杂志有关中国交涉史料选译》，三联书店 1957 年版，第 150 页。
[3] 王铁崖编：《中外旧约章汇编》第 1 册，三联书店 1982 年版，第 673 页。

河松花江的要求。并说将来大批建筑材料"当专由江运"①。对于俄国这一侵犯中国主权的要求，许景澄并无异议，他仅提出：为防止运载非建造铁路材料，应"照俄商运货往天津章程，将船内料件开注名色件数，听卡伦官点数抽查，以防承运人夹带私货"②。就连这一点要求，俄方也加以反对，说："一经点查，易致稽延行程，且料件大宗皆是钢铁，所有名色吨数，总局暨总监工往往不能预悉，无可填注。合同并未载及查验，难以照办。"③经过多次磋商，最后由公司董事会董事齐格勒与许景澄商定：（1）公司运船暨拖带之轮船皆须编列号数；（2）船皆挂公司旗帜；（3）由公司总办发给各船执照。（4）执照以一年为限，期满缴销；（5）船入中国界第一关卡，呈验执照，关卡官验讫放行；（6）总办有权派员在卸货处所查验物件；（7）公司与船主订立合同，载明该船装运公司料件粮草之外，不带他货。④许景澄将此商办缘由函请总理各国事务衙门核准，总理衙门复电表示同意，并通知吉林将军和黑龙江将军遵照办理。这样，俄国船只便以运载中东铁路建筑材料的名义，获得了航行中国内河松花江的权利。清政府允许俄国船只运载铁路建筑材料航行松花江，并不等于允许俄国其他船只航行松花江。但俄国不顾这二者的区别，把俄船随意开入松花江行驶，并得寸进尺，强占松花江下游拉哈苏苏，并修建轮船码头、设立税关、驻扎军队。

二　俄国强占拉哈苏苏的开端

早在清政府允许中东铁路公司船只航行松花江之前，俄国的船只已多次闯入松花江。光绪二十二年（1896年），俄人乘中国东北边陲空虚，越过国界，擅自在拉哈苏苏设关征税。这是俄国无视中国主权，侵占拉哈苏苏之始。光绪二十四年（1898年）俄国轮船运载铁路建筑材料至拉哈苏苏，因考虑到松花江上游有时水浅，拟在此处改用浅水轮船转运哈尔滨，

---

① 光绪二十三年四月十四日《总理各国事务衙门收出使许大臣函》。
② 同上。
③ 同上。
④ 同上。

便向清政府提出借地盖房堆放材料的要求。近代东北地理学家魏声和先生把这件事发生的时间定在光绪二十三年（1897年），① 这是不准确的。光绪二十四年（1898年）十一月《吉林将军延茂致总理各国事务衙门咨文》对此有详细的记载："光绪二十四年六月二十四日，案准三姓副都统咨开：据承办处案呈，于六月十三日，据报江上停泊之俄国轮船递到俄文一纸，因无识者，当即委官前往该俄轮询问何事。旋经该俄官令通事译成华语，书于纸上，云：大俄国管理铁路公司火船总管飘德勒米海勒奥国罗尼国甫为呈递借地盖房看守铁料事，兹因恐日后江水甚浅，船运铁料过重，不能奔往哈尔滨上驶，祈在贵处松花江北（南）岸古城借地一段盖房，以便看守铁料火船。其地方四址南面东西宽一百七十沙申（按：俄一沙申合中国营造尺六尺八寸），西面南北长七十五沙申，北面东西宽八十五沙申，东面南北长九十五沙申。再借松花江北流一段，以备停泊火船。所借北流停船处之大小，一照盖房处之沙申数目，恳乞大皇帝将此地方借给俄国，以备修造铁路，于修竣后八十年交还中国。"② 这里说的松花江南岸古城，位于富克锦协领衙门附近；松花江北流一段，即指拉哈苏苏。对于俄国的这一要求，吉林将军延茂力主驳斥，他根据国家主权和合同规定举出四条理由，请总理各国事务衙门批示。这四条理由是："一、若江流为彼所据，恐于中国商民行船往来反多窒碍；二、八十年始行交还，期限未免悬远；三、俄情贪婪无已，若概允所请，嗣后或求展界，或他处援例陈请，皆事所难免；四、铁路公司原定合同内本无准其借地盖房及借江停船之语。"③ 总理衙门对此表示同意，并在复文中指示他："据理驳复可也"④。但俄国人不听阻驳，擅自在"拉哈苏苏采占地段周围挖濠，堆放铁条，修盖房间"⑤。关于俄国向清政府借拉哈苏苏泊船、盖房之事，哈尔滨江关道施肇基在致东三省总督徐世昌的呈文中说："光绪二十四年六月间，准三姓副都统咨，俄总管瓦霍斯基拟借拉哈苏苏等处地段盖房起卸道料，并泊火船

---

① 参见魏声和《增订吉林地理纪要》卷下，"拉哈苏苏租地旧事"。
② 光绪二十四年十一月十三日《吉林将军延茂致总理各国事务衙门咨文》。
③ 同上。
④ 光绪二十四年十二月二十日《总理各国事务衙门咨复吉林将军文》。
⑤ 光绪二十六年三月二十一日《吉林交涉总局致东省铁路公司总监工茹格维志全权代表函》。

等因，当经前吉林将军延咨总理各国事务衙门，以前订铁路合同并无准其借地盖房停轮等语驳复，转行三姓副都统迭饬哈尔滨铁路交涉总局查办。"①吉林滨江道尹兼哈尔滨交涉员、铁路交涉局总办李鸿谟也说："查拉哈苏苏占地盖房，在前清光绪二十四年（1898年），彼时俄员瓦霍斯基运送铁路材料，舟滞难行，因留俄人建房看守，经三姓副都统按照铁路合同驳阻。"②

光绪二十六年（1900年），俄国又在原占地段以东二里许地方，挖土垒基，建造营房和医院，每所地基方圆约40沙申之大。戍守黑河口卡伦佐领萨炳据理阻止他们这种侵犯中国领土主权的行为，但"俄人不听，依然兴工"③。其后，俄国又不断扩大其侵占范围，虽经吉林交涉总局多次向东省铁路公司交涉。但俄方皆置之不理。面对如此强横的侵略者，腐败无能的清政府束手无策，无可奈何！

三 《拉哈苏苏租地合同》草约与清政府的态度

1900年，东北地区的义和团运动主要表现为反对沙俄帝国主义的侵略，由于俄国派出大批军队水陆并进入侵东北，这次反帝爱国运动很快就被镇压下去了，俄国侵略军占领了中国东北全境。在这种形势下，俄国乘机大肆掠夺我国东北的矿藏资源并实施其他侵略图谋。其中包括扩大对拉哈苏苏的侵略。据记载："庚子之乱，俄人水师由此（拉哈苏苏）进兵，复在此处修盖兵房多处，驻兵多名，并设电报局及江关、水利局、铁路警察等机关。"④

光绪二十七年十一月二十五日（1901年1月4日），驻吉林、黑龙江两省的俄国外交部官员刘巴向吉林将军长顺提出了新的侵略要求，他说："兹有俄国同伙制造火轮船之业主，欲在拉哈苏苏地方，欲租荒地，用之

---

① 光绪三十四年十一月十一日《署哈尔滨江关道施肇基呈东三省总督徐、署吉林巡抚陈文》。
② 民国五年七月十五日《吉林滨江道尹兼哈尔滨交涉员、铁路交涉局总办李鸿谟与中东铁路公司霍总办协议撤沿松花江驻兵暨德墨里等处占地案问答节略》。
③ 光绪二十六年三月二十一日《吉林交涉总局致东省铁路公司总监工茹格维志全权代表函》。
④ 民国六年六月五日《同江县知事吴士澂呈吉林省长郭文》。

年久，作为轮船码头之处。又有俄国几人等，亦在拉哈苏苏地方，欲租荒地，用之年久，作为田庄、牧厂等事，系与俄人实有裨益。""本大臣指望贵将军不阻止，并所租给俄人荒地，务祈贵将军即将租地规矩及每垧每年租钱若干，并至多限能租定若干年，能否之处，希贵将军见复。"① 长顺对刘巴提出的要求未加拒绝，只是认为当时清政府正在同俄国进行交还东三省的谈判，和约尚未议定，提出这一要求尚非其时，碍难拟办。所以答复说："应俟和约议定后，再行妥议办理。"② 但刘巴坚持前说，硬要长顺允准。他把"俄人租赁荒地"这种有关中国主权的事情说成是"小节"，说此小节"岂能联在三省大局"。同时利用长顺的软弱态度，说在此之前，贵将军已与本大臣订立矿务章程，这种至关重要之事都曾奉旨允准，更何况租赁荒地区区小节，因此盼望贵将军了解本大臣之意，"设法再行详查，所租之地，无庸定立例章，只可通融办理，两国和好"③。长顺深恐得罪俄国，准备对俄妥协。于是照复刘巴说，租借拉哈苏苏荒地一事，"贵大臣所请各节，事属可行"。并提出"应由三姓副都统就近会同该俄人等查明是否官地，抑系民间私产，酌定年限，勘清四至，议明租价；定立合同，再行核办"④。同时，长顺指示三姓副都统依英阿就近派员查明该俄人拟租荒地共有几段，每段方圆尺丈里数共有若干，其中有无窒碍，绘图贴说上报。根据长顺的指示，三姓副都统派笔帖式恩绪、黑河口卡官喜升，同俄官保博夫一起勘丈了俄人拟租的三段荒地：第一段系俄商阿穆尔轮船公司所用，南北长256.08丈，东西宽198丈；第二段系俄人拉得依申所用，南北长49.5丈，东西宽48.8丈；第三段系俄人那五莫夫所用，南北长59.4丈，东西宽39.2丈。并查明，这些地段，均系官荒闲地，并非民间私产。

长顺既然不敢拒绝俄人的要求，就得寻找一些理由来证明租与俄人比不租给俄人为好，他说：拉哈苏苏虽扼松花江、黑龙江来往船只之咽喉，但"自东三省兴修铁路、哈尔滨设立总车站后，俄轮畅行已无所谓险要。

---

① 光绪二十七年十一月二十五日《俄驻吉江两省外部大臣刘巴致吉林将军长顺照会》。
② 光绪二十七年十二月十四日《吉林将军长顺给俄国驻吉江两省外部大臣刘巴的复照》。
③ 光绪二十七年十二月十八日《俄国驻吉江两省外部大臣刘巴给吉林将军长顺函》。
④ 光绪二十七年十二月二十七日《吉林将军给俄国驻吉林办理文事交涉大臣刘巴照会》。

且其地荒僻异常，断非中国财力所能经营及此，与其置旷土于无用，似不如照俄员所请酌收租价，尚可稍收地利"①。于是，他和有关官员拟就俄人租拉哈苏苏荒地草约八条，于光绪二十八年七月二十六日（1902年8月29日）照会刘巴说："本将军，副都统现已咨由三姓副都统查明该处均系官地闲荒，且与旗屯亦无滞碍，事属可行，唯此事系属创办，非奏请大清国大皇帝允准不能办理，相应先行酌议章程八条，备文照复贵大臣，请烦查照斟酌见复，以凭奏咨立案为要"②。刘巴看完八条草约后，相当满意，复照吉林将军长顺说："本大臣看此章程办理甚善，唯第四条内议定以十五年为限，限满该俄人将地应当交还，并所置房栈码头尽行拆毁等语，本大臣以十五年年限稍少，而与各典户之意不合，实因典户在所租之地作为田庄、牧厂，并修盖房间，用款甚巨。若年限少，即将所盖房拆毁，于俄人大有吃亏，是以本大臣意欲将第四条改为：租用荒地三段，应议定以二十五年为限，限满准予重新订立合同，该典户呈请吉林将军与驻吉林外部大臣商量，准予若干年限，租价若干；即行遵照办理。是否之处，望即见复。"③长顺不再坚持十五年为限，采取折中的办法，函复刘巴说："二十五年为限，似属日期稍远，碍难办理。本将军与副都统斟酌两便之道，现拟定以二十年为限矣。"至于第四条的其他内容，长顺则按照刘巴的修改意见，几乎一字不改地写入草约。并于光绪二十八年（1902年）九月上奏清朝皇帝。该草约的主要内容是："一、荒地均按俄沙申度量，每沙申按中国六尺六寸核算。以五尺为一弓，以三千六百弓为一垧。二、租拉哈苏苏荒地三段，按三姓副都统衙门绘送地图，黑河俄商轮船公司租地一段，东西各界均三百沙申，南北长三百八十八沙申；俄人拉得依申租地一段，东西宽七十四沙申，南北长七十五沙申；俄人那五莫夫租地一段，东西宽五十沙申，南北长九十沙申。不得于界外稍有侵占。三、每地一垧，如用作牧厂，每年租价，吉林市钱二十千，如修造房栈，开设码头，及各项生理者，加钱十千，为吉林市钱三十千。四、租用期限二十年，期满准

---

① 《清季外交史料》卷167，第17页。
② 光绪二十八年七月二十六日《吉林将军长顺致俄国驻吉林省外交部大臣刘巴照会》。
③ 光绪二十八年八月二十一日《驻吉林省俄国外交部大臣刘巴致吉林将军长顺照会》。

予从新定立合同，年限、租价另议。五、租地内有关碍铁路、民间有主之地亩、庐墓以及可以砍取大木、火柴、石头之山岗，概不许租。六、由吉林将军楝派华官一员驻在租界之内，以便经理税务，稽查偷漏。七、地租每年按二季分缴省城交涉总局收存。八、此合同只算草约，须俟奏请大清国大皇帝允准后方为定论。"①

光绪二十八年十月初七日（1902年11月6日），慈禧太后朱批："外务部核议具奏"。外务部遵旨会议后认为，吉林将军等与俄国驻吉林交涉大臣商议租地，原为睦邻起见，但是"中外通商以来，只以开辟口岸之处准各国酌租地段居住贸易。今俄员请在拉哈苏苏租地，作为轮船码头、田庄、牧厂，与通商口岸情形不同，如果允其所请，诚恐各国因而借口纷纷援引，势将无以善其后"。所以主张由吉林将军照复刘巴，"婉词驳阻，以杜缪葛"②。慈禧太后朱批："依议"。吉林将军长顺把清廷的决定通知刘巴说：租拉哈苏苏荒地合同，原已注明只算草约，必须大皇帝批准后方为定论，"兹既未邀允准，自应将前定草约并该俄人等拟租荒地各节一并作为罢论"③。刘巴不顾原先的约言，竟用极其蛮横的语气照会长顺说："俄人那五莫夫、拉得依申等，已在拉哈苏苏地方定立草约后，曾在该处用自己钱修盖房屋，本大臣亦不能阻止。"④ 这无疑等于说，你不准租，我就强占。在俄国官方的纵容下，那五莫夫、拉得依申等对黑河口卡官的阻驳置若罔闻，继续在拉哈苏苏占地盖房。对于俄人无视中国主权、侵占中国土地的行为，吉林将军长顺没有采取任何相应的措施来加以阻止，而是逆来顺受，任凭俄人强占。

长顺对俄国的侵略采取退让态度并非偶然，在俄军占领东北的形势

---

① 此草约的签订时间，王铁崖《中外旧约章汇编》第2册第33页注云："订立的日期未查明，暂定为1902年1月。"此后，有些著作亦注明暂从此说。现根据有关档案可以断定此说不准确。1902年8月29日长顺照会刘巴说："先行酌议八条，备文照复贵大臣，请烦查照，斟酌见复，以凭奏咨立案为要。"1902年9月27日刘巴照会长顺说：本大臣看此章程办理甚善，并对合同第四条提出修改意见。随后长顺按刘巴意见修改了第四条内容，于光绪二十八年九月（1902年10月）将八条草约上奏皇太后、皇帝"圣鉴训示"。由此可以断定，长顺与刘巴签订草约的时间应在1902年9月底或10月某日，而绝不是1902年1月。
② 《清季外交史料》卷167，第18页。
③ 光绪二十八年十二月初五日《吉林将军长顺致俄国驻吉林外部大臣刘巴照会》。
④ 光绪二十八年十二月二十六日《俄国驻吉林外部大臣刘巴致吉林将军长顺照会》。

下，他和当时东北地区的一些官员一样，患了恐俄症，对于俄国的侵略要求，不敢据理驳斥。在1901—1902年间，他应俄国的要求，签订了中俄《开办吉林矿山草约》、《改订吉林开采煤斤合同》、《续订开办吉林矿山草约》和《华俄合办新旧矿务章程》等一系列有利于俄国的条约。对俄人租赁拉哈苏苏荒地，他本来的想法是："宽之则视若容易，恐生无厌之求；严之又迹近刁难，虑启强占之患。必须明定期限，妥议章程，方足以持久远而杜流弊。"在他看来，他与俄方议定的八条草约既不宽又不严，是杜绝俄人强占之患的好办法。如今草约作废，强占成了事实，他再也没有办法和勇气来同侵占者抗争了。直到1904年清政府任命富顺署理吉林将军，此事才重新提起。这年9月，富顺照会俄国驻吉林外部大臣博果牙楞，指出俄人拉得依申等擅行占据拉哈苏苏土地修盖房屋殊属违约，要求他们"作速迁回，毋得久事占据，以敦睦谊"①。但俄官依然置之不理。与此同时，富顺还咨请外务部与俄国驻京公使交涉，说"事关占据中国土地，未便稍涉含混"，"毋任久事占据"②。外务部答复说：租拉哈苏苏草约是吉林将军同俄国人订的，"仍应由吉林省查照原奏据约切实辩论，方为正办，毋庸由部转行俄使"③。也就是说，这是你吉林将军的事，我外务部不管。清政府的腐败无能，由此可见一斑。

四　俄国在拉哈苏苏设关收税

俄国越界在拉哈苏苏设关收税开始于光绪二十二年（1896年），徐世昌《记拉哈苏苏税关》记载：拉哈苏苏"为中俄交界要隘"，"光绪二十二年，俄人乘我边陲空虚，越界设关，稽查出入口货物，征收关税。当设立时，俄官既未照会我将军、都统，而地方官亦未揭报"④。俄国越界在拉哈苏苏设关引起清朝官方注意是在光绪二十八年（1902年）。这年八月，三姓副都统得悉俄官科斐亲吉在拉哈苏苏地方码头设立税局，查收俄国来

---

① 光绪三十年八月《吉林将军富顺致俄驻吉林外部大臣博果牙楞照会》。
② 光绪三十年八月二十六日《吉林将军富顺咨呈外务部文》。
③ 光绪三十年九月二十三日《外务部给吉林将军富顺咨文》。
④ 光绪三十三年十月二十二日《东三省总督徐、署吉林将军朱致外务部电》。

往商船货物之税，即派黑河口卡员亲赴俄员处询问。俄国官员对越界在中国境内设立税关这种严重侵犯中国领土主权的行为避而不答，而只轻描淡写地说：俄国"在拉哈苏苏查验下往华俄船只，恐有私行夹带中国烧酒、烟土、红糖等物，如有此等货物，不准运入伯力（哈巴罗夫斯克）属界等处"①。言下之意，似乎他们这样做是有理的。实则大谬不然，在中国境内设关检查华、俄船只不管收税不收税，都是非法的，都是侵犯中国主权的行为。所以，吉林将军曾迭次照会刘巴，要求撤去俄国税关。但一直没有得到俄方的答复。

俄国在拉哈苏苏设立的税关，驻有"委员一名，帮办一名，司巡五名"②。据俄方声称，设立该税关仅是为了专查进出口之违禁货物，"并非设局收税。"③ 这是一种遁词，事实并非如此。光绪三十三年（1907 年）黑龙江省瑷珲副都统姚福升指出："上年爱城（指瑷珲）各商，由哈埠（哈尔滨）等处购运粮货，雇俄轮载爱（珲），经过拉哈苏苏，俄关往往勒令纳税，否则到爱不准卸载，必运至海兰泡俄城（布拉戈维申斯克）纳税后，方准运回爱城，商民受累无穷，市面何由发达。"④ 光绪三十四年（1908 年），兴东道员庆山也说：拉哈苏苏俄人所设税关，"初则不过稽查东驶轮船，严杜入口私货，继则并往来船只一律苛查，于中国船只尤甚。中国人民之东去者，一概勒要票据，如无票据，即指赴临江州买票，再由该关盖戳，共需票费约俄钱四吊余。去冬今春，有数起荒户赴东踩勘荒地，咸以验票之故，中道而回，即职道随带之员司，亦截要票据，不肯放行。与之辩驳数次，几至决裂，始允免验。而临江州身任地方，不据理力争，且听从俄人为之放票，谓无希图票费之情，其谁信之"⑤。当然，俄人强占拉哈苏苏的严重性不仅仅在于收不收中国人的货税，更重要的是俄人反客为主，破坏中国主权，控制中国的国防要地。

---

① 光绪三十三年十月二十二日《东三省总督徐、署吉林将军朱致外务部电》。
② 同上。
③ 同上。
④ 姚福升：《谨将瑷珲收复后事实叙述大略摘录案牍备用采辑》、《提倡商务条陈四则》。
⑤ 光绪三十四年《东三省总督徐世昌致吉林巡抚朱家宝函》。

五 收回拉哈苏苏俄占地

1904年，由于日俄争夺中国东北的矛盾激化，爆发了以中国国土为战场的日俄战争。1905年俄国战败，与日本订立了《朴次茅斯条约》。这场战争使俄国国际威望扫地，国内经济崩溃，国力迅速下降，其在我国东北地区的势力也大大地削弱了。俄国的衰败，给中国收回拉哈苏苏交涉带来了一个转机。

早在日俄战争爆发之初，清朝官员中就有人上奏慈禧太后，请利用日俄战争之机，"先事预筹，收回东省铁路，以复主权，而固国本"①。这种看法，在当时是带有普遍性的。在日俄战争期间，清政府也确实采取了不少措施来加强自己在东北地区的统治力量，其中最主要的是进一步招民垦荒和增加行政建制。招民垦荒方面，1904年12月在黑龙江省设通肯垦务局，办理通肯、克音、柞树冈、巴拜等地荒务，1905年5月成立汤旺河垦务局，1905年设巴拜垦务局，等等。这些招民垦荒的措施，实际上带有移民实边的性质。与此同时，清政府为了改变东北"边备空虚"的状况，在三姓所属和吉林、黑龙江两省联界处所，开设了许多府、州、县、厅，并于1906年2月在拉哈苏苏建置了临江州。拉哈苏苏建州，应该说是清政府为收回被俄国侵占的这片国土而采取的一个重要步骤。

当时，俄国侵占者在拉哈苏苏的经营已经具有相当规模。东清铁路公司所占地段，东西宽481丈，西面南北长45丈，东面南北长21丈，盖造洋房7处。俄国医院（养病堂）所占地段，南北长93丈，南面东西宽97.5丈，北面东西宽52丈，盖造洋房4处。②俄国在拉哈苏苏修盖兵房，驻扎俄兵，并设有轮船码头、电报局、水利局和税关。在东省铁路轮船公司南濠外，还有那五莫夫、拉得依申、波尔特纳三人所占的地段，"已盖房间，并修菜园、花园等项"③。据《东三省政略》记载：俄人在拉哈苏

---

① 《清德宗实录》卷529，第3—4页。
② 光绪三十四年十一月十一日《署哈尔滨江关道施肇基呈东三省总督徐、吉林巡抚陈文》。
③ 俄历1907年3月1日《俄国驻吉林外部大臣博致吉林将军文》。

苏"占地建房，布置整齐，税关附近，俨然市区"①。

中国收回拉哈苏苏俄占地，主要是通过外交途径进行的，其经过如下。

（一）收回俄人那五莫夫、拉得依申等所占地段

清政府在拉哈苏苏建置临江州后，知州吴士澂即着手了解拉得依申等占地缘由，并多次要求他们迁回俄国。但"彼竟置若罔闻"。吴士澂认为，"似此强横，实难理谕"②，于是勒令该俄人等限期迁移，同时照会驻拉哈苏苏俄官，指出俄人拉得依申等在清政府未准之地内修盖房屋于理不合，经过历次驳阻，"讵该俄人一味恃强不理"。"本州莅任以来，又复一再催令迁移，乃该俄人反以从前丈量尺寸单为执照，希图蒙混，已属不合，况此案系钦奉谕旨驳阻不准之件，该俄人等抗违我大皇帝旨意，尤难宽恕。想贵国系礼义之邦，亦决不能容此横不情理之人，除勒限催令迁移外，相应备文照会，……希为勒限催令迁移可也"③。但不管是强占拉哈苏苏土地的俄人那五莫夫、拉得依申、波尔特纳，还是俄国驻拉哈苏苏的官员，对临江州知州的要求，一概置之不理。吴士澂见俄人态度蛮横不听劝告，忍无可忍，被迫于1907年采取行动，"夺还此地及房园等物，即饬该俄人等速出拉哈苏苏"。这时，俄国驻吉林外部大臣博果牙楞便亲自出面照会吉林将军达桂，指责临江州知州收回俄人强占的土地和房屋、菜园、花园"实属非是"，要吉林将军作出答复。④吉林将军支持临江知州的行动，光绪三十三年二月初八日（1907年3月27日）照复博果牙楞称：俄人拉得依申等一案，据临江州州官电禀前来，"该俄人等拟在拉哈苏苏租地盖房，经贵前住外部官刘巴与原任将军长帅拟订草约未奉我政府认可，久已作废，乃该俄人竟擅建房间，殊属不合，应请速饬迁徙，以敦睦谊"⑤。关于

---

① 徐世昌：《东三省政略》卷3，《记拉哈苏苏税关》。
② 光绪三十二年十月十九日《临江州署知州吴士澂向吉林将军报告与俄驻拉哈苏苏官员交涉文》。
③ 光绪三十二年十月十八日《临江州署知州吴士澂照会俄国驻拉哈苏苏格明旦云尼察》。
④ 俄历1907年3月1日《俄驻吉林外部大臣博致吉林将军达照会》。
⑤ 光绪三十三年二月初八日《吉林将军达致俄驻吉外部大臣博照会》。

拉得依申强占拉哈苏苏地段的交涉，至此便告结束。

（二）关于俄国撤去拉哈苏苏税关的交涉

清政府要求撤去拉哈苏苏俄国税关的交涉，主要是在1908年进行的。光绪三十三年十二月初九日（1908年1月12日），清政府外务部照会俄国驻京公使，指出俄国越界在拉哈苏苏设立税关是侵犯中国主权的行为，要求速将该税关撤回俄国。光绪三十四年正月十七日（1908年2月18日），哈尔滨江关道杜学瀛也照会俄国驻哈尔滨总领事刘巴，要求俄国撤回拉哈苏苏税关。在此之后，临江州知州吴士澂也向俄国驻拉哈苏苏官员交涉，俄国官员告诉他，"该关十日内撤回俄境"。吉林省巡抚即派三品衔候补知府吴文泰前往接受，并指示他："所有稽查临江州境出入货物事宜，即暂照俄关现行章程办理，俟哈尔滨关道与税务司商定办法后，再行照新章接办。"① 吉林交涉司将此决定照会俄驻吉林总领事刘巴。1908年6月9日刘巴复照称，他已奉俄国外交部电示，俄国政府已允将拉哈苏苏税关撤迁俄境，"唯撤退俄关改华关事，须两国政府彼此预先商定"②。6月18日，俄国驻京公使也照会清政府外务部说："本国户部尚书业经大致允准将该税关撤迁俄境，唯须两国政府预为会商核定。"并说"本国政府欲施行撤销该税关应遵一切情形，俟森彼得堡定妥后再行照知"③。这说明，尽管俄国政府已同意把拉哈苏苏税关撤回俄境，但它还是加上了改建华关应由中俄两国会商这一侵犯中国主权的条件，而拉哈苏苏俄税关人员无视中国主权也依然如故。黑龙江省兴东道工程处监工委员任德明奉派到哈尔滨、呼兰等处购买粮食、油、酒、衣服、鞋帽等物，行至拉哈苏苏，即被俄关扣留。清朝官员向其力争，"此系中国地方，有何犯私之说"？！该税关俄人态度"比前次扣货时愈加凶横"，声称"非有本国允许之电，决不放行"④。为此，清外务部照会驻华俄国公使，指出拉哈苏苏地方所设之俄国税关，贵政府既已允准撤迁，现在该税关不但未能即时撤迁竟仍有扣留

---

① 光绪三十四年四月《吉林交涉司致俄国驻哈尔滨总领事刘巴照会》。
② 光绪三十四年五月十八日《吉林巡抚致外务部咨文》。
③ 光绪三十四年《清外务部致俄国驻华公使照会》。
④ 光绪三十四年八月初六日《东三省总督徐吉林巡抚朱致外务部咨文》。

华货情事，实与前次照会不符，"请贵大臣查照将该处税关扣留之货物速行发还，并转达贵政府速饬将该税关撤回俄境，以符约章为要"①。直到光绪三十四年十二月（1909年1月），俄国驻京公使廓索维慈才照会清政府外务部，说俄国财政部"已饬将拉哈苏苏俄税关撤去"②。同时，哈尔滨俄领事也照会哈尔滨江关道施肇基，说他已奉俄国外交部札谕，撤闭拉哈苏苏税关。

清政府原定由税务司派人前往接收，但因值岁暮江冻，交通不便，税务司无法派人前往。所以，由哈尔滨江关道施肇基临时指派临江州知州吴士澂接收。几经交涉，俄国始将警察和江关人员撤回，电报局、水利局归于中国。③

（三）关于要求交还中东铁路公司占地和撤回驻兵的交涉

俄国虽然撤去税关和警察，但并不意味着交还铁路公司在拉哈苏苏所占的地段。所以，在俄国决定撤回拉哈苏苏税关之后，向俄国索回被占的其他地段就提到日程上来了。

1908年12月1日，哈尔滨江关道施肇基面见中东铁路公司总办兼俄国驻哈尔滨代理总领事霍瓦尔特，向他交涉索还铁路公司占据拉哈苏苏地段问题。霍瓦尔特蛮横地指责："中国未免催迫太甚，俄轮既在东省江路行驶，屯货、泊轮亦系必须之事，俄于该地段经营已非一日，中国既经通融在先，此刻实无迁让之处。"④ 在这里，霍瓦尔特把俄国强占中国土地说成是"中国通融在先"，把中国索还俄国所占之地说成是"催迫太甚"，是与非完全被颠倒了，怪不得施肇基感叹说，"诚为无理之理"了。其后，虽经多次交涉，但都没有结果，直到清政府覆亡，该地一直处在俄国的强占之下。

1915年，哈尔滨交涉员铁路交涉总办李鸿谟再次照会霍瓦尔特，要求

---

① 光绪三十四年八月《清外务部致驻京俄国公使廓照会》。
② 宣统元年正月十三日《东三省总督徐给吉林行省衙门咨文》。
③ 民国六年六月五日《同江县知事吴士澂呈吉林省长郭文》。
④ 光绪三十四年十一月十一日《署哈尔滨江关道施肇基呈东三省总督徐世昌、吉林巡抚陈昭常文》。

归还俄国占地，撤回沿江驻兵。霍则说驻兵是为了保护俄船行驶的安全，坚不撤兵。李鸿谟复照说明已命令沿江军警节节驻扎，中国政府完全担负保护俄船安全的责任。但俄国既不撤兵，又无片纸答复。更有甚者，1916，俄国又在拉哈苏苏新修兵营一座。①

民国五年（1916年）六月二十一日，李鸿谟再次照会霍瓦尔特，要求撤去松花江沿岸的俄国驻兵和归还所占沿江土地。中东铁路公司答复说："本公司经十余年之经验，确知此项地点在所必须，船务且借以发达。"并要求和李鸿谟会商。李于民国五年七月二日往见霍瓦尔特，霍瓦尔特重弹驻兵是为了保护俄轮安全的老调。李鸿谟重申中国军队完全担负保护之责，要求俄国"撤去驻兵，退出占地，以全信义"。霍瓦尔特威胁说：撤退俄兵，俄国军界是不会同意的，"尚望以和平二字着想"。李鸿谟回答说："本道及郭省长亦以和平为主旨，今日之事即系和平商酌，军人之论，不应提及。"霍瓦尔特理屈词穷，默坐良久。最后竟提出，由双方派员同往该处察看所占土地面积，议定年限，由公司备价租用。李回答说：此事不敢率尔应命，必须报告省政府核办。② 这次交涉仍然没有什么结果。1917年俄国发生十月革命，中国政府于1918年夏天收回占地，设立团部，控制江航。③

（原载《中国边疆史地研究》1994年第1期）

---

① 民国六年六月五日《同江县知事吴士澂呈吉林省长郭文》。
② 民国五年七月二日《哈尔滨交涉员铁路交涉总办李鸿谟与中东铁路公司总办霍瓦尔特问答节略》。
③ 魏声和：《增订吉林地理纪要》卷下，第34页。

民国初年沙俄对阿尔泰地区的侵略

阿尔泰是我国西北边疆要地，本来与俄国并不接壤，从19世纪60年代起，沙俄通过《勘分西北界约记》和《勘分科布多界约》等不平等条约，割占了阿勒坦诺尔乌梁海、斋桑地区和阿尔泰乌梁海一部分牧地之后，阿尔泰才开始与俄国连界。阿尔泰不仅地势冲要，而且土地肥沃，水草丰美，宜耕宜牧，尤以金矿丰富驰名中外。阿尔泰地区的居民主要是蒙古族、乌梁海和哈萨克人等。

阿尔泰原属科布多参赞大臣管辖。1904年1月，未上任的成都将军长庚奉命考察阿尔泰之后，以俄人觊觎阿尔泰，奏请将科布多帮办大臣移驻阿尔泰山或布伦托海，以加强该地的防守。[①] 科布多参赞大臣瑞洵则认为：从国防上说，阿尔泰所处地位比科布多更为重要，帮办大臣职位较低。处理事务尚须秉承参赞大臣指示，无专辖之权，因此他建议，"似不如将参赞移节驻扎[阿尔泰]，更为相宜"。并建议于布伦托海"增设一官，督办兵屯，俾资联络一气"[②]。清政府综合了长庚和瑞洵的意见，于1904年5月下令废除科布多帮办大臣一职，另设科布多办事大臣，"驻扎阿尔泰山，管理该处蒙（古）、哈（萨克）事务"[③]，并任命热河兵备道锡恒为第一任科布多办事大臣。但对科布多大臣的权限及管理范围，当时尚未作出明确的规定。1907年1月科布多参赞大臣联魁等奏说：阿尔泰已设办事大臣，"请将科布多所属迤西附近阿勒台山（即阿尔泰山）之乌梁海七旗，新土尔扈特二旗、霍硕特一旗，共计三部落十旗，暨昌吉斯台等西八卡

---

① 光绪二十九年十二月《长少白将军筹拟阿勒台山防守事宜折》，中国社会科学院近代史研究所藏档。
② 瑞洵：《散木居奏稿》卷20，《阿尔泰设官分治仍应稍假财力电》。
③ 《清德宗实录》卷529，第9页。

伦，并布伦托海屯田，一并归阿尔泰管理，以专责成"①。理藩部奉命研究了这个奏折之后，于1907年2月7日奏称：联魁等"所议尚属妥协"，应照所请办理，"以清权限，而专责成"。慈禧太后在理藩部的奏折中批上"依议"二字，从此，阿尔泰与科布多正式划境而治。科布多办事大臣的治所设在承化寺（即今新疆阿勒泰）。

20世纪初年，沙俄积极向阿尔泰扩张势力，大量俄国商人深入牧区，贱价收购原料，高价出售商品，对牧民进行残酷的剥削。他们往往"先将货物作价赊与蒙、哈，然后收取皮毛以为偿，是皮毛未离牛羊之身，而已为俄人之皮，俄人之毛矣"②。活跃在阿尔泰的俄国人，实际上是一群凶恶的殖民强盗，他们仗势欺人，为非作歹，"凡我边氓，常遭屈抑"，"交涉案件，几于无日无之，种种狡赖，实难枚举"③。

辛亥革命爆发后，中国政局动荡，沙皇政府叫嚣要利用这个时机，占领与俄国接壤的中国的几个省份。在这种侵略政策的指导下，沙俄在中国北部、西部和东北部地区，展开了一系列的掠夺领土和勒索权益的活动。侵略阿尔泰地区就是其中之一。当时，沙俄对阿尔泰地区的侵略主要表现在三个方面，即利用库伦傀儡政府派兵进攻阿尔泰；攫取阿尔泰境内的河流航行权；亲自出兵占领阿尔泰和逼迫北洋政府签订出卖国家主权的屈辱性条约。本文拟对这些问题进行初步探讨，以揭示沙俄对中国这一地区的觊觎和掠夺。

一 支持库伦伪政权进攻阿尔泰和《中俄阿科临时停战条约》的签订

武昌起义后不久，沙俄代理外交大臣尼拉托夫就按捺不住喜悦的心情，上奏沙皇说："由我国利益的观点看来，现在中华帝国的解体在各方

---

① 光绪三十二年十二月二十五日《理藩部会奏遵议科布多划疆分治折》，载光绪三十三年正月《谕折汇存》。
② 杨增新：《补过斋文牍》甲集上，《呈明阿尔泰航业应从缓办文》。
③ 光绪三十三年十一月《科布多办事大臣锡恒复陈阿尔泰情形及筹拟办法折》，中国社会科学院近代史研究所藏档。

面都是合意的。""我们可以利用情况以便完成我国的移民事业及巩固我国的边疆。"① 所谓巩固俄国的边疆,说得明白些,就是要利用这个时机,侵略中国与俄国接壤的地区。沙皇在奏折上批了一个"对"字,这个奏折便成为此时沙俄对华政策的重要指导方针。②

阿尔泰与俄连界,早为沙俄帝国主义所垂涎。沙俄在策划外蒙库伦"独立"和指使哲布尊丹巴攻占科布多之后,便把侵略矛头直接指向阿尔泰。

科布多是在1912年8月20日陷落的。早在7月间,库伦军队进攻科布多时,中国政府曾命令阿尔泰办事长官旧土尔扈特郡王帕勒塔和新疆都督杨增新派兵往援,同时命令伊犁镇边使广福进兵阿尔泰,以防库伦军队继续向西进犯。中国政府采取这些措施,完全属于自己的内政,但它与沙俄的侵略政策相抵触,因而遭到俄国的无理干涉。8月初,俄国驻乌鲁木齐领事照会杨增新,竭力反对新疆派兵支援科布多。③ 科布多失守后,俄国驻伊犁领事也到伊犁外交司进行恫吓,他说:"现蒙已占科,华官均受俄领保护,刻下新疆派兵前往,如俄商有损,应由伊犁担任。"④ 伊犁外交司答以"伊兵往援,例奉中央命令,万难停止"。并以广福的名义照会俄国领事说:"我奉中央命令,无论派队何往,均有绝对服从之必要,停止与否,仍以中央命令是听。"⑤ 断然拒绝了沙俄的无理干涉。

科布多与阿尔泰唇齿相依,科布多失守,阿尔泰便成为军事前线。那时阿尔泰"只有马队三营,炮队一队"⑥,在中俄边界线附近的八个卡伦,每个卡伦也只有十名官兵。⑦ 兵力如此薄弱,形势危险,可想而知。9月1日,阿尔泰办事长官帕勒塔致电袁世凯告急说:"科城现已糜烂,帕勒塔前此派员议和,两害取轻之举,固属无效,而欲其不乘胜西逼攻阿,亦恐

---

① 张蓉初:《红档杂志有关中国交涉史料选译》,三联书店1957年版,第351页。
② 同上。
③ 参见杨增新《补过斋文牍》戊集一,《电呈派队援科应请照会俄国公使宜严守局外中立文》。
④ 1912年9月5日《伊犁镇边使广福致大总统、国务院、外交部等电》,中国社会科学院近代史研究所藏档。
⑤ 同上。
⑥ 中国史学会主编:《辛亥革命》(七),上海人民出版社1957年版,第468页。
⑦ 《宣统朝外交资料》卷24,第3页。

万难阻遏，况承化寺（即今阿勒泰，当时为阿尔泰首府——引者）兵不满千，枪弹缺乏，战守两无把握。"① 因此，他敦请政府电饬新、伊军队，无论如何困难，应"陆续实地开拔，星夜来阿，不可片刻迟误，致蹈科辙"②。当时，沙俄已把自己的军队开进科布多驻扎，援科部队如果继续前进，必定要同俄兵发生冲突，这是袁世凯最害怕的。因此，袁世凯决定将援科部队改援阿尔泰。他电令杨增新说："科城业已失守，阿尔泰当库匪西犯之冲，最关紧要。所有新疆援科兵队，亟应改援阿城，及分扎距科扼要地方，以固门户。"③ 同时，电令伊犁镇边使广福"仍应遵照前电，赶援阿城，以保危区"④。根据上述命令，新疆支援部队陆续开往阿尔泰，一部分驻扎在承化寺及其附近，其余则分布在通往科布多的要害地方察罕通古和布尔根河一带防守。

占领阿尔泰既然是沙俄的蓄谋，库伦蒙兵在占领科布多之后便乘胜向西推进，迅速占领了阿尔泰东境萨克赛等地，并胁迫阿尔泰所属蒙古、乌梁海诸部背叛祖国，接受库伦傀儡政府的封号、印信和俄国枪支。⑤ 1913年3月10日，俄国驻乌鲁木齐领事还奉命照会杨增新说："如果贵国军队调往萨克赛，则我国自有对待之法，其阿尔泰及沙拉苏美（"沙拉苏美"，蒙古语，意为"黄寺"，即指承化寺。——引者）等地，难免我国不发军队占据之。"⑥ 差不多同时，俄国驻阿尔泰领事也向帕勒塔作了同样的声明，侵略气焰十分嚣张。

这时，袁世凯正在为巩固自己的反动统治而竭尽全力对付革命党人，对于沙俄的猖狂侵略，采取了容忍的态度和妥协的方针。1913年3月22日，外交部照会俄国驻京公使，提出了中国、俄国和库伦军队"均不得迫

---

① 1912年9月1日，《阿尔泰办事长官帕勒塔致大总统电》，中国社会科学院近代史研究所藏档。
② 同上。
③ 杨增新：《补过斋文牍》戊集一，《电张同领鸿畴改援阿城从速前进，并由蒋协统松林换给克鲁伯炮两尊文》。
④ 1912年9月7日，《国务院致伊犁镇边使电》，中国社会科学院近代史研究所藏档。
⑤ 杨增新：《补过斋文牍》戊集一，《电呈乌梁海蒙古缴械输忱文》。
⑥ 1913年3月10日《俄国驻乌鲁木齐领事馆照会新疆杨都督文》，载《中俄关系史料——外蒙古》，台北"中研院"近代史研究所1959年版，第84—85页。

近乌梁海"的折中方案。几经交涉，双方就此达成协议。4月8日，国务院致电阿尔泰办事长官帕勒塔说："大总统令……现在与俄商定条约，所有阿尔泰山以北乌（梁海）、哈（萨克）地段，华俄双方均不派兵前往，亦不令库匪西趋。该亲王即照此办理可也。"① 当时，阿尔泰山以北乌梁海游牧地已被沙俄支持下的库伦军队占据，所谓"华俄双方均不派兵前往，亦不令库匪西趋"，实际上只是为了约束中国军队，不让中国军队前往收复这个已被占领的地区。帕勒塔将此电内容通知新疆都督杨增新，并希望他将此命令转饬驻扎察罕通古等地的新疆官兵遵照执行。虽然杨增新认为沙俄侵犯中国领土主权已达极点，十分可恶，但他考虑到如果与俄发生战事，必然要危及自己在新疆的统治，因此，同意袁世凯的妥协主张，决定不派兵到萨克赛河一带防守。

事实证明，沙俄的诺言只不过是一种欺骗手段，在沙俄的支持下，库伦蒙兵不仅继续占领萨克赛一带，并于1913年7月4日和11日两次向驻扎在察罕通古的新疆驻军发动进攻，"所用枪械，有单响、五响等类，均系俄人发给"②。库伦蒙兵的这两次进攻，在新疆驻军的英勇反击下，都以失败告终。③

察罕通古保卫战的胜利，打掉了库伦蒙兵的嚣张气焰，使中国士气为之一振。但是，肩负指挥各处援阿部队重任的阿尔泰办事长官帕勒塔，却对抵抗沙俄侵略失去信心。他认为，库伦蒙兵的进攻虽然被击退，但蒙兵有沙俄做靠山，中国军事上的暂时胜利是不足恃的。因此，他致电国务院说："喀匪到察罕通古，战端已开。此次虽获小胜，终恐众寡不敌。且道路险阻，转运为难，设有失败，势必牵动阿、新全局。不如在阿就近与俄领议订双方停战，静候中央解决。"④ 这个建议与袁世凯的妥协方针相符合。1913年7月28日，中国外交部照会驻京俄使，表示愿意与俄国谈判

---

① 1913年4月8日《阿尔泰办事长官帕勒塔致新疆都督杨增新电》，见《中俄关系史料——外蒙古》，台北"中研院"近代史研究所1959年版，第87页。
② 杨增新：《补过斋文牍》戊集三，《电呈审讯捉获喀匪，供称匪势大概情形文》。
③ 同上书，第4—5页；《补过斋文牍》戊集四，第1—2页。
④ 1913年7月26日《外交部准国务院转阿尔泰帕长官电》，转引自孙福坤《蒙古简史新编》，台北自由出版社1951年版，第103页。

阿尔泰停战问题，由于蒙兵进攻察罕通古的失败，沙俄看到依靠蒙兵占领阿尔泰是不可能的，因此同意中国建议，企图从谈判中得到战场上所不能得到的好处。约在 8 月间，中俄双方在阿尔泰举行正式谈判，中方的代表是阿尔泰办事长官帕勒塔，俄方的代表是阿尔泰领事库孜敏斯齐。1913 年 10 月，双方达成协议，拟订了一个临时条约草案，共 6 条，主要内容是：（1）阿尔泰新疆军队与喀尔喀军队各守现驻地点；（2）以阿尔泰山最高分水岭和布尔根河等为阿尔泰与科布多的临时分界线；（3）阿尔泰的乌梁海人、哈萨克人在条约签订后 8 个月内任便迁移，8 个月后，其在阿尔泰山分水岭以南者归阿尔泰管辖，以北者归科布多管辖；（4）科布多、阿尔泰开通商路，听商人自由贸易；（5）双方不再增加兵力；（6）此条约自签订之日起共同信守，至中俄协约订立之日，失去效力。①

这个临时条约的主要条款是俄方提出的。沙俄的目的是很清楚的，它不仅要攫取在阿尔泰自由贸易的特权，更重要的是企图通过这一条约，把阿尔泰所属阿尔泰山以北、布尔根河以东地区及其居民划归库伦傀儡政府管辖。中央政府不同意临时停战条约中涉及划界等与停战无关的各条款，所以帕勒塔"未敢擅行订议"。但俄国领事却十分积极，亲自到阿尔泰办事长官公署催促说：停战条约已得到俄国政府的同意，"请即定稿签字"②。这时，中国外交部长孙宝琦与俄国驻华公使库朋斯齐已就外蒙古问题达成协议，并于 1913 年 11 月 5 日交换了中俄声明文件和声明另件。在声明另件第四款中对外蒙古和阿尔泰的地位和分界问题作了如下原则规定："外蒙古自治区域应以前清驻扎库伦办事大臣、乌里雅苏台将军及科布多参赞大臣所管辖之境为限，唯现在因无蒙古详细地图，而该各行政区域又未划清界限，是以确定外蒙古疆域，及科布多、阿尔泰划界之处，应按声明文件第五款所载日后商定。"③ 声明文件第五款的规定是："凡关于

---

① 杨增新：《补过斋文牍》戊集四，《电张团长准帕亲王电与俄领议临时条约第六条应如何分界密为调查电复文》。

② 1913 年 12 月 9 日《国务院转发帕长官电》，转引自孙福坤《蒙古简史新编》，台北自由出版社 1951 年版，第 105 页。

③ 吕一燃编：《北洋政府时期的蒙古地区历史资料》，黑龙江教育出版社 1999 年版，第 340 页。

俄国及中国在外蒙古之利益，暨各该处因现势发生之各问题，均应另行商定。"①所以，帕勒塔答复俄国领事说：外蒙问题，中俄声明文件业已在京签字。中俄阿尔泰临时停战条约"似可停议"。由于这个条约草案对俄国十分有利，所以俄国领事说："斯案曾经彼此呈准开议在前，似未便遽尔取消。"② 在俄国代表的坚持下，双方继续谈判，于12月21日签订了《阿尔泰、科布多中蒙军队驻扎界限临时停战条约》（简称《阿科停战临时条约》）。条约规定：（1）中国军队与喀尔喀军队的驻扎地，"自此约有效期内，均以阿尔泰最高分水界自森（圣）彼得堡条约第八条内载之奎屯山起，东至江噶什阿噶什，顺布尔根至济尔喀朗河口，再东南经察汗通古之西北陶甘策凯，至喀尔根图阿满止为界"。（2）阿尔泰驻军暂不增加，科布多驻军数额不得超过阿尔泰。（3）条约自签订之日起生效，倘欲全行更改，抑或有修正之处，应俟8个月后再行商议改定。③ 这个临时停战条约删去了前次草约中关于科阿划界、哈萨克人等任便迁移和自由通商等规定，并在约文第一款中明确指出："此条约均系指双方驻军地点而定，与科、阿疆界问题绝无干涉。"④ 比起前一个临时停战条约来，中国所受损失要少些。但这个条约毕竟是沙俄侵略政策的产物，因此，条约中仍将阿尔泰所属阿尔泰山以北乌梁海游牧地和布尔根河以东新土尔扈特游牧地划在科布多驻军界线之内。

1914年4月19日，署阿尔泰办事长官刘长炳以《阿科临时停战条约》所开停战界线多在阿尔泰境内，"若以隶属阿尔泰辖境长为停战界线，受人干涉，不惟军政上大有障碍，于人民住牧亦影响无穷"为由，要求政府根据规定，在该约8个月期满时，"将条约修正或取消，筹一善后办法"⑤。1914年6月29日，外交部通知俄国驻京公使，《阿科临时停战条约》8个月期满后，不再续订。7月6日，俄使复照称："中国所提议停战条约期满后，毋再续订，惟科、阿应各守该约所订之辖境，不相侵犯。至于科、阿

---

① 吕一燃编：《北洋政府时期的蒙古地区历史资料》，黑龙江教育出版社1999年版，第339页。
② 1913年12月9日《国务院转发帕长官电》，中国社会科学院近代史研究所藏档。
③ 中华民国外交部文书科编：《外交部交涉节要》，民国三年一月《阿尔泰双方停战案》。
④ 同上。
⑤ 1914年4月19日《刘长炳咨蒙藏事务局文》，中国社会科学院近代史研究所藏档。

详细界限，应照声明附件第四款办理各语，均可认可。"① 中俄《阿科临时停战条约》至此失去了它原来的法律效力，但在沙俄的阻挠下，阿尔泰山以北的乌梁海牧地和布尔根河以东的新土尔扈特牧地，并没有随着条约的废除而归还阿尔泰管辖。

二　攫取河流航行权

攫取中国境内额尔齐斯河及其支流的航行权，是沙俄妄图控制阿尔泰地区的另一个重要步骤。

沙俄觊觎阿尔泰河流的航行权由来已久。早在1900年9月，沙俄就以配备大炮的轮船，越界沿中属额尔齐斯河溯流而上，直驶至哈巴河口。说是来捕鱼，其实含有勘探水路的性质。由于遭到驻扎哈巴河章京延年的阻拦，俄船才被迫返航回国。② 1904年，又时有俄国轮船驶入中属额尔齐斯河上游游弋探水。③ 1906年，俄国轮船局派遣该局领总喀尔呢洛福和15名水手，驾船由斋桑湖驶入中属额尔齐斯河，并由俄国驻塔城领事照会塔城中俄通商局，要求发给沿途放行执照。塔城参赞大臣安成认为："俄船局领总驾船上驶，竟以探水勘路为词，居心似有叵测。"④ 婉言拒绝了俄国领事的要求。1911年6月，又有俄人数十名，驾驶轮船，越界进入中属额尔齐斯河，上驶至布尔津河口，"探水打鱼"⑤。沙俄为什么不听劝阻，一再侵入中国内河"探勘水路"，或以"求鱼为名，窥探路径"⑥ 呢？这说来也很简单，因为中国境内的额尔齐斯河是俄国境内额尔齐斯河的上游，探明这段河流的状况，何时何处能航行何种船只，这对沙俄实现其侵略野心，不论是从军事上还是从经济上说，都是至关重要的。"探水勘路"是

---

① 1914年7月6日《俄驻京公使复照》，中国社会科学院近代史研究所藏档。
② 光绪二十九年十二月，参见《长少白将军筹拟阿勒台山防守事宜折》，中国社会科学院近代史研究所藏档。
③ 参见瑞洵《散木居奏稿》卷22，第2—3页。
④ 光绪三十二年八月九日《塔尔巴哈台参赞大臣安成致外务部电》，中国社会科学院近代史研究所藏档。
⑤ 1911年6月22日《科布多办事大臣忠瑞致外务部电》，中国社会科学院近代史研究所藏档。
⑥ 瑞洵：《散木居奏稿》卷15，《阿尔泰山防务请敕新疆妥筹布置片》。

攫取这条河流航行权的前奏。1912年5月，阿尔泰办事长官帕勒塔即将离京赴任时，俄国驻华公使库朋斯齐就向他提出准许俄国"在阿境额尔齐斯河行轮通商"的要求。帕勒塔道经俄国鄂木斯克省时，该省长官又提出同样的要求。帕勒塔"均答以事关重大，应俟抵阿任后，察度损益，呈候中央核定"①。

帕勒塔到达阿尔泰后，由于俄国支持库伦蒙兵进攻科布多，阿尔泰形势十分紧张，对于沙俄要求航行阿尔泰境内河流一事，无暇顾及。但沙俄侵略者却利用这一时机，擅自从斋桑"开放轮船，直入阿境，距承化寺只两站路程"②。1913年夏，俄国新任驻阿尔泰领事又向帕勒塔重申前请，"力恳准俄遣派极小商轮至额尔齐斯河一带测量水势，轮船夏季果能畅行，再行会呈两国政府，在北京正式谈判，随时拟定行轮征税条约"。并请准许俄国在"交界处阿拉克别克暨中国哈巴河口、布尔津河口之处，各设商栈"③。帕勒塔屈服于沙俄帝国主义的势力，认为"额尔齐斯河为中亚屈指大河，其源在我，下流归彼，若不及早开放，恐难遏其垂涎之野心"④。因此，他擅自允许俄船行驶阿尔泰境内的额尔齐斯河及其支流布尔津河，并在布尔津河口指定地段给俄国修建货栈，建筑码头。所有这一切，都没有经过中央政府批准，完全是非法的。

随着额尔齐斯河和布尔津河的开放，大批俄国免税商品就通过这条航路源源地运入阿尔泰境内倾销。中国商人从内地贩运货物到阿尔泰，路途遥远，交通不便，运费高昂，还要缴纳货税，无力与俄国商品竞争。因而出现了"俄商日多，华商日少"，"华商歇业"，俄商垄断阿尔泰市场的局面。⑤

尤其严重的是，俄国利用额尔齐斯河和布尔津河航运之便，把大批俄

---

① 1913年6月7日《阿尔泰办事长官帕勒塔致大总统、国务院、外交部、交通部、蒙藏局电》，中国社会科学院近代史研究所藏档。
② 文硕：《塔尔巴哈台调查录》，《民立报》1913年2月26日。
③ 1913年6月7日《阿尔泰办事长官帕勒塔致大总统、国务院、外交部、交通部、蒙藏局电》，中国社会科学院近代史研究所藏档。
④ 同上。
⑤ 杨增新：《补过斋文牍》甲集上，第17—20页，民国四年四月十五日《呈明阿尔泰航业应从缓办文》。

民迁移到阿尔泰境内哈巴河、布尔津河、冲呼尔河等处居住。这些俄国移民"带有眷口、牛马甚多"①,强占土地耕种,盖房,任意砍伐树木,霸占草湖渠水,并于要津处设渡收费,"种种不法,肆意横行"②。"与之理论,置若罔闻"③。俨然把阿尔泰地区视为沙俄的殖民地。中国外交部和阿尔泰办事长官曾多次照会俄国驻华公使和驻阿尔泰领事,要求他们把侵占的中国土地一律退还,越界俄民除经商者外,一概回国。但是屡经交涉,毫无结果。终于成为中俄交涉的一个悬案。

沙俄还用同样手段,向阿尔泰办事长官帕勒塔索取了在阿尔泰设立邮局的特权,从承化寺到吉木乃,俄国共设立8个邮站。此外,沙俄还以游历和考古为名,由俄官带领俄兵与俄属哈萨克在阿尔泰境内开掘和勘探煤矿,④为将来掠夺中国矿业资源作准备。

三 出兵阿尔泰和六条侵略要求

1913年9月,沙俄为了控制阿尔泰和攫取更多的侵略权益,还以保护该地俄国领事和俄国商人为名,直接派兵入侵阿尔泰地区,向袁世凯政府施加军事压力。

先是这年8月,支援阿尔泰的一名伊犁士兵,为沙俄侵略行径所激怒,打伤俄国驻阿尔泰领事。此事发生后,阿尔泰办事长官帕勒塔立即派遣随营医生前往诊治,伤势不重,不久就治好了。但俄国驻华公使故意夸大伤情,说什么驻阿尔泰领事被打得"脑盖受伤成废","牙齿脱落"⑤,要求中国政府惩凶、道歉和撤回支援阿尔泰的伊犁军队。袁世凯政府对沙

---

① 1914年9月27日,《署阿尔泰办事长官刘长炳致国务院、外交部、内务部、农商部、蒙藏院电》,中国社会科学院近代史研究所藏档。
② 1914年10月8日《署阿尔泰办事长官刘长炳致大总统府政事堂、外交部、蒙藏院电》,中国社会科学院近代史研究所藏档。
③ 1914年9月27日《署阿尔泰办事长官刘长炳致国务院、外交部、内务部、农商部、蒙藏院电》,中国社会科学院近代史研究所藏档。
④ 1914年10月8日《署阿尔泰办事长官刘长炳致大总统府政事堂、外交部、蒙藏院电》,中国社会科学院近代史研究所藏档。
⑤ 1913年9月28日《阿尔泰办事长官帕勒塔致外交部、参谋部、陆军部电》,中国社会科学院近代史研究所藏档。

俄的要求——照办。① 但在伊犁援军撤离阿尔泰不久，沙俄就以保护该领事和俄人商务为名，派出一支由骑兵、步兵、炮兵和机关枪队组成的侵略军，共1300多人，在没有事先取得中国政府同意的情况下，于1913年9月初开进阿尔泰首府承化寺和布尔津河一带驻扎。

这些侵略军进驻阿尔泰以后，就以占领者的姿态出现，完全置中国主权于不顾，"一切自由行动"，"阿城巡警归俄兵轮担站岗巡守"②。"俄兵在承化寺荷枪巡街，长官公署办公文武，一入夜分即不敢出门一步"③。沙俄侵略军不仅在城镇逞凶作恶，而且深入各游牧部族骚扰蹂躏。例如，俄国军官乌得克夫就曾率兵持械到哈巴河一带掳掠蒙人，抢夺牲畜，殴毙佣工。④

沙俄入侵阿尔泰引起中国人民的强烈反对。袁世凯政府在指示当地中国军队对俄国侵略军"以礼相待"的同时，也要求俄国把军队撤退回国。1914年2月，俄国驻华公使向中国政府提出六条侵略要求作为撤兵的先决条件。这六条要求是：

> 甲，为地方平靖起见，该处哈萨克仍应归该哈萨克总管节制，其应交中国官库各项税捐，按照公平厘定，不得勒行收用哈萨克之牧地。
>
> 乙，俄人民暂时享用在喀喇额尔齐斯河及其支流免税贸易及航行之利益，应完全承认，并准俄人经理该河之航政。
>
> 丙，应将布尔楚木河（即布尔津河）口已经划定俄商之码头再行扩充，足敷该处商业骤臻发达之用。且于哈巴河口及克兰河口暨乌伦古海峡之都鲁布金地方三处，划定地段，以便修筑码头。并准俄轮船公司于玛纳斯及古城设立货物代办所，以便招揽货物输运。

---

① 杨增新：《补过斋文牍》戊集三，第54页，《电团长张健现虽议约停战乃应严防文》。
② 1913年9月22日《新疆都督杨增新致参谋部、陆军部电》，中国社会科学院近代史研究所藏档。
③ 谢彬：《新疆游记》，中华书局1923年版，第55—56页。
④ 1914年9月27日《署阿尔泰办事长官刘长炳致国务院、外交部、内务部、农商部电》，中国社会科学院近代史研究所藏档。

丁，完全承认俄人民于阿尔泰区域享有地段及他项不动产之权，或购置或租赁，并可建造工商各项之房产暨任便居住、渔猎、耕种各项之利益。

戊，每年至少组织司牙孜一次，会同清理交界人民之案件。

己，中国政府应行声明，完全执行光绪七年条约第十三条内载天山南北各路俄商任便运入及沿途售出货物各利益，其中国货物及茶品亦在其内。①

这六条要求是沙俄帝国主义妄图控制阿尔泰地区野心的一次大暴露。通过这些要求，它不但要控制阿尔泰的商业，垄断阿尔泰的水上交通，攫取在阿尔泰地区任便居住、渔猎和耕种等侵略特权，甚至连如何管理该地哈萨克这种纯属中国内政的问题，也蛮横地加以干涉。当时就有人指出：俄国"要求将哈萨（克）归总管节制，言外即有不归阿尔泰长官节制之意。无非欲引哈萨（克）外向，使逐渐脱离中国管理主权，俨然含有独立性质"。"将来煽惑中哈，即可效库伦故智，土地人民，皆入俄国之势力范围，居心叵测"②。这个看法，是很正确的。

对于沙俄的这些侵略要求，袁世凯政府采取什么态度呢？有的著作认为，袁世凯政府外交部曾"逐条驳斥了沙俄的无理要求"。这种看法是值得商榷的。实际上，袁世凯政府对俄国的侵略要求的态度是软弱无力的，奉行的仍然是出卖国家主权和民族利益的妥协方针，这在1914年2月27日和4月10日中国外交部的复照中表现得十分清楚。复照除了申明管理阿尔泰哈萨克人是中国内政，外人无权干涉外，对于俄国的其他要求，决定给予部分的满足。这包括："（一）同意开放中国境内的额尔齐斯河及其支流，但不能由俄国独自管理航政，而是应由中俄双方共同管理。（二）同意在哈巴河拨出地段，供俄国建设码头之用。（三）允许俄国轮船公司在新疆古城、玛纳斯租赁房屋，作为代办所，但不得购地建筑。

---

① 中华民国外交部政务司编：《中俄悬案·承化寺俄兵案》，1919年。
② 杨增新：《补过斋文牍》戊集一，第2—3页，《电复外交部驳俄使要求阿尔泰各条文》，民国四年二月十八日。

（四）允许俄人在承化寺购租地段和建造房屋，但不准俄人越界进入阿尔泰耕种和渔猎。（五）同意每年至少开办一次司牙孜，以清理中俄人民之案件。（六）同意实行1881年《中俄伊犁条约》关于沙俄在新疆贸易的规定。但俄国要求贩运中国茶品沿途售出，不符条约规定，应归另案办理。"①

很明显，为了换取沙俄从阿尔泰撤出侵略军，袁世凯政府已经作出了牺牲国家主权的重大让步。但是欲壑难填，贪婪的沙俄仍不满足，声称如不允其全部要求，俄兵决不撤退。由于沙俄要求太苛，谈判暂时中断。此后，驻阿尔泰的俄国侵略军在哈巴河、布尔津河等处威迫哈萨克人加入俄籍、掠夺牲畜、强占草湖、杀毙华民和强种地亩的案件不断发生，"两年以来，不下十余起"②。1915年8月，中国外交部认为，要根本解决这些问题，"自应重申前议，将俄使从前提出条件再加研究，分别准驳"，"总期此案办结，俄人撤退驻兵"③。1916年，在中国政府的要求下，阿尔泰办事长官与俄国驻阿尔泰领事在承化寺举行非正式谈判。中国方面再次退让，表示允许俄国商船在阿尔泰境内额尔齐斯河及其支流航行暂免纳税，同时希望俄国也能相应修改它的侵略要求。但沙俄坚持要独占阿尔泰的航政管理权和在阿尔泰地区任意租赁土地的特权。④ 这次谈判仍然没有达成协议。

1917年，俄国爆发了"二月革命"，推翻了沙皇的统治，阿尔泰办事长官程克乘机向驻阿俄领要求撤退俄军。由于国内形势的需要，俄国资产阶级政府同意撤回一部分侵略军。1917年5月17日，俄国驻阿尔泰领事通知程克说："此案已奉本国政府批准，除留二连作为本馆卫队外，其余步队、炮队、机关枪队、团部、粮台一律撤回。"⑤ 28日起，按照俄国政

---

① 中华民国外交部政务司编：《中俄悬案·承化寺俄兵案》，1919年。
② 1915年8月3日《外交部上大总统呈》，中国社会科学院近代史研究所藏档。
③ 同上。
④ 1917年1月30日《阿尔泰办事长官程克致外交部电》，载《中俄关系史料——新疆边防》，台北"中研院"近代史研究所1961年版，第4页。
⑤ 1917年5月20日《阿尔泰办事长官程克致外交部电》，载《中俄关系史料——新疆边防》，台北"中研院"近代史研究所1961年版，第3页。

府的命令，侵略军陆续撤离阿尔泰归国。① 关于俄军入侵阿尔泰的交涉，至此告一段落。但俄国资产阶级政府继承了沙俄帝国主义的侵华政策，在撤退俄兵的同时，正式通知阿尔泰办事长官说，关于六条要求，"俟后继续商议"②。不久，俄国爆发了伟大的十月社会主义革命，新生的苏维埃国家执行了革命导师列宁的社会主义和平外交政策，中俄两国的外交关系，开始进入一个新的发展阶段。

(原载《近代中国对外关系》，四川人民出版社1985年版)

---

① 1917年5月29日《阿尔泰办事长官程克致外交部电》，载《中俄关系史料——新疆边防》，台北"中研院"近代史研究所1961年版，第3—4页。
② 1917年5月20日《阿尔泰办事长官程克致外交部电》，载《中俄关系史料——新疆边防》，台北"中研院"近代史研究所1961年版，第3页。

清代中俄关系史研究述评

在清代，位于北方的沙皇俄国是中国最大的邻国。中俄两国的边界线长达10000多公里，曾是世界上两国间最长的边界线。在有清一代的260多年间，中俄两国在政治、军事、经济、文化等方面，有着复杂而频繁的关系。清朝初年，俄国曾入侵黑龙江流域，从1689年中俄订立《尼布楚条约》后，至1840年英国发动鸦片战争前，中俄两国的关系虽然也有比较紧张的时候，但一般说来，还是比较友好的。鸦片战争以后，中国逐渐沦为半封建半殖民地社会，成为西方列强和俄国竞相侵略的对象，俄国和中国的关系，主要是侵略和被侵略的关系。我国对清代中俄关系的研究，如果从康熙时期的萌芽状态算起，至今已有300年的研究史了；如果从比较严格的意义上说即从1840年鸦片战争失败以后，中国知识分子关注边疆危机，发奋研究中俄关系问题算起，至今也已有150多年的研究历程了。在这二三百年间，我国对中俄关系史的研究，是不断深入的。按其发展情况，大致可分为三个阶段或三个时期，从康熙年间至1911年为第一阶段，也可以称之为草创时期；1911—1949年为第二阶段，也可以称之为初具规模时期；1949年至今为第三阶段，也可称之为繁荣时期。

本文拟就各阶段的研究状况先作一概述，然后对中俄关系史中一些主要问题的研究状况作一回顾，最后对今后的研究提出几点不成熟的意见。

一

俄国原是一个欧洲国家，1582年，俄国军官叶尔马克率领哥萨克越过乌拉尔山，开始向亚洲扩张。从17世纪40年代开始，沙俄哥萨克开始入侵中国的黑龙江流域和贝加尔湖以东尼布楚等地，引发了中俄战争，1689

年中俄签订了《尼布楚条约》。有清一代的中俄关系就是这样开始的。随后，中俄关系及其历史开始引起了人们的关注。早在康熙年间，除了官方编纂的《平定罗刹方略》之外，吴振臣的《宁古塔纪略》、方式济的《龙沙纪略》和杨宾的《柳边纪略》，都涉及早期的中俄关系。《平定罗刹方略》是中俄交涉文件的汇编，保存了极其珍贵的历史资料，其他三种私人著作，虽然涉及俄罗斯入侵黑龙江流域、中俄签订《尼布楚条约》、早期中俄边境贸易和清代边防等问题，但叙事都很简略，只能算是中俄关系研究的萌芽。乾隆（1736—1795年）、嘉庆（1796—1820年）期间，有些文人和边疆地区的官员开始重视中俄两国关系的研究。他们根据历史记载和自己的见闻，撰写了一些有关中俄关系的著作。如松筠的《绥服纪略》，俞正燮的《俄罗斯事辑》、《俄罗斯佐领考》，西清的《黑龙江外纪》，以及道光初年萨英额撰写的《吉林外纪》等，对中俄关系中的政治、军事关系，特别是对内外蒙古、吉林、黑龙江地区的边防，边疆地区与俄国的政治、贸易关系等，都有比之前更深入的探讨和更详细的叙述。1840年，英国发动鸦片战争，清政府战败求和，签订了丧权辱国的条约，国际地位一落千丈。这大大地刺激了清朝的朝野人士，使他们睁眼看世界，探求国家抵御外侮之方。为了知己知彼，一些有先进思想的爱国人士开始研究外国，也开始研究俄国及其与中国的关系；林则徐在广东禁烟期间，为了了解世界情况，即组织人力翻译西方著作《四洲志》，其中《俄罗斯国总记》介绍了俄国的历史及其与中国的早期关系；魏源的《俄罗斯盟聘记》论述了康熙、乾隆以来中俄交涉的历史，是清代最早系统论述中俄关系历史的论文。此外，魏源的《海国图志》、徐继畬的《瀛寰志略》、张穆的《俄罗斯事补辑》等，也都涉及早期的中俄关系。就在以上一百数十年来研究中俄关系的基础上，在19世纪50年代，出现了一部里程碑式的著作，这就是何秋涛的《朔方备乘》。何秋涛通达时务，博览群书。《朔方备乘》集康熙以来研究中俄关系之大成，对当时所能搜集到的一切有关中俄关系的资料和著述，详加考订，纠其谬误。该书的精华是何秋涛自己撰述的《东海诸部内属述略》、《索伦诸部内属述略》、《喀尔喀内属述略》、《乌梁海内属述略》、《哈萨克内属述略》、《北徼界碑考》、《北徼条例考》、《北徼喀伦考》、《北徼形势考》、《俄罗斯馆考》、《俄罗斯学考》、

《雅克萨城考》、《尼布楚城考》、《俄罗斯互市始末》、《俄罗斯进呈书籍记》等名篇。该书内容丰富，涉及中俄政治、经济、军事、文化等方面的关系，其深度和广度都超越了前人，可以说是中国最早的一部中俄关系史。但限于当时的条件，中国人对俄国历史的了解还处于初步阶段，所以《朔方备乘》也不可避免地存在一些不足之处，如该书的《乌孙部族考》，认为俄罗斯是古代西域乌孙的遗裔，这就是由于对俄罗斯族的历史不了解而造成的错误。

19世纪中叶，俄国利用鸦片战争之机，出兵强占中国黑龙江以北、乌苏里江以东地区，逼迫清政府签订《瑷珲条约》、《北京条约》和《勘分西北界约记》等不平等条约，割占了中国东北和西北的大片领土。沙俄疯狂地割占中国领土，这使清国朝野为之震动。一些关心祖国命运的官员和知识分子带着痛国土之沦丧的悲愤心情，致力于中俄边界问题的研究。曹廷杰的《东北边防辑要》、《西伯利东偏纪要》和《黑龙江舆地图说》，根据历史文献和实地调查，研究了中俄边界东段的历史变迁，以及俄国一侧的地理险要、居民分布、水陆交通、军事部署、主要城镇等情况。对如何巩固边防，也提出了自己的建议。钱恂的《中俄界约斠注》，参考了中外图籍，特别是俄国出版的边界地图，"考界线之沿革，约文之异同"，是中国第一部专门研究中俄边界的著作。钱恂是抱着爱国热情撰写这部书的，他说，"方今中外交涉以俄国为第一强邻，而中俄交涉又以界务为第一要义"，"多一能通界务之人，亦即多一能裨大局之人，谓非当今之亟务乎"？继钱恂之后，邹代钧又撰写了《中俄界记》一书。此书与钱书不同之处是钱书主要是对中俄各个界约进行校注，考订边界所经地名和中外约文的异同。此书则专门研究边界线的走向及边界线所经之地理形势。对中俄外交的失败，订约的原委，历次割地情况，沿边内外山川形势险要，卡伦、牌博、道里方位，都有比较精确的考订和论述。宋教仁的《二百年来之俄患篇》，开"据国际法之理"研究中俄关系史的先河，给人们以新的启迪。此外，长顺、李桂林的《吉林通志》，袁大化、王树楠的《新疆图志》，许景澄的《西北边界图地名译汉考证》，施绍常的《中俄国际约注》，徐世昌的《东三省政略》，宋小濂的《呼伦贝尔边务调查报告书》，钟镛的《西疆交涉志要》，也分别对东北地区和新疆地区的中俄边界、中俄贸易以及其他中俄交涉事件进行了不同程度的研究。

在这个时期，还出版了两部值得重视的中俄边界地图。一部是出使俄国大臣洪钧译印的《中俄交界全图》，此图译自1884年俄国出版的《俄中交界图》，共35幅，有关中俄交界一带的山川、地名比当时的中国地图详细，为研究中俄边界问题提供了很大的方便。缺点是该图所绘的边界走向不够准确，有人曾因此批评了洪钧。说句公道话，作为译图，原图的错误是不应该由洪钧负责的。另一部是邹代钧的弟子曹寅绘制的《中俄交界图》，共16幅，其中中俄交界总图一幅，详图15幅。作者根据自己对中俄边界形成研究的心得，在图中标明了历次条约失地的界线。这是中国人自己绘制的第一部比较成功的中俄边界地图，尽管该图也有不够准确的地方，但这是不应苛求于作者的。绘制边界地图之难，这是众所周知的。在当时的条件下，作者绘出这样的地图，是令人钦佩的。事实上，该图册已成为中俄边界问题研究者不可或缺的参考书，作者对中俄边界史研究的贡献，其功是不可没的。

综观康熙年间至清朝覆灭这一时期的中俄关系史研究，除了何秋涛的《朔方备乘》之外，没有比较全面、比较系统的中俄关系著作问世。中俄边界是这一时期研究比较充分的课题，并且做出了令人注目的成绩。但对中俄关系的其他方面的研究则显得非常薄弱。由于中文档案资料基本上未曾公布，外文原始资料未曾引进，所以，这一时期有关中俄关系的论著在资料利用方面显得十分贫乏，呈现出草创时期的特点。

二

1912—1924年，在北洋政府统治之下，军阀混战，政局动荡，民不聊生，中俄关系研究没有多大进展，更谈不上有什么专著问世。不过由于学者们的努力，也有一些涉及中俄关系史的著作值得一提。其一是苏演存的《中国境界变迁大势考》（商务印书馆1916年版）。其中用了较大的篇幅考述了俄国割占中国大片领土的事实和中俄边界变迁的情况。作者吸取前人的研究成果，去粗取精，用比较通晓易懂的文字进行概括性的论述。其二是刘彦的《中国近时外交史》（1911年初版，1914年补充修订二版）。① 该书对清代中俄关系中的主要事件，或辟专章，或设专节，逐一加以论述。若把这些分散的章节集中起来，便成为一部自成体系的中俄关系史。在写作方法上，刘彦突破了传统写作方法的束缚，给人以一种清新的感觉。像他这样对清代中俄关系进行系统论述的著作，是前所未有的。20世纪20年代中国出版的中俄关系史著作，都或多或少受到该书的影响，或仿其体例，或引其论断和其他内容，这说明该书在当时学术界的地位。

20世纪20年代中期，中俄关系史研究开始恢复了生机，这与俄国十月革命之后发表对华宣言以及中苏两国围绕着解决中俄悬案和恢复邦交而进行的谈判有着直接的联系。1919年，苏俄在对华宣言中声明废止压迫中国的一切秘密条约，将中东铁路及租让的一切矿产、森林、金矿等由帝俄时代侵占得来的一概无条件地归还中国。1920年，苏俄代理外交委员会委员长加拉罕又宣称："所有俄国前政府与中国所缔结之条约皆属无效，放弃侵占所得之中国领土及中国境内之俄国租界，并将俄皇政府及俄国资产阶级掠自中国者，皆无报酬的永久归还中国。"1924年，中苏《解决悬案大纲协定》规定，"将中国政府与前俄帝国政府所订立之一切公约、条约、协定、议定书及合同等项，概行废止"，重订新约。"苏联政府承认外蒙为完全中华民国之一部分，及尊重在该领土内中国之主权"。所有这些，都曾引起中国朝野人士对中俄关系史研究的关注。在这种形势下，为适应当时社会上迫切了解中俄关系史的需要，在20年代出版了一批中俄关系史论著，其中有系统论述中俄关系史的，也有就中俄关系史中的若干问题进行论述的。前者有陈登元的《中俄关系史述略》（商务印书馆1926年版）、陈博文的《中俄外交史》（商务印书馆1928年版），后者有文公直的《中俄问题之全部研究》（上海益新书局1929年版）和《俄罗斯侵略中国痛史》（上海新光书店1929年版）。在这些著作中，以陈博文的《中俄外交史》最为简明和最有价值。但总的来说，这些著作受到当时资料缺乏的限制，大多是继承前人的研究成果，不是经过自己深入钻研原始资料

---

① 刘彦的《中国近时外交史》于1921年出版增订（第3版）。1927年改名为《帝国主义压迫中国史》，由上海太平洋书店出版，分上下两卷，上卷述清代部分，下卷述民国部分。

的结果，因而少有创见。在论文方面，值得注意的有张星烺的《俄国第一次通使中国记》①，这是中国史学界第一次发表记述1618年俄国使者裴特林访问中国的文章。文中还附载一件顺治六年（1649年）清方给沙皇的国书。另一篇论文是翁文灏的《中俄国界史地考》（《地学杂志》1928年第1期），该文对中俄历次边界条约所定的边界进行了论述。

20世纪30年代，中国学者对中俄关系史的研究改变了过去步履蹒跚的状态，开创了一个阔步向前的新局面，并取得了显著的成绩。这首先应该归功于中国学者致力于中外关系史资料的基本建设。

30年代初，袁同礼在总结以前国人研究近代中外关系史其所以未能取得显著成绩的原因时说："史料者史籍之母，有完备史料，然后有可传之信史。晚近以来，国人治近代外交史者实繁有徒，究其取材，每有抄袭旧著或节译外籍，人云亦云，以讹传讹，其能利用中西之直接史料者益鲜，则其书之声价从可知矣。"② 这种认识，在20年代末30年代初的中国史学界是具有代表性的。所以在20年代末，我国学者即致力于近代中外关系资料的出版工作。1929—1930年，故宫博物院先后影印发行了清朝官方纂辑的道光、咸丰、同治三朝的《筹办夷务始末》。1934年又出版了王彦威编辑王亮增补的光绪朝《清季外交史料》和王亮编辑的《宣统朝外交史料》。这些史料书取材于清政府的外交档案，是研究近代中国外交极其珍贵和极其重要的资料。当时，著名的中外关系史专家蒋廷黻称赞这些资料的出版是"中国外交史的学术革命"。他说："以前研究中国外交史者虽不乏人，但是他们的著作，不分中外，几全以外国发表的文件为根据，专凭片面的根据来撰外交史，好像专听一面的辩词来判讼，那是不能得其平的。不过以往中国方面的文件，不但出版者少，且极零星，就是学者要参考中国的材料亦感困难。有了《筹办夷务始末》及《清季外交史料》二书，以前的著作均须大加修改，并且这二书已引起全世界学者注意，此后他们将逐渐知道中国材料的重要。"③ 事实正是如此，这两部清代外交资

---

① 《地学杂志》1928年第2期，参见《中西交通史料汇编》第2册。
② 袁同礼：《清季外交史料》"序"。
③ 蒋廷黻：《清季外交史料》"序"。

料书的出版，既使其后的中外关系史研究大为改观，也使中俄关系史的研究别开生面。

当时，中国学者不仅重视中国外交历史档案的出版，也重视外国有关中俄关系史的档案和著作的翻译出版。1934年，蒋廷黻从苏联出版的《红色档案》中选出一些与中国有关的历史资料，交给张禄翻译，以《帝俄与蒙古》、《甲午战争之俄国外交》为题，连载于《国闻周报》第10卷、第11卷中，[①] 开中国学者翻译俄国中俄关系史档案之先声。1936年，王之相、刘泽荣选译了故宫所藏的俄文档案，取名为《故宫俄文史料（清康乾间俄国来文原档）》，由故宫博物院出版。1937年，民耿翻译了苏联史学家罗曼诺夫论述1892—1906年间沙俄在远东外交政策的著作——《俄国在满洲》，并以《帝俄侵略满洲史》为书名，由商务印书馆出版。

此外，1932—1933年天津大公报馆出版的王芸生编辑的《六十年来中国与日本》，也收录了一些有关中俄关系史的文献资料和中国驻俄使馆的档案。

以上这些档案资料的出版，大大地推动了中俄关系史研究的向前发展。在这里，我们首先要提到蒋廷黻的力作《最近三百年东北外患史》[②]。这篇论文长达四万字，系统地论述了自16世纪俄国的向东扩张，中俄签订《尼布楚条约》，19世纪中叶俄国军事占领黑龙江流域逼迫清政府签订《瑷珲条约》、《天津条约》和《北京条约》的历史。作者以其治学态度的严谨，利用中外文资料的丰富，论点的平实，文字的晓畅，把中国的中俄关系史研究提到了一个新水平。在中俄贸易史研究方面，这时也有可喜的进展，刘选民的《中俄早期贸易考》（《燕京学报》第25期，1939年6月出版），是继清人何秋涛《俄罗斯互市始末》之后论述中俄贸易史最出色的论文。在文中，作者利用丰富的中外文资料，论述了中俄通商的酝酿，北京的贸易，恰克图的贸易，黑龙江的贸易，广州的贸易，伊犁的贸易，以及当时的贸易制度，全面而深入地研究了从康熙至咸丰年间（17—19世纪）中俄两国的贸易关系，为其后的中俄贸易史研究奠定了良好的基

---

① 《国闻周报》第10卷第45、47、49、50期，第11卷第29、31、35、37、39期。
② 《清华学报》第8卷第1期，1932年12月出版。

础。在此以前，中国学者研究俄国对中国东北地区侵略者多，研究俄国对中国西北地区侵略者较少，这种情况在 30 年代也开始有所改变。1934 年，吴其玉在《国闻周报》先后发表了《清季回疆"独立"始末及其外交》(《国闻周报》第 11 卷第 19 期)。文中利用国人未曾利用过的大量外文资料，对阿古柏入侵新疆，俄英与阿古柏的关系，清政府为收回伊犁而同俄国进行的交涉作了论述，论述比较全面，弥补了中国史籍记载的缺漏。俄国侵占中国帕米尔地区问题，当时也成为研究的热点。这方面的论文有倪志书的《帕米尔与帕米尔问题》(《新亚细亚》月刊第 8 卷第 1 期)，苏演存的《帕米尔问题》(《水陆地图审查委员会会刊》第 2 期)，吴其玉的《清季坎巨提帕米尔事件交涉经过》(《外交月报》第 8 卷第 3 期)。这些文章论述了帕米尔是中国领土，中英关于坎巨提的交涉，俄国侵占帕米尔和中俄交涉的经过。张觉人的《喇嘛教及喇嘛与英俄关系》(《边事研究》第 2 卷第 3 期)，则论述了俄国利用宗教为掩护，对中国西藏实行渗透的事实。

20 世纪 30 年代，中国出版了一些关于中俄关系史的专著，其中比较值得注意的有黎孤岛的《俄人东侵史》(哈尔滨商务印书馆 1930 年版)、何汉文的《中俄外交史》(中华书局 1935 年版)、田鹏的《中俄邦交之研究》(正中书局 1937 年版)。《俄人东侵史》分上下两卷，从俄罗斯国家形成写到 1929 年。笔者仅见到上卷，下卷是否出版不得而知。上卷 8 章，从清初的中俄关系写到 1860 年中俄签订《北京条约》。作者比较详细地叙述了这段史实，对其中的一些问题也提出了自己的见解。但由于作者来不及利用清代的外交档案资料，所以不能不影响该书的质量。何汉文的《中俄外交史》从元代成吉思汗西征写到 1932 年中苏复交。为了写这部书，作者从 1926 年在苏联莫斯科中山大学留学时就开始着手于中俄关系史资料的搜集，归国后主办《苏俄评论》，搜集资料工作仍不稍懈，并利用编辑之暇著作本书。该书利用了中、俄、英、日各种有关文献，材料比较丰富，论述也比较全面，其学术价值，在当时同类著作中处于领先地位。1937 年田鹏编的《中俄邦交之研究》篇幅较大，但主要是论述 1917—1935 年的中苏关系，清代的中俄关系仅占该书的十分之一，不是作者研究的重点。此外还有几本虽然不是专门研究中俄关系的著作，但都涉及清代的中俄关系，如葛绥成的《中国近代边疆沿革考》（中华书局 1934 年版），曾问吾的《中国经营西域史》（商务印书馆 1936 年版），郭廷以的《近代中国史》（一）等都是，而且有较高的学术价值。葛绥成的《中国近代边疆沿革考》论述清代中俄边界变迁的篇幅约占全书的三分之二，可以说是当时研究中俄边界问题最称完备的著作了。

1937 年，日本发动全面的侵华战争，在八年抗战中，举国上下都为反对日本的侵略而斗争，中俄关系史研究受到了严重的影响，研究成果不多，这是必然的。抗战结束后，中俄关系史最重要的研究成果应推陈复光的《有清一代之中俄关系》（云南崇文印书馆 1947 年版）。作者在自序中说："盖撰史首在搜罗广博，取材精当，而撰外交史，尤须搜集有关各国对外国策之资料，庶纪事立论，较近客观，学术研究，宜力求正确也。"在这种认识的指导下，他从 20 年代在美国哈佛大学学习外交史及国际法时起，就多方搜集资料，凡有关的各国外交档册、官书、当事人之传记、奏议、回忆录、日记、谈话记录，及其他有关的外交史名著和译述，都在他的搜集研究之列。在写作方面，作者不是就事论事，而是把它放在当时国际环境中来加以考察。经过 20 多年的努力，终于完成了这部在资料和学术水平上都超过前人的著作。当时学者对此书给予高度的评价，有的甚至誉之为"奇书"[①]。可以这样说，此书是 1912—1949 年间中国研究清代中俄关系史的最高成就。

三

1949 年以后，清代中俄关系史研究经过了一个曲折的过程，海峡两岸也呈现出不同的特点。在 50 年代，由于种种原因，从全国范围来说，除了台湾地区出版过几本有关著作外，中俄关系史研究几乎处于停顿状态。到了 60 年代，中苏关系破裂，苏联否认沙皇俄国在 19 世纪 90 年代以前曾对中国实行过侵略。他们不但不承认沙皇俄国割占中国大片领土，反诬

[①] 姜亮夫：《云南大学文法学院丛书》"序"："陈君仲勋（复光）《有清一代之中俄关系》，奇书也。"他在为该书所作的"跋"中又说，阅读该书，"每竟一章，则为之击节叹赏"。

中国侵占俄国领土，竭力为沙俄侵华政策辩护，因而使中苏两党的意识形态争端扩大到历史学领域，两国史学界围绕着如何正确认识中俄关系史上发生的诸多问题展开了一场规模空前的大论战。

60年代初，苏联为了加强中俄关系史特别是中俄边界形成史的研究，增设了一批研究机构。1966年在莫斯科建立了苏联科学院远东研究所，1970年在符拉迪沃斯托克（海参崴）建立了苏联科学院西伯利亚总院远东科学中心，着力于中俄边界史、中国边疆史、远东苏联地区史和满洲史的研究。远东研究所创办的《远东问题》杂志，经常发表歪曲中俄关系史的文章。此外，苏联东方学研究所，苏联哈萨克斯坦共和国瓦利哈诺夫历史考古和民族研究所，苏联塔吉克斯坦共和国东方学研究所等也都注意历史上中俄边境问题的研究。1966年以后的20年中，苏联报纸杂志发表中俄关系史（主要是中俄边界问题）的文章在数百篇以上，出版的有关专著、论文集、资料集数量之大也是前所未有的。他们不仅用俄文出版，同时还用英文出版，积极在国际上传播他们的观点。

为了正确阐明中俄关系史，批驳苏联某些学者对中俄关系史的歪曲，中国也投入了大量的研究力量，许多本来并非研究中俄关系史的历史学研究者和教师，这时也积极地加入了中俄关系史的研究行列。中国社会科学院近代史研究所设立了中俄关系史研究室，专门研究中俄关系史中的重要问题。黑龙江社会科学院、西北大学、兰州大学也先后设立中俄关系史的研究机构。华北地区、东北地区和西北地区都成立了中俄关系史研究会。华北地区的中俄关系研究会创办会刊《中俄关系问题》，并先后在甘肃省兰州市、河北省承德市等地召开中俄关系史学术讨论会，出版会议论文集。东北地区、西北地区也分别在西安、大连等地召开学术讨论会。所有这一切，对推动全国中俄关系史研究的向前发展，起了重要的作用。据不完全统计，1973—1988年，中国出版的中俄关系史专著、论文集、资料集和译著（包括资料）100多种，发表论文600多篇。在这10多年中，中俄关系史研究达到了空前的繁荣，取得了辉煌的成绩。

在清代，特别是在鸦片战争以后，沙俄是侵略的一方，中国是被侵略的一方，中俄关系史基本上就是沙皇俄国侵略中国的历史。对这段历史本质的不同看法，就是中国学者与苏联学者分歧的根本所在。为了阐明这一问题，在这期间出版的几部系统叙述中俄关系史的著作，都不约而同地以沙俄侵华史为书名。其中最重要的是中国社会科学院近代史研究所余绳武主编的四卷本《沙俄侵华史》（人民出版社 1978—1990 年版）。这是一部多人参加的集体著作，为了编写这部书，作者曾从全国各地主要图书馆、档案馆以及其他有关单位借阅了大量的中外文献和档案资料，所以，该书的准备工作是相当扎实的。该书第一卷叙述黑龙江、乌苏里江流域自古以来是中国领土，沙皇俄国入侵黑龙江流域，中俄《尼布楚条约》、《布连斯奇条约》、《恰克图条约》的签订，以及俄国东正教会在华的活动。第二卷主要叙述 19 世纪中叶沙俄武力占领中国黑龙江以北、乌苏里江以东地区，和逼签《瑷珲条约》、《天津条约》、《北京条约》的经过。第三卷主要叙述沙俄对中国西部地区的侵略，通过《勘分西北界约记》、《伊犁条约》割占中国西部大片领土，攫取种种侵略特权。同时，对俄国地理考察队在中国西部地区的考察活动、俄国军队违约入侵和霸占帕米尔地区，皆辟有专章加以论述。第四卷叙述 19 世纪末至 1917 年沙俄帝国主义在军事、政治和经济等方面对中国的侵略。作者治学态度严谨，力图客观地反映 17—20 世纪沙皇俄国侵略中国的历史。书中对一些重要的问题作了比较充分的论证，提出了自己的看法，是迄今篇幅最大，内容最丰富，学术水平较高的中俄关系史专著。复旦大学历史系编写的《沙俄侵华史》（上海人民出版社 1986 年版），其研究范围和内容与余绳武主编的《沙俄侵华史》基本一致，但具有自己的特色，也是一部比较有分量的著作。同类著作还有吉林师范大学傅孙铭等著的《沙俄侵华史简编》（吉林人民出版社 1982 年版），史达的《沙俄侵华简史》（中华书局 1976 年版）。此外，还有胡秋原的《俄帝侵华史纲》（台北中华文化出版事业委员会 1952 年版），吴相湘的《俄帝侵略中国史》（台北编译馆 1954 年版），等等。以上这些著作，重点都在叙述沙俄侵华，尤其是在沙俄侵吞中国领土方面，对于中俄一般的贸易关系、文化交流，则几乎没有或很少涉及。到了 90 年代，中俄关系研究者开始拓宽研究领域，不再局限于沙俄侵华史的研究，1995 年出版的王希隆的《中俄关系史略（1917 年前）》（甘肃文化出版社出版），用了相当的篇幅，论述中俄经济关系、文化交流和某些外交使团的友好访问活动，从而比较全面地反映了清代中俄关系的全貌。

在沙俄侵略中国边疆地区史方面，有几部专著值得介绍。其一，郭绳武、陈华主编的《沙俄侵略中国西北边疆史》（人民出版社1979年版）。这是一部由西北大学、兰州大学、西北师范大学、新疆大学、新疆社会科学院等单位的历史系、历史研究所的教师和研究人员合作写成的专著。从搜集档案材料、着手撰写直到定稿的整个过程中，他们通力合作，互相切磋，力求提高著作的学术质量。在初稿写出后，作者曾邀请国内几十位专家认真审阅，提出修改意见。所以，该书具有材料丰富、论点允妥的特点。其二，佟冬主编的《沙俄与东北》（吉林文史出版社1985年版）。该书从政治、经济、军事和外交等方面，系统地阐述了20世纪20年代以前东北地区的中俄关系。为避免与其他同类著作重复，在叙述侵略与反侵略时，该书以叙述东北地区广大军民的反侵略斗争为主，并对其他著作不曾涉及或涉及较少的问题作了比较深入的探讨。其三，特布信等编写的《沙俄侵略我国蒙古地区简史》（内蒙古人民出版社1979年版）。该书对沙俄利用政治、经济、宗教各种手段侵略蒙古地区，割占领土，攫取特权，掠夺资源，挑拨民族关系，拉拢僧俗上层分子，培植亲俄势力，策划外蒙古独立等都有比较详细的叙述。其四，王远大的《近代俄国与中国西藏》（三联书店1993年版），这是至今唯一的一部系统叙述俄国与中国西藏历史关系的著作。作者为搜集有关这一课题的中、俄、英文资料付出了艰辛的劳动。书中叙述了1870—1909年俄国以西藏为目标的13次考察活动；1898—1913年俄国同西藏的非法政治交往，以及与英国的争夺；1904—1914年俄英分裂西藏的政治交易和俄英《西藏协定》的签订等，是填补这一研究领域空白的拓荒之作。

除了上面系统研究沙俄侵华历史的著作和沙俄侵略中国东北、西北、内蒙古、外蒙古、西藏各地区的专史外，还有许多涉及清代中俄关系各方面的论著。现择其要者分述如下：

（一）关于早期中俄关系的研究

刘民声、孟宪章的《十七世纪沙俄侵略黑龙江流域编年史》（中华书局1989年版）和北京师范大学清史研究小组编写的《1689年中俄尼布楚条约》（人民出版社1977年版）是这方面的代表作。这两部著作研究的对象和内容基本相同，但写作方法和采用的体裁并不一样。前者用编年体叙述，以事系年，大量收入中外有关的第一手资料，并对其记载的异同作了比较和考订，力求做到可靠、准确，颇有独到之处。后者为专题研究，对沙俄入侵黑龙江流域，中俄之战，尼布楚谈判经过，《尼布楚条约》的文本、条约的性质，与边界线有关的山脉、河流的位置，《尼布楚条约》签订以后清政府对黑龙江、乌苏里江流域的管辖情况等，都有比较深入的研究。

徐景学的《俄国征服西伯利亚纪略》（黑龙江人民出版社1984年版），胡良珍的《尼布楚条约前俄人侵略西伯利亚东部中国领土之研究》（台北《边疆论文集》第2册），叙述了俄国征服西伯利亚、鲸吞中国领土、实行残酷的殖民统治以及当地各族人民的抗俄斗争，驳斥了所谓"自愿归附俄国"的神话。陈逢申的《17世纪西伯利亚情势之发展与中俄早期关系》（台北东吴大学1986年版），也是这一研究领域的重要著作。刘毅政的《中俄雅克萨战争》（黑龙江人民出版社1991年版），则是专门研究17世纪中俄军事关系的著作。此外，余绳武、吕一燃、徐曰彪的《关于尼布楚条约的几个问题》（《历史研究》1975年第2期），论证了"《尼布楚条约》是经过平等谈判庄严缔结并有利于俄国的，绝不是中国用武力逼签或有损俄国主权的"，"沙俄通过条约把中方让予的贝加尔湖以东尼布楚一带地方纳入它的版图，并得到重要的通商利益"。李学智的《检讨中俄尼布楚条约》（台北《大陆杂志》第81卷第5、6期），则着重探讨如何正确地把《尼布楚条约》满文本翻译成汉文的问题，指出以前译本的不准确之处，并重新进行翻译，为进一步研究《尼布楚条约》提供了一个较为准确的译本。

关于1652年中俄乌扎拉村之战的乌扎拉村在今何地，研究者有不同的看法，余绳武主编的《沙俄侵华史》第1卷认为：在宏加力河口的黑龙江左岸，有一个房屋栉比的阿枪人村落，即中国的乌扎拉村，也就是俄国人所说的阿枪斯克。谭其骧主编的《中国历史地图集》第8卷吉林图也把乌扎拉村标在宏格利（即宏加力）河口对面的黑龙江北岸。赵鸣岐的《乌扎拉村考》（《求是学刊》1982年第2期），认为上面的看法是错误的，乌扎拉村的位置在黑龙江下游左岸银山下，今涅尔根对面博隆湖出口北侧。

关于参加中俄尼布楚谈判清方使团中西方耶稣会士徐日升和张诚的作用，也有不同的看法。多数著作认为他们起了很坏的作用。有的把他们说成是"清朝使团中的奸细"，"向俄国人通风报信"，"站在亲俄立场上"，"为俄国人效劳"；有的说他们是被"俄国收买过去的传教士"，是"拿中国的领土主权与俄国人偷偷摸摸地大做交易"的"西方殖民主义分子"[①]。另一种看法与此相反，认为徐日升、张诚在尼布楚中俄谈判中的成绩应该肯定。他们从事通译，排除清使团的语言障碍；帮助中国使团避免因经验不足而在谈判中陷入于不利地位的情况发生；运用第三者的身份打破谈判僵局；根据中国方面的方针，为中方申辩，驳斥俄方的无理要求，帮助中国使团完成了签订和约的使命。[②]

(二) 关于中俄边界的研究

在中俄关系史中，中俄边界问题占有极其重要的地位，所以研究中俄边界问题的论著也最多。程发轫的《中俄国界图考》（蒙藏委员会 1969 年版），把清代中俄双方签订的所有边界条约分为东北区之界约、北区界约和西北区之界约三大部分进行论述，对每一个条约签订前的背景、交涉经过以及界约条文都作了分析研究，并附有多幅地图，标明各界约规定的边界线，使读者一目了然，是一部全面研究中俄边界形成史的力作。胡良珍的《中俄疆界问题之研究》（台北中央文物供应社 1988 年版），是又一部全面研究中俄边界问题的专著。该书主旨在于检讨沙俄利用武力与外交明侵暗占中国固有领土之详情。该书虽然也分为中俄东北疆界、北部疆界、西北疆界三大部分进行研究，但在写法与论述方面与程著《中俄国界图考》各有千秋。余绳武、徐曰彪、吕一燃的《关于中苏边界的若干问题》（《历史研究》1974 年第 1 期），是一篇系统地反驳苏联学者歪曲中俄边界

---

① 参见辽宁人民出版社出版的《清史简编》，第 259—260 页；余绳武主编：《沙俄侵华史》第 1 卷，人民出版社 1978 年版，第 185—186、195 页；北京师范大学清史研究小组：《1689 年中俄尼布楚条约》，人民出版社 1977 年版，第 301、304、305、337 页。

② 参见周平安《略论尼布楚谈判中两个耶稣会士的作用》，《中俄关系问题》1984 年第 4 期；倪军民、三英：《耶稣会士与中俄尼布楚条约》，《北方论丛》1994 年第 5 期。

形成史的论文，该文阐明黑龙江、乌苏里江流域自古以来就是中国领土；《尼布楚条约》从法律上确定了中俄东段边界；沙俄入侵以前中国西部边界在巴尔喀什湖；有关中苏边界的一切条约都是沙俄强加给中国的不平等条约。这篇文章发表后，受到了国内外学术界的普遍重视。赵中孚的《清季中俄东三省界务交涉》（台北"中研院"近代史研究所1970年编印），系统地阐述了19世纪50年代至1911年中俄东段界务交涉。书中附有两幅罕见的中俄文合璧的边界地图，一幅是1884年测绘的两国交界地图一段（自珲春两国卡伦至图们江边土字界牌），另一幅是1886年测绘的林庚云摹绘的两国交界地图六段（自玛字界碑至喀字界碑），尤为珍贵。李毓澍的《东北中俄国界东段研究》（《中山学术文化集刊》第17辑）、《东北中俄国界北段研究》（《中山学术文化集刊》第21、22辑），也是专门研究中俄边界东段的论著，资料翔实，条理清楚，有较高的学术价值。

对于早期中俄东段边界的某些问题，在中国学者中也存在着不同的看法。刘远图认为：按照《俄尼布楚条约》规定，中俄不是以整条额尔古纳河为界，而是以额尔古纳河的墨里勒克河口为边界的起点；黑龙江官兵巡查额尔古纳河的路线也是到墨里勒克河口为止；乌地河待议地区的北界不在乌地河，而在其北的诺斯山；图理琛《异域录·舆图》中的托讷山碑是前人未曾发现的中俄界碑。[①] 吕一燃发表的《图理琛异域录舆图托讷山碑非中俄界碑考》（《中国边疆史地研究》1995年第3期）和《关于早期中俄东段边界的几个问题》（《中国边疆史地研究》1995年第4期）两篇文章，认为刘远图的看法不能成立，他论证了《尼布楚条约》规定中俄以整条额尔古纳河为界，把墨里勒克河定为中俄边界的起点不符合历史事实；清朝巡边制度规定，黑龙江官兵巡查整条额尔古纳河并及呼伦湖口；乌地河待议地区北界在乌地河，不在诺斯山；托讷山碑不是中俄界碑，而是清政府为纪念1696年康熙皇帝亲征噶尔丹的功绩而建立的纪功碑。

对19世纪中叶俄国军事占领黑龙江流域，逼迫中国签订《瑷珲条约》、《北京条约》等一系列不平等条约，割占中国大片领土，使中俄东

---

① 参见刘远图《早期中俄东段边界研究》，中国社会科学出版社1993年版，第119—163、209—211页。

段边界不断改变等许多问题的研究，也取得了不少的成绩。傅孙铭的《19世纪沙俄对华领土扩张的社会基础》（《东北师范大学学报》1982年第1期），探讨了沙俄扩张领土的内在原因。步平、黄定天的《瑷珲条约被逼签原因的再探讨》（载《瑷珲历史论文集》，黑河地区哲学社会科学联合会1984年版），从中俄两国政治、经济和外交诸方面对比，探讨中国外交失败被迫签订《瑷珲条约》的不可避免。董万仑《1861年兴凯湖会谈勘界与沙俄侵略扩张阴谋》（《延边大学学报》1978年第2期）、吕一燃的《1861年中俄勘分东段边界研究》（《中外关系史论丛》第6辑），论述中国勘分乌苏里江口至图们江海口边界的全过程，比较中俄两国代表团的素质，探讨俄方其所以能一手包办勘界的原因。董万仑的《沙俄对我国东部边疆侵略与吴大澂1886年珲春勘界》（《延边大学学报》1997年第1期）、张本政的《评1886年中俄勘界》（《学术研究丛刊》1980年第3期）、王宁的《吴大澂珲春勘界简论》（《东北地方史研究》1986年第2期），对吴大澂同俄方官员会勘东段边界的成绩和不足，作了探讨。步平的《中俄东部边界西段的勘定》（《中国边疆史地研究报告》1987年第1期），对1911年中俄签订《满洲里界约》的原因、经过和结果作了分析研究，认为，签订《满洲里界约》，虽然中国在部分领土上受到损害，但在一定程度上制止了俄国进一步蚕食中国领土的活动。该文对宋小濂在这次勘界中为维护国家主权所作出的努力，给予肯定的评价。

关于中俄西段边界的研究，也发表了一些较有分量的文章。杨建新的《沙俄最早侵占的中国领土和历史上中国疆域问题》（载《中俄关系史论文集》，甘肃人民出版社1979年版），认为17世纪20年代沙俄在中国柯尔克孜族地区修建城堡、武装殖民的活动，是沙俄最早对中国领土的侵略。郑绍钦的《清代沙俄侵吞中国西北边陲史实考》（《世界历史》1982年第1期），考察了沙俄侵占巴尔喀什湖以东、以南大片中国领土的事实。吕一燃的《清政府对阿勒坦诺尔乌梁海的管辖》、《阿勒坦诺尔乌梁海历任总管考略》（载《中国北部边疆史研究》，黑龙江教育出版社1992年版），论证了被沙俄通过《中俄勘分西北界约记》占去的阿勒坦诺尔乌梁海地区是中国固有的领土，赞颂阿勒坦诺尔乌梁海人反对沙俄入侵、眷恋祖国的爱国主义精神。李之勤的《略论中俄伊犁条约关于西疆分界的条款》(《西北历史资料》1983年第1期)，对曾纪泽同俄国签订的中俄《改订条约》中规定的边界线和崇厚同俄国签订的《中俄交收伊犁条约》作了比较，认为曾纪泽使中国在领土方面少受了许多损失，作为一个弱国的外交官能做到这一点是很不容易的。但中俄《改订条约》中关于喀什噶尔西境以现管为界，这却是曾纪泽的一个失误。因为喀什西境原来属于中国的领土，当时已有一部分被沙俄军队强占，所以，现管为界只能对俄国有利，而对中国不利。李之勤还写了《中俄北京条约西疆划界条款的一处标点断句问题》、《略论1882年的中俄伊犁界约》、《略论中俄喀什噶尔界约》、《论塔尔巴哈台西南界约》和《略论沙克都林扎布的南疆勘界日记图说》、《格登碑、格登山与中俄划界问题》等一系列关于中俄西段边界的论文（载李之勤《西北史地研究》，中州古籍出版社1995年版），对历次中俄勘界所定的边界线、中国失去的领土，都有相当具体和深入的研究，取得了显著的成绩。沈传经的《评中俄续勘喀什噶尔界约》（《新疆大学学报》1980年第3期），苏北海的《1884年中俄续勘喀什噶尔界约的签订及勘界问题》（《新疆大学学报》1983年第2期），指出清方代表沙克都林扎布与俄方代表梅金斯基勘分别迭里山口至乌孜别里山口的中俄边界，签订《续勘喀什噶尔界约》，把大量中国领土画入俄国版图。吕一燃的《中俄霍尔果斯河界务研究》（《近代史研究》1990年第4期），考察了霍尔果斯河由清帝国的内河演变为中俄两国界河的历史过程。

中俄边界最南端的帕米尔争议地区，是沙皇俄国侵略中国的产物，是历史遗留的悬案之一。对于这个问题，有不少学者进行了深入的研究。吕一燃的《中国历代王朝对帕米尔地区的管辖》（《中国边疆史地研究报告》第5辑）、《清政府对帕米尔地区的管辖》（《史学月刊》1992年第5期），黄盛璋的《我国历史上的帕米尔》（《新疆社会科学》1982年第2期）、《清代在帕米尔的管辖范围及其变迁》（《中亚研究资料》1986年第3—4期，1987年第1—2期），考察了中国历代王朝对帕米尔的管辖情况，深入地研究清政府统一新疆后在帕米尔地区的管理制度和国防设施，证明帕米尔地区是中国领土的组成部分，帕米尔居民是清朝的臣民。并指出，这在俄国和英国的一些著作中也是承认的。刘存宽的《中苏帕米尔争议的历史背景》（《社会科学战线》1982年第3期）、董志勇的《19世纪英俄争夺瓜分中国帕米尔地区述略》(《中国边疆史地研究报告》第1辑)、钱伯泉的《帕米尔问题的历史真相》(《新疆社会科学研究》1982年第2期),对俄国违约入侵中国帕米尔地区和1895年俄英背着中国政府签订瓜分中国帕米尔地区的协议进行深入的分析研究,指出争夺中国帕米尔是英俄两大殖民帝国争夺中亚的重要内容之一。

唐努乌梁海是没有任何条约根据而被沙俄强占的地区。以前国人很少对此进行深入的探讨,20世纪70年代以后,研究这一问题的学者才逐渐增多,并有不少研究成果相继问世。康又铭的《清代的唐努乌梁海》(《世界历史》1988年第5期)、《沙皇俄国对唐努乌梁海地区的侵略》(《中亚学刊》1987年第2辑),马曼丽的《从乌梁海问题看沙俄对中国的侵略》、荣丽贞的《沙俄是怎样窃占中国唐努乌梁海的》(载《中俄关系史论文集》,甘肃人民出版社1979年版),欣然的《唐努乌梁海人民的反俄斗争》(《新疆师范大学学报》1986年第1期),分别就沙俄侵略唐努乌梁海和唐努乌梁海人民的反抗两方面进行阐述。樊明方的《唐努乌梁海》(蒙藏委员会1996年版),详细地论述了中国历代政府特别是清政府对唐努乌梁海地区的管辖,19世纪中叶以后俄国在该地区的各种侵略活动,中俄两国政府关于唐努乌梁海问题的交涉,俄国利用辛亥革命之机在"保护"的名义下侵占了唐努乌梁海,等等。书中大量地利用中俄双方的档案资料,并提出不少令人信服的新见解,是中国第一部全面系统深入研究沙俄侵略唐努乌梁海的专著。

关于沙俄肢解中国领土,策动外蒙"独立"问题的研究。石楠的《辛亥革命前沙俄对蒙古地区的经济扩张》(《西北史地》1988年第3期),谭剑峰的《1907—1915年间沙俄对外蒙的侵略》(《北京大学学报》1982年第6期),吕一燃的《沙俄与外蒙古"独立"》(《西北史地》1987年第3期),分别对沙俄侵略外蒙古的阴谋和行动,清政府为抵制沙俄侵略而推行的新政,沙俄策动外蒙古"独立"的前因后果,进行了比较深入的探讨。

(三) 关于中俄经济关系史的研究

1939年刘选民发表《中俄早期贸易考》以后,中俄经济关系史这一研究领域便很少有人问津。到了 20 世纪 80 年代，中国学者开始意识到中俄经济关系史在中俄关系中的重要地位，于是，有不少学者致力于这一领域的研究，并有不少研究成果问世。

孟宪章主编的《中苏经济贸易史》（黑龙江人民出版社 1992 年版），是国内第一部系统而全面地叙述中俄贸易关系的专著，代表了迄今为止中国学者研究中俄贸易关系史的最高水平。该书叙述 17 世纪初至 20 世纪 80 年代中俄、中苏贸易关系的发展。清代中俄贸易部分占该书篇幅的二分之一以上。作者把清代的中俄贸易分作两个阶段，即 17 世纪 80 年代至 19 世纪 50 年代为第一阶段，19 世纪 50 年代至 1911 年为第二阶段。作者指出：第一阶段的中俄贸易，对中俄两国都有利。俄国对华贸易大大增加了国库收入，同时也促进了西伯利亚经济的发展和俄国商人资本的发展。清朝统治者不看重从对俄贸易中获取经济利益，主要着眼于政治，为求得边境安宁，才以恩赐的态度与俄国保持贸易关系。第二阶段的中俄贸易性质与第一阶段迥异。这是因为这时俄国逼中国签订了一系列不平等条约和章程，获得了广泛的贸易特权，包括在新疆及蒙古地区免税的特权，打破了此前平等贸易的格局。19 世纪末 20 世纪初，俄国向中国实行资本输出，借助中东铁路和道胜银行取得与列强竞争的有利地位，把中国的东北、蒙古和新疆变成俄国的势力范围。孟宪章还主编了《中苏贸易史资料》（中国对外经济贸易出版社 1991 年版），收入了大量中外文资料，很有参考价值。卢明辉的《中俄边境贸易的起源与沿革》（中国经济出版社 1991 年版），系统地叙述清代中俄商人在东北、蒙古和新疆边境的贸易。认为中俄边境贸易促进了边境地区生产力和商品经济的发展，推动了交通运输和畜产加工业的发展，扩大了地方产品的销路。厉声的《新疆对苏（俄）贸易史（1600—1990）》（新疆人民出版社 1994 年版），前四章叙述清代新疆对俄国通商关系的发展变化及其性质和特点，内容翔实，有新见解，是一部新疆对俄贸易关系的力作。

在中俄贸易中，茶叶占有相当重要的地位。郭蕴琛的《中俄茶叶贸易史》（黑龙江教育出版社 1995 年版）对清代中俄茶叶贸易的兴衰进行了系统的研究。这是作者花费十多年心血的结晶，有重要的学术价值。正如孟宪章教授指出的："如此全面系统的中俄茶叶贸易史，国内外还是第一部。"陈钧的《19世纪沙俄对两湖茶叶的掠夺》(《江汉论坛》1981年第3期),蔡鸿生的《"商队茶"考释》(《历史研究》1982年第2期),吕一燃的《俄商茶叶走私与"俄商借道伊、塔运茶出口章程"的签订和废弃》(《近代史研究》1989年第4期),各从不同的角度对中俄茶叶贸易问题进行了研究。

掠夺中国自然资源,这是沙俄对华经济侵略的主要内容。吕一燃的《沙俄与漠河金矿》、刘家磊的《近代漠河金矿》(载《瑷珲条约论文集》,黑河地区哲学社会科学联合会1984年版),李吉奎的《中国驱逐漠河沙俄金匪的斗争》(《学习与探索》1980年第2期),张凤鸣、刘亚祥的《漠河等金矿收回后中俄之间关于俄方索赔问题的交涉》(《黑河学刊》1987年第4期),阐述了俄人越界偷挖漠河金矿,清政府与俄交涉并派兵驱逐俄国偷挖者;清政府开采漠河金矿,俄国强占包括漠河金矿在内的额尔古纳河右岸和黑龙江右岸一带的金矿,以及清政府与俄交涉收回漠河等金矿的艰难历程。吕一燃的《清俄合作开采外蒙古金矿初探》(《中国边疆史地研究》1994年第4期),论述了清政府开采外蒙古金矿的本意是为了抵制俄人越境偷挖金矿和开辟财源,在无力抵御俄国侵略势力的情况下才采取中俄合办的形式,希冀以此来保护国家主权。有人认为,中俄合作开采外蒙古金矿既裕国库,又裨边防。作者认为,说裕国库尚可,说裨边防则未必。实际上,这种合作开采的形式是有利俄国侵略势力向外蒙古地区实行渗透的。

关于中俄经济关系的论著还有:郑仲兵的《关于俄国帝国主义对新疆的经济侵略》(《中央民族学院学报》1979年第1—2期),吕一燃的《19世纪末20世纪初沙俄对新疆地区的经济侵略》(载《中国北部边疆史研究》黑龙江教育出版社1991年版),朱显平的《近代帝俄对哈尔滨一带的经济掠夺》(《东北地方史研究》1985年第3期),王常富的《沙皇俄国掠夺中国东北林业考》(吉林人民出版社1986年版),乔钊等的《沙俄在中国东北推行货币的性质及其影响》(《吉林金融研究》1985年第3期),分别对沙俄掠夺新疆和东北地区的原料、矿藏、森林等资源,控制新疆、东北地区金融市场等方面的问题进行了探讨。

中东铁路是沙俄推行侵华政策的重要工具,它使中国东北沦为俄国的势力范围，增强了俄国在远东国际角逐中的地位。有关中东铁路的论著有李济棠的《中东铁路——沙俄侵华的工具》（黑龙江人民出版社1979年版）、薛衔天的《中东铁路护路军与东北边疆政局》（社会科学文献出版社1993年版）。前者全面叙述了沙俄以中俄合办名义攫取中东铁路的修筑权，独占经营和管理中东铁路的经过。指出，中东铁路的兴建，使中国东北地区沦为俄国的势力范围。后者则论述了俄国中东铁路护路军产生、发展和灭亡的不同阶段对中国东北政局所产生的不同影响；俄国"经济征服满洲"、"武装占领满洲"和准备"最后并吞满洲"各个时期的俄国远东政策在护路军中的表现，以及护路军的活动对远东国际关系的影响。关于这些问题，长期乏人研究，该书的出版，填补了这一研究领域的空白。石楠的《沙俄攫取中东路区行政权始末》（《近代史研究》1989年第4期），石岩、孙广梅的《中东铁路管理局的机构设置及其性质》（《北方文物》1997年第1期），对俄国在中东铁路沿线设置行政、军事、警察、司法和自治会等机构，侵犯中国主权，实行殖民统治，把该地区变成俄国控制的"国中之国"的前因后果，进行了比较深入的探讨。徐曰彪的《试论俄国在华投资与东省铁路财政》（《近代史研究》1994年第2期），探讨中东铁路的资本来源，中东铁路经营后的财政收支情况，中国对中东铁路是否拥有股权等问题。郑长椿的《中东铁路历史编年》（黑龙江人民出版社1987年版），记载了1895—1952年中东铁路的修建、运营，以及与中东铁路有关的政治、军事、经济、文化各方面的史实。清代部分占86页。不少资料采自铁路内部档案，可作为研究者的参考。

（四）中俄文化关系的研究

中俄文化关系是中俄关系研究中最为薄弱的环节。涉足这一领域的学者甚少，至今仅有若干论文发表，未见有全面论述中俄文化关系的专著问世。在这些论文中，余元安的《中俄两国人民友好关系三百年》（《历史研究》1957年第11期）对中俄从17世纪以来的文化交流作了概述。认为，俄国政府派遣来华的留学生，俄罗斯东正教布道团派遣来华的传教士，他们在中国学习汉、满语文和经史典籍，不少人成为著名的汉学家，他们把中国的哲学、历史、地理、文学医药学等著作翻译成俄文，并撰写有关中国政治、历史、文学等方面的论著，编纂《汉语语法》和《满俄大字典》，在俄国一些大学和其他学术机关里成立研究汉学和培养汉学人才的机构，这对俄国人了解中国起了重要的作用。在中国也设立一些学习俄文的学堂，出版介绍俄国的书籍并涌现出一批研究俄国和中俄关系的学者。此外，中俄两国还互相赠送书籍。所有这一切，都促进了中俄文化交流的发展。米镇波、苏全有的《清代俄国来华留学生问题初探》（《清史研究》1994年第1期），探讨1840年以前俄国来华留学生问题。该文叙述了俄国留学生来华的背景、留学生概况、留学生名单以及留学生毕业后的去向和在中俄交往中所起的作用，认为他们当中出现了一批又一批的中国学家和翻译家，为俄罗斯的汉学发展奠定了良好的基础。他们当中的不少人使俄国对华外交的开展更加积极和主动，从而维护了沙俄统治集团的利益。在某些历史时期，这种外交严重地损害了中国的主权。蔡鸿生的《评俄国汉学》（载《中俄关系史论文集》，甘肃人民出版社1979年版），系统地论述了1860年以前俄国汉学的发展，并对著名的俄国汉学家作了评述，认为俄国汉学是适应沙俄政府侵华需要而产生的，并在侵华的过程中得到发展。俄国汉学家各人有各自的经历和教养，介入沙俄侵华活动的程度也有深浅之分，但按其著作政治倾向而言，则都或隐或显地被打上了罗曼诺夫王朝"特种学者"的烙印。尽管如此，在促进俄国人民对中国人民的了解方面，他们毕竟充当了历史的不自觉的工具。方秀的《沙俄的侵华工具——俄国东正教布道团》（载《苏修的谎言和历史的真相》，人民出版社1977年版）认为，1715—1860年间，俄国东正教布道团是沙皇政府派往中国的官方代表机构，名为教会，实为对华政治、经济和文化的侵略中心。文章叙述了布道团一系列的侵华活动。黄心川的《沙俄利用宗教侵华简史》（辽宁人民出版社1980年版）叙述了俄国利用东正教侵华的过程和活动，利用喇嘛教侵略中国蒙古、西藏地区的活动，利用伊斯兰教侵略中国西北地区的活动。此外，同类的论著还有吴克明的《俄国东正教侵华史略》（甘肃人民出版社1985年版），杨玉林的《18世纪俄国东正教驻北京传教士团的历史作用》（《龙江史苑》1986年第1期）等。

（五）关于中国资料的整理和外国资料著作的翻译

历史资料是研究历史问题的基础，为了使中俄关系史研究建立在坚实的基础之上，图书馆、档案馆和学术研究机关的一些工作人员，从20世纪60年代末开始从事有关中俄关系史图书目录档案资料的编辑整理以及外国资料和著作的翻译。

北京图书馆与全国各地40多家图书馆合作编辑的《中俄关系图书联合目录》，收入这些图书馆收藏的有关图书近3000种，分中文、俄文、日文、西文四个分册出版，为研究者提供了很大的方便。

中国第一历史档案馆编辑的《清代中俄关系档案史料选编》第一编和第三编，1981年由中华书局出版。第一编收入顺治、康熙、雍正三朝的中俄关系档案，第三编收入咸丰朝的中俄关系档案，为研究中俄《尼布楚条约》、《布连斯奇界约》、《恰克图界约》、《瑷珲条约》、《天津条约》和《北京条约》等的历史背景、谈判经过，提供了重要的原始资料。

1968年台北"中研院"近代史研究所编辑出版的《四国新档·俄国档》和《道光、咸丰两朝筹办夷务始末补遗》，也为中俄关系研究提供了1842年至1863年的档案资料。

刘民声等编的《17世纪沙俄侵略黑龙江流域资料》（社会科学文献出版社1992年版），以原始的中俄文件为主，分章分节地编辑了从17世纪40年代至80年代沙俄侵略黑龙江流域的资料，并做了大量的考订工作，为研究者提供了很大方便。

中国社会科学院近代史研究资料编辑组编的《杨儒庚辛存稿》（中国社会科学出版社1980年版），是1900—1901年杨儒与俄国交涉撤退侵略军和交还东三省的文件汇编。杨天石、王学庄编辑的《拒俄运动（1901—1905）》（中国社会科学出版社1979年版），辑录了20世纪初中国各界掀起的反对俄国侵华运动的资料。孟宪章主编的《中苏贸易史资料》（中国对外经济出版社1991年版），也收录不少清代中俄贸易关系的中外文资料，很有参考价值。

关于外文资料和著作的翻译出版，20世纪70年代到80年代可说是其黄金时代，不论是出版数量之多还是涉及问题之广，都是前所未有的。在此期间翻译出版的俄文、英文等有关著作和资料约有50多种。内容包括17世纪至20世纪初中俄关系史的各个方面,体裁包括档案、回忆录、旅行记、传记、论著等。这些译作大多由商务印书馆出版,今举其要者于下:

巴德利著,吴持哲、吴有刚译:《俄国、蒙古、中国》(商务印书馆1981年版),该书是研究俄国向西伯利亚扩张和早期中俄关系史的重要资料。

苏联科学院远东研究所编,厦门大学外文系、黑龙江大学俄语系等译:《十七世纪俄中关系》第1、2卷(商务印书馆1978、1975年版),该书是研究早期中俄关系和《尼布楚条约》的重要资料。

班蒂什—卡缅斯基编著,中国人民大学俄语教研室译:《俄中两国外交文献汇编(1619—1792年)》(商务印书馆1982年版)。

瓦西里耶夫著,徐滨、许淑明等译:《外贝加尔的哥萨克(史纲)》(商务印书馆1977—1979年版),该书叙述了16世纪至19世纪末沙俄哥萨克向东侵略扩张的历史。

沙斯季娜著,北京师范大学译:《十七世纪俄蒙通使关系》(商务印书馆1977年版)。

张诚著、陈霞飞译:《张诚日记》(商务印书馆1973年版),该书为张诚参加尼布楚谈判的日记。

约瑟夫·塞比斯著,王立人译:《耶稣会士徐日升关于尼布楚谈判的日记》(商务印书馆1973年版)。

谢·弗·巴赫鲁申著,郝建恒、高文风译:《哥萨克在黑龙江上》(商务印书馆1975年版),该书叙述了哥萨克向东扩张和中俄签订《尼布楚条约》。

雅科夫列娃著,贝璋衡译:《一六八九年第一个俄中条约》(商务印书馆1973年版)。

加斯东·加恩著,江载华、郑永泰译:《彼得大帝时期的俄中关系史(1689—1730)》(商务印书馆1980年版)。

伊兹勃兰德·伊台斯、亚当·勃兰德著,北京师范学院译:《俄国使团使华笔记(1692—1695)》(商务印书馆1980年版)。

拉文斯坦著，陈霞飞译：《俄国人在黑龙江》（商务印书馆1974年版），该书叙述了17世纪中叶至19世纪中叶俄国侵略中国黑龙江流域的事实。

巴尔苏科夫著，黑龙江大学外文系等译：《穆拉维约夫—阿穆尔斯基伯爵》第1、2卷（商务印书馆1973年、1974年版），穆拉维约夫是19世纪中叶沙俄侵略中国黑龙江流域的头目，该书第1卷是传记，第2卷是文件，资料丰富，为研究沙俄侵略黑龙江流域、逼签《瑷珲条约》不可缺少的材料。

根·伊·涅维尔斯科伊著，郝建恒、高文风译：《俄国海军军官在俄国远东的功勋》（商务印书馆1978年版），该书记载了作者在1849—1856年在黑龙江下游、库页岛一带进行考察、建立侵略据点等一系列活动，是研究19世纪中叶沙俄侵略黑龙江流域的重要资料。

A.布克斯盖夫登著，王瑾、李嘉谷、陶文钊译：《一八六〇年"北京条约"》（商务印书馆1975年版），该书记述了沙俄逼迫清政府签订《中俄北京条约》的经过。

巴布科夫著，王之相译：《我在西西伯利亚服务的回忆（1859—1875年）》（商务印书馆1973年版），该书主要记述作者1864年逼迫清政府签订《勘分西北界约记》和1869年实地设置界碑的经过。

查尔斯·耶拉维奇、巴巴拉·耶拉维奇编，北京编译社译：《俄国在东方1876—1880年》，商务印书馆1974年版，该书选辑俄国外交部官员有关俄土战争（1877年）和中俄伊犁交涉（1879—1880年）的来往信件。

鲍里斯·塔格耶夫著，薛蕾译：《在耸入云霄的地方》（商务印书馆1975年版），该书记述了19世纪90年代沙俄侵略军远征帕米尔的情况。

维特著，傅正译：《维特伯爵回忆录》（商务印书馆1976年版），书中关于19世纪末20世纪初俄国对华政策的记载可供研究参考。

卡鲍著，辽宁大学俄语系译：《图瓦历史与经济概述》（商务印书馆1976年版），该书叙述了唐努乌梁海自然条件和社会经济制度，沙俄对唐努乌梁海的侵略和唐努乌梁海沦为俄国殖民地的过程。

尼·伊·维谢洛夫斯基编，北京第二外国语学院俄语翻译组译：《俄国驻北京传道团史料》（商务印书馆1978年版），该书是关于俄国东正教驻北京传道团比较完整的资料。

此外，还翻译出版了间宫林藏的《东鞑纪行》，科罗斯托维茨的《俄国在远东》，安德鲁·马洛泽洛夫的《俄国的远东政策》，马克的《黑龙江旅行记》，弗·克·阿尔谢尼耶夫的《在乌苏里的莽林中》，尼·费·杜勃罗夫的《普尔热瓦尔斯基传》，罗曼诺夫的《俄国在满洲（1892—1906年）》，库罗巴特金的《喀什噶尔》、《俄国军队与对日战争》，罗曼诺夫的《日俄战争外交史纲（1895—1907年）》，鲍戈亚夫连斯基的《长城外的中国西部地区》，捷连季也夫的《征服中亚史》，等等。

以上这些中外文献资料的出版，对于人们开阔视野，全面地占有资料，拓宽研究领域，促进中俄关系史研究的深入，都有十分重要的意义。

四

苏联学者对中俄关系史的看法，有个变化的过程。早期苏联历史学家一般都谴责沙俄对中国的侵略，承认沙俄强迫清政府签订不平等条约，割占大片中国领土的事实。但从20世纪60年代中苏关系破裂以后，某些苏联学者便全面歪曲中俄关系史，特别是全面歪曲中俄边界形成史，竭力为沙皇俄国的侵华政策辩护。下面拟就他们的一些主要论点，作一简略的介绍。

（一）把中国的领土说成是俄国"新土地发现者""开发的"地区

在17世纪中叶沙俄入侵以前，黑龙江、乌苏里江流域是中国的领土，这是历史作出的结论。关于这一点，过去苏联学者是承认的。例如1959年奥克拉德尼科夫写道：明朝在黑龙江地区和滨海地区"设立了地方管理机关，派遣官吏，征收年贡"[1]。1930年，苏联历史学家萨文也指出，哈巴罗夫入侵黑龙江时，当地的"达斡尔王公们是中国皇帝的臣属"[2]。60

---

[1] ［苏］奥克拉德尼科夫：《滨海地区遥远的过去》，符拉迪沃斯托克，1959年，第228页。
[2] ［苏］萨文：《沙俄和苏联与中国的相互关系（1619—1927）》，莫斯科，1930年。

年代以后，苏联学者却说，在俄国人来到之前，黑龙江地区和滨海地区"不受任何人管辖"①，"中国北方的国界"是以"长城为标志的"②，黑龙江地区是波雅科夫、哈巴罗夫和俄国其他"新土地发现者"开发的③，该地区并入俄国时，"清帝国北部边界"在黑龙江以南大约1000公里的柳条边④。他们还极力美化波雅科夫、哈巴罗夫等殖民强盗，说他们是"俄国杰出的探险家和开拓者"⑤，给黑龙江两岸带来了"新生活的曙光"，为该地区"奠定了文明的基础"⑥。

（二）把《尼布楚条约》说成是对俄国的不平等条约

17世纪中叶，俄国殖民强盗闯入黑龙江流域，清政府派兵进行自卫反击。1689年，中俄双方在对等谈判的基础上签订了确定中俄东段边界的《尼布楚条约》，从法律上肯定了黑龙江、乌苏里江流域是中国领土。1959年出版的《苏联小百科全书》和1960年出版的谢宾科夫的《十七世纪俄中关系》都指出：《尼布楚条约》是正式的、平等的条约。1961年葛罗米柯主编的《外交辞典》也承认尼布楚谈判"是中国同欧洲大国进行的第一次正式平等的谈判"。后来，苏联学者一反前说，把清军反对沙俄入侵说成是"入侵俄国领土"⑦，说《尼布楚条约》"是不平等关系的具体表现"⑧，是"清政府以直接武力威胁方法强迫俄国政府签订"的，"按照条约，俄国向清帝国让出了额尔古纳河右岸、阿穆尔河（黑龙江）左岸和右岸一部分的自己领土"⑨。为了否定《尼布楚条约》，他们还任意曲解约文，说什么这个条约关于边界的条款"含糊不清"，"是一个十分不完善

---

① ［苏］别斯克罗夫内等：《论俄中边界形成史》，苏联《国际生活》1972年第6期。
② 1969年6月13日《苏联政府声明》。
③ ［苏］葛罗米柯主编：《外交辞典》，"1689年尼布楚条约"，莫斯科，1961年。
④ ［苏］普罗霍罗夫：《关于苏中边界问题》，莫斯科国际关系出版社1975年版，第51页。
⑤ 1970年8月21日苏联《真理报》。
⑥ ［苏］奥克拉德尼科夫：《从最新考古成就看苏联的远东》，苏联《历史问题》1964年第1期。
⑦ 贾丕才：《证实真相的文件》，苏联《消息报》1972年1月13日。
⑧ ［苏］别斯克罗夫内等：《论俄中边界形成史》，苏联《国际生活》1972年第6期。
⑨ 《苏联大百科全书》第12卷，莫斯科1973年版，第210页。

(三) 说1858年《瑷珲条约》和1860年《北京条约》是俄国收回部分失地的条约

《瑷珲条约》和《北京条约》是沙俄趁第二次鸦片战争之机，对黑龙江以北、乌苏里江以东实行军事占领，然后强迫清政府签订割让领土的不平等条约。1926年出版的《苏联大百科全书》明确指出：《瑷珲条约》"是帝俄掠夺中国领土的第一个坚决步骤"。1950年出版的维辛斯基主编的《外交辞典》也指出：《北京条约》是沙俄强加给中国的"不平等条约"。1959年苏联出版的《世界通史》第六卷也写道："这两个条约证明，沙皇政府是伙同英、法、美三国在中国实行侵略政策的。"后来，苏联学者"发明"了一种"收回失地"论，说根据《瑷珲条约》和《北京条约》，"俄国收回了按照1689年《尼布楚条约》中国从俄国夺去的阿穆尔河沿岸的领土的一部分"，黑龙江以南的另一部分"俄国领土"还"没有归还俄国"②。他们还说，这两个条约是"友好文件"，"其目的在于反对西方资本主义列强的扩张"；"如果说《瑷珲条约》有什么不平等的话，那么是对俄国方面而言"，因为条约规定了"某种租借地"，即允许清政府照旧管理黑龙江江东六十四屯的中国居民。③

(四) 否认清帝国西部边界在巴尔喀什湖

在漫长的历史发展中，中国西部边界有过变迁。清帝国的西部边界是18世纪中叶平定准噶尔阿睦尔撒纳之后确定的。清代文献明确记载，巴尔喀什湖南至帕米尔的广大地区是中国领土。1958年苏联政府审订的《苏联历史地图集》和1959年苏联出版的《世界通史》第五卷所附地图都标明中国西部边界是在巴尔喀什湖。后来，苏联学者为了掩盖沙俄通过《北京条约》和1864年的《勘分西北界约记》等不平等条约割占巴尔喀什湖

---

① [苏]普罗霍罗夫：《关于苏中边界问题》，莫斯科1975年版，第87页。
② [苏]别斯克罗夫内等：《论俄中边界形成史》，苏联《国际生活》1972年第6期。
③ [苏]普罗霍罗夫：《关于苏中边界问题》，莫斯科国际关系出版社1975年版，第119—120页。

以东以南大片领土的事实，竟说"在西部，中国边界没有超出甘肃省和四川省"，"清朝占领区的西部边界""距巴尔喀什湖数百公里"。巴尔喀什湖以南地区，"没有清帝国的任何军事和民事的政权机关"①。并说俄国取得这块土地是由于当地的哈萨克和吉尔吉斯各部族的自愿归附，《勘分西北界约记》只是把这"实际领土情况固定下来"②。

（五）否认1881年中俄《改订条约》《伊犁条约》是不平等条约

1871年，沙俄趁浩罕头目阿古柏侵入新疆之机，出兵强占伊犁地区。1881年，在沙俄的军事威胁下，清政府被迫签订《伊犁条约》（也称《圣彼得堡条约》）。沙俄通过这个条约和一系列勘界议定书，割占了7万多平方公里的中国领土。而苏联学者却认为，俄国派兵占领伊犁是"给予清帝国政府的援助"，"也是为了防止英国进入该地方"，"俄国根据《圣彼得堡条约》得到了一定的好处，但这丝毫未损害中国的主权。根据条约划给我国的中亚和哈萨克斯坦的一些地区，无论如何也不能算作中国固有领土，因此根本不能说《圣彼得堡条约》对中国是不平等的"③。

（六）把帕米尔地区的未定界说成已定界

1884年《中俄续勘喀什噶尔界约》明确规定：在帕米尔地区，自乌孜别里山口起，"俄国界线转向西南，中国界线一直往南"。1892年，沙俄违背1884年界约规定，出兵帕米尔地区，进一步强占萨雷阔勒岭以西2万多平方公里的中国领土。当时双方军队沿岭对峙。1894年，中俄双方换文，清政府被迫同意俄国政府的建议，双方军队暂时保持各自的位置，直到"帕米尔划界问题得到最终解决为止"。同时，中国政府作了保留声明，说采取这一措施"并不意味着放弃中国对于目前由中国军队所占领以外的帕米尔领土的权利"。事实十分清楚，帕米尔划界问题尚未解决。但苏联学者却强词夺理，说什么"根据中俄换文，事实上就承认了两国间的边界

---

① 1969年6月13日苏联政府声明。
② ［苏］普罗霍罗夫：《关于苏中边界问题》，莫斯科国际关系出版社1975年版，第138、139、148页。
③ 同上书，第154、167页。

线是从乌孜别里山口沿萨雷阔勒岭确定的俄国同中国在帕米尔的领土实际分界线，现已成为苏联和中国的永久国界"①。硬把未定界说成已定界，妄图以此否认沙俄违约侵占中国帕米尔领土的事实。

1996年俄国出版的俄国科学院通讯院士弗·斯·米亚斯尼科夫的新著《俄中界约勘注，17世纪—20世纪俄中边界外交史》，仍然重复以上苏联学者的谬论。

五

综观清代以来中国的中俄关系史研究，无论是对有关历史资料的搜集整理，还是对重要问题的深入探讨，都取得了很大的成绩。这是经过许多先辈和今人不断努力的结果。今天，如何进一步深入地开展中俄关系史研究，这需要靠史学工作者的共同努力。在这里，我仅提出几点不成熟的看法，是否得当，望方家批评指正。

（1）长期以来，中国研究中俄关系史的重点在中俄外交史、沙俄侵华史，尤其是沙俄侵略中国领土方面，这反映了中俄关系史的主要方面，无疑是必要的，也是时代的要求。今后应继续进行这方面的研究，不可懈怠。但如果以全面研究中俄关系史来要求，就不难发现，我们的研究确实存在着某些不足。这首先表现在对中俄两国间的经济关系和文化交流方面没有给予足够的重视。今后似应加强对这方面的研究，特别是对一般经济关系和民间文化交流的研究。中俄两国人民数百年友好往来的历史，也应该是着重研究的一个方面。

（2）加强应用国际法对中俄关系史的研究。以往我们研究中俄关系史，大多注意于史料的发掘、整理和分析，这无疑是十分重要的。但中俄关系史是国与国之间的历史，有许多问题涉及国际法，缺乏国际法知识很难把问题说深说透。应用国际法研究中俄关系史似是我们今天研究工作中的一个薄弱环节，要深入正确地阐明中俄关系史中的一些问题，似应加强

---

① ［苏］普罗霍罗夫：《关于苏中边界问题》，莫斯科国际关系出版社1975年版，第173、175页。

对国际法的研究。

（3）加强海峡两岸学者的合作。海峡两岸的同行，都为中俄关系史研究作出了很大的贡献，但在合作方面还做得很不够。我相信，如果两岸学者能够进一步合作，定能把中国的中俄关系史研究推向一个新的阶段。我认为，合作可先从利用两岸所藏的档案入手，编辑专题性的资料，然后进一步进行专题研究。我深切地期待这一天的到来。

（原载《七十年来中西交通史研究之回顾与展望》，辅仁大学历史系印行，台北，2000年）

边疆民族研究

阿勒坦诺尔乌梁海究竟属于何族

"阿勒坦诺尔乌梁海"这个名称是清代才出现的。乾隆二十二年（1757年），清政府平定准噶尔首领阿睦尔撒纳叛乱时，原属准噶尔管辖的阿勒坦诺尔四得沁之乌梁海，在宰桑特勒伯克、札尔纳克等的率领下，归附清朝。[①] 清政府按照八旗制度把这些乌梁海人编为二旗四佐领，归科布多参赞大臣管辖。旗设总管一人，佐领设佐领、骁骑校各一人，管理该部事务，并定期向清政府缴纳贡赋。由于这些乌梁海人"环阿勒坦诺尔以居"，所以清政府就把他们叫"阿勒坦诺尔乌梁海"[②]。这就是"阿勒坦诺尔乌梁海"名称的由来。阿勒坦诺尔乌梁海东邻唐努乌梁海，西至额尔齐斯河与塔尔巴哈台连界，南达哈屯河（今俄罗斯卡通河）上源吹河（今俄罗斯楚伊河）与阿尔泰乌梁海接壤，北至恰雷什河支流白河（即比勒亚河）与俄国为界。[③]

"乌梁海"这个名称，很早就出现在我国的历史文献中，辽代的"嗢良改"和"斡朗改"，元、明时的"兀良合"和"兀良哈"，清代的"乌梁海"都是同一名称的异译。"乌梁海"不是族名，它是对分布在西起额尔齐斯河、东至黑龙江上游一带以采捕射猎为业的林木中居民的泛称。关于这一点，前人已有详细考证，兹不赘述。这里我们所要探讨的是，乌梁海既然不是族名，那么，阿勒坦诺尔乌梁海究竟属于何族？

清代以来，有不少人把阿勒坦诺尔乌梁海当做蒙古族，例如，乌里雅苏台将军明谊就曾奏说："科布多卡外，又有阿勒坦淖尔乌梁海进貂之蒙

---

① 《清高宗实录》卷548，第21—22页。
② 嘉庆《大清会典》卷52，第34页。
③ 嘉庆《大清一统志》卷532，"乌里雅苏台统部"；嘉庆《大清会典图》卷132，"唐努乌梁海图说"。参见王之相等编译《故宫俄文史料》，故宫博物院1936年版，第78、305页。

古二旗住牧。"① 科布多参赞大臣广凤也奏说："查阿勒坦淖尔乌梁海之蒙古，久居卡外，素以渔猎为业，伊等性情风俗，与卡内蒙古不同。"②《大清会典图》也认为阿勒坦诺尔乌梁海是"科布多所属蒙古部落"③。这种说法，不仅见之于清代文献，并且还见之于近年出版的著作中，代代相因，几成定论。

阿勒坦诺尔乌梁海究竟是不是蒙古族呢？近人张尔田曾指出：科布多的"乌梁海本非蒙古"④。科布多所属的乌梁海包括阿尔泰乌梁海和阿勒坦诺尔乌梁海二部。这就是说，张尔田认为阿勒坦诺尔乌梁海不是蒙古人。根据有关材料判断，他的这个看法是不错的。但是，张尔田也仅仅指出了他们不是蒙古人这一点，并没有进一步解决他们属于何族的问题。

关于该部的族称，阿勒坦诺尔乌梁海人是有自己的说法的。1863年，该部总管齐察罕与前往该地巡查的清朝官员谈话时，就曾明确地说："我们特凌格特乌梁海。"⑤ 阿勒坦诺尔乌梁海人的这个自称，对于我们弄清楚他们属于什么民族的问题，无疑是极端重要的。但可惜，长期以来，它并未引起研究者的注意。我们在前文已经说过，"乌梁海"是居住在北方林木中诸族的泛称，不是族名，因此，阿勒坦诺尔乌梁海人自称的"特凌格特乌梁海"也应该去掉"乌梁海"这个泛称，剩下的"特凌格特"才是该部的真正族名。为了进一步说清楚这个问题，下面再引几条有关记载，作为佐证。

佐证之一。1862年，中俄双方进行边界谈判时，曾涉及阿勒坦诺尔乌梁海的问题，俄方代表巴布科夫在回忆录中写道：当清朝官员"把居住在捷列茨克湖（即阿勒坦诺尔——引者注）附近的在我国以帖列乌特人（Телеуты）而闻名的部族称为乌梁海人时，这时，乌里雅苏台将军明谊的一个扈从人员科布多官员，就完全肯定了我们的说法（即阿勒坦诺尔乌

---

① 《筹办夷务始末》，同治朝，卷10，第55页。
② 《筹办夷务始末》，同治朝，卷32，第26—27页。
③ 光绪《钦定大清会典图》卷269，"科布多所属蒙古游牧图"。
④ 沈曾植：《蒙古源流笺证》卷6，第9—10页。
⑤ 《筹办夷务始末》，同治朝，卷19，第38—39页。

梁海人就是帖列乌特人——引者注），同时又补充说，两旗的帖列乌特人……都是属于他们的，而第三旗是属于我们的"①。这条记载清楚地告诉我们，当时不仅俄国人称阿勒坦诺尔乌梁海人为"帖列乌特"，参加谈判的清朝科布多官员也同样称他们为"帖列乌特"，可见，他们的这个族名在当时是为人们所熟知的，并不是什么疑难问题。所谓"帖列乌特"，实际上就是阿勒坦诺尔乌梁海人自称的"特凌格特"的转音，这也是显而易见的。

佐证之二。1919年，乌里雅苏台都护副使恩华在谈到唐努乌梁海"与外蒙古之喀尔喀、杜尔伯特均非同族"之后说："至唐努境西俄属之乌梁海，俗称天灵盖子，疑郎丁灵铁勒之转音。"②恩华所说的"唐努境西俄属之乌梁海"，就是阿勒坦诺尔乌梁海，因为这部乌梁海在1864年沙俄强迫清政府签订《勘分西北界约记》以后划归俄国，所以说是"俄属"。所谓"天灵盖子"，也是"特凌格特"的转音。由此可见，恩华的说法同阿勒坦诺尔乌梁海人的自称也是一致的。

佐证之三。苏联学者勃鲁卡在《世界民族的人口和分布》一书中也写道："帖连吉特人分布在丘累什曼河、楚伊河（即吹河）和阿尔古特河（即阿克胡尔特河）流域。"③这里所说的帖连吉特人分布的地区，也正是阿勒坦诺尔乌梁海人分布的地区。同治二年（1863年），科布多参赞大臣广凤在奏折中曾说：吹河、阿克胡尔特河、绰勒奇河和巴什库斯河四处，都是阿勒坦诺尔乌梁海人的住牧地。④ 这说明，居住在吹河、阿尔古特河等处的帖连吉特人，也就是阿勒坦诺尔乌梁海人，即特凌格特人。"帖连吉特"就是"特凌格特"。

此外，还应指出，特凌格特人有自己的语言——特凌格特语。特凌格

---

① ［俄］巴布科夫：《我在西西伯利亚服务的回忆》，王之相译，商务印书馆1973年版，第221页。
② 恩华：《唐努乌梁海图说略》，1919年。
③ ［苏］勃鲁卡：《世界民族的人口和分布》，莫斯科，1962年，第82页。
④ 《筹办夷务始末》，同治朝，卷16，第23页。按：吹河和阿尔古特河是卡通河的上源，丘累什曼河位于巴尔库斯河和绰勒奇河之间，是阿勒坦诺尔的上源。以上各河，都在阿勒坦诺尔乌梁海境内。

特语属于突厥语系，它与蒙古语不同。① 特凌格特人和吉尔吉斯人、维吾尔人等，都属于突厥语族。②

根据以上的论证，完全可以肯定，阿勒坦诺尔乌梁海不是蒙古族，他们的真正族名是"特凌格特"。

"特凌格特"在清康熙、乾隆时的文献，如《清圣祖实录》、《清高宗实录》、《平定准噶尔方略》、《西域图志》和《皇朝藩部要略》等书中，都写为"特楞古特"。"特楞古特"是一个历史悠久的民族，早在元代，它就以"帖良兀"或"帖良古惕"的名称载诸史册。

《蒙古秘史》记载，1206年成吉思汗大封功臣时，曾把帖良古惕族拨归巴阿邻（八邻）族人豁儿赤管辖。成吉思汗对豁儿赤说："你把三千巴阿邻族，再加上塔孩、阿失黑二位同管的阿答儿斤的赤那思族、脱斡劣思族、帖良古惕族和乃蛮人等合成一万百姓管辖，辖区为沿额儿的失河（即额尔齐斯河）的林木百姓住地，命你镇守林木百姓万户。"③ 从此以后，帖良古惕族就在八邻万户的管辖之下。根据元代文献记载，八邻万户辖区在金山（阿尔泰山）之北，额尔齐斯河流域和鄂毕河上游一带，它的南面有阿雷河。④ 阿雷河也译为阿列依河，位于清代阿勒坦诺尔乌梁海住牧地卡通河流域附近。从族名和地望可以断定，处于八邻万户管辖下的帖良古惕族，就是清代阿勒坦诺尔乌梁海——特凌格特人的祖先。

元朝灭亡以后，帖良古惕人曾属瓦剌（厄鲁特）管辖。《蒙古源流》记载，瓦剌首领额森（也先）太师与岱总汗（脱脱不花）打仗时，特凌古斯族的阿卜都拉彻辰曾为额森出谋划策，离间岱总汗兄弟，最后打败了岱总汗。⑤ 据王国维考订，"特凌古斯"就是"帖良古惕"。张尔田也认为，"特凌古斯"就是后来准噶尔管辖下的"特楞古特"，也就是元代的"帖良古惕"⑥。王国维和张尔田的考订是正确的。

---

① ［俄］婆兹德奈也夫（波兹德涅耶夫）：《蒙古及蒙古人》，北洋政法学会译，天津译音出版社1913年版，第325页。
② ［苏］勃鲁卡：《世界民族的人口和分布》，莫斯科，1962年，第82页。
③ 谢再善译：《蒙古秘史》，中华书局1956年版，第207节。
④ 《元史》卷128，床兀儿传；《蒙古秘史》，第207节。
⑤ 沈曾植笺证，张尔田校补：《蒙古源流笺证》卷5。
⑥ 同上。

明末清初，帖良古惕人归准噶尔洪台吉和多和亲及其继承者僧格等管辖。清朝初年，有一部分帖良古惕人为饥荒所迫，迁往托木斯克。为此，僧格及其叔楚琥尔曾多次向俄国交涉，要求他们归还这些帖良古惕人，[①]但都没有结果。到了18世纪中叶，帖良古惕人除了部分迁移俄境外，其余大部分仍然处在准噶尔的管辖之下。乾隆皇帝撰写的《准噶尔全部纪略》说：准噶尔有二十四鄂拓克，其中有特楞古特和乌尔罕齐兰等组成的一个鄂拓克，"特楞古特有四宰桑，人四千户"[②]。据清代文献记载，阿勒坦诺尔乌梁海只是从前准噶尔所属特楞古特族的一小部分而已，此外，还有为数众多的特楞古特人被并入喀尔喀、察哈尔、索伦和阿尔泰乌梁海之中。

综上所述，可以清楚地看出，阿勒坦诺尔乌梁海人来源于元代的帖良古惕族，从元至清，它曾先后以"帖良兀"、"帖良古惕"、"特凌古斯"、"特楞古特"和"特凌格特"等名称活动在我国的历史舞台上，并处在我国历代政府的管辖之下。

（原载《中俄关系问题》1981年第4期）

---

① ［英］巴德利：《俄国、蒙古、中国》卷2，伦敦麦克美伦有限公司1919年版，第178、187页。

② 《皇舆西域图志》卷首一，第27页。

阿勒坦诺尔乌梁海图巴族人说质疑

本文拟对阿尔泰诺尔乌梁海（阿勒坦诺尔乌梁海）人"自称图巴"一说，提出一点粗浅的看法，不妥之处，请专家读者指正。

"图巴"这个族称，可以追溯到唐代的"都播"①，元代的"秃八"②、"秃巴思"③、"图巴"或译为"图瓦"。"图巴"、"图瓦"、"秃八"、"秃巴思"和"都播"，都是同一名称的异译。唐努乌梁海人自称"图巴"，这是大家所公认的，也为近代到过唐努乌梁海地区进行调查的人们所证实。唐努乌梁海地区在民国初年为沙俄侵占，苏联在这里建立了图瓦自治州，州名"图瓦"，就是因为这里是图瓦族人聚居的地区。所以，关于唐努乌梁海人的族称是没有什么争议的。问题在于，阿尔泰诺尔乌梁海究竟是不是图巴族人，他们是不是同唐努乌梁海人一样也"自称图巴"？下面我们就来探讨这个问题。

在1863年10月23日乌里雅苏台参赞大臣麟兴的奏折中，有一段与阿尔泰诺尔乌梁海族称有关的话，大意是：派往阿尔泰诺尔乌梁海进行调查的梅楞沙克都尔扎布报告说，他向阿尔泰诺尔乌梁海总管齐察罕询问俄人在该地盖房贸易的情形，齐察罕答称：俄人"久在我们特凌格特乌梁海游牧贸易"④。据此，阿尔泰诺尔乌梁海人的自称是"特凌格特乌梁海"，而不是"图巴"。我在《阿勒坦诺尔乌梁海究竟属于何族》一文中已经指出，"乌梁海"并非族名，它是对居住在东起黑龙江上游、西至额尔齐斯河一带的林木中百姓的泛称。因此，"特凌格特乌梁海"七字应该是包括

---

① 《新唐书》卷217（上），《回鹘传》。
② 陶宗仪：《南村辍耕录》卷1，"氏族"。
③ 谢再善译：《蒙古秘史》，中华书局1956年版，第239节。
④ 《筹办夷务始末》，同治朝，卷19，第38—39页。

族名和泛称两个部分，即"乌梁海"是泛称，"特凌格特"是族名。清代究竟有没有"特凌格特"这个族名呢？有的。这个族名在清代前期的文献中是常见的，所不同的仅是这些文献不把它写为"特凌格特"，而写为"特楞古特"罢了。例如，《皇朝藩部要略》记载，康熙五十六年三月，"镇国公车布登随大军由阿尔台（即"阿尔泰"）擒斩特楞古特贼众"[1]。《清高宗实录》也载：乾隆二十一年，"有特楞古特宰桑敦多克告称，我们特楞古特部落人七百户，……俱愿投诚，恳求迁往阿尔台地方游牧"[2]。《西域图志》也说，准噶尔所属"特楞古特有四宰桑，人四千户"[3]。如此等等，不胜枚举。"特楞古特"就是"特凌格特"的同音异译。

阿尔泰诺尔乌梁海是特凌格特人，这不仅有他们的自称为据，而且还有其他有关记载可资证明。

阿尔泰诺尔乌梁海共有二旗四佐领，分布在阿尔泰诺尔（捷列茨克湖）附近，他们的牧地北邻俄国。1862年7月22日，沙俄官员巴布科夫与乌里雅苏台将军明谊等清朝官员谈判界务时，曾提到过阿尔泰诺尔乌梁海人的族称问题。[4] 当时，不仅俄方官员把居住在捷列茨克湖附近清朝所属的阿尔泰诺尔乌梁海人称为"捷列乌特"（阿尔泰诺尔乌梁海人自称"特凌格特"或"特楞古特"的异译），就连参加谈判的科布多官员也称他们为"捷列乌特"[5]。可见阿尔泰诺尔乌梁海人的这一族称，在当时是为人们所熟知的。

1919年，乌里雅苏台都护副使恩华在《唐努乌梁海图说略》一文中也说到了阿尔泰诺尔乌梁海的族称问题。他写道："唐努境西俄属之乌梁海，俗呼天灵盖子，疑即丁灵，铁勒之转音。此处乌梁海与唐努境内语言不同，有文字，形似蒙文，则音义各别也。"[6] 恩华所说的"唐努境西俄属之乌梁海"，指的就是阿尔泰诺尔乌梁海。因为这部乌梁海人在1864年

---

[1] 祁韵士：《皇朝藩部要略》卷4，第18页。
[2] 《清高宗实录》卷516，第10—11页。
[3] 《钦定皇舆西域图志》卷首一，《准噶尔全部纪略》。
[4] 参见巴布科夫《我在西西伯利亚服务的回忆》，王之相译，商务印书馆1973年版，第221页。
[5] 同上。
[6] 恩华：《唐努乌梁海图说略》。

沙俄强迫清政府签订《勘分西北界约记》之后，已被划归俄国，所以说是"俄属"。恩华除了指出阿尔泰诺尔乌梁海与唐努乌梁海"语言不同"外，还指出他们的族称不同。阿尔泰诺尔乌梁海人不称"图巴"，而俗呼为"天灵盖子"。所谓"天灵盖子"，从字面上看，显然带有戏谑成分，但从语音上则不难判断，这个带有戏谑成分的称呼，也是来源予"特凌格特"这一名称的转音。

"特凌格特"在俄国和苏联的文献中，有时写为 тедеуты（捷列乌特），有时写为 теденгуты（捷连古特），有时又写为 теленгиты（捷连吉特）。据苏联学者勃鲁卡《世界民族的人口和分布》一书所载，直到今天，在苏联戈尔诺阿尔泰自治州境内捷列茨克湖（阿尔泰诺尔）附近的楚累什曼河、楚伊河（吹河）和阿尔古特河流域，还居住着捷连吉特人。[①]不言而喻，这些捷连吉特人（特凌格特人）就是阿尔泰诺尔乌梁海人的后裔。

特凌格特（特楞古特）是一个历史悠久的民族，早在元代，它就以"帖良古惕"、"帖良兀"的名称载入史册。1206年，成吉思汗曾把帖良古惕族人分给巴阿邻（八邻）万户豁儿赤管辖。八邻万户的"辖区为沿额儿的失河（即额尔齐斯河）的林木中百姓住地"[②]。根据《元史》记载，元将床兀儿"领征北诸军，帅师逾金山（阿尔泰山），攻八邻之地"，"八邻之南"有"阿雷河"（即今鄂毕河上游支流阿列伊河）。[③] 由此可知，"八邻万户"辖区在阿尔泰山之北，额尔齐斯河和鄂毕河上游一带。也就是说，它的辖区的南境，已达清代阿尔泰诺尔乌梁海牧地附近。1673年俄国人绘的《北亚人种地图》也把帖良古惕的居地，标在鄂毕河上游与额尔齐斯河上游之间。[④] 这说明，从元代起，阿尔泰诺尔乌梁海人的祖先帖良古惕人就已经居住在阿尔泰山以北，额尔齐斯河上游和鄂毕河上游了。所谓阿尔泰诺尔乌梁海人是在13世纪时由宰桑特勒伯克从唐努乌梁海率领

---

① ［苏］勃鲁卡：《世界民族的人口和分布》，莫斯科，1962年，第82页。
② 谢再善译：《蒙古秘史》，中华书局1956年版，第207节。
③ 《元史》卷128，"床兀儿传"。
④ ［英］巴德利：《俄国、蒙古、中国》卷1，伦敦麦克美伦有限公司1919年版，第138—139页。

到阿尔泰诺尔一带的说法，是有悖于历史事实的。

也许有人要说：阿尔泰诺尔乌梁海虽然自称"特凌格特"，但这并不能排除特凌格特是图巴族的一支的可能性。这个说法也是不能成立的。其一，从语言上说，特凌格特人和图巴人虽然同属突厥语系，但他们的语言并不相同，特凌格特的民族语言是特凌格特语，[①] 图巴人的语言是图巴语。[②] 其二，特凌格特和图巴各不相属，这是有历史记载为证的。《蒙古秘史》记载说，1207 年，"拙赤招降了斡亦剌惕部、不里牙惕部、巴儿浑部、兀儿速惕部、合卜合纳思部、康哈思部、秃巴思部。……拙赤又招降了失必儿部、客思的音部、巴亦惕部、秃合思部、田列克部……"[③] "田列克"，《圣武亲征录》作"帖良兀"。[④] "秃巴思"，即陶宗仪《南村辍耕录》中"色目三十一种"之一的"秃八"。[⑤] 我们在上面已经说过，"帖良兀"即"帖良古惕"，也就是清代的"特凌格特"，"秃八"即今"图巴"。《蒙古秘史》将田列克（帖良古惕）和秃巴思并列，这就清楚地说明，特凌格特并不是图巴族的一支。

总之，尽管阿尔泰诺尔乌梁海和唐努乌梁海都被称为乌梁海，但他们并非同族。从很早的古代起，他们就以各自的族称出现在中国的历史舞台上。阿尔泰诺尔乌梁海部不自称图巴，也不是图巴族人，而是特凌格特族人。

（原载《西北史地》1984 年第 1 期）

[①] ［俄］婆兹德奈也夫（波兹德涅耶夫）：《蒙古及蒙古人》，北洋政法学会译，天津译音出版社 1913 年版，第 325 页。

[②] 《苏联百科辞典》，"图瓦人"条，莫斯科，1955 年。

[③] 谢再善译：《蒙古秘史》，中华书局 1956 年版，第 239 节。

[④] 王国维：《圣武亲征录校注》，载《王国维遗书》第 8 册，上海书店出版社 1996 年版，第 414 页。

[⑤] 陶宗仪：《南村辍耕录》卷 1，"氏族"。

清政府对阿勒坦诺尔乌梁海的管辖

阿勒坦诺尔乌梁海这个名称出现于18世纪50年代，是清政府对游牧于阿勒坦诺尔、阿勒坦河、哈屯河、吹河和布克塔尔玛河流域的特楞古特（特凌格特）人的称呼。

特楞古特是个古老的民族，至晚从元代开始，他们就以帖良古惕的族名活动在中国的历史舞台上。明末清初，特楞古特属准噶尔管辖。乾隆二十二年（1757年），清军讨伐准噶尔叛王阿睦尔撒纳时，居住在阿勒坦诺尔、哈屯河、吹河一带的特楞古特人在宰桑特勒伯克、札尔纳克的率领下归附清朝。清政府称这些特楞古特人为乌梁海人，由于他们环阿勒坦诺尔以居，所以便称他们为阿勒坦诺尔乌梁海。这就是阿勒坦诺尔乌梁海这个名称的由来。

阿勒坦诺尔乌梁海，有时作为部族名称，有时则作为地区名称。阿勒坦诺尔乌梁海东和东北与唐努乌梁海接壤，西至额尔齐斯河与塔尔巴哈台连界，南达哈屯河上源吹河与阿尔泰乌梁海接壤，北至恰雷什河支流白河与俄国为界。

关于清政府是如何管理阿勒坦诺尔乌梁海地区的问题，由于材料缺乏，记载零散，至今未见有专文论述。几年前，笔者从事《沙俄侵华史》清代疆域部分写作时，曾搜集到一些有关资料，现在把它整理成篇，作为对这一问题的初步探索，以求教于方家。

一 建立军政合一的管理体制

清政府对阿勒坦诺尔乌梁海的管辖，首先表现在建立军政合一的总管管理体制方面。

盟旗制度，是清政府在蒙古地区实行的一种军政合一的管理制度。佐领是清代八旗组织的基层单位，清政府在唐努乌梁海和阿勒台乌梁海实行的旗、佐领二级管理体制，实际上就是参考和吸收盟旗制度和八旗制度的某些内容而成的。乾隆二十二年（1757年），阿勒坦诺尔乌梁海归附清朝，清政府又把"编列旗、分佐领"的管理体制，行之于阿勒坦诺尔乌梁海，将他们编为二旗四佐领，任命原宰桑特勒伯克、札尔纳克为三品总管、赏戴孔雀翎，管理二旗的军政事务，原得木齐奇尔吉斯、敦多克、策楞、巴哈维克四人为佐领，赏戴蓝翎，管理各佐领内部的事务。① 这就是清政府在阿勒坦诺尔乌梁海建立总管管理体制的滥觞。

其后，清政府又根据定例，在阿勒坦诺尔乌梁海各佐领中，增设骁骑校一职。这在嘉庆《大清会典》中有明确的记载："阿尔泰淖尔（即阿勒坦诺尔）乌梁海二旗，设总管二人，各旗设佐领一人，骁骑校一人。"②

按照清政府的行政建制，阿勒坦诺尔乌梁海属科布多参赞大臣管辖，归定边左副将军（即乌里雅苏台将军）统辖。阿勒坦诺尔乌梁海总管、佐领和骁骑校，"皆由科布多参赞大臣选拟奏补"③。由科布多参赞大臣"选拟"，这就意味着阿勒坦诺尔乌梁海的官员不是世袭的。但是，实际上，清政府在确定阿勒坦诺尔乌梁海总管人选时，并没有完全摆脱"父死子继"这种世袭制的原则。关于这一点，可以从下面的事实得到证明。

例证之一：

乾隆四十一年（1776年）七月八日，科布多参赞大臣明善奏称："据报阿勒坦诺尔乌梁海之总管札尔纳克在俄国因饮酒逾量身故，遗缺

---

① 《清高宗实录》卷552，第30—31页。
② 嘉庆《大清会典》卷52。按：阿勒坦诺尔乌梁海乾隆年间设二旗四佐领。同治三年，科布多参赞大臣广凤奏称："据阿勒坦淖尔乌梁海总管莽岱等报称……据俄人言称……阿勒坦淖尔等处，我们俄罗斯喇嘛等前来盖房居住等语，并由伊等内著哈郎齐当，达巴尔二人作总管，将达丹等四人作为佐领"（《筹办夷务始末》，同治朝，卷28，第49—50页）。这与乾隆年间设二总管四佐领相符，据此可知，《大清会典》所载阿勒坦诺尔乌梁海"每旗设佐领一人，骁骑校一人"，应为"每旗设佐领二人，骁骑校二人"之误。
③ 光绪《大清会典事例》卷977，《科布多所属各部落官制》。

请以伊长子布图格斯继任，请旨遵行。"① 七月二十四日乾隆皇帝朱批："札尔纳克既系在俄国因酒身故属实，所遗总管之缺，即照明善所请，以伊长子布图格斯继任。钦此。"② 在这里，完全体现了"父死子继"的世袭制原则。

例证之二：

乾隆二十七年（1762年）五月乙卯，定边左副将军成衮札布等奏言："阿尔台淖尔（即阿勒坦诺尔）乌梁海二旗，四佐领，七百余口，现系总管札喇纳克、巴勒桑统辖。"③ 总管之一的巴勒桑，有时也译作"巴桑"。乾隆三十七年（1772年）八月辛未上谕："据福德奏称，接奉谕旨，令作伊意，授意乌梁海，招来布图库人等，已饬乌尔图纳逊、伊苏特，出派佐领；至阿勒坦诺尔，与巴桑商议。"④ 由此可知，从乾隆二十七年至三十七年，巴桑一直担任阿勒坦诺尔乌梁海总管之职。巴桑何时去任，史无明文，但在嘉庆四年（1799年）纂修的《科布多政务总册》一书中有这样的记载："阿勒坦诺尔乌梁海总管策伯克，巴桑之养子。"⑤ 这说明，在嘉庆四年或者更早，巴桑的阿勒坦诺尔乌梁海总管之职，已由其养子策伯克继任了。

从以上事实可以看出，"父死子继"确实是清政府任命阿勒坦诺尔乌梁海总管的一个原则，在这里，任命制和世袭制是紧密地结合在一起的。

为什么会出现这种现象呢？这要从清朝是个封建的中央集权制国家和阿勒坦诺尔乌梁海地区的特殊性这两方面来寻求解答。由于实行中央集权制，所以规定阿勒坦诺尔乌梁海总管由科布多参赞大臣"选拟奏补"，以表明任免官员的权力属于清朝中央。由于阿勒坦诺尔乌梁海地处极边，地旷人稀，民族、语言、生产、生活、习俗等都与国内其他地区不同，所以清政府又不得不依赖和扶植当地有势力的家族来进行统治。这就是出现任命制和世袭制相结合的原因。

---

① 乾隆四十一年七月八日科布多参赞大臣明善奏折，中国第一历史档案馆藏。
② 乾隆四十一年七月八日科布多参赞大臣明善奏折，中国第一历史档案馆藏。
③ 《平定准噶尔方略》续编，卷17，第4页。
④ 《清高宗实录》卷914，第19—20页。
⑤ 富俊：《科布多政务总册》，第15页，《事宜》。

二 发给总管俸银

俸禄是封建王朝发给官吏的薪水，由于俸禄以白银支付，所以称为"俸银"。

1757年，乾隆皇帝降旨说：察达克属下阿勒坦乌梁海，"既俱纳税，则伊等亦应给俸"，"按其品级，照内地官员减半支给"①。同年，特勒伯克、札尔纳克被任命为阿勒坦诺尔乌梁海总管，并于1758年开始向清政府缴纳贡赋。根据乾隆皇帝"既俱纳税""亦应给俸"的指示，阿勒坦诺尔乌梁海总管亦应同阿勒台乌梁海总管一样，享有清政府发给的俸银。可是，《理藩院则例》仅记载："定边左副将军所属阿勒台乌梁海副都统职衔总管一员，岁支银七十七两五钱。阿勒台总管四员，岁支银各六十五两。"②完全没有提到阿勒坦诺尔乌梁海总管岁支俸银的事。这就使人产生了一个疑问：阿勒坦诺尔乌梁海总管究竟有没有岁俸？对于这个问题，我们的回答是肯定的。《科布多政务总册》记载：阿勒台乌梁海总管、札哈沁总管各有俸银六十五两。又载："阿勒坦诺尔乌梁海，乾隆二十九年（应为乾隆二十二年）投诚，住卡伦外。总管策伯克，巴桑之养子，有翎，俸银同上。……总管蒙克积克，额墨根之子，有翎，俸银同上。"由此可知，阿勒坦诺尔乌梁海总管不仅有表示官阶品级的翎顶，而且还同阿勒台乌梁海总管一样，每年有六十五两俸银。

清政府发给阿勒坦诺尔乌梁海和阿勒台乌梁海总管的俸银，按照规定，必须由总管亲自赴京领取。1758年，定边左副将军纳穆札尔以乌梁海游牧距京遥远，交通不便，总管赴京领取俸银，"往返维艰，且伊等多未出痘"，奏请由喀尔喀郡王车木楚克札布等赴京代为领出，至乌里雅苏台传集分给。③乾隆皇帝采纳了纳穆札尔的意见。但这似乎只是一时的权宜之计，没有成为定例。阿勒坦诺尔乌梁海总管赴京领取俸银的困难，并没

---

① 《清高宗实录》卷548，第21—22页。
② 《理藩院则例》卷13，《乌梁海等领俸》。
③ 《平定准噶尔方略》，正编，卷50，第10页。

有真正解决。正因为如此，所以嘉庆二年（1797年），科布多参赞大臣富俊又重新提出这个问题，"奏明此项俸银于科布多库项内就近给放，以示体恤"①。从此，阿勒坦诺尔乌梁海总管在科布多领取俸银便成为定例。

清政府发给阿勒坦诺尔乌梁海总管俸银，从乾隆年间开始，到该地区并入俄国之前，一直没有停止过。所以，1863年中俄进行边界谈判时，阿勒坦诺尔乌梁海总管齐察罕、莽岱上书乌里雅苏台将军明谊说："职等世受豢养，渥沐隆恩，自投诚以来，受职食俸，永享太平无事之福，万不肯甘心附从他处。"②清政府代表也向俄国代表指出，阿勒坦诺尔乌梁海"世受我国爵俸"③，是清朝的臣民。

三　征收贡赋

清政府对阿勒坦诺尔乌梁海的管辖，还表现在征收赋税方面。乾隆二十二年（1757年），阿勒坦诺尔乌梁海归附清朝时，即向清政府官吏表示，愿意输纳赋税。同年，署定边左副将军纳穆札尔奏称："阿勒坦淖尔之乌梁海宰桑特勒伯克、札尔纳克等，新经归附，请照察达克等之例，于来年入贡。"④乾隆皇帝对此表示同意，并赞扬说："乌梁海等，输诚纳贡，甚属可嘉。"⑤察达克是阿勒台乌梁海的总管，照察达克等之例入贡，也就是按照阿勒台乌梁海之例缴纳贡赋。

阿勒台乌梁海向清政府缴纳贡赋是以户为单位的，阿勒坦诺尔乌梁海也是如此。但以户为单位缴纳贡赋，并不等于每户都必须缴纳贡赋，谁该缴纳，谁不必缴纳，统"以马匹牲只之多寡而定"⑥。根据这一原则，清政府把阿勒坦诺尔乌梁海所有人户分为三类：一是免纳贡户，这类人户，既无马匹牲只，又"俱系老幼残废"之人，可以免纳贡赋；二是暂缓纳贡

---

① 富俊：《科布多政务总册》。
② 《筹办夷务始末》，同治朝，卷14，第35—36页。
③ 《筹办夷务始末》，同治朝，卷10，第10页。
④ 《平定准噶尔方略》，正编，卷47，第9页。
⑤ 《平定准噶尔方略》，正编，卷50，第10页。
⑥ 同上。

户，这类人户，"虽无牲只，然年齿尚壮，俟二三年后，生计较裕，再令纳贡"；三是纳贡户，这类人户，有马匹牲只，所以必须纳贡。据乾隆二十三年（1758年）核定，阿勒坦诺尔乌梁海共有一百七十五户，"堪以纳贡者一百二十二户"①。纳贡户约占总户数的70%。

阿勒坦诺尔乌梁海向清政府缴纳贡赋，实际上是一种实物税。乾隆二十三年（1758年）规定，纳贡户每户每年应纳貂皮二张。② 这是个原则规定，如果贡户没有貂皮，也可用灰鼠皮或狐皮折算。灰鼠皮40张折貂皮一张，狐皮两张折貂皮一张。由于所贡皮张种类不同，所以就出现了"贡貂户"、"贡灰鼠户"等名目。例如嘉庆《大清会典》记载："阿勒坦诺尔乌梁海，贡貂户一百四十七，贡灰鼠户六十一。""貂皮每户二张，狐皮每户四张，灰鼠皮每户八十张。"③

阿勒坦诺尔乌梁海缴纳贡皮有一定的时间、程序。每年春季，由各佐领向纳贡户收集皮张，交总管检验等次，然后派得木齐带领二三十名进贡兵，护送皮张到科布多参赞大臣处缴纳。科布多官员验收贡皮后，再派员送至乌里雅苏台将军衙门，最后由乌里雅苏台将军派员护送进京上贡。④

阿勒坦诺尔乌梁海向清政府进贡皮张，这是一种原始的赋税形式，是臣民对封建君主应尽的义务。清政府为了表示自己对包括阿勒坦诺尔乌梁海在内的"边隅臣仆"的特别照顾，规定"每贡貂鼠十个，赏缎一端，灰鼠二十个，赏布一匹"⑤。如果连续数年出色地完成缴纳皮张的任务，还可以得到君主给予的额外奖赏，例如道光七年（1827年）就"以每年呈进貂皮足数，赏阿勒坦淖尔乌梁海总管蒙古勒花翎"⑥。赏戴花翎，这对清朝的臣民来说，是一种不可多得的殊荣。

关于阿勒坦诺尔乌梁海人到科布多缴纳皮张的情景，清代文献很少记述，研究者对此深以为憾。笔者多年搜求，也无多大收获，仅从富俊《少

---

① 《平定准噶尔方略》，正编，卷50，第10页。
② 同上。
③ 嘉庆《大清会典》卷11，户部。
④ 奕湘、倭哩贺：《定边记略》卷上，第21页。
⑤ 《清高宗实录》卷552，第30—31页。
⑥ 《清宣宗实录》卷115，第10页。

梅诗钞》中觅得《筵宴阿勒坦诺尔乌梁海贡各种皮张》诗一首，聊以弥补这方面的欠缺。兹将该诗抄录于下：

养生专恃猎通财，皮革年年贡上台，恶热每焚灵异草，满城风雪陡然来（原注：该夷人所居之地极冷，到科贡皮畏天热，每携异草焚之，能致风雪）。

厚颁草布抚要荒，春酒羔羊赐宴香，列坐两廊惟大嚼，一齐醉去笑贪狼（原注：该夷以酒为命）。①

富俊于1797—1799年任科布多参赞大臣，诗中反映了阿勒坦诺尔乌梁海"年年皮革贡上台"的历史事实，同时也展现了科布多官员赏以布匹，宴以春酒羔羊的生动场面。这是一首纪事诗，也是阿勒坦诺尔乌梁海向清政府缴纳贡赋的历史见证。

四　司法管理

阿勒坦诺尔乌梁海、阿勒台乌梁海和唐努乌梁海，曾长期分别处于蒙古准噶尔部或喀尔喀部的统治之下，所以，在清代的官方文书中，经常出现"乌梁海蒙古"、"乌梁海等蒙古"、"阿勒坦诺尔乌梁海蒙古"这类的提法。由于清政府把乌梁海人视为蒙古人，因此，在法律上，阿勒坦诺尔乌梁海不仅要遵守《理藩院则例》的规定，同时还要遵守《蒙古律例》的约束。

盗窃牲畜是乌梁海地区最常见的案件，《蒙古律例》对处理这类案件的规定也特别详细。该书卷六"盗贼"门记载：

乌梁海等蒙古，偷盗马、牛、驼只，数至十匹者，不分首从，均拟绞监候，秋审时，俱入情实。其一匹至九匹者，仍照从前改定条例，不分首从，分别发遣。羊只仍以四羊作一牲畜治罪。

---

① 富俊：《少梅诗钞》卷6，第21页。

这是乾隆五十一年（1786年）军机处、刑部、理藩院共同奏定处理乌梁海等盗窃牲畜的法规，这个法规整整实行了20年。至嘉庆十一年（1806年）理藩院又奏准："土尔扈特、杜尔伯特、厄鲁特、和硕特、辉特、乌梁海人等，盗窃牲畜，照乾隆五十年新定之例办理。"① 乾隆五十年新例，原专用于喀尔喀和漠南蒙古，从此扩大到乌梁海等部。这个条例规定：

> 偷窃牲畜三十匹以上者，不分首从绞监候，秋审时，俱入情实。为从并未同行，但于窃后分赃者减等，发遣云南、贵州、广东、广西烟瘴地方。
>
> 偷窃二十四至三十匹者，首从俱绞监候，秋审时，为首者入于情实。为从同行分赃者入于缓决。虽经同谋并未同行，但于窃后分赃者减等，发遣湖广、福建等省。
>
> 偷窃十匹至二十匹者，为首者绞监候，秋审时入于情实。为从同行分赃者，发遣云南、贵州、广东、广西烟瘴地方。虽经同谋，并未同行，但于窃后分赃者，发遣山东、河南地方。
>
> 偷窃六匹至九匹，为首者发遣云南、贵州、广东、广西烟瘴地方，为从同行分赃者，发遣湖广、福建等省，虽经同谋，并未同行，但于窃后分赃者鞭一百。
>
> 偷窃三匹至五匹，为首者发遣湖广、福建、江西、浙江、江南。为从同行分赃者发遣山东、河南。虽经同谋，并未同行，但于窃后分赃者，鞭一百。
>
> 偷窃一二匹，为首者发遣河南、山东，为从同行分赃者，鞭一百，虽经同谋，并未同行，但于窃后分赃者，鞭九十。羊与牛、驼、马价值迥异，以羊四只作牛、驼、马一只计算。所窃之羊不及四只者，为首鞭一百，为从同行分赃者鞭九十。虽经同谋，并未同行，但

---

① 《蒙古律例》，《增订蒙古则例目录》，第8页。

于窃后分赃者鞭八十。①

清政府在乌里雅苏台设有理藩院衙门，专管蒙古事件，审理包括乌梁海在内的命盗词讼刑名等。由于阿勒坦诺尔乌梁海直属科布多参赞大臣管辖，所以，阿勒坦诺尔乌梁海人犯罪，通常由科布多参赞大臣直接处理。例如，嘉庆四年（1799年），阿勒坦诺尔乌梁海发生了一起偷窃马匹重案，首犯阿布都勒，其胞弟推伯斯为从犯，二人均依法判处死刑。处死阿布都勒后，科布多参赞大臣第巴克考虑到"阿布都勒业已正法，并无子嗣，推伯斯尚未娶妻，现有老母，年逾六旬，实系亲老丁单"，情状可悯，故奏准推伯斯"照依刑例留养，枷责完结。嗣后再有似此者，亦照此例办理"②。

上述事实说明：（1）清政府在阿勒坦诺尔乌梁海地区行使了司法权；（2）在法律上，阿勒坦诺尔乌梁海、唐努乌梁海、阿勒台乌梁海和土尔扈特、杜尔伯特、和硕特等，处于同等的地位。

五　建立巡边制度、驱逐入侵俄人

边境地区，地旷人稀，清政府的统治力量比较薄弱。为了防止外国人越界侵疆，清政府定期派遣官兵巡察边境，遇有外人入侵，立即驱逐出境，或者加以逮捕。这是清政府管理边疆地区的一种制度，简称为"巡边"制度。

阿勒坦诺尔乌梁海巡边制度的建立，是与俄国觊觎和入侵该地区密切相连的。

1760年3月，西伯利亚总督索依莫诺夫趁清政府平定准噶尔阿睦尔撒纳叛乱之后阿勒坦诺尔乌梁海边防尚未巩固之机，向枢密院建议将俄国额尔齐斯堡垒线从乌斯季卡缅诺哥尔斯克向南推移到布克塔尔玛河和阿勒坦诺尔（捷列茨科耶湖）一线，把阿勒坦诺尔乌梁海的大部分土地圈入俄

---

① 《蒙古律例》卷6，"盗贼"。
② 富俊：《科布多政务总册》，第15页，"事宜"。

国。沙皇政府采纳了他的建议，派遣考察队侵入布克塔尔玛河口、阿勒坦诺尔、哈屯河（卡通河）和巴什库斯河等处，察看建筑要塞和堡垒的地点，并设立标记。对于沙俄的侵略活动，阿勒坦诺尔乌梁海总管札尔纳克立即向清政府报告。乾隆皇帝认为："若令伊等侵占疆界，亦殊不可。"于是决定派遣官兵于来年"巡察阿勒坦诺尔等处，果有设立标记，即行拆毁，如有屯驻人等，即行驱逐"①。这是乾隆皇帝第一次决定巡察阿勒坦诺尔乌梁海地区的指示。

1760年底，俄国政府根据考察队的报告，发出从乌斯季卡缅诺戈尔斯克到阿勒坦诺尔等地建立侵略堡垒的指令。此后，俄国侵略者就在卫满河源（鄂伊满河）、库克乌苏河（哈屯河上游支流）、色毕河（今查雷什河支流）和布克塔尔玛河等处，"造屋树栅"。1763年9月，乾隆皇帝了解到这种情况后指出："准噶尔地方，此时均已归附，与俄罗斯无干，伊等岂可擅自造屋树栅，观此，足见俄罗斯渐有侵占准部地方之意。"②让俄国侵占清帝国的地方，这是乾隆皇帝断断不能允许的。所以，他命令定边左副将军成衮札布，派兵"前往库克乌苏、色毕等地方，将俄罗斯木栅屋宇，尽行拆毁"③。

1764年夏天，副都统札拉丰阿遵旨带领官兵将俄国在色毕、库克乌苏、布克塔尔玛等地建筑的房屋栅栏，尽行拆毁或焚毁。对此，乾隆皇帝表示赞赏，在署定边左副将军额勒登额和札拉丰阿的奏折中批曰："知道了，汝等所办者是。"④从此，定期巡察阿勒坦诺尔、哈屯河等处遂成为一种制度。

1771年阿勒坦诺尔乌梁海境内的汗山、哈屯河等处，相继发现有俄罗斯之乌梁海潜入耕种。面对这种情况，科布多参赞大臣集福为保卫地方安宁和维护阿勒坦诺尔乌梁海人的利益起见，奏请将三年稽查一次改为每年稽查一次。乾隆皇帝认为集福"所奏甚是"，命定边左副将军成衮札布"每年派干员，带兵百名，搜查一次，如有偷往耕种之俄罗斯乌梁海，即

---

① 《清高宗实录》卷617，第16—18页。
② 《清高宗实录》卷692，第1—2页。
③ 同上。
④ 乾隆二十八年六月一日额勒登、车水楚克札布、札拉丰阿奏折。

行斥逐"①。

定期巡察阿勒坦诺尔乌梁海，驱逐入侵者，这对维护清帝国边境的安宁，起到了一定的积极作用。

六 清政府管理阿勒坦诺尔乌梁海的成功和失误

清政府对阿勒坦诺尔乌梁海的管辖主要表现在上述各方面，这种因俗而治的做法，保持了社会的安定，增强了乌梁海人对清朝的向心力。百余年间阿勒坦诺尔乌梁海人无反对清朝的举动，并及时地向清政府报告外人入侵的情况。阿勒坦诺尔乌梁海人有强烈的爱国主义精神，当俄人图谋吞并清帝国的这片河山时，他们立即坚决表示：阿勒坦诺尔乌梁海地区"只敷本二旗人丁住牧度命，并无闲处可以分给俄人。若分给俄人，死不能从"②。当沙俄强迫清政府签订《勘分西北界约记》，割占了包括阿勒坦诺尔乌梁海地区在内的大片中国领土时，阿勒坦诺尔乌梁海总管又向清政府恳求说："阿勒坦淖尔乌梁海两旗人丁，均系本总管等之旧属，同受圣恩，患难相恤，今断难两离，致受俄人欺凌，恳祈全行准入卡内游牧。"③ 依恋祖国之情，溢于言表。这是清政府在阿勒坦诺尔乌梁海的成功。

然而，清政府对阿勒坦诺尔乌梁海的统治是比较薄弱的，而且几乎是完全依靠当地总管、佐领等官进行管理，对乌梁海地区的经济发展也不够重视。为了保证皇室能够收到貂皮，竟规定内地商人一概不许进入乌梁海地区贸易。这个规定堵死了阿勒坦诺尔乌梁海同国内其他地区进行商品交换的渠道，为俄国经济势力的侵入创造了极为有利的条件。同治二年（1863年），科布多参赞大臣广凤曾经谈到这种情况，他说：俄人在阿勒坦诺尔乌梁海建房贸易，科布多并无奏过成案，也无准其贸易的文凭，"推原其故，总因该阿勒坦淖尔乌梁海两旗人丁系在卡外住牧，每年仅只春间由索果克卡伦将两旗应来科进贡之官兵不过二三十人放入开齐，到科

---

① 《清高宗实录》卷888，第32页。
② 《筹办夷务始末》，同治朝，卷16，第23—24页。
③ 《筹办夷务始末》，同治朝，卷32，第26—27页。

呈进贡皮，事竣即催令旋回游牧，不准再入开齐，所有该阿勒坦淖尔乌梁海两旗人等，度日所用什物，皆向俄人以牲畜抵换，相沿已久"①。俄国在阿勒坦诺尔乌梁海贸易，不仅是一种商业活动，同时也是一种政治活动。当时，乌里雅苏台将军明谊已觉察到这一点，他说：俄国利用阿勒坦诺尔乌梁海与之比邻，"潜将土产货物，与之抵换牲畜，其利倍蓰，而蒙古（指阿勒坦诺尔乌梁海）视为新奇，私与贸易，以为奇货，以致该国乘势建房，预为侵越之据，此其侵占乌、科二城边界之蓄谋也"②。很清楚，俄国能在阿勒坦诺尔乌梁海扩张势力，预为侵占之计，正是清朝的封禁政策造成的。禁止边疆地区与国内其他地区人民的交往，这是清政府治边政策的最大失误。

（原载《中俄关系问题》1989年总第26期）

---

① 《筹办夷务始末》，同治朝，卷18，第3页。
② 《筹办夷务始末》，同治朝，卷13，第2页。

阿勒坦诺尔乌梁海历任总管考略

阿勒坦诺尔乌梁海地区，位于清帝国辖境的西北端。清政府在这里设有总管、佐领和骁骑校等官，管理当地的军政事务。关于这些官员的姓名和事迹，从来没有系统的记述。历任佐领和骁骑校，除极少数可考者外，大多已湮没无闻。值得庆幸的是，在浩繁的清代文献记载中，尚存有阿勒坦诺尔乌梁海总管的一鳞半爪，可供研究者钩稽探索。根据笔者掌握的材料，乾隆二十二年（1757年）至同治四年（1865年），可考的阿勒坦诺尔乌梁海总管共有11人，现按年代先后顺序，分述于下：

特勒伯克，原为准噶尔所属特楞古特的宰桑，乾隆二十二年（1757年）归附清朝，被任命为阿勒坦诺尔乌梁海总管，[①] 卒于乾隆二十七年（1762年）。

札尔纳克（札喇纳克），准噶尔统治时的特楞古特宰桑，乾隆二十二年（1757年）归附清朝，与特勒伯克同时被任命为阿勒坦诺尔乌梁海总管。乾隆二十五年（1760年）至二十九年（1764年），札尔纳克曾多次向清定边左副将军成衮札布和额勒登额等禀报俄国派兵入侵阿勒坦诺尔乌梁海的情形，并因此得到了乾隆皇帝的赞扬和奖赏。[②] 乾隆四十一年（1776年），在俄国饮酒过量身亡。

巴桑（巴勒桑），乾隆二十七年（1762年）继特勒伯克，为阿勒坦诺尔乌梁海总管。乾隆三十七年（1772年），乌梁海人哈哈雅克从俄国归来，报告说：在俄国的布图库等人"亦欲来归"[③]。为此，科布多参赞大

---

① 《平定准噶尔方略》，正编，卷47，第9页。
② 《清高宗实录》卷617，第8—9、16—18页；卷710，第7—9页。
③ 《清高宗实录》卷909，第23—24页。

臣曾派官员至阿勒坦诺尔与巴桑商议。①

布图格斯，札尔纳克的长子，乾隆四十一年（1776年）继札尔纳克任阿勒坦诺尔乌梁海总管。② 事迹和卒年不详。

额墨根，在布图格斯之后任阿勒坦诺尔乌梁海总管。③ 事迹和任期不详。

策伯克，巴桑之养子，嘉庆四年（1799年）在任。④

蒙克积克，额墨根之子，嘉庆四年（1799年）在任。⑤ 事迹和任期不详。

蒙古勒，道光七年（1827年）曾因每年呈进貂皮足数，得到了道光皇帝的奖赏。⑥ 这是关于蒙古勒的最早记载。道光十一年（1831年），俄国商人在阿勒坦诺尔乌梁海吹河北岸盖房贸易，那时蒙古勒尚在总管任内，其后情况不明。

舒尔莫克，道光十一年（1831年）在任。⑦ 事迹和任期不详。

莽岱，阿勒坦诺尔乌梁海最后两位总管之一。《清宣宗实录》记载："道光二十九年（1849年）……赏阿勒坦诺尔乌梁海总管莽岱花翎。"⑧ 可见，他在道光二十九年以前就已经担任总管之职了。莽岱是一个爱国者，19世纪60年代初中俄举行边界谈判时，他曾多次向清政府禀报俄人入侵阿勒坦诺尔乌梁海的情况。同治三年（1864年），俄国强迫清政府签订《勘分西北界约记》，割占阿勒坦诺尔乌梁海，莽岱为此向科布多参赞大臣广凤恳求说，"阿勒坦淖尔乌梁海两旗人丁，均系本总管等之旧属，同受圣恩，患难相恤，今断难两离，致受俄人欺凌，恳祈全行准入卡内游牧"⑨，表达了对祖国的眷恋之情。但广凤认为："如将该两旗人丁全行移

---

① 《清高宗实录》卷914，第19—20页。
② 乾隆四十一年七月八日科布多参赞大臣明善奏折，第一历史档案馆档案。
③ 富俊：《科布多政务总册》。
④ 同上。
⑤ 同上。
⑥ 《清宣宗实录》卷115，第10页。
⑦ 《筹办夷务始末》，同治朝，卷18，第3页。
⑧ 《清宣宗实录》卷470，第5页。
⑨ 《筹办夷务始末》，同治朝，卷32，第26—27页。

于卡内,不独无安置七八百户之地面,且与换约不符,俄人必以收纳降人,借口寻衅。"① 没有同意莽岱的要求。

齐察罕,阿勒坦诺尔乌梁海最后两位总管之一。同治元年(1862年)中俄举行边界谈判时,俄国图谋吞并阿勒坦诺尔乌梁海。同治二年(1863年),齐察罕和莽岱随同科布多官员阿克敦布对俄使所指要的地域进行勘查,并绘制图说。齐察罕和莽岱指出:俄使所指绰勒齐、巴什库斯、阿克尔胡特、吹河四处,俱系阿勒坦诺尔乌梁海二旗住牧和寻打皮张之处。阿勒坦诺尔乌梁海地区"只敷本二旗人丁住牧度命,并无闲处可以分给俄人。若分给俄人,死不能从"②。但由于清政府的软弱和腐败,无力维护自己的领土主权,致使齐察罕等的爱国愿望终于成为泡影。

(原载《中国边疆史地研究导报》1989 年第 6 期)

---

① 《筹办夷务始末》,同治朝,卷 32,第 26—27 页。
② 《筹办夷务始末》,同治朝,卷 16,第 23—24 页。

中华民族凝聚力与近代中国边疆

从1840年第一次鸦片战争开始，中国就逐渐变成了帝国主义的猎获物，变成了帝国主义角逐的场所，这个过程延续到1949年中华人民共和国成立时才宣告结束。在这100多年间，灾难深重的中华民族同帝国主义侵略者的矛盾成为中国社会最主要的矛盾。中国边疆是帝国主义侵略的首要目标，因而这个矛盾在这里表现得尤为突出和尖锐。帝国主义侵略中国边疆使用了军事占领、外交威胁、领土并吞、挑拨民族关系、扶植分裂势力、建立傀儡政权等各种各样的手段，致使边疆地区时刻处于土地被兼并、民族被分裂、人民被奴役的威胁之下。在这种危迫的形势下，中国各族人民团结一致，针锋相对地同帝国主义及其走狗进行了不屈不挠的英勇斗争，显示出中华民族强大的凝聚力。这种凝聚力主要表现在维护国家领土主权，维护中华民族团结，以及被帝国主义占领或吞并地区的人民对祖国的依恋和回归。兹分述如下：

一

中华民族的凝聚力，表现在各族人民维护国家领土主权，反对帝国主义侵略中国边疆。近代西方资本主义国家武装侵略中国边疆，是从鸦片战争开始的。在第一次和第二次鸦片战争期间，入侵者曾遭到广东、福建、浙江、江苏、山东、天津沿海地区人民的坚决抵抗。这种抵抗，不分官民，包括社会各阶级各阶层，是全民族的。在这场反对西方列强入侵的斗争中，广东三元里人民反对英国侵略者的斗争，广州人民反对侵略者入城的斗争，浙江定海、镇海军民的抗英斗争，天津沿海大沽官兵和僧格林沁蒙古骑兵反对英法联军侵华的斗争，是悲壮激烈可歌可泣的。恩格斯曾经指出:"这是保卫社稷和家园的战争,这是为了保存中华民族的人民战争。"① 又说,"中国的南方人在反对外国人的斗争中所表现的那种狂热态度本身,显然表明他们已觉悟到古老的中国遇到极大的危险"②。在国家和民族遇到极大危险的时刻,这种不分阶级、不分民族共同对敌以保卫国土和保存中华民族的"狂热态度",正是中华民族凝聚力的生动体现。

中华民族的凝聚力,还体现在我国东北边疆吉林、黑龙江各族人民反对沙皇俄国侵占我国黑龙江以北、乌苏里江以东大片领土的斗争中。沙皇俄国利用英法发动第二次鸦片战争和清政府全力镇压太平天国革命的时机,出兵占领我国东北边疆的大片领土。当时,吉林省军民对于沙俄的侵略行径,"无不忾切同仇","早有准备,誓不相容"③。在清政府的支持下,乌苏里江以东滨海地区以采捕和挖掘人参为业的刨夫,在小绥芬一带设营 12 座,在珲春近海之玛延河、苏城等处,设营 84 座,每营数十人。据统计,绥芬河流域、乌苏里江以东滨海地区,共设营 100 余座,不下万余人,"星罗棋布","上下声援","同仇敌忾"④,决心为保卫国土和家园而战斗。赫哲族人也尽自己所能,积极参加反对沙俄侵略的斗争。他们或为清军坐守卡伦,或为清军侦察敌情。在文献记载中,我们还可以看到,"北路巡探赫哲保福报称","东路巡探赫哲永起报称",江左彪尔廓地方"赫哲噶山达札西及尖布拉二人投营声诉","赫哲噶山达将莫仲、乌隆阿等报称"等等向清政府报告侵略者动态的记载。⑤ 俄国对黑龙江左岸实行军事占领,也遭到当地各族居民的抵制。例如,侵占黑龙江以北地区的俄国侵略军,为了解决粮食缺乏问题,在黑龙江左岸各地散发满文传单,要求当地居民,"任其各屯易换杂粮牛马等",当地屯户坚决拒绝接收传单,俄国侵略者只好把传单"弃掷而去"。俄国侵略军又派人四出,"连至卡屯,声言欲换杂粮,屯民不肯易换"⑥。这种在俄国军事占领的条件下不顺

---

① 《马克思恩格斯全集》第 12 卷,人民出版社 1962 年版,第 232 页。
② 同上书,第 234 页。
③ 《筹办夷务始末》,咸丰朝,卷 44,第 2—3 页。
④ 《筹办夷务始末》,咸丰朝,卷 50,第 11—12 页。
⑤ 《筹办夷务始末》,咸丰朝,卷 52,第 7—9 页。
⑥ 《筹办夷务始末》,咸丰朝,卷 45,第 15—16 页。

从侵略者要求的举动,与武装抵抗外国侵略一样,都反映了中华民族不屈于外来侵略势力的斗争精神。

中华民族的凝聚力,还表现在台湾人民反对日本割占台湾的斗争上。1895年,当李鸿章在马关与日本举行和平谈判时,日本提出了割让辽东半岛和台湾的领土要求,"台民闻之,奔走相告,哀吁请止"。台湾省巡抚唐景崧也电奏清廷,痛陈割让台湾给日本之事"断不可行"。并说"割台臣不敢奉诏","台民骇愤已极,势不可遏","揆今时势,全局犹盛,尚属可为,何至悉为所索。列圣在天之灵,今何以安,臣不胜痛哭待命之至"[1]。清廷畏惧日本,不顾台湾各界官民的呼吁,仍然按照日本的要求,把台湾割让给日本。当台民听到清廷签订割台条约时,"若夜午暴闻轰雷,惊骇无人色,奔走相告,聚哭于市中,夜以继日,哭声达于四野,风云变色"[2]。在清政府弃台的形势下,台湾人民奋身而起,为捍卫国家民族的利益,与日本侵略者进行了殊死的战斗,"当是时,义军特起,所部或数百人数千人,各建旗鼓,拮抗一方"[3]。其中著名的有苗栗吴汤兴的义军,新竹徐骧的义军,云林简精华的义军,葫芦墩陈瑞昌的义军,台湾县拣东堡林大春、赖宽豫的国姓会,嘉义林昆冈的义军。义军"就地取粮","富家助以饷械","而富商巨室倾资助军者,为数亦多"[4]。也有散家财募军以抗日的,如北埔姜绍祖,"家巨富,为一方之豪,年方二十,散家财募军,得健儿五百,率以赴战"[5]。义军英勇战斗,前仆后继,可歌可泣。徐骧在战斗中中弹,跃起而呼曰:"丈夫为国死,可无憾"[6]。"为国死",也就是为国家而死,为祖国而死,是爱国主义精神的体现。徐骧的心声,也就是当时台湾各路义军的共同心声。

当时台湾的一些官绅,对于"日本要盟,全台竟割",十分悲愤。"当此无天可吁,无主可依"的情势下,他们采取了另一种反对日本吞并台湾

---

[1] 连横:《台湾通史》卷36,《唐景崧传》,商务印书馆1983年版。
[2] 江山渊:《徐骧传》,转引戚其章著《甲午战争史》,北京出版社1990年版,第511页。
[3] 连横:《台湾通史》卷36,《邱逢甲传》。
[4] 连横:《台湾通史》卷4,《独立记》。
[5] 连横:《台湾通史》卷36,《吴汤兴传》、《徐骧传》、《姜绍祖传》、《林昆冈传》。
[6] 同上。

的方式，即建立"台湾民主国"。这个"民主国"以原台湾省巡抚唐景崧为总统。在唐景崧致各省大吏的电文中说，"日本索割台湾，台民不服，屡经电奏，不允割让，未能挽回，台民忠义，誓不服从"，因此建立了台湾民主国，建元"永清"，"仍奉正朔，遥作屏藩，商结外援，以图善后"①。在致清政府的电文中说："台湾士民义不臣倭，愿为岛国，永戴圣清。"在《告示台民》中说："台湾疆土，荷大清经营缔造二百余年，今虽自立为国，感念旧恩，仍奉正朔，遥作屏藩，气脉相通，无异中土。"②在《致中外文告》中说，"今已无天可吁"，"台民唯有自主，推拥贤者，权摄台政。事平之后，当再请命中国"。"如各国仗义公断，能以台湾归还中国，台湾亦愿以台湾所有利益报之"③。从上面所说的一切，可以十分清楚地看出，所谓建立"民主国"，是在当时特殊的条件下采取的一种特殊的反割台办法，是专门为了对付日本侵略者的，而绝不是要从中国分离出去。恰恰相反，他们是在竭尽全力创造条件，等待"事平之后"回归祖国。是一种权宜之计，是中华民族凝聚力的表现。所以，在通电和告示中频频暗示：虽然自立为国，但仍奉大清正朔，作大清屏藩，"气脉相通，无异中土"，"商结外援，以图善后"，"永戴圣清"。而其建元"永清"，则明显地包含着永远属于大清国之意。换言之，就是"永远属于中国"。唐景崧、刘永福、邱逢甲等官绅，在建立"台湾民主国"之后，曾组织台湾军民进行反对日本吞并台湾的斗争，斗争失败后全都逃回祖国大陆。但台湾人民的反日斗争并没有停息，在日本政府宣布"平定台湾"数日之后，台湾人民又举起了"驱逐倭奴，恢复中华"的义旗，继续进行反抗日本殖民者的英勇斗争。

总之，台湾反割台运动，不论是官方的还是民间的，都反映出中华民族不屈服于外来侵略者的斗争精神，其实质是反对外来侵略，维护国家领土主权，是爱国主义精神的表现，也是民族凝聚力的表现。

中国各族人民反对资本帝国主义侵略中国边疆维护国家领土主权的斗

---

① 连横：《台湾通史》卷36，《唐景崧传》、《刘永福传》，商务印书馆1983年版，第729页。
② 同上书，第739页。
③ 陈汉光：《台湾抗日史》，守坚藏书室1948年版，第40—42页。

争，贯串于整个中国近代时期，上面所举，仅是其中数例，其他如：19世纪50年代和60年代新疆汉、满、哈萨克、柯尔克孜、维吾尔、蒙古、锡伯等族军民反对沙俄侵占我国西北边疆的斗争，1884—1885年台湾、广西军民反对法国侵略台湾、广西边境的斗争，1894—1895年清军和辽宁人民抗击日本侵略辽东边境的斗争，1904年西藏人民反击英国入侵西藏的斗争，1912年新疆维吾尔、汉等族人民反对沙俄煽动当地居民加入俄籍、阴谋把新疆变成俄国殖民地的斗争，以及1931—1945年东北、东南、西南等边疆地区各族人民的抗日战争，等等，都是保卫祖国边疆的反侵略斗争，都是中华民族凝聚力的体现。

二

中华民族的凝聚力，还表现在被侵略者占领下的边疆各族居民的内迁，心向祖国，不愿当侵略者的殖民奴隶。

黑龙江以北、乌苏里江以东，地旷人稀，在俄国军事占领下，当地少数民族势单力薄，无力与强大的侵略者相对抗。他们不愿当侵略者的奴隶，纷纷从敌占区逃出，寻求清政府的保护。这种例子是很多的。

1860年1月，在珲春东海岸居住之恰喀拉族六七百人，"因被俄夷骚扰，来投珲春，恳求接济"①。1860年5月，"恰喀拉三十七户，共计男妇子女二百二十七名，伊等本属天朝所辖，倚山傍海，渔猎为生，近被俄夷骚扰，日不安身，因此自投来归"②。

1860年5月，黑龙江下游两岸的赫哲族，因被俄夷侵扰奔逃，力难支持，其噶山达（乡长）扎拉向清政府官员泣诉："扎拉本系满洲所属，岂肯随从外夷。""自黑河口以下至阔吞奇哈达，扎拉眷属，共移来三十户，男妇子女二百六十九名口，并牲畜船只。"③清朝皇帝认为，扎拉投回，"足见究系满洲所属，不肯甘从外夷，虽彼时被胁，始终不忘根本，实堪

---

① 《筹办夷务始末》，咸丰朝，卷46，第32页。
② 《筹办夷务始末》，咸丰朝，卷50，第11—12页。
③ 《筹办夷务始末》，咸丰朝，卷52，第7—9页。

嘉尚"①，把他们"安置松花江上游南岸，分台居住，听候当差"②。所谓"始终不忘根本"，也就是始终不忘他们是中国人。

反对沙俄割占中国领土和依恋祖国之情，在我国西北边疆的少数民族中也表现得十分突出。

1863年3月，中俄在塔尔巴哈台进行领土谈判，俄国所指要侵占的地名中有一部分在唐努乌梁海、阿勒坦诺尔乌梁海境内。唐努乌梁海副都统衔拉玛扎布，阿勒坦诺尔乌梁海总管齐察罕、莽岱向清政府坚决表示："万不肯甘心附从他处，所有俄使指要之地，实与我们养生处所大有关碍，若果如此，他们要强占，我们至死不能听从。"③科多布参赞大臣派遣章京阿克敦布会同阿勒坦诺尔乌梁海总管齐察罕、莽岱到阿勒坦诺尔乌梁海游牧勘察，齐察罕、莽岱又表示坚决不肯附从俄国，他们说，俄使所指绰勒齐、巴什库斯、阿克尔胡特、吹河四处，均为阿勒坦诺尔乌梁海二旗人丁住牧地方。此"四处山厂（场），皆系寻打例进皮张之山，寻打貂皮，更赖绰勒齐河、阿克尔胡特二处，且本乌梁海游牧不大，只敷本二旗人丁住牧度命，并无闲处可以分给俄人。若分给俄人，死不能从"④。这使章京阿克敦布大为感动，赞叹阿勒坦诺尔乌梁海的"内向之心，尚属坚实"⑤。这里所说的"内向之心"，实际上就是我们今天所说的心怀祖国，亦即是中华民族的凝聚力。

1864年10月7日，清政府在俄国的逼迫下，签订了中俄《勘分西北界约记》，根据这一界约的规定，阿勒坦诺尔乌梁海二旗之地，全部划给俄国。在中俄两国尚未进行勘界的情况下，俄国即派俄官车德查拉等十数人前来阿勒坦诺尔乌梁海，将总管齐察罕旗下男妇大小240余人之名单和手印、总管莽岱旗下140余人之名单手印，全部拿去。并威胁说："你等如是我们君主的奴仆，要取手印，若说不是，将你们的牲畜、所有的财产

---

① 《筹办夷务始末》，咸丰朝，卷52，第12页。
② 同上书，第7—9页。
③ 《筹办夷务始末》，同治朝，卷14，第35—36页。
④ 《筹办夷务始末》，同治朝，卷16，第23—24页。
⑤ 同上。

全部拿去，并将尔等赤身驱逐。"① 同时还声称今后不许阿勒坦诺尔乌梁海人再到科布多城向清政府交纳贡赋。面对蛮横的俄国侵略者，阿勒坦诺尔乌梁海总管莽岱等立即向清朝官员报告"被俄人欺凌扰害"情形，并沉痛地说："今奴才等如死，亦向我圣主"。同时要求清政府允许他们"由各卡开齐移入卡内"②。这里所说的"圣主"，具体地说是指清朝皇帝。但清朝皇帝是当时国家的象征，所以，阿勒坦诺尔乌梁海总管所说的"今奴才等如死，亦向我圣主"，即是表示其不甘心从俄，永远心向中华帝国之意。科布多参赞大臣广凤得悉阿勒坦诺尔乌梁海要求内迁的消息后，即密调其总管莽岱、齐察罕到科布多，询问该两旗人丁内，除被俄人取去手印者外，其真心内附者尚有若干户，以便内徙。莽岱等立即表示，两旗阿勒坦诺尔乌梁海人决不从俄，要求清政府允许他们全部迁入卡内。他们恳切地说："阿勒坦淖尔乌梁海两旗人丁，均系本总管等之旧属，同受圣恩，患难相恤，今断难两离，致受俄人欺凌，恳祈全行准入卡内游牧。"③ 这是即将沦为异国统治下的人民要求回归祖国母亲的泣诉，句句是血，催人泪下。

三

中华民族的凝聚力，还表现在帝国主义吞并中国边疆领土之后，当地人民反对帝国主义的殖民统治，以及对祖国的怀念和回归。在这里，我们举几个例子来加以说明。

根据1858年中俄《瑷珲条约》和1860年中俄《北京条约》的规定，外兴安岭以南，黑龙江以北，乌苏里江以东的大片中国领土，划归俄国。原在这广大地域居住的中国各族人民，仍然心向祖国，大部分汉人回归祖国，留下来的汉人和当地的少数民族仍然承认中国政府对他们的统治，而不承认俄国政府的统治。

---

① 《筹办夷务始末》，同治朝，卷28，第49—50页。
② 同上。
③ 《筹办夷务始末》，同治朝，卷32，第26—27页。

1885年俄国出版的《美丽的俄罗斯》一书记载：俄国吞并乌苏里边区时，这里"遍布着从事农业的村庄，汉人在自己家中生活得很富足，所以乌苏里边区对于他们当中的许多人来说，乃是乐土。自从1861年乌苏里边区并于俄国之后，条件迅速改变了……由于众所周知的汉人对祖国的热爱，下列情况并不令人惊奇：全部有家庭的蛮子（即汉人），除了不多的一些居住在距边界遥远的海岸的人以外，都返回祖国"①。

1884年，俄国人伊凡·纳达罗夫曾到乌苏里江以东、阿穆尔河（黑龙江）以北地区进行调查。他在调查报告中说：居住在这地区的戈尔德人共分三支，即马姆古人（或称曼古人）、奇楞人（或称麒麟人）和赫哲人（或称黑斤人）。"这些戈尔德人，尽管他们已从族人中选出了村长，并经哥萨克官员批准委任，我可以说，他们仍然无法改变这样的信念，即统治他们的不是俄国政权，而是中国政权。"他们"承认中国人和中国当局对他们拥有统治权"。纳达罗夫又写道："我所讲的有关戈尔德人的一切，全部适用于鄂伦春人，只是鄂伦春人的程度更深罢了。""在整个乌苏里江一带，形成了一种信念，即戈尔德人和鄂伦春人，还有居住在我国领土上的所有汉人，全都不服从俄国政权，而服从中国政权。"其"所以会形成这种信念，决不是没有原因的"②。这原因是什么，纳达罗夫没有说清楚。其实，答案很简单，最根本的原因是因为他们是中国人，是中华民族的一分子。他们这种眷恋祖国的赤子之心，正是中华民族凝聚力的表现。

眷恋祖国之情，在被日本并吞后的台湾，表现得更加强烈。

日本侵略者吞并台湾后，对台湾人民进行了残酷的殖民统治，但始终没有使台湾的中华儿女屈服。在日本统治台湾的50年中，台湾人民没有停止过反抗日本殖民者的斗争。例如，1895—1899年简大狮领导的起义。简大狮自称"台湾清国之民"，他"聚众万余，血战百次"③。又如，1901年2月罩兰地方的詹阿瑞领导的起义，起义纲领有"救民脱苦，惟倭是征，定集人民，雪恨复清"。再如，1904—1907年，新竹蔡清、王林等在

---

① ［俄］谢苗诺夫：《美丽的俄罗斯》卷12，彼得堡、莫斯科，1895年，第413页。
② ［俄］伊凡·纳达罗夫：《北乌苏里边区现状概要及其他》，复旦大学历史系译，上海人民出版社1975年版，第46—48页。
③ 阿英：《中日战争文学集》，北新书局1948年版，第63页。

台湾各地秘密组织"复中兴会"举行武装起义。1911年孙中山先生领导的革命运动，一举推翻清政府，更鼓舞了在日本殖民者统治下的台湾人民为争取民族解放和回归祖国而斗争。1912年，南投刘乾等人借庆祝祖国辛亥革命胜利为名，召开会议进行鼓动，组织台湾革命党，举行武装起义；1913年，同盟会会员罗福星以"华民会"、"同盟会"、"三点会"等名义秘密发展组织，准备发动反日起义，"为国家雪耻，为同胞报仇"[①]。

在1937—1945年的抗日战争中，台湾人民曾进行过多次反战运动，以支持祖国的抗日战争。被征调入伍的台湾青年，反对日本侵略者以中国人打中国人的恶毒手法，拒绝到祖国大陆打仗，他们掉转枪口，对准日本官兵，与日军进行激战。在此期间，还有不少的台湾青年知识分子秘密返回祖国，参加保卫祖国的抗日战争，并在大陆组织"抗日复土总联盟会"、"中华台湾革命党"、"中华台湾革命大同盟"、"台湾革命同盟会"等反对日本侵略者的组织。台湾革命同盟会在其宣言中开宗明义地宣布："我们的目标，简单明了，即反对日本帝国主义，拥护祖国抗战，要求光复台湾，期望在民主中国的版图之中，建设自由平等进步康乐的新台湾"[②]。

四

中华民族的凝聚力，还表现在反对侵略者的民族同化政策，保持民族精神和民族文化。

日本帝国主义者为了从精神上消灭被统治地区的中国人的民族意识，使他们忘记自己的祖国和民族，顺从日本的殖民统治，在台湾提出了所谓"日台同化主义"，并大力推行"皇民化运动"，下令台湾初等学校全部使用日语教学，禁读中文，灌输日本国体观念，改用日本姓名，改奉日本天照大神等等，妄图以此来培养效忠日本天皇的顺民。

日本帝国主义推行"日台同化主义"和"皇民化运动"，不但没有收到预期效果，反而激起了台湾人民更大的不满和反抗。台湾人民建立起许

---

① 转引自陈碧笙《台湾地方史》，中国社会科学出版社1982年版，第221页。
② 徐子为：《今日的台湾》，上海中国科学图书仪器公司1948年版，第250页。

多社会团体，宣传中华民族的光荣传统和中华民族的文化，来同日本的奴化教育进行针锋相对的斗争。例如，"台湾文化协会"就提出该会"以谋台湾文化之向上"为宗旨。大家知道，台湾居民绝大部分来自祖国大陆，所谓"台湾文化"，实际上就是中华民族的文化。在反抗日本化和保存中华民族意识的斗争中，台湾知识分子站在斗争最前列，他们许多人把子女送回大陆上学和工作，并语重心长地教导他们要为自己的祖国和民族服务。在日本禁止台湾同胞使用国语和不许学生使用台语（即闽南话）的时候，台湾著名学者连横著成了《台湾语典》，以保存台湾人民的语言。保存台语，也就是保存中华民族的民族意识。这显然是一种反对日本化的举措。他所著的《台湾通史》，更是一部充满民族精神的著作，书中缅怀中华民族数千年的历史，歌颂中华民族筚路蓝缕开发台湾之功，歌颂台湾的抗日英雄。他在该书"自序"中写道，"夫史者民族之精神，而人群之龟鉴也。""洪维我祖宗，渡大海，入荒陬，以拓殖斯土，为子孙万年之业者，其功伟矣。追怀先德，眷顾前途，若涉深渊，弥自儆惕，乌乎念哉！凡我多士，及我友朋，惟仁惟孝，义勇奉公，以发扬种性，此则不佞之帜也。婆娑之洋，美丽之岛，我先王先民之景命，实式凭之"①。抒发了对祖国、对民族以及对我先民开发美丽之岛的深厚感情。在书中，他称抵抗日本侵占台湾的起义者为"义士"、"义军"，尽情歌颂他们抵抗日本侵略的英雄业绩，在《吴彭年传》中，他为这位与日寇进行不屈不挠战斗最后壮烈牺牲于八卦山上的年轻书生，写下了一段充满民族感情的赞词："连横曰：如彭年者岂非所谓义士也哉。见危受命，誓死不移，其志固可以薄云汉而光日月。夫彭年一书生耳，唐（景崧）、刘（永福）之辈苟能如其所为，则彭年死可无憾，而彭年乃独死也。吾望八卦山上，犹见短衣匹马之少年，提刀向天而笑也。乌乎，壮矣！"② 在日本的殖民统治下，连横表现出来的民族精神和民族气节，正是台湾同胞热爱祖国热爱中华民族、仇视日本侵略者的真挚感情的表露。从这里，我们也可以看到中华民族强大的凝聚力。

---

① 连横：《台湾通史》，商务印书馆 1983 年版，第 7 页。
② 连横：《台湾通史》卷 36《吴彭年传》，商务印书馆 1983 年版，第 727 页。

五

中华民族的凝聚力，还表现在反对帝国主义利用民族分裂主义分子在中国边疆建立傀儡政权。

帝国主义侵略中国边疆地区的另一种手法，就是扶植中国的民族分裂主义分子，在中国边疆建立傀儡政权，从而把中国边疆变为其殖民地。日本在我国东北地区扶植清朝逊帝溥仪建立伪"满洲国"就是这样干的。

日本制造伪"满洲国"，这对中国人民来说，是国家仇，民族恨。

中国各民族千百年来在政治、经济、文化等方面有着千丝万缕的联系，历史的发展把各民族紧密地结合在一起，形成了酷爱自由、富于革命传统的中华民族。经过漫长岁月形成的民族精神和民族气节，深深地铭刻在中国人民的心中。无论是什么人，只要他妄图分裂中华民族，出卖祖国利益，投靠帝国主义，就会遭到中国各族人民最坚决的反对和最严厉的谴责，并被视为民族败类和卖国贼而遗臭万年。

当溥仪一心想"恢复祖业"，在天津与日本进行秘密勾结，准备在东北建立所谓"新国家"的时候，就受到许多人的严厉警告。溥仪在《我的前半生》中写道："那两天里陆陆续续还来了些探听消息的或提出忠告的人，我也收到了不少的来信。人们对我有忠告，有警告，甚至还有姓爱新觉罗的劝我不要认贼作父，要顾惜中国人的尊严。"①

当溥仪听从日本主子的安排，去长春就任伪"满洲国"执政、皇帝时，反对日本帝国主义及其走狗的烽火便燃遍了整个东北地区。参加这一斗争的有原东北军的官兵、知识分子、农民、工人、联庄会、民间秘密结社和绿林武装等，包括社会各阶级和各阶层的人。他们组成各种名目的义勇军和游击队，同日本侵略军和伪"满洲国"军进行了英勇的战斗。这种战斗"广布于满洲各处，始终接连不断"②。其范围则"占满洲过半数之

---

① 溥仪：《我的前半生》，群众出版社1979年版，第284页。
② 中华民国政府外交部译印：《国际联合会调查团报告书》，1932年10月，第128页。

总面积也"①。1932年4月至6月，国际联合会调查团在东北地区进行调查时，共收到农民、小职工、城市工人和学生的书信1550件，"此1550件之书信，除二件外，均对'满洲国政府'及日本深表仇视。此种信件皆甚诚恳，并足以为民意之表现"②。调查团为了确知东北居民对"满洲国"之态度，曾克服日伪制造的种种困难，设法向商人、银行家、教员、医师、警察、贩夫各色人等进行调查。其结果是，"中国商人及银行家对'满洲国'，均极仇视"。"职业阶级，教员及医师对'满洲国'亦均极仇视"。"学生及青年送来之许多书信，其中均为反对满洲国"。"农民系满洲居民之大多数，其态度多抱消极的仇视"。"满洲国之官吏，其中也有人写信与调查团，谓彼等系因威胁而留住，所在政权均操之于日人之手，彼等忠于中国"。"日人方面报告满洲国军队时常投降中国，而中国方面则宣称满洲国军队为接济军需最有效之来源"。"满洲国"警察有"与吾人谈话者，彼辈表示对新政府不满，并称为谋生起见不得不继续工作"③之语。

调查团从各方面获得之证据，得出一个结论："即一般中国人对满洲国政府均不赞助，此所谓'满洲国政府'者，在当地中国人心目中直认是日人之工具而已。"④

调查团的中国顾问顾维钧，根据自己的所见所闻，也得出结论："东北人民除了极少数和日本有特殊利益的人以外，全都反对日本人。我可以说，百分之九十九的东北人民反对日本人。"顾维钧在哈尔滨时，抗日军队就派人来和他联系，告诉他说："中国军队就要向日本进攻，要和日本人战斗到解放东北为止。"他们要调查团知道，"东北人民绝不愿生活在日本傀儡统治之下"⑤。这实际上代表了全中华民族的心声。东北各族人民反对日本制造伪满洲国的一致性，使国联调查团获得极为深刻的印象，并得出"满洲人具有不可变易之中国特性"的结论。这种"不可变易之中国

---

① 中华民国政府外交部译印：《国际联合会调查团报告书》，1932年10月，第130页。
② 同上书，第171页。
③ 同上书，第170—174页。
④ 同上书，第178页。
⑤ 顾维钧：《顾维钧回忆录》第一分册，中国社会科学院近代史研究所译，中华书局1983年版，第430—437页。

特性",也就是中华民族的民族精神和凝聚力的体现。

六

上述一切表明,近代中国各族人民在反对帝国主义侵略中国边疆和侵占中国边疆领土的斗争中,表现出了中华民族强大的凝聚力。这种凝聚力表现在热爱祖国,热爱民族,团结一致反对外来侵略,反对民族分裂主义,维护祖国统一,维护民族团结等各方面。这种凝聚力虽有时因政府腐败、国家衰弱或政策错误而受到损伤,但它是使帝国主义永远不能灭亡中国的伟大力量,是使近代中国民族分裂主义者必然失败的伟大力量,同时也是中华民族能够屹立于世界伟大民族之林的根本保证。这种民族凝聚力,将随着社会的发展、国家的富强而发扬光大。当然,民族凝聚力的存在是属于一定的历史范畴,它随着民族的出现而出现,也将随着国家和民族的消亡而消亡。

(原载《近代中华民族维护祖国统一斗争业绩》,
内蒙古教育出版社 1995 年版)

边疆历史人物研究

日本殖民统治时期的台湾爱国文人连横

1894年，日本发动了侵略中国的甲午战争。1895年4月17日，清政府被迫签订了割地赔款、丧权辱国的《马关条约》。该约第二款规定：清政府将台湾全岛及所有附属岛屿和澎湖列岛割让给日本。1895年6月2日，清政府派二品顶戴前出使大臣李经方与日本任命的台湾总督海军大将桦山资纪在台湾基隆签订了《交接台湾文据》。从此，台湾沦为日本的殖民地。直到1945年第二次世界大战之末，日本接受中、美、英等国的《开罗宣言》和《波茨坦协定》，宣布无条件投降，把窃取中国的领土台湾归还中国，从而结束了日本对台湾50年之久的殖民统治。在日本占据台湾期间，台湾同胞为反对日本割占台湾和反对日本对台湾的殖民统治，进行了各种形式的英勇斗争。在斗争中，文人连横堪称爱国知识分子的杰出代表。他热爱祖国，热爱中华民族，歌颂抗日英雄，反对日本殖民统治的斗争精神，将永留青史，为人民所敬仰。

一 反对日本割占台湾，歌颂抗日英雄

连横，字武公，号雅堂，又号剑花，清光绪四年（1878年）出生于福建省台湾府台南宁南坊马兵营，祖籍福建省漳州府龙溪县。清康熙年间，其祖先迁居台湾，至连横已是第七代了，连横出生于儒商之家，喜欢读书，禀性聪颖，从小就受到良好的家庭教育。他回忆说："台为延平（郑成功）肇造，又多忠义之后，故抱左衽之痛。我家居此三百数十年矣，自我始祖兴位公以至我祖我父，皆遗命以明服殓。堂中画像，方巾宽衣，威仪穆棣，故国之思，悠然远矣。"[①] 又说："先君好读春秋战国书及三国

[①] 连横：《雅言》，台湾银行经济研究室1963年编印，第77页。

演义，所言多古忠义事，故余得自家教者甚大。"① 在这种家庭的熏陶下，连横不仅能诗善文，有较高的文学素养，而且是位重视民族气节和热爱祖国的文人。

1895 年，台湾人民群起反对日本侵占台湾，组织义军与日军展开了英勇的战斗。刘永福及其抗日军队就曾驻扎连家。连横痛恨日本侵略者，崇拜抗日的义军义士。台湾沦陷后，连家被毁。国仇家恨，深深地埋藏在连横的心中。他在《过故居有感》诗中悲愤地写道："海上燕云涕泪多，劫灰零乱感如何？马兵营外萧萧柳，梦雨斜阳不忍过。"② 又在《宁南春梦》诗中注云："马兵营，郑氏（郑成功）驻兵地，在宁南门外，水木明瑟，自吾祖卜居于此，迨余七世。乙未（1895 年，日本割占台湾）之役，全庄被迁，余家也遭毁。此恨绵绵，何时能已。"③ 在日据台湾时，他自称为"逸民"、"遗民"，以表示不忘祖国和不服日本侵略者的统治，他在《柴市谒文信公（文天祥）祠》诗中写道："弘范甘亡宋，思翁不帝胡。忠奸争一瞬，义节属吾徒。"④ 抒发了忠于祖国，不做日本顺民，坚持民族气节的情怀。

连横痛恨日本侵占台湾，崇敬反抗日本的义军。为了使抗日义军英勇斗争的光辉事迹不致湮没，他多方搜集这方面的材料，并将其写入自己的诗文中，加以歌颂和赞扬。例如，他在缅怀抗日英雄林崑冈的诗中写道："痛苦沦亡祸，同胞重义争。执戈齐敌忾，报国有书生。一死身何惜，三年血尚赪。沙场呼欲起，咄咄剑飞鸣。"并注云："义士字碧玉，嘉义诸生也，居沤洪庄。铁线桥之役，率乡里子弟数百人，持绵牌短刀，鏖战两昼夜，遂阵殁。越数日，乡人殓之，倔强如生，闻者莫不感泣！"⑤ 鲜明地表现了他反对日本帝国主义侵略的爱国主义立场。

---

① 连横：《雅堂文集》卷 2，《过故居记》，台北众文图书股份有限公司 1979 年影印版，第 87—88 页。
② 连横：《剑花室诗集》，台北众文图书股份有限公司 1979 年影印版，第 39 页。
③ 同上书，第 29 页。
④ 同上书，第 22—23 页。
⑤ 同上书，第 103 页。

二 热爱祖国,反对专制政府,称颂民主共和

连横在痛恨日本窃据台湾的同时,也痛恨把台湾割让给日本的清政府。他认为必须推翻专制的腐败的清政府,中国才有希望。所以,他对提倡维新或革命的梁启超和孙中山都很敬慕。1904年,他渡海来到厦门,创办《福建日日新报》,鼓吹推翻清政府。他在厦门鼓浪屿所作《重过怡园晤林景商》诗中写道:"拔剑狂歌试鹿泉(鹿泉在怡园内,相传为延平郡王郑成功手凿),延平霸业委荒烟。挥戈再拓田横岛,击楫齐追祖逖船。眼看群雄张国力,心期吾党振民权。西乡月照风犹昨,天下兴亡任仔肩。"[①] 抒发了反对清政府统治和振兴民权的抱负。1906年,南洋同盟会会员看到连横创办的《福建日日新报》,对它宣传的反清思想十分赞赏,决定派福建籍会员林竹痴到厦门来商议将该报改组为同盟会的机关报。但由于该报宣传排满革命,遭到清政府的取缔,连横也被迫离开厦门。

清政府虽然能够取缔《福建日日新报》,但却无法消灭连横的民族思想和反清意志。他在《留别林景商》诗中写道:"我辈头颅原不惜,共磨势力事维新。"[②] 在《携眷归乡,留别厦中诸友》诗中也写道:"苏海韩潮涌大观,三年报界起波澜。文能惊世心原壮,力可回天事岂难!地上云深龙战血,空中风劲鹫伤翰。他日卷土重来日,痛饮高歌鼓浪山。"[③] 他回到台湾后在给林景商的诗中,再次申述其报效祖国的抱负:"浪屿回来已半年,思明洲畔梦如烟……分为异姓如兄弟,誓结同心报国家。"[④] 他坚信"共和主义敷民德"[⑤]。认为,"民约思潮涌全球","革命已成专制死"[⑥],乃是历史发展的必然趋势,是任何人都无法阻挡的。

连横虽身在台湾,但心却飞回大陆,时时关注着祖国革命形势的发

[①] 连横:《剑花室诗集》,台北众文图书股份有限公司1979年影印版,第92页。
[②] 同上书,第94页。
[③] 同上书,第94—95页。
[④] 同上书,第101页。
[⑤] 同上书,第106页。
[⑥] 同上书,第118页。

展。他讴歌为革命事业献身的烈士，称赞"吴越、邹容俱人杰"。在咏《邹容》一诗中，他写道："年少胆如斗，编成《革命军》。神州须克复，大义策同群。"① 对于史坚如、陈天华等革命烈士，皆赋诗加以赞扬。他深切地盼望祖国革命的早日成功。

　　连横身处日本侵略者的统治之下，心情郁郁不乐，"既病且殆"②，但当他获悉辛亥革命成功、清朝皇帝逊位时，那种喜悦兴奋是难以形容的。于是他决定："远游大陆，以舒其抑塞之气。"③ 1912 年，他来到上海，与大陆同胞共享民主革命胜利的欢乐，心情舒畅，意气风发。他回顾这段美好的时光时写道："当是时，中华民国初建，悲歌慷慨之士云会雾起，而余亦戾止沪渎，与当世豪杰名士、美人（女诗人王香禅）相晋接，抵掌谭天下事，纵笔为文，以讥当时得失，意气轩昂，不复有癃惫之态。"④ 他兴致勃勃地游览南京，登雨花台，吊太平天王；临钟山，谒明太祖陵；游杭州西湖，拜镜湖女侠秋瑾墓；渡黄河入北京，谒文信国公（文天祥）祠；出张家口大境门，至阴山之麓；东渡黄海，历辽沈，观爱新觉罗氏之故墟和日俄战争之遗迹，加深了他对祖国壮丽河山的热爱和自豪。同时也使他"若有感于东亚兴亡之局"⑤，因而写下了许多有感而发的言志诗篇。在《登雨花台吊太平天王》诗中，他欣喜地吟咏道："萧萧石城下，重见国旗新。"⑥ 在《明孝陵》诗中，他讴歌民主革命的胜利："郁郁钟山王气尽，国权今已属斯民。"⑦ 在《秋风亭吊镜湖女侠》诗中，他对女革命家秋瑾表示了由衷的钦佩："镜湖女侠雌中雄，棱棱侠骨凌秋风。只身提剑渡东海，誓振女权起闺中。"⑧ 在《黄花祭》诗中，他称赞黄花岗七十二烈士"誓将烈士血，造成新中华"的革命精神。⑨

---

① 连横：《剑花室诗集》，台北众文图书股份有限公司 1979 年影印版，第 137 页。
② 同上书，第 5 页。
③ 同上。
④ 同上。
⑤ 同上。
⑥ 同上书，第 1 页。
⑦ 同上书，第 2 页。
⑧ 同上。
⑨ 同上书，第 11 页。

当辛亥革命胜利果实被袁世凯等篡夺，人民陷于封建军阀的统治下时，他满腔悲愤，写下了声讨这些窃国者的诗篇。在《甲寅十月十日》一诗中，他写道："天安门上阅兵来，万马无声紫禁开。九派龙蛇将起陆，一时鹰犬亦登台。"① 在《秋日游陶然亭怅然有感》一诗中，他痛斥道："大盗窃国柄，小盗乱市朝。群盗争杀人，磨刀迫中宵。京师首恶地，车盖盛官僚。朝登新华门，夕入胡同窑。行人争避道，的的马蹄骄。"把当时大小窃国者的丑恶嘴脸刻画得淋漓尽致。同时，他重申自己反对专制、争取民主自由的坚强意志，写道："我生多丧乱，抗志凌云霄。提剑来大陆，流血购自由。"②

在获悉袁世凯称帝时，他为祖国的命运担忧，夜不能寐，写了《北望》一诗，痛斥袁世凯反对民主共和、恢复帝制的罪行。诗云："北望风云暗，东来草木新。中原犹战斗，故国欲沉沦。岂是唐虞禅，偏生莽卓臣。黄花如可问，愁绝泪沾巾。不惜民权贵，唯知帝制尊。可怜华盛顿，竟作拿破仑。国会遭摧折，邦基又复翻。共和才五载，兴废与谁论。新室（皇）当朝诏，齐台劝进笺。文人甘作贼，武士复争权。豺虎衡途卧，鲲鹏绝海骞。中宵不能寐，翘首望南天。"他与祖国人民同呼吸共命运的赤子之心，跃然纸上。

三 发扬中华民族文化，反对日本的同化政策

日本帝国主义者为了从精神上消灭台湾同胞的民族意识，使他们忘记自己的祖国和民族，顺从日本的殖民统治，在台湾提出了所谓"日台同化主义"，并大力推行"皇民化运动"，下令台湾初等学校全部废止使用汉语和台语（即闽南话），推行日语教学，灌输日本国体观念，妄图以此来培养效忠日本天皇的顺民。

日本的这些殖民统治措施，激起了台湾同胞的强烈反对，台湾的知识分子则用保存和宣传中华民族的光荣传统和灿烂文化来同日本的奴化教育

---

① 连横：《剑花室诗集》，台北众文图书股份有限公司1979年影印版，第24页。
② 同上书，第25页。

相对抗。早在20世纪初年，年轻的连横就参加了诗人林痴仙等人在台中雾峰创办的汉诗诗社"栎社"。林痴仙（1875—1915年），名朝崧，台中阿罩雾人，祖籍福建晋江，14岁为诸生，1895年日本割占台湾时逃往晋江，后归台湾，于1902年创办"栎社"。参加该社的多是痛台湾沦丧和眷念祖国的文人，每年春秋佳节，以汉诗吟诵唱和，冀以保存中华文化。连横在《柬林痴仙并视台中诸友》诗中云："诗界当初倡革新，文坛鏖战过兼旬。劫残国粹相谋保，尼父春秋痛获麟。"① 说出了他们在国难之后共谋保存中华文化的意志和决心。在同日本同化政策的斗争中，连横深刻地认识到："灭人之国，必先去其史；隳人之枋，败人之纲纪，必先去其史；绝人之材，湮塞人之教，必先去其史。"② 而日本在台湾所采用的同化政策，正是这样。

为了保存民族精神和民族文化，使台湾人不忘祖国和民族，永远记住台湾被日本侵占的历史，他深感撰写一部《台湾通史》的重要性和迫切性。他认为："史者，民族之精神，而人群之龟鉴也。……故凡文化之国，未有不重其史者也。古人有言，国可灭，而史不可灭。"③ "然则台湾无史，岂非台人之痛欤！"连横清楚地知道，在日本残暴殖民统治下，要撰写一部翔实的《台湾通史》是非常困难的。但他认为，如因畏难而不修，"是台湾三百年来之史，将无以昭示后人，又岂非今日我辈之罪乎？"于是，他抱着强烈的民族责任感和台湾沦为异域之痛，"昭告神明，发誓述作，兢兢业业，莫敢自遑"④。

经过多年的艰苦努力，连横终于在1918年撰写完成了《台湾通史》。《台湾通史》共36卷，纪4、志24、列传60，共88篇。起自隋代，止于1895年日本割占台湾。书中阐明了台湾自古以来是中国人民开发、经营、世代繁衍生殖之地，历代中国政府行政管辖之区；歌颂我中华民族先王先民筚路蓝缕，开发台湾之丰功；歌颂延平郡王郑成功打退荷兰人收复台湾

---

① 连横：《剑花室诗集》，台北众文图书股份有限公司1979年影印版，第29页。
② 连横：《雅堂文集》卷1，《台湾考释序二》，台北众文图书股份有限公司1979年影印版，第37—38页。
③ 连横：《台湾通史》自序，商务印书馆1983年版，第7页。
④ 同上书，第8页。

之伟绩；叙述清政府治理台湾的历史过程。在凶残的日本殖民者面前，连横以大无畏的精神，讴歌台湾人民抵抗日本侵略者的英勇斗争。他崇敬地称他们为义民义士，多方搜集他们的抗日斗争事迹，将他们保国土卫桑梓的豪言壮语，将他们与侵略者进行殊死战斗为国捐躯的壮烈场面，以及台湾人民不分贫富同仇敌忾反对日本侵略的爱国精神，统统写入《台湾通史》中，使其永垂青史，万古流芳。他在《吴彭年传》中，为这位与日寇进行不屈不挠战斗，最后壮烈牺牲于八卦山上的年轻书生，写下了一段充满感情的赞词："连横曰：如彭年者岂非所谓义士也哉。见危受命，誓死不移，其志固可以薄云汉而光日月。夫彭年一书生耳，唐（景崧）、刘（永福）之辈苟能如其所为，则彭年死可无憾，而彭年乃独死也。吾望八卦山上，犹见短衣匹马之少年，提刀向天而笑也。呜乎，壮哉！"① 在书中，连横对抵抗日本侵略台湾而牺牲的所有军民表示了深切的敬意和哀悼，他写道："乙未之役（反对日本割占台湾），苍头特起，执戈制梃，授命疆场，不知其几何人。而姓氏无闻，谈者伤之。""是篇所载，特存其事。死者有知，亦可无憾。后之君子，可以观焉。"② 这种热爱祖国，反对日本侵略的民族感情，在连横《台湾通史》的字里行间经常流露。他在该书的自序中写道："洪维我祖宗，渡大海，入荒陬，以拓殖斯土，为子孙万年之业者，其功伟矣。追怀先德，眷顾前途，若涉深渊，弥自儆惕，乌乎念哉！凡我多士，凡我友朋，惟仁惟孝，义勇奉公，以发扬种性，此则不佞之帜也。婆娑之洋，美丽之岛，我先王先民之景命，实式凭之。"③ 抒发了对祖国、对民族的深厚感情和在台湾保存和发扬中华民族精神的迫切愿望。连横希望以该书来对抗日本的同化政策，也希望台湾有朝一日能够重归祖国的怀抱。

连横深知："凡一民族之生存，必须有独立之文化，而语言、文字、艺术、风俗则文化之要素也。是故，文化而生，则民族之精神不泯，且有发扬光大之日，此征之历史，而不可易者也。"④ 而日本在台湾禁止初

---

① 连横：《台湾通史》，商务印书馆1983年版，第727页。
② 同上书，第724—725页。
③ 同上书，第7页。
④ 连横：《雅言》，台湾银行经济研究室1963年编印，第1—2页。

等学校教授汉文和台语（闽南话），推行日语教育，目的正是为了在台湾消灭中华文化，使台湾人忘记自己的祖国和民族，变成日本统治下的奴隶。为了对抗日本的同化政策，连横殚精竭虑，做了许多保存中华文化的工作。1924年创办《台湾诗荟》月刊，登载汉诗汉文和有关台湾古今的文章，向读者灌输爱国思想，鼓舞民族精神，收到很好的效果。1928年，在台北开设雅堂书局，专门出售祖国书籍，以传播中华文化。但由于日本为贯彻同化政策，加强其统治，取消了报纸的汉文部，继之则严禁中国文字的使用，因此，《台湾诗荟》仅出版22期而停刊，雅堂书局也只开办一年而被迫停业。此时，台语（闽南话）也面临着日就消灭的危险："今之学童，七岁受书，天真未漓，咿唔初诵，而乡校已禁其台语矣。今之青年，负笈东上，其求学问，十载勤劳而归，而忘其台语矣。今之搢绅上士，乃至里胥小吏，遨游官府，附势趋权，趾高气扬，自命时彦，而交际之间，已不屑复语台语矣。"① 连横对那种附势趋权，满嘴日语而不屑说台语的人，进行了严厉的批评。他说："颜之推氏有言：'今之子弟，但能操鲜卑语，弹琵琶以事贵人，无忧富贵。'噫！何其言之婉而戚耶！今时子弟能操东语（日语），唱和歌（日本歌）而不能富贵；幸而得事贵人，不过属吏下士。一朝得志，趾高气扬，则不屑操台语，若自忘其为台人矣！"②

　　台湾人的祖先多来自福建省的漳州、泉州，所谓台语，实际上就是福建漳州、泉州的方言，即闽南话。日本千方百计要消灭台语也就是要割断台湾同胞与祖国血脉相连的关系，使他们忘记自己属中华民族。连横对日本的这种同化政策所造成的后果忧心忡忡，他"惧夫台湾之语日就消灭，民族精神因之萎靡"③，因而大声疾呼保持台语，并身体力行，发愤撰述《台湾语典》，以抵制日本的同化政策。为了完成时势交给他的这一使命，他闭户潜修，孜孜搰搰，对台语进行了前所未有的深入研究，"举凡台湾

---

① 连横：《雅堂文集》卷1，台北众文图书股份有限公司1979年影印版，第37—38页。
② 连横：《雅言》，台湾银行经济研究室1963年编印，第128页。
③ 连横：《雅堂文集》卷1，台北众文图书股份有限公司1979年影印版，第37页。

方言，无不博引旁征，穷其来源"①。经过多年努力，终于在1933年撰成了《台湾语典》4卷。他希望此书传之世上，不特可以保存台语，而且可使"民族精神赖以不堕"②。

四 盼望台湾早日回归祖国

连横一生最大的愿望是：台湾摆脱日本的殖民统治，回归到祖国的怀抱。1929年，连横之子震东毕业于日本东京庆应大学，回到台湾，连横便不断鼓励他回祖国服务。1931年，连横对震东说："欲求台湾之解放，须先建设祖国。余为保存台湾文献，故不得不忍居此地。汝今已毕业，且谙国文，应回祖国效命，余与汝母将继汝而往。"③ 当时在南京的国民党元老张溥泉（张继）对连横所著的《台湾通史》十分赞赏，认为此书"为民族精神之所附"，"谓为必传之作"④。因此，连横把张溥泉视为知己。由于有这层关系，所以连横让震东带着他的一封亲笔信到南京去见张溥泉。信中写道："昔子胥在吴，寄子齐国，鲁连蹈海，义不帝秦。况以轩辕之胄，而为异族之奴，椎心泣血，其能无痛？且弟仅此子，雅不欲其永居异域，长为化外之民，因命其回国，效命宗邦也。"⑤ 这种椎心泣血和充满眷恋祖国之情的言辞，使张溥泉深为感动，遂安排连震东在大陆工作，并介绍震东加入国民党。1932年，国民党政府在西安成立"西京筹备委员会"，连震东被派到西安参加这一工作。1933年，连横携眷离台，居于上海，1936年6月28日病逝。弥留之际，连横仍牵挂着光复台湾之事，他对震东说："今寇焰迫人，中日终必一战，光复台湾即其时也。汝其勉之！"⑥ 据说他在去世之前，还为其即将出生的孙儿取名连战，希望孙儿能为祖国而战，为台湾光复而战。

---

① 连横：《台湾通史》，商务印书馆1983年版，第736页。
② 连横：《雅堂文集》卷1，台北众文图书股份有限公司1979年影印版，第38页。
③ 连横：《台湾通史》，商务印书馆1983年版，第737页。
④ 连横：《雅堂文集》卷2，《与徐旭生书》，台北众文图书股份有限公司1979年影印版，第132页。
⑤ 林藜：《台湾名人传》，新亚出版社有限公司1976年版，第548页。
⑥ 连横：《台湾通史》，商务印书馆1983年版，第738页。

经过八年抗日战争，1945年日本无条件投降，台湾回到祖国怀抱，连震东奉命回台湾参加办理接收事宜。连横光复台湾的遗愿终于实现，其遗骨也由震东奉至台湾，葬于台北县泰山乡。

（原载《抗日战争研究》2005年第2期）

清代边疆名臣明谊

明谊（1792—1868年），字古渔，姓托克托莫特，乾隆五十七年（1792年）出生于蒙古正黄旗的一个官宦家庭。[①] 祖父策丹曾任副都统之职，兄明训历任吏部右侍郎、内务府大臣和副都统等职。在官宦家庭的熏陶下，明谊自然而然地选择了从政为官的道路。

嘉庆二十四年（1819年），明谊考中二甲进士，被授为兵部主事。其后他担任过则例馆提调，马馆监督和张家口税务监督等官。道光十八年（1838年）春，明谊京察一等，记名以道府任用。同年三月，被任命为广东琼州知府。琼州即今海南岛。明谊任琼州知府三年，道光二十一年（1841年）卸职。出任琼州知府是明谊在边疆地区为官的开端，此后，他除了短期做过甘肃安肃道、山西按察使和甘肃按察使外，主要是在北部边疆地区任职，先后担任过镇迪道、哈密办事大臣、库伦办事大臣、塔尔巴哈台参赞大臣和乌里雅苏台将军等职。

明谊一生在边疆度过了20多个春秋，南疆的朱崖，北疆的外蒙古，西疆的天山南北，都曾是他生活和工作、处理内政和办理外交的场所。他的主要事迹和是非功过，大多是和边疆直接相连的。他是晚清的一位边疆名臣。

明谊在琼州知府任内，政绩如何？我们知道的很少，但可以肯定，他对这个美丽的南疆海岛是非常热爱的。他虽然出生于官宦世家，但并不像某些纨绔子弟那样鄙夷边远地区的风土人情，相反，海南岛的民风敦厚纯朴，人才辈出，给他留下了极好的印象。他曾说："余曩在京师，尤闻琼

[①] 关于明谊的生年，中国文献记载不明。据巴布科夫《1859—1875年我在西西伯利亚服务的回忆》一书记载，1861年明谊70岁。按照清代习惯以虚岁计算，明谊应生于1792年，即乾隆五十七年。

郡人文蔚起，代有伟人，心辄慕之。未几，出守斯郡，甫下车，得观名贤旧迹，与都人士游，洵逮所闻矣。"①

琼州是明朝名臣海瑞的故乡。海瑞为官清廉，不畏权贵，刚正不阿，是明谊景仰的人物。他在《续修琼州府志序》中称赞海瑞是"彪炳史册"的伟人，并以自己能在伟人的家乡做官而感到自豪。海瑞精神对明谊的为官处世是不无影响的。

明谊在琼州留给后人最宝贵的遗产，也许就是《续修琼州府志》了。琼州在乾隆年间曾修过府志，距明谊到任时已有70年。明谊重视志书的修纂，认为将这70年来的琼州史事择要记载下来，不使它随着岁月流逝而湮没，提供后人借鉴，将是一件非常有意义的事情。因此，他把续修琼州府志的任务交给乡宦张岳崧主持。张岳崧不负重托，纂修二载而稿本告成。明谊对此兴奋不已，他写道："志成而抚旧观新，有激劝之道，倘生斯土与守斯郡者，争濯磨而求治理，他日人才兴而吏治盛，又非徒风俗之敦朴称第一也。"② 对琼州的未来，他充满着美好的憧憬。

道光二十一年（1841年），明谊由琼州知府升甘肃安肃道。二十五年（1845年）调新疆镇迪道。这是明谊第二次到边疆地区为官。道光二十七年（1847年），侨居浩罕的张格尔之侄卡塔条勒（即迈卖得明）和倭里罕等七和卓，在浩罕汗国的支持下，发动叛乱，史称"七和卓之乱"。叛乱者从浩罕出发，到处烧杀掳掠，胁迫沿途居民往攻喀什噶尔。喀什噶尔是新疆同浩罕进行贸易的主要商埠，这里聚居着许多浩罕商人，由于这些商人做内应，叛军很快就占领了喀什噶尔回城，围困喀什噶尔汉城，并分兵进犯英吉沙尔、叶尔羌和巴尔楚克等地，气焰十分嚣张。陕甘总督布彦泰闻讯后急忙向道光皇帝奏报。道光皇帝授布彦泰为定西将军，奕山为参赞大臣，带兵前往平叛。同时命明谊和陕西按察使严良训驰往肃州办理粮台事务，并指示明谊等"核实撙节，无得借端虚糜"③。明谊奉旨后，立即离开迪化（乌鲁木齐），奔赴肃州，肩负起供

---

① 明谊、张岳崧纂修：《续修琼州府志》卷首，《续修琼州府志序》。
② 同上。
③ 《清宣宗实录》卷446，第4—6页。

应清军粮秣的重任。随着清军的不断获胜，形势改观，清政府令关内官兵毋庸出关。定西将军布彦泰根据形势的变化，奏请"酌撤粮台，归并局务"。道光皇帝指示明谊于官兵凯旋时，驰往托克逊，办理裁撤该处粮台事务。①"七和卓之乱"违背人民意志，只维持三个多月，就彻底地失败了。明谊因参加平叛，办理粮台有功，被提升为山西按察使。次年调任甘肃按察使。咸丰三年（1853年）出任哈密办事大臣，四年（1854年）调任库伦办事大臣。

咸丰五年（1855年），俄国妄图霸占塔尔巴哈台雅尔噶图山金矿，派兵越界驱逐在那里挖掘金沙的民夫，并枪杀金夫多人。沙俄的侵略暴行，激起了公愤。挖金民夫向清地方官申诉，但官吏畏俄如虎，不予受理。七月十四日四更，满怀义愤的挖金民夫和流民五六百人，放火烧毁了俄国在塔尔巴哈台的贸易圈。事件发生后，塔尔巴哈台参赞大臣英秀要求伊犁、乌鲁木齐等处派兵支援，以防俄国出兵报复。咸丰皇帝生怕激起"边衅"，严厉斥责英秀办理不当，要他"从严惩办"火烧俄国贸易圈的"人犯"，"以期息事"。如果俄国派兵前来报复，也只能向其劝说，"切不可与之开仗"。并威胁说："倘或不知轻重，妄启边衅，朕唯英秀等是问。"② 接着，清政府就以办理俄罗斯交涉"张皇失措"，"难胜边疆大员之任"为由，命明谊接替英秀，为塔尔巴哈台参赞大臣。

咸丰皇帝对俄采取妥协退让的政策，这同当时中国国内的形势有关。综观中国历史上的统治者，在国内人民起义和外敌入侵并存的情况下，他们一般都采取对外妥协退让，对内坚决镇压的方针。塔城金夫火烧俄国贸易圈之时，正是太平天国革命如火燎原之际，所以，咸丰皇帝不惜严惩金夫，以讨好俄国。这种局势和政策，左右着明谊的行动，因此，他在对俄交涉方面，处处表现得软弱无力。咸丰七年（1857年），沙俄驻伊犁领事照会伊犁将军扎拉芬泰说，塔尔巴哈台地方民人又到雅尔噶图山（阿尔噶依图山）挖掘金沙，要求中国将挖金人逐回。清政府即命

---

① 《清宣宗实录》卷448，第12页。
② 《清文宗实录》卷175，第1—2页。

明谊速派妥员前往查看，"如有私越偷挖者，即悉数勒回，以息争端"①。明谊忠实地照办了。这种妥协态度，也明显地表现在他对火烧俄国贸易圈的处理上面。

  咸丰八年（1858年），中俄双方代表在塔城就火烧俄国贸易圈一事进行谈判。明谊是中国方面的代表，扎哈罗夫（Захаров）是俄国方面的代表。扎哈罗夫到塔尔巴哈台参赞大臣衙署会见明谊时，"手挟利刃而入"，随带数十名护卫，"各背火枪，身带刀矛"②。扎哈罗夫如此耀武扬威，藐视中国官府，明谊没有提出任何抗议，而是曲意忍受。谈判一开始，扎哈罗夫就向清方勒索巨额赔款。明谊派协领哈布齐贤与之辩论，指出此案系由俄国逐杀中国挖金民夫引起，根据1851年《中俄伊犁塔尔巴哈台通商章程》规定，俄国商人在卡外被劫，中国概不经管，在卡内被窃，中国代为缉贼，并将起获原窃赃物归还。现在中国政府已将挖金民夫惩办，并将抢救所得货物代为保存，只需俄国将货物领回，此案就可完结，中国并无赔偿俄国损失的义务。扎哈罗夫闻言大怒，声色俱厉地威胁说："若要如此办理，两国只好伤和，恐贻后悔。"③ 在扎哈罗夫的恐吓下，加之明谊记住了咸丰皇帝不得"妄启边衅"的指示，其后，哈布齐贤再同扎哈罗夫谈判，态度就明显地软化了。扎哈罗夫傲慢地说："前许替我修补（贸易圈）房间，必须赶紧建盖。"哈布齐贤恭顺地回答："木料砖瓦，均早为运齐，且已派定前案被罪之革员萨碧屯等，在此听候修建。"扎哈罗夫一闻此言，喜形于色，说："若能如此，方足永固和好之道，无可再说，何不即于日内动工。"哈布齐贤立即答应"准于此日兴修"④。双方转入赔款谈判时，扎哈罗夫坚持要清政府赔款25万两银，哈布齐贤许以10万两。几经讨价还价，明谊终于在1853年10月16日同扎哈罗夫签订了《塔尔巴哈台议订赔贴条约》。这个条约规定：（1）惩办烧毁俄国贸易圈"人犯"；（2）为俄国修理贸易圈房屋；（3）赔偿俄商302500卢布，折中国

---

  ① 《筹办夷务始末》，咸丰朝，卷15，第18—19页。
  ② 《筹办夷务始末》，咸丰朝，卷30，第46页。
  ③ 同上书，第46—51页。
  ④ 同上。

白银 135682 两，以 5500 箱中国武夷茶叶作抵。① 塔城挖金工人火烧俄国贸易圈事件，以签订这个屈辱性的条约而告终。咸丰皇帝对此表示满意，降旨表扬明谊说："塔尔巴哈台焚烧夷圈一案，经明谊等迭次开导，用茶箱贴补，……办理尚为妥协。"②

咸丰九年八月（1859 年 9 月），俄国驻塔城领事呈文塔尔巴哈台参赞大臣明谊说："喀通苏地方，有中国贫民百余人，在彼开荒，建盖庄房十余座，若生事端，恐于两国不便，祈请收回。"③ 经明谊派人查明，喀通苏地方"在巴克图卡伦之外，边境之内，土名二道河身，离城百余里，系内附哈萨克游牧之处，并非俄夷境内。"④ 中国人民在中国境内开垦耕种，完全是中国内部事务，俄国根本无权干涉。但明谊在接见俄国驻塔城领事时，并没有明确指出这一点，而是含糊其辞地说："两国穷民，私逃出境，事所难免。……今既我国贫民逃出，若偷越你们境内，还须知照你国查送回来，若在我国境内，是我国自己应办之事，断不能听其私往卡外，必在查办收回。"⑤ 在二道河身地方经营垦种的共有王文兴等九人，他们各自出资拉运农具，雇觅贫民，犁地下种，修盖土房窝棚九处。明谊认为："该民户等私垦之地，虽不在俄夷境内，辄敢私出卡外试种，实属大胆，且与哈萨克杂处，易滋事端。"明谊令奇车布等将民房拆毁，将王文兴等惩办，将所有穷民收入卡内。⑥ 在俄国阴谋蚕食中国领土的情况下，明谊的这种做法是完全错误的，它使俄国得寸进尺，把喀通苏地方视为己有，最后加以强占。

总之，明谊在塔尔巴哈台参赞大臣任内所经办的对俄交涉事件，无一不是按照咸丰皇帝对内镇压对外妥协的总政策办理的，这是明谊一生中最不光彩的一页，但他却因此而赢得了咸丰皇帝的信赖和赏识。1859 年 11 月，明谊被提升为乌里雅苏台将军。

---

① 《筹办夷务始末》，咸丰朝，卷 31，第 27—29 页。
② 《筹办夷务始末》，咸丰朝，卷 31，第 27—28 页。
③ 《筹办夷务始末》，咸丰朝，卷 43，第 12—13 页。
④ 同上。
⑤ 同上。
⑥ 同上书，第 13 页。

咸丰十年（1860年），沙俄利用英法发动第二次鸦片战争之机，趁火打劫，强迫清政府签订丧权辱国的《中俄北京条约》，割去乌苏里江以东大片中国领土，并对中俄西段边界作了如下规定："西疆尚在未定之交界，此后应顺山岭，大河之流，及现在中国常驻卡伦等处，及1723年，即雍正六年，所立沙宾达巴哈之界牌末处起，往西直至斋桑淖尔湖，自此往西南，顺天山之特穆尔图淖尔，南至浩罕边界为界。"①

咸丰十一年二月二十四日（1861年3月24日），清政府任命明谊为钦差大臣，前往塔尔巴哈台，会同塔尔巴哈台参赞大臣明绪，与俄国政府代表谈判中俄西段边界问题。1861年6月，明谊抵达塔尔巴哈台。俄国西伯利亚总督杜加美尔（Дюгамелъ）得到清朝谈判代表已经抵达塔城的信息后，立即命令俄国划界委员巴布科夫（Бабков）从速前往塔城与清朝代表约定会议的时间和地点。1861年8月24日，巴布科夫和帮办安德烈耶夫大尉到达塔城。这时，清总理衙门已就会议日期与俄国驻京公使达成了协议，决定中俄两国代表于1862年5月11日在塔城谈判中俄西段边界问题。明谊把这一决定通知巴布科夫。巴布科夫要求中俄双方代表立即将界址议定。他说：根据《北京条约》规定的国界方向，各处地址，俄方都曾走过，现在就可以议定界址，不必拖延到来年。② 明谊考虑到巴布科夫既无该国派办此案的全权证书，又无勘界地图，况且会议日期中俄双方早已议定，目下气候寒冷，已见冰雪，不日严寒，"山封路阻，何能会同履勘"，拒绝了巴布科夫的要求。但巴布科夫还想趁界址未定之前，先单方面竖立界碑、鄂博，造成既成事实，以便将来逼迫清政府承认。所以，他又对明谊提出，会勘边界之事，可以遵照双方约定在明年进行，但俄国要在今冬明春勘界之前，先在沙宾达巴哈一带运送木石，分派工匠前往，筹建界牌。要求明谊"饬行各处守卡弁兵，遇有该国派来兵匠，勿得拦阻"③。明谊觉察到巴布科夫此举旨在侵占中国地界，"其情极为狡狯"，答复说："若贵国派夫运料，仅在尔处界内，我处自不过问。

---

① 王铁崖编：《中外旧约章汇编》第1册，三联书店1982年版，第150页。
② ［俄］巴布科夫：《1859—1875年我在西西伯利亚服务的回忆》，商务印书馆1973年版，第109页。《筹办夷务始末》，同治朝，卷2，第38页。
③ 《筹办夷务始末》，同治朝，卷2，第36—40页。

若侵越我界，现未议明，我处守卡之人，自不应任你犯境，我们如何能先行令弛禁？"①巴布科夫无言以对，只好起程回国，等待来年会议。

明谊深切地认识到，这次同俄国谈判，事关国界，责任重大，在谈判之前，必须做好准备工作，绝不可使俄国任意侵占中国领土。他认真地研究了清朝官方图籍有关中国西部疆界的记载和《北京条约》关于中俄西段边界的规定，发现二者有极大的差别，如果按照《北京条约》划分中俄边界，将使中国丧失大片领土。他在《筹议查勘西界折》中指出：中俄《北京条约》规定的两国分界，"衰延万里，其中仅有沙宾达巴哈、斋桑淖尔、特穆尔图淖尔三处地名"，"若特穆尔图淖尔，则在伊犁边内，至于斋桑淖尔，则明明在塔尔巴哈台辉迈拉扈等三卡伦之内，若自此议分，不特占据我国之边界，恐将中华原设之卡伦，更被其包入，势难任其侵越"②。因此，他决定在谈判会上，根据中国旧有地图所绘的中外界限与俄方代表理论。

明谊还认为，边界谈判，不仅要做好文献资料的准备，同时还要依靠实地勘察，因为，"若不将旧界勘明核定，无凭与之分界"。所以，他奏请由乌里雅苏台、科布多、塔城、伊犁分别派遣官兵对西段边界进行一次全面的实地勘察，绘图贴说，以作为将来与俄国谈判的根据。由于实地勘察需要时日，他要求清政府与俄国驻京公使交涉，把边界谈判会议改在同治元年七月（1862年8月）举行。后经总理衙门与俄国驻京公使巴留捷克商议，决定会议改在同治元年六月十五日（1862年7月11日）举行。时间问题解决了，但实地勘察工作却进行得非常不顺利，因为俄国早已出动军队占领了中国新疆和科布多沿边的大片领土，并私自在中国境内设立哨卡，拦阻清朝官兵前往勘察。同治元年七月初八日（1862年8月3日），明谊和明绪等开始同俄国代表巴布科夫等进行谈判。巴布科夫拿出一张俄国单方面绘制的分界地图，"内点红色为限：不论中华边疆，止以常住卡伦为界，所有卡外尽作为应给该国之地"③。对于沙俄这一无理要求，明谊

---

① 《筹办夷务始末》，同治朝，卷2，第36—40页。
② 《筹办夷务始末》，同治朝，卷4，第15—20页。
③ 《筹办夷务始末》，同治朝，卷9，第35—37页。

立即予以驳斥。他说，"条约内载自沙宾达巴哈界牌末处起，至浩罕边界为界，衺延万里，其中只有三处地名，再未详细指定逐段立界之处"，根本没有什么统以中国常住卡伦为界的规定。双方应该细查条约，遵照旧图，秉公商办。① 又说，常住卡伦之外有乌里雅苏台、科布多所属乌梁海，有塔尔巴哈台所属爱古斯、勒布什的哈萨克，有伊犁所属特穆尔图淖尔、哈拉塔拉的哈萨克、布鲁特，他们都是清朝的臣民，他们的牧地是中国的领土，不能分给俄国。并出示地图，把中国各处边界指给俄国代表阅看。巴布科夫蛮不讲理，颠倒黑白，说什么"图内所载界址，均系该国所属乌梁海、哈萨克、布鲁特游牧之地"②。七月十一日（8月6日），双方代表再次举行会议。俄方代表仍然坚持以中国常住卡伦为界，并说常住卡伦以外之地，根据条约已分给俄国了。明谊驳斥说，条约所载是未定之界，所以才需要我们谈判划分，"现有我国旧址地图，自应照图详议"。巴布科夫勃然大怒，叫嚷说："若要如此，即可不议，我们不能以你们之地图为凭。"斯卡奇科夫也威胁说："我们只好带来军队占据卡外之地，不由你们不给。"③ 明谊不畏强暴，驳斥说，"有理不妨缓商，无理不能强占"，"秉公会议，谁敢遽云用兵"④！

此后，俄国增派驻伊犁领事扎哈罗夫为全权代表。扎哈罗夫通晓满、汉语言，"人甚狡黠"。在七月二十九日（8月24日）谈判会上，扎哈罗夫刺刺不休地说："如不照条约内载以常住卡伦为界，即是你们废了条约。"⑤ 事实上，在条约俄文本中，根本没有"常住卡伦"字样，由于明谊等不懂俄文，没能指出这一点。尽管如此，明谊还是理直气壮地驳斥了扎哈罗夫的谬说，指出，"彼此疆界，各有定制"，"条约系总其大纲，商办始定其界址"。"我们本着条约与你们商办"，"据图而议"，"如何反说我们废了条约"⑥?! 为了维护国家领土主权，明谊侃侃而谈，指出：巴尔

---

① 《筹办夷务始末》，同治朝，卷9，第35—37页。
② 同上。
③ 同上。
④ 同上。
⑤ 同上书，第38页。
⑥ 同上书，第37—40页。

喀什湖以南勒布什地方，乾隆年间所立石碣至今尚存，伊犁、塔尔巴哈台向哈萨克牧民征收租马的官兵，每年都在勒布什会哨，难道能说这些地方不是大清国的境界？扎哈罗夫理屈词穷，恼羞成怒，大声叫骂说，"此界系你们伊犁将军私行偷立，何以算得交界"，"你们伊犁将军真乃小人之行"①！

经过几次谈判，俄国代表始终坚持以"中国常住卡伦为界"，毫无商量余地。明谊考虑到，科布多、塔尔巴哈台、伊犁的常住卡伦，距城不过数十里、百余里，最多也不过二三百里，距固有边界尚远，如果准以常住卡伦议分，不仅卡伦外大片疆土"均被该国侵占"，而且乌里雅苏台、科布多所属每年进贡貂皮的一部分乌梁海，伊犁、塔尔巴哈台所属每年缴纳租马的哈萨克、布鲁特各部落，也尽被该国包去；如果不准其以常住卡伦为界，则又恐俄国借词启衅。为了打开谈判僵局，明谊想出了一个折中办法，既不以清朝原有疆界为界，也不以俄方要求的常住卡伦为界，而是在这二者之间，"适中酌定"两国边界。根据这种设想，他绘制了一张西北边境地图，图中以黄线标示清朝固有的边界线，红线标示俄国要求的边界线，紫线标示准备退让的边界线，呈报清政府总理衙门，作为与俄国驻京公使议分边界的参考。同时他希望在塔城同扎哈罗夫的谈判中，能"稍敛其贪得无厌之心，适中定议"，完结此案。②

同治元年八月初九日（1862年9月2日），明谊继续同扎哈罗夫谈判。扎哈罗夫拿出俄国绘制的地图，明谊拿出清朝旧图与之逐一核对，查出俄图中"多指东为西之诈"。扎哈罗夫理屈词穷，又说所绘地图不足为凭，应以《北京条约》所载"现在中国常住卡伦"为界。③ 明谊当即回答说：按照《北京条约》规定，中俄边界线首先应从沙宾达巴哈界牌末处起，"往西直至"斋桑湖，而不是什么以常住卡伦为界。扎哈罗夫觉得条约这个规定同他们的侵略要求相去太远，于是又提出"必须两国复派委员会同画图，再行定议"。明谊立即表示同意。其实，扎哈罗夫提出双方会同查

---

① 《筹办夷务始末》，同治朝，卷9，第37—40页。
② 同上书，第41—42页。
③ 同上书，第42—43页。

勘绘图只不过是"故为疑难",目的是迫使明谊屈服,"以遂其欲",并无意完全按照《北京条约》的规定勘界,因此他又改口说,如果等待两国派员会勘之后再谈判,十年二十年也不能定议。① 明谊等立即回答说:"原约有不限时日之语,缓办何妨。"② 扎哈罗夫技穷,"复以常住卡伦为界之语借词狡展"。明谊等即答以"若照我国常住卡伦为界,则不特卡外住牧之食俸阿勒坦淖尔乌梁海各旗,即哈萨克,布鲁特各部落,均被你国包去"③。扎哈罗夫闻此诘问,辞塞而退。

同治元年八月二十四日(1862年9月17日),明谊向俄方表示,中国准备让步,把斋桑湖、辉迈拉乎卡伦、雅尔裕勒、勒布什一线以西中国领土划给俄国,但从沙宾达巴哈界牌至斋桑湖,从勒布什至浩罕边界,都应按照中国旧界勘分。扎哈罗夫拒绝明谊的方案,于次日拿出一份俄国自拟的分界议单,"大意总要以常住卡伦为界",并声称:"若不照此办理,即可毋庸再议。"明谊在复文中对议单"逐层以理驳诘"④。俄国代表便单方面中断会议,于闰八月十九日(10月12日)起程回国。

俄国代表回国以后,明谊考虑到,从乌里雅苏台、科布多,到塔尔巴哈台、伊犁等边境地区,处处都有俄人希图侵占之地,此次俄国代表不遂所欲,明年开春势必派兵前来强占。因此,他要求沿边官兵提高警惕,就地设防,准备抵抗俄国军队的入侵。随后,明谊即离开塔城,于同治元年十一月二十日(1863年1月9日)回到乌里雅苏台将军任所,听候清政府的指示。

事态的发展果然不出明谊所料,从同治二年(1863年)春季开始,西伯利亚总督杜加美尔就根据沙皇政府关于尽可能实际占据符合俄国意图的全部国界线的指示,派出大批军队,全面占领常住卡伦以外的中国领土,并挑起了多次武装冲突。对于沙俄猖獗的侵略活动,清政府曾多次提出抗议,但都没有什么结果。

这时,清政府正集中全力镇压太平天国革命和西北回民起义,生怕俄

---

① 《筹办夷务始末》,同治朝,卷9,第42—43页。
② 同上。
③ 同上。
④ 《筹办夷务始末》,同治朝,卷10,第10—12页。

国乘机发动侵略战争，因而决定对俄妥协，于同治二年四月二十九日（1863年6月15日）降旨说，"两国分界处所，总以前次总理衙门所发地图折中立议为断，固不得任令俄国任意侵占，亦不必与原定和约大相径庭，致该国有所借口。""此事早结一日，即早免一日葛藤，若再稽延，恐将来又生枝节。现值天气和暖，正宜即时办理。"① 并令明谊迅速驰赴塔城，与明绪等妥商筹办。

同治二年七月二十五日（1863年9月7日），总理衙门恭亲王奕䜣提出全面向俄妥协的方针，他说，现值兵饷两绌，倘若俄国派兵进一步扩大侵略我国北西边境，"恐所失愈多，转圜愈难。两害相权，则取其轻"②。主张按照俄国分界使臣提出的议单办理。慈禧太后同意恭亲王的建议。七月二十九日（9月12日），总理衙门照会俄国驻京公使，请俄国派出分界大臣，会同中国分界大臣，照俄国分界议单勘定中俄西段边界。

同治二年八月下旬（1863年10月上旬），明谊和扎哈罗夫等先后到达塔城。九月初四日（1863年10月16日），明谊、明绪等与扎哈罗夫等商议分界事宜。会议一开始，俄国代表就拿出他们绘制的以常住卡伦分界的地图，声称"若不照图议定，伊等定初十日（10月22日）回国"③。明谊再次拒绝了俄国代表的要求。会后，明谊照会俄代表，提出自己的分界方案，他说，"条约内本载自沙宾达巴哈之界牌末处起，往西直至斋桑淖尔湖，今你们既说'往西直至'字样是你国汉译误写，现在不妨少偏西南，至斋桑淖尔湖"。然后自斋桑淖尔湖西边，"由辉迈拉乎等三处夏季常住卡伦起，往西南至雅勒裕尔地方，再由雅勒裕尔起，往西南至特穆尔图淖尔止，其西归俄国，其东归中国"④。明谊的这个分界方案，比起此前他提出的分界方案，已有了较大的让步，但俄国仍然不予接受。10月22日，俄国代表照复明谊，说清总理衙门王大臣已照会俄国驻京公使，允许按照去年俄国提出的分界议单办理。同时指责明谊不遵总理衙门札谕，任意办事。明谊这时尚未接到总理衙门指示，对此感到愕然，不知是真是假。他

---

① 《筹办夷务始末》，同治朝，卷15，第52页。
② 《筹办夷务始末》，同治朝，卷18，第51—52页。
③ 《筹办夷务始末》，同治朝，卷24，第9—10页。
④ 同上书，第9—12页。

挽留俄国代表暂留塔城，等待总理衙门指示的到来。俄国代表以天气寒冷不能等候为由，于10月25日起程回国。

同治二年九月二十二日（1863年11月3日），明谊接到了清政府准照俄国议单分界的指示，心情十分沉重。按照俄国议单分界，丧失领土太多，这对他来说，是难以接受的。他在奏折中沉痛地说："乌梁海蒙古，以及内服之哈萨克、布鲁特人等，世受天朝豢养之恩，必不肯从逆。前有在伊犁出力报效，又有供给马羊之举，我国焉肯置之不顾，奴才等俟定议时，不能不再与之理论。"① 在邀请俄国派员前来议分国界的照会中，他要求在议单所定界线的俄方一侧，让出一二百里，以供原属中国之乌梁海、哈萨克、布鲁特游牧；抑或在条约中载明："向来中国人住牧渔猎之地，仍听中国人住牧渔猎，俄人均不得侵占。"② 西伯利亚总督复文拒绝明谊的要求，并威胁说，如不按照俄国议单分界，"勿庸再订后期"③。在这种情况下，明谊仍然没有屈服，他答复说：分界一事，必须由两国分界大臣会同议定，"断不能以贵国自定之议单，即作为断结"。如果贵总督要停办勘界事宜，那么，"即未换约，卡外之地，原系我国地面"，"倘贵国先行派人前来私自侵占，我国定必派人拦阻，彼时猝启衅端，系由贵国先肇"④。

随着俄国军队的步步进逼，加上新疆各地少数民族纷纷起义反清，伊犁将军常清、参赞大臣明绪以"内外不能兼顾"为由，竭力主张对俄妥协。清政府催迫明谊迅速与俄定界，并用十分严厉的口气指示说："不得于议单之外，再生枝节。"⑤ 尽管如此，明谊仍不甘心完全按照俄国议单把中国的大好河山划归俄国。同治三年八月（1864年9月），扎哈罗夫等到达塔城，明谊根据《中俄北京条约》自沙宾达巴哈界牌末处往西直至斋桑湖的规定，向其力争将阿勒坦诺尔乌梁海地区留一半归中国，"冀于无可挽回之中，稍图补救"⑥。但扎哈罗夫态度蛮横，声称只有按照俄方"画

---

① 《筹办夷务始末》，同治朝，卷22，第32—33页。
② 《筹办夷务始末》，同治朝，卷24，第1—2页。
③ 《筹办夷务始末》，同治朝，卷27，第33—35页。
④ 同上。
⑤ 《筹办夷务始末》，同治朝，卷28，第4页。
⑥ 许同莘等编：《同治条约》，同治三年十月十八日《勘界大臣明谊等奏分界一事已照俄使议单换约折》。

定分界限道绘图作记,换约定案",否则"立即回国派兵看守分准地界"①。在沙俄代表动辄以用兵相威胁的情况下,明谊终于遵照清政府的指示,按照俄国的要求,于同治三年九月初七日(1864年10月7日)同扎哈罗夫等签订了《中俄勘分西北界约记》。通过这个条约,沙俄割占了巴尔喀什湖以东以南的大片中国领土。

《中俄勘分西北界约记》签订之后,明谊带着遗憾的心情回到了乌里雅苏台将军任所。同治五年(1866年)因病开缺,回旗调理,七年(1868年)去世,终年77岁。清廷以其"克供厥职",给予"勤果"的谥号。②

(原载《中国边疆史地研究导报》1989年第4期)

---

① 许同莘等编:《同治条约》,同治三年十月十八日《勘界大臣明谊等奏分界一事已照俄使议单换约折》。
② 《清史列传·明谊传》。

噶尔丹"服毒自杀"说辨伪

——为神化康熙皇帝而制造的一个谎言

关于噶尔丹之死,在 1949 年前出版的著作中,如肖一山的《清代通史》,曾问吾的《中国经营西域史》等,都认为是服毒自杀的。新中国成立后,翦伯赞主编的《中国史纲要》,齐思和等编著的《中外历史年表》,余元盦的《内蒙古历史概要》,新疆民族研究所编著的《新疆简史》等,也一致认为噶尔丹是服毒自杀的。近几年来,国内出版的著作和文章,凡涉及噶尔丹之死的,也都持同样的看法。[①] 这说明,噶尔丹服毒自杀的说法,在我国史学界已成定论。

噶尔丹"服毒自杀"说之所以为大家公认,是因为它有大量的文献记载作为根据。清朝官方编纂的《康熙实录》,清代著名学者祁韵士的《皇朝藩部要略》,魏源的《圣武记》,何秋涛的《朔方备乘》,以及清朝覆亡后编撰的《清史稿》等书,都有关于噶尔丹服毒自杀的记载。其中以《康熙实录》最为重要。其他各书所载内容大致与《康熙实录》相同,《皇朝藩部要略》和《清史稿》的有关记载,更是抄自《康熙实录》抚远大将军费扬古的疏报。现将《康熙实录》这段记载摘录如下:

> 康熙三十六年四月甲子(十五日),……抚远大将军费扬古疏报:康熙三十六年四月初九日,臣等至萨奇尔巴图哈孙地方,厄鲁特丹济拉等遣齐奇尔寨桑等九人来告,闰三月十三日,噶尔丹至阿察阿穆塔台地方,饮药自尽,丹济拉、诺颜格隆、丹济拉之婿拉思伦,携噶尔

[①] 这类著作和文章约有十几种,如人民大学清史研究所编的《清史论文选集》中的有关文章和内蒙古语文历史研究所编著的《蒙古族简史》等,这里不再一一举出。

丹尸骸及噶尔丹之女钟济海，共率三百户来归。①

丹济拉是噶尔丹的亲信，其地位仅次于噶尔丹。从上面引文看来，噶尔丹"饮药自尽"的消息，是来自丹济拉所派寨桑齐奇尔的禀报，并非道听途说，有根有据，应该是很可以相信的了。然而，事实并非如此。如果我们把成书较早的《亲征平定朔漠方略》与《康熙实录》相互校勘，就会发现《康熙实录》中的费扬古奏报已非本来面目。《亲征平定朔漠方略》的这段记载是：

> 康熙三十六年四月甲子，……费扬古奏为飞报噶尔丹已死，丹济拉来降事：康熙三十六年四月初九日，臣等至萨奇尔巴尔哈孙地方，厄鲁特丹济拉等遣齐奇尔寨桑等九人来，告曰：我等乃丹济拉所遣之使，（闰）三月十三日，噶尔丹死于阿察阿穆塔台地方，丹济拉、诺颜格隆、丹济拉之婿拉思伦，携噶尔丹尸骸及噶尔丹之女钟齐海，共率三百户来归圣上。……问齐奇尔寨桑曰：噶尔丹之死何故？……据云，噶尔丹于闰三月十三日清晨得病，其晚即死，不知何症。②

事实很清楚，在费扬古原来的奏报中，噶尔丹是得病而死的。《康熙实录》篡改了这个奏报，把其中关于噶尔丹因病而死的内容全部删去，并增添了"饮药自尽"的字句。于是，噶尔丹便由病死而变成自杀了。

在《康熙实录》中，有关噶尔丹之死的消息来源，除了费扬古的奏报外，还有下面一条：

> 康熙三十六年四月十八日，"丹济拉使人齐奇尔寨桑至，奏曰：噶尔丹闰三月十三日身死，即时焚其尸。"③

---

① 《康熙实录》卷183，第7—8页。
② 《亲征平定朔漠方略》卷43，第29—30页。
③ 《康熙实录》卷183，第9页。

这条记载也是经过篡改的,请看《亲征平定朔漠方略》的同条记载:

康熙三十六年四月丁卯(十八日),上驻跸都勒地方,丹济拉使人齐奇尔寨桑至,奏曰:噶尔丹(闰)三月十三日病死,即于是夜焚其尸。①

在这里,齐奇尔寨桑明明说噶尔丹是"病死"的,《康熙实录》却把它篡改为"身死",使它同"饮药自尽"之说不相矛盾。

根据上面的校勘,可以得出结论,《康熙实录》关于噶尔丹"饮药自尽"的记载是伪造的,因而是不可靠的,是没有史料价值的。

《康熙实录》的编纂者为什么要篡改这一史实呢?关于这个问题,需要追溯得更远。事实上,把噶尔丹因病而死歪曲为自杀,其发明权并不属于《康熙实录》的编纂者,而是属于康熙皇帝的议政大臣们。他们从费扬古的奏报到达之日,就开始制造噶尔丹自杀的谎言,其目的是为了神化康熙皇帝。

早在噶尔丹未死之前,康熙和大学士伊桑阿有过一段对话。康熙说:"各项事务,议论区画,俱已详尽,今噶尔丹无所逃矣。噶尔丹或降或自杀,否必为我所擒。"伊桑阿回答说:"此役追剿噶尔丹之事,皇上每日执笔书记区处,备御噶尔丹去路,已极周密,备储我军资用,又极丰裕,诚如天罗地网,噶尔丹无所逃矣,不久当如圣谕所云也。"②

但是,在康熙三十六年(1697年)四月十五日,大将军费扬古明确奏说:"噶尔丹于闰月三月十三日清晨得病,其晚即死。"也就是说,噶尔丹既不是投降,也不是自杀,更不是被擒,完全出乎康熙的意料之外,并没有"如圣谕所云也"。康熙看过奏报后,命议政大臣"作速议奏"。这些议政大臣摸透了康熙爱听颂扬的脾气,立即集议曰:"噶尔丹乃狡猾巨寇,皇上驱除暴虐,永奠疆圉,圣躬不惮勤劳,一连出兵三次,终除贼之根株,实史册中未有之事。且宁夏启行之前,谕以噶尔丹

---
① 《亲征平定朔漠方略》卷43,第41页。
② 同上书,第58—59页。

已无去路，或自杀，或投降，否则必为我所擒。今果自杀，臣等不胜倾服。恭逢大喜，请行庆贺礼。"① 真是只要博得皇帝欢心，哪管他事实真相如何？费扬古所奏噶尔丹因病而死，在议政大臣口中竟变成了"今果自杀"。这样一改，噶尔丹之死就完全合乎"圣谕"之所云，康熙也就成为料事如神的先知了。

康熙对议政大臣们的这种"创造"是很欣赏的，同年四月二十一日，他亲自出面，在一道上谕中进一步提出了噶尔丹"仰药自杀"的说法。他说："十八日，过穆纳，齐奇尔寨桑到，除问彼之事已详开发汝外，朕面诘之，噶尔丹之死，仰药自杀是实，或众人酖之，或自服毒，俟程贝藏布到后，缓缓辨之。"② 康熙的这段话是不可信的。四月十八日齐奇尔寨桑奏称："噶尔丹（闻）三月十三日病死，即于是夜焚其尸。"康熙指示说："齐奇尔寨桑一二日后当即遣回，著议政大臣有当问之事问之，当议之事议之，来奏。"议政大臣遵旨诘问齐奇尔寨桑，齐奇尔寨桑回答"与大将军费扬古所奏无异"。也就是说，齐奇尔寨桑仍然坚持前说，即噶尔丹因病而死，不是自杀。最后，议政大臣奏请把齐奇尔寨桑发至费扬古处，康熙同意这样做，并赐齐奇尔寨桑蟒袍褂带。③ 这就是四月十八日齐奇尔寨桑面见康熙的实际情形，他根本没有说什么噶尔丹"仰药自杀"的话。

康熙之所以对噶尔丹"自杀"之说大感兴趣，目的是为了标榜自己。他在一道颁行天下的诏书中夸耀说，噶尔丹"饮药自尽，揆诸料敌成谋，适相符合"④。在康熙亲自定调之后，清朝大臣便群起颂扬，说康熙"实为千古帝王所不及，用能奏定大勋，悉符成算如此"⑤，"今噶尔丹果尔自尽，恰符谕旨，皇上先事如见，料敌如神，宜天下万世无不景服也"⑥。

此后，清代官私文献，凡有谈到噶尔丹之死的，都按上谕的调子书

---

① 《亲征平定朔漠方略》卷43，第32—33页。
② 同上书，第51页。
③ 同上书，第43页。
④ 《亲征平定朔漠方略》卷45，第32页。
⑤ 《亲征平定朔漠方略》卷43，第61页。
⑥ 同上书，第37页。

写，原先奏折凡有与上谕不相符合的，在收入《康熙实录》时，也要加以篡改，使之一致。就这样，噶尔丹"仰药自杀"之说，便仗着皇帝的权威，广泛传播，欺骗世人，并且一直流传至今。

（原载《历史研究》1980年第6期）

哲布尊丹巴政权的首任"总理大臣"是谁？

一 问题的提出

1911年，沙俄利用中国辛亥革命之机，策动外蒙古"独立"，建立了一个以哲布尊丹巴呼图克图为皇帝的傀儡政权。关于这个政权的首任内阁总理大臣是谁，由于记载歧异，说法很不一致，至今还是一个没有很好解决的问题。

廓索维慈在《从成吉思汗到苏维埃共和国》一书中说："库伦新政府系由一般最古老的爱玛克王公所组成，内阁总理为牙萨克图可汗。但牙萨可图可汗担任内阁总理不久，即行去职，因彼对于中国表示同情故也。据云，其后彼为人所毒死，继彼长阁者，为一位年事甚少之三音诺颜可汗。当余逗留库伦之时，彼犹担任斯席未去也。"[①] 又说："三音诺颜可汗，则自牙萨克图可汗死后，最近始任总理大臣之职。"[②] 廓索维慈是1912年10月到达库伦的。在这里，他毫不含糊地指出，外蒙傀儡政权的首任内阁总理大臣是牙萨克图可汗，此人在他到达库伦之前已不在人世了。由于廓索维慈是1911年策动外蒙"独立"的关键人物，又是1912年俄国派往库伦逼迫傀儡政府签订《俄蒙条约》的特使，因此，他的这一记载为中外某些历史研究者视为信史，并在他们的论著中转述和引用。

中国文献记载与廓索维慈的说法不同，其中以梁鹤年1916年在库伦撰成的《库伦独立始末记》所记最受人们重视，该文写道："哲布尊丹巴

---

① [俄] 廓索维慈：《库伦条约之始末》，王光祈译，中华书局1930年版，第8—9页。
② 同上书，第55页。

呼图克图行登极礼……设立政府，分五部，以二达喇嘛车林齐密特为内阁总理。"又说："总理车林齐密特兼任内务大臣。"①梁鹤年是清代末任库伦办事大臣三多的幕僚，他撤离库伦后，仍然一直关心着外蒙事态的发展，1916年，他又回到库伦，任办事大员公署主事。当时库伦办事大员陈篆曾称赞他："于（库伦）独立前后，知之最谂。"②他的《库伦独立始末记》确实保存了许多有价值的史料，其中关于库伦傀儡政权人员组成的记载，也为很多史学研究者所引用。

如上所述，廓、梁二说都为人们所引用，但令人遗憾的是，引用廓说者没有说明梁说为什么不可信，引用梁说者也没有说明廓说为什么不可信。因此，到底哪一说合乎事实，或者二说都不合乎事实，仍然是个疑问。

近年来，有人对这个问题提出一种新的看法，认为上述两种说法字面上虽然不同，实际上并不相悖，廓索维慈所说的"牙萨克图可汗"，就是梁鹤年所说的"达喇嘛车林齐密特"，牙萨克图可汗和车林齐密特是一个人，而不是两个人。从而断定：库伦傀儡政权的第一任内阁总理大臣是"牙萨克图汗车林齐密特"③。并且指出：此人在1912年10月廓索维慈到达库伦之前"已被撤职和遭人毒害，原因是他对中国表示同情"④。这种说法的特点是：把廓索维慈和梁鹤年两种不同的记载合而为一，把牙萨克图可汗和达喇嘛车林齐密特视为一人。但令人感到不满足的是，持此看法者并没有进一步对自己的看法加以论证。因此，外蒙"独立"后的第一任内阁总理大臣到底是谁？牙萨克图可汗与车林齐密特究竟是一个人，还是两个人？这些问题，仍然没有解决。

根据对历史资料的比较研究，我认为，牙萨克图可汗不是车林齐密特，他们是两个人，不是一个人，哲布尊丹巴傀儡政权的第一任总理大臣是车林齐密特，不是牙萨克图可汗。同时我还认为，廓索维慈所说的牙萨

---

① 梁鹤年：《库伦独立始末记》，1916年撰，载陈篆《止室笔记》，《奉使库伦日记》卷2。
② 陈篆：《止室笔记》，1917年刊印，第176页。
③ 中国蒙古史学会编：《中国蒙古史学会成立大会纪念集》，中国蒙古史学会1979年编印，第559页。
④ 《国外中国近代史研究》第1辑，第155页。

克图可汗，实际上是扎萨克图汗之误。下面就让我来论证这些问题。

二 哲布尊丹巴政权的首任"总理大臣"是达喇嘛车林齐密特

三音诺颜汗那木囊苏伦是哲布尊丹巴政权的第二任总理大臣，各家看法一致，没有争论，因为这是事实。如果我们弄清楚三音诺颜汗是继何人之后担任总理大臣之职的，那么，第一任总理大臣是谁的问题也就解决了。

1913年，英国皇家地理学会成员珀里·艾斯库曾到库伦等地旅行，并与俄国驻库伦总领事吕巴等有较密切的接触。就在这一年，他同英国皇家地理学会的另一成员奥特·巴里合作，写了一本名为《和俄国人在蒙古》的书。该书记载说："蒙古内阁总理大臣：三音诺颜汗，一个有知识的人，是内阁的支柱，他在1912年7月入阁接替达喇嘛。"[1] 据此，三音诺颜汗是继达喇嘛之后担任内阁总理大臣的。也就是说，哲布尊丹巴政权的首任总理大臣是"达喇嘛"，而不是别的什么人。但这条记载是否可靠呢？有没有其他记载可资印证呢？回答是肯定的。

哲布尊丹巴政权是沙皇政府一手扶植起来的，它的一切重大举动，都必须听从俄国的指挥，这次更换总理大臣也不例外。在俄国的外交文件中，就记载着三音诺颜汗接替达喇嘛担任总理大臣的经过，为了说明问题，现将有关文件引述如下。

1912年5月17日，俄国驻华公使库朋斯齐在致俄国外交大臣的电文中，转述了俄国驻库伦领事吕巴的电报说："达喇嘛及一些喀喇沁官员掌握着政权，近来他们对俄国奉行不友好的两面政策。"[2] 透露了沙俄对达喇嘛等人掌握政权的极大不满。

1912年6月3日，俄国外交大臣沙查诺夫在电报中指示吕巴向哲布尊

---

[1] ［英］珀里·艾斯库、奥特·巴里：《和俄国人在蒙古》，1914年伦敦出版，第116页。
[2] ［苏］帝国主义时代档案文献出版委员会编：《帝国主义时代国际关系》第2辑第20卷上册，帝国主义时代档案文献出版委员会1940年版，第151页。

丹巴呼图克图暗示:"最好以我们信赖的王公替换达喇嘛。"①

1912年6月7日,吕巴会晤哲布尊丹巴,一开始就指责外蒙傀儡政府近来未征得俄国同意便采取一系列违背俄国"忠告"的措施。他提醒哲布尊丹巴注意:俄国对喀尔喀的"帮助"是以接受俄国的"忠告",以及"友好地对待我(俄)国贸易及其他利益为条件的"。接着,他以反对"吸收喀尔喀的异己分子"在内阁任职为名,露骨地要求哲布尊丹巴更换傀儡政府的内阁成员,表示俄国政府"希望在领导核心中看到接近百姓的可靠王公"②。吕巴的这番举动,目的是要哲布尊丹巴任命顺从俄国的喀尔喀王公接替对俄国实行"不友好政策"的达喇嘛。对于这一点,哲布尊丹巴是心领神会的。6月8日,吕巴在电报中报告说:呼图克图已经答应,"将按照我们的意愿,任命喀尔喀王公为首席大臣。据传,将由三音诺颜汗接替达喇嘛"③。7月13日,吕巴又报告:哲布尊丹巴"已任命三音诺颜汗为首席大臣"④。

吕巴的报告同我们上面所引《和俄国人在蒙古》一书的记载完全相符。吕巴是这次外蒙傀儡政权人事更迭的直接干预者,他关于哲布尊丹巴按照俄国意愿任命三音诺颜汗接替达喇嘛为首席大臣(即总理大臣)的报告的真实性是无可怀疑的。因此,我们完全可以肯定,哲布尊丹巴政权的首任总理大臣就是达喇嘛。

但是,"达喇嘛"并不是人名,它是一个宗教职务的名称,因此,我们有必要进一步弄清楚这位"达喇嘛"到底是谁的问题。梁鹤年《库伦独立始末记》曾记载说:库伦傀儡政权成立时,"二达喇嘛车林齐密特任内阁总理"。由此可见,这位"达喇嘛"的名字是"车林齐密特"。关于这一点,除了梁鹤年的上述记载外,我们还可以从当时伪政权的正式文件中得到证明。

---

① [苏]帝国主义时代档案文献出版委员会编:《帝国主义时代国际关系》第2辑第20卷上册,帝国主义时代档案文献出版委员会1940年版,第151页。
② 同上书,第150—151页。
③ 同上书,第151页。
④ [苏]帝国主义时代档案文献出版委员会编:《帝国主义时代国际关系》第2辑第20卷下册,帝国主义时代档案文献出版委员会1940年版,第244页。

在哲布尊丹巴等宣布"独立"以后，内蒙古哲里木盟科尔沁扎萨克多罗郡王乌泰也随之发动叛乱，他曾派遣托托什台吉前往库伦向傀儡政权"内阁事务衙门"递送一份呈文，并要求"内阁事务衙门"代为转奏。1912年5月3日，"内阁事务衙门"上奏此事时，领衔者为奇林奇莫特，该奏折写道：

> 为哲里木盟科尔沁扎萨克多罗郡王乌泰，率领该旗各蒙，情愿投降蒙古国等情，恭折仰祈圣鉴事。……奴才奇林奇莫特等查，郡王乌泰实属于公有益，领众投降，甘心报效，专遣托托什呈请投降，理合将呈请转奏各缘由，谨恭折具陈，伏乞皇上圣鉴训示，谨奏。①

内阁事务衙门的奏折，由奇林奇莫特领衔上奏，这件事本身就说明，奇林奇莫特当时在傀儡政权中担任内阁总理大臣之职。显而易见，这个任总理大臣之职的奇林奇莫特也就是梁鹤年所记的总理大臣达喇嘛车林齐密特。"奇林奇莫特"和"车林齐密特"只是译写的不同而已。这类同音异译的现象，在历史文献记载中是屡见不鲜的。事实上，车林齐密特不仅被译为"奇林奇莫特"，而且还被译为"崔伦琪迷"②，"雀伦琦迷"③，"策凌赤蔑得"④，等等。

苏联科学院、蒙古人民共和国科学委员会合编的《蒙古人民共和国通史》中更明确地写道："1911年12月16日（俄历，公元1911年12月29日）在库伦的宗呼勒庙内举行了喇嘛教首领博克多格根登汗位的仪式，以共戴为年号。博克多格根组织政府，在政府首脑中，宗教大封建主之一车林齐密特担任总理兼内务大臣，杭达多尔济为外务大臣，达赖王担任兵部大臣，土谢图王贡布苏隆担任财政大臣，那木萨赖公担任

---

① 钱桐：《求实斋边事丛著》，聚兴印书局1936年版，第25—26页。
② 唐在礼等：《蒙古风云录》第2章，《库伦独立后之活佛及女活佛》，1912年作者刊印。
③ 黄远庸：《远生遗著》第2册，商务印书馆1927年版，第236页。
④ 陈崇祖：《外蒙古近世史》，商务印书馆1922年版，第30页。

刑部大臣"①。

根据上面论证，我们可以这样说：哲布尊丹巴政权的第一任总理大臣是达喇嘛车林齐密特，这是毋庸置疑的事实。必须加以说明的是，在清朝库伦办事大臣三多被迫回籍后，哲布尊丹巴曾组织一个以土谢图汗盟长察克多尔扎布为首的名为"喀尔喀库伦地方暂行总理一切事宜"的临时管理机构。这个机构曾被人称为临时政府，察克多尔扎布也曾被人称为"总理大臣"。这个临时政府与哲布尊丹巴即皇帝位时建立的以达喇嘛车林齐密特为总理大臣的政府不是一回事。察克多尔扎布在车林齐密特内阁中担任财政大臣。

三 牙萨克图可汗与达喇嘛车林齐密特不是同一个人

上面已经证明达喇嘛车林齐密特是哲布尊丹巴政权的首任内阁总理大臣。有人说，车林齐密特就是牙萨克图可汗。现在我们就来探讨一下牙萨克图可汗和达喇嘛车林密特究竟是一个人还是两个人的问题。

据廓索维慈记载，在他到达库伦时，牙萨克图可汗早已被人毒死。如果达喇嘛车林齐密特就是牙萨克图可汗，那么，廓索维慈到达库伦之后就不可能见到达喇嘛车林齐密特，这是不言而喻的。然而事实并非如此，当时同廓索维慈谈判的蒙方代表之中，就有达喇嘛车林齐密特其人。

廓索维慈记载当时的谈判情况说："第一次会议，在俄国领事馆中，所有蒙古执政王公，皆曾列席其中，计有上述（总理大臣）三音诺颜可汗，外务大臣杭达多尔济亲王，内务大臣达喇嘛（DaLama）。"②又说："蒙古内务大臣达喇嘛系一光头之和尚——其余王公则拖有辫子——面纹极深，颇带苦修色彩。"③谈判时，这个"内务大臣达喇嘛"曾谴责沙俄企

---

① 苏联科学院、蒙古人民共和国科学委员会编：《蒙古人民共和国通史》，巴根等译，科学出版社1958年版，第218页。

② [俄] 廓索维慈：《库伦条约之始末》，王光祈译，中华书局1930年版，第55页（按：DaLama原译为"大喇嘛"，这里的"大"，并非大小的"大"，为与其他记载一致，今改为"达喇嘛"）。

③ 同上书，第57页。

图利用《俄蒙条约》控制蒙古，"以使蒙古成为布哈拉或高丽第二"①。在谈判的最后阶段，他又向廓索维慈致其歉意，并说："先吵后和，实较先和后吵为善。"② 有人认为，这个"内务大臣达喇嘛"是达喇嘛达锡扎布。这种说法实际上只是一种猜测，并没有什么事实依据。诚然，达喇嘛达锡扎布曾经当过外蒙傀儡政权的内务大臣，但那是以后的事。此时任内务大臣之职的不是达锡扎布，而是达喇嘛车林齐密特。何以见得呢？有事实为证。

众所周知，廓索维慈的库伦之行，曾利用威胁利诱的手段，逼迫哲布尊丹巴政权签订了《俄蒙条约》及其附件《商务专条》。《俄蒙条约》开头部分写道："现俄国政府……特遣四等文官伊凡·廓索维慈，同蒙古人民君主、蒙古政府和执政王公派遣的蒙古内阁总理大臣万敎护持主三音诺颜汗那木囊苏伦，内务大臣沁苏朱克图亲王喇嘛车林齐密特（Цыренчимед），外务大臣兼汗号额尔德尼达沁亲王杭达多尔济，陆军大臣额尔德尼达赖郡王贡布苏伦，财政大臣土谢图汗郡王查克都尔扎布，司法大臣额尔德尼郡王那木萨赖，达成如下协议……"③《商务专条》也明明白白地写着，参加议定该专条的有"内务大臣沁苏朱克图亲王喇嘛车林齐密特"④。这就证明，同廓索维慈谈判的"内务大臣达喇嘛"不是达锡扎布，而是车林齐密特。

根据上面的事实，我们可以得出如下几点结论：（1）1912年7月车林齐密特被免去总理大臣后，仍然保留着内务大臣之职。（2）1912年10月廓索维慈到达库伦时，车林齐密特不仅活着，而且还是同他进行谈判的蒙方代表之一。（3）车林齐密特和廓索维慈到达库伦之前就已经死去的牙萨克图可汗根本风马牛不相及，他们不是一个人，而是两个人。所谓牙萨克图可汗车林齐密特为哲布尊丹巴政权首任总理大臣的说法，是与历史事实不相符合的。

---

① ［俄］廓索维慈：《库伦条约之始末》，王光祈译，中华书局1930年版，第63页。
② 同上书，第68页。
③ ［苏］斯卡奇科夫、米亚斯尼科夫编：《1689—1916年俄中关系官方文件集》，莫斯科，1958年，第126—127页。
④ 同上书，第122页。

四　牙萨克图可汗是扎萨克图汗之误

"牙萨克图可汗"是王光祈在《库伦条约之始末》一书中所用的译名。此书系摘译廓索维慈德文著作《从成吉思汗到苏维埃共和国》一书的有关章节而成。译者在"牙萨克图可汗"译名后面打了一个问（？）号，并注出 Jasaktu Khan 字样。在译本中的许多地方，译者索性只写 J asa ktu Khan，而不译成汉字。这说明，译者对自己把 Jasaktu Khan 译成牙萨克图可汗是否正确没有把握。从音译说，德文 Jasaktu Khan 译成牙萨克图可汗并没有错，问题在于当时外蒙古上层人物之中究竟有没有一个牙萨克图可汗。据我所接触到的材料判断，当时外蒙上层人物之中并无牙萨克图可汗其人，牙萨克图可汗应是扎萨克图汗之误。

胡太才在《蒙边侦察记事》中说：库伦"实行独立"，外蒙古四大汗中的"扎萨克图汗则迫于势力，非本心也"。又说："该汗则不赞同逆佛（指哲布尊丹巴呼图克图——引者）之谋"[①]。1912年9月26日《民立报》登载一则报道说："以扎萨克图奉大总统之命，前抵库伦劝告活佛取消独立，陶匪（指亲俄派陶克陶胡——引者）即将扎王置之狱中，后又暗令狱吏将扎萨克图毒死，即将扎萨克图部落蒙兵三千四百余人全收之自己麾下。"[②]这里所说的扎萨克图亲王，即扎萨克图汗。关于扎萨克图汗是否奉袁世凯之命劝告哲布尊丹巴取消独立，现因材料不足，无从判断，留待将来考证。但这里说的"劝告活佛取消独立"而被投之狱中，最后被毒害致死的扎萨克图汗，其情节正可与廓索维慈记载的牙萨克图可汗的情况相印证。因此，我认为，廓氏所说的"牙萨克图汗"，应该就是"扎萨克图汗"之误。

以上是我对谁是哲布尊丹巴政权首任总理大臣的考察，主要在于说明廓索维慈所谓牙萨克图可汗为哲布尊丹巴政权首任总理大臣的说法并非事实，同时也希望澄清由于廓氏的错误记载而引起的一些混乱。至于廓索维慈为什么会发生上述错误，我认为，这是因为哲布尊丹巴政权建立之时，

---

① 胡太才：《蒙边侦察记事》第1册，1916年印，第16页。
② 《民立报》1912年9月26日。

廓氏已奉调离京回国，对于当时由谁担任该政权总理大臣并不了解，对于1912年7月沙俄逼迫该政权更换总理大臣一事更是一无所知。他对此事的记载，不是依据亲身经历，也不是依据历史文件，而是依靠个人的回忆，其中包括某些传闻。因此，正像许多回忆录一样，对某些事件记载有失真之处，是难以避免的，也是完全可以理解的。

（原载《近代史研究》1985年第4期）

东北城市城站研究

关于长春城市起源的几个问题

一 金代斡母城不在今长春市

《金史》卷72《海里传》载："海里，娄室族子。……娄室为黄龙府万户，海里从徙于孰吉、讹母。"

民国年间，在辽宁朝阳县境枯井中发现了金代大定二十二年（1182年）九月尚书礼部造的"合扎寿吉斡母谋克印"①。"合扎"，女真语，意为"亲管"，"寿吉斡母"是"孰吉讹母"的不同译写。

《金史》卷2《太祖纪》和卷23《五行志》有"上还至熟结泺"和"上候辽军，还至熟结泺"的记载。清朝末年，在五常县境发现一方金朝正隆元年（1156年）十月内少府监造的"熟伽泊猛安印"②。1965年，在吉林九台县风华乡又发现了金代宣宗贞祐二年（1214年）的"熟吉泊猛安之印"③。"泊"与"泺"通，泊者湖也，熟结泺即熟伽泊或熟吉泊。

《吉林通志》把《金史·海里传》中的"孰吉讹母"改为"舒吉鄂摩"④。"鄂摩"也作"鄂模"，满语，意为"湖"。也就是说，《吉林通志》的作者是把"孰吉讹母"与"熟结泊"等同起来，作为一个湖泊的名称。

事实上，"孰吉、讹母"（寿吉、斡母）是"熟结"（孰吉、寿吉）和斡母（讹母）两个地名的合称。孰吉就是熟吉泊地区，斡母则是以斡母河

---

① 金毓黻：《东北古印钩沉》，三台1944年石印本，第6页。
② 同上书，第3页。
③ 《吉林省志》卷43，文物志，吉林人民出版社1991年版，第360页。
④ 《吉林通志》卷76，《哈里传》。

而得名的另一个地区。

关于熟结泺在今何地，《金史·太祖纪》记载：金收国元年（1115年）九月，金太祖攻克黄龙府，"十一月，辽主闻取黄龙府大惧，自将七十万至驼门，驸马萧特末、林牙萧查剌等将骑五万，步四十万至斡邻泺。上自将御之"。十二月"丁未，上以骑兵亲候辽军，获督饷者，知辽主以张奴叛，西还二日矣。是日，上还至熟结泺，有光见于矛端。"根据考证，谭其骧主编的《中国历史地图集释文汇编·东北卷》认为"今吉林省扶余县（松原市）社里站一带古湖泊"，即为金代的熟结泺。①

从金朝颁发的"合扎寿吉斡母谋克印"可以看出，在建制上，金朝政府是把熟结、斡母两地合为一个军政合一的地方政权单位的。熟结与斡母既然合为一个地方政权单位，那么两地必定相互毗邻。上面已经说过，熟结泺在今松原市社里一带湖泊区，下面我们就来探讨斡母究竟在什么地方。

元《经世大典》"站赤"门记载："祥州站，马四十匹，车四十辆，牛四十只。斡母站，马四十二匹，车四十二辆，牛四十二只。赵州（肇州）站，马四十二匹，车四十二辆，牛四十二只"②。《经世大典》在这里仅记载这些驿站的顺序，没有记载这些驿站的方位和距离。这一缺点由元《析津志》给弥补上了。该书"天下站名"写道："西洋（祥）州，正北，斡母，百二十［里］，肇州"③。西祥州即祥州，即今吉林省农安县东北60里的万金塔古城，肇州即今黑龙江省肇东县四站乡八里城。④ 至于斡母站的位置，说法很不一致，《中国历史地图集释文汇编·东北卷》写道："斡母站无考。"⑤《中国历史地图集》则把斡母站置于扶余市（今松原市）附近。王绵厚、李健才认为斡母站在今扶余县（松原市）境内。吴文衔等著《黑龙江古代简史》则认为斡母城在今松原市隆科城一带。清末吴廷燮

---

① 《中国历史地图集释文汇编·东北卷》，中央民族学院出版社1988年版，第184页。
② 《永乐大典》卷19422，"站赤七"，第11—12页。
③ 《永乐大典》卷19426，《析津志》，天下站名，第2页。
④ 王绵厚、李健才：《东北古代交通》，沈阳出版社1990年版，第259页。
⑤ 《中国历史地图集释文汇编·东北卷》，中央民族学院出版社1988年版，第213页。

则认为斡本站（即斡木站）为今长春。① 也有人认为斡母城即今长春市奋进乡的小城子。

我认为，斡母城或斡母站既不在今松原市境内，也不在长春，也不是今长春市宽城区奋进乡的小城子，而是在今吉林省前郭尔罗斯蒙古族自治县县治附近的松花江左岸，与右岸的熟结泊隔江相望。理由如下：

元《析津志》记载：祥州（今农安县东北60里的万金塔古城）正北斡母，百二十里，肇州（今黑龙江省肇东县四站乡八里城）。这说明斡母在农安县万金塔之北，与今长春市区相去甚远，斡母城站不在今长春。

明代《辽东志》和《全辽志》都记载："一秃河（伊通河），[开原]城北四百里，源出艾河北山，北流入松花江。""斡莫河，城东北九百余里，源出黄龙府北山，北流入松花江。"② 长春在伊通河流域，而斡莫河则远在伊通河之西北，流入松花江③，这说明，斡莫河与长春风马牛不相及，而斡莫河就是斡木河或斡母河。

《辽东志》卷首《开原控带外夷山川图》和《全辽志》卷1《开原控带外夷图》都绘有斡莫河。据该图所示，斡莫河是一条不大的河，其发源处的黄龙府北山，并不是黄龙府治所附近北边的山，而是指黄龙府属境北部第二松花江左岸的山。④ 该河在伊通河松花江会处⑤至嫩江松花江会处的中间注入松花江。对照现今地图，只有今前郭尔罗斯蒙古族自治县附近注入第二松花江的河流与其相当。斡莫即斡木或斡母之不同译写，斡莫河也就是斡木河或斡母河。

我们把斡莫河考订在今前郭尔罗斯蒙古族自治县县治附近松花江左岸，还有其他记载可资证明。其一，1863年刻印的《大清中外一统舆图》标明，清代在这里设有额墨尔卡伦，该卡伦处在科尔沁左翼中旗通往伯都

---

① 吴廷燮：《东三省沿革表》表五，天津徐氏退耕堂1911年版，第49页。
② 《辽东志》卷1，"地理"，"开原"，第17页；《全辽志》卷1，"山川"，第35页。
③ 《辽东志》卷首，《开原控带外夷山川图》。
④ 所谓"源出黄龙府北山"，这同该书所载"金水河，[开原]城东北一千余里，源出黄龙府东山，北流入松花江，即金人按出虎水"中的"源出黄龙府东山"一样，都不是黄龙府治所附近的山，而是泛指黄龙府属北境或东境的山。
⑤ 当时认为伊通河注入松花江。

讷（松原市）和它赖照（陶赖昭）的驿路上，东距伯都讷城只有一站。①额墨尔在松花江左岸，伯都讷在松花江右岸。其二，至今这里还有一个村子，名叫额莫勒屯②，在屯北1000米处，有辽金时代的遗址。

据上面举出的例证，我认为，斡母、讹母、斡木、斡莫、额墨尔、额莫勒等，是同一名称的异译，它们都是由斡莫河（斡母河）而得名，斡母城（斡木城）就在这条河流附近。《中国文物地图集·吉林分册》记载，在前郭尔罗斯蒙古族自治县的这条河流之畔吉拉吐乡扎罕拉布勒格屯东南，有一座辽金时代的古城遗址，城呈正方形，周长1060米，城墙夯筑，基宽6米，高1—1.5米，仅有一南门，有角楼址4处。③这个小城，因其位于扎罕拉布勒格屯附近，故现称之为扎罕拉布勒格城址。该小城在第二松花江左岸，位于祥州（万金塔古城）西北，东北距肇州（肇东八里城）约170多里，与《析津志》"斡母百二十［里］肇州"的记载虽然不完全符合，但这种方向和里数的误差，在《析津志》记载的驿站中比比皆是，这是不足为奇的。因此，我们把这个斡莫（斡木或斡母）河畔的小城推定为金代的斡母城、元代的斡母站和明代的斡木城。这个小城与松原市的社里古湖泊区（即金代熟结泊）隔江为邻，即斡母在松花江左岸，熟结泊在江右岸，这与金朝政府把"孰吉讹母"（"寿吉斡母"）这两个毗连的地区划为一个军政区域正相符合。

清人吴廷燮根据《全辽志》卷6"开原北陆路"驿站的顺序，把斡木站定在长春，这是因为他没有发现《全辽志》记载的错误。这部书记载开原北陆路驿站的顺序是："贾道站，汉州站，归仁站，韩州，信州城，斡本（木）城，海西宾州站，龙安站，弗颜站"④。关于这段记载，以前研究者已指出其错误，如贾道站应在归仁站之后，而其却把它置于归仁站之前；宾州站应在龙安站之后，而其却把它置于龙安站之前。现在已经查

---

① 《皇朝中外一统舆地图》北3卷，东2页。
② 国家文物局主编：《中国文物地图集·吉林分册》，中国地图出版社1993年版，第84页。
③ 《中国文物地图集》，吉林分册，第186页。
④ 按：《辽东志》卷9第11页"开原北陆路"记载这些驿站的名称是："贾道站，汉州站，归仁县，韩州，信州城，斡木城，海西宾州站，龙安站，费颜站"。《全辽志》的"斡本城"为"斡木城"之误。

明，斡木站应在龙安站和宾州站之后，而其却把它置于龙安站和宾州站之前。吴廷燮根据《全辽志》的错误记载，把斡木站置于长春，当然也是错误的。

根据以上的考证，我认为，斡母城或斡母站，既不在松原市，亦不在长春市，今前郭尔罗斯蒙古族自治县吉拉吐乡扎罕拉布勒格屯东南的金代古城，即其遗址。因此，斡母城站与长春城市的起源无关。

二　长春市宽城区小城子与金代奥吉猛安城

嘉庆重修《大清一统志》卷68记载说，当时长春厅"厅治无城"。在厅北50里处有个"宽城子"古城，这个古城"设废年无考"。

《吉林通志》卷12《沿革志》记载：长春府，原名宽城，嘉庆五年（1800年）于长春堡设长春厅，道光五年（1825年）移建于此，仍旧名。"同治四年始挖城濠，修筑木板城垣"。卷24《舆地志》记载："长春府城，原名宽城，同治四年，马贼窜扰，由商人捐建，筑板为墙，高一丈余，周二十里。"民国年间编修的《长春县志》卷2《城镇》引用了《吉林通志》的上述记载。但在另一个地方又把同治年间始建、光绪年间改为砖筑的新城当做"在设治前即有之"的古城。这个错误，李健才在《关于宽城子是不是渤海扶余府的问题》一文中已有精辟的考证。同时，他还指出，在今宽城区奋进乡的小城子就是嘉庆重修《大清一统志》中记载的宽城子[①]，我完全同意这些意见。

至于奋进乡小城子（即宽城子古城），经考古文物工作者的考证，国家文物局主编的《中国文物地图集》已确定其为辽、金古城。这一点，现在似无异议。但要认定其为辽代何城，这却是很难的。根据金代的文献记载来看，这个小城子古城倒很可能是金代完颜娄室家族世袭的奥吉猛安的城垣。

完颜娄室是金朝的开国功臣。《完颜娄室神道碑》碑文记载："太祖攻取宁江州，王（娄室）先登以战。收国元年（1115年），擢授猛安。"

---

① 李健才：《关于宽城子是不是渤海扶余府的问题》，《长春史志》1989年第3期。

《金史》卷2《太祖纪》记载：天辅二年（1118年）三月庚子，"以娄室言黄龙府地僻且远，宜重戍守，乃命合诸路谋克，以娄室为万户镇之"。在征辽的战争中，娄室屡建大功，死后其子活女袭亲管奥吉猛安，代为黄龙府路万户。① 皇统四年，活女袭济州路万户，以亲管奥吉猛安让其弟谋衍。② 娄室死后"归葬于济州之东南奥吉里"③。从上面的引文可以看出奥吉里与奥言猛安的密切关系，正如孰吉斡母谋克是由孰吉泊和斡母河地方而得名一样，奥吉猛安也应是由奥吉里地方而得名。换言之，奥吉猛安就是奥吉里地方的猛安。

关于完颜娄室墓地的具体地点，乾隆《大清一统志》记载说："薄屯山，在（吉林）城西北二百里，周三十里，山北有小山，上有金洛索墓。洛索，原作娄室。"④ 也就是说，娄室墓在薄屯山北的一个小山上。这个小山即今长春市东郊三道乡丰产村刘家炉屯的小山坡，墓地遗址至今犹存，现经修建，供人参观游览。是不是可以因娄室神道碑记载"归葬于济州之东南奥吉里"，便把墓地与奥吉里等同起来呢？显然不行。"里"在古代有居民聚居地的意思，也有"邑"的意思。奥吉里应为奥吉猛安所部的居住地，即奥吉猛安的辖区。娄室墓碑文中的"归葬于济州之东南奥吉里"，这与宋代王安石在《王深父墓志铭》中的"葬颖州之汝阴"⑤，在《仙源县太君夏侯氏墓碣》中的"葬杭州之富阳"⑥，是一样的写法。正如汝阴、富阳不指墓地的具体地点，而是泛指汝阴、富阳地区一样，奥吉里也不指墓地的具体地点，而是泛指奥吉猛安的辖区。

娄室墓地在今长春市东南郊三道乡丰产村刘家炉屯，这是我们判断奥吉里地区与长春市关系的一个十分重要的依据。关于奥吉里地区的范围四至，根据目前已有的材料是很难说清楚的。但从娄室墓地位于长春市郊区来看，把今长春市区及郊区一带推定为奥吉猛安辖区应该是不会错的。从

---

① 《金史》卷72，《活女传》、《谋衍传》。
② 同上。
③ 杨宾：《柳边纪略》卷4。
④ 乾隆《大清一统志》卷45，"吉林"。
⑤ 《王安石全集》，文集，卷55，大东书局1935年版，第71页。
⑥ 《王安石全集》，文集，卷61，大东书局1935年版，第121页。

金代有些猛安、谋克建有城垣来看，这个当时十分显赫的娄室家族世袭的奥吉猛安也应建有城垣。长春市宽城区奋进乡的小城子，是距娄室墓地最近的金代古城，它很可能就是金代的奥吉猛安城。但这座古城从元代开始就长期荒废，与今长春市的起源没有关系。

三　长春市不是在金代小城子古城的基础上发展起来的

长春市宽城区奋进乡的小城子（宽城子）古城，东临伊通河，在古代，伊通河河面宽阔，是一条可以航行较大船只的河流，直到民国初年，还可航行五丈长左右的船只，交通便利。在金代，这个小城及其周围一带，可能是比较繁荣的。但时过境迁，随着金朝的灭亡，东北地区的许多名城相继荒废。明代《辽东志》记载："元志：开元城西南曰宁远县，又西南曰南京，又南曰哈兰府，又南曰双城，直抵高丽王都。正西曰谷州，西北曰上京，即金之会宁府。京之南曰建州，西曰宾州，又西曰黄龙府，金改为利涉军，又西曰信州，治武昌县。北曰肇州，治始兴县。东曰永州、曰昌州，曰延州。东北曰哈州，曰奴儿干。城皆渤海、辽、金所建。元废，城址犹存。"[1] 这么多的东北名城都废于元代，长春奋进乡的金代古城，也应废于此时。元朝时，长春一带成为蒙古贵族的封地，其生产方式也由以农业为主逐渐转变为以游牧为主。自此之后，经历数百年，直到清朝嘉庆年间设置长春厅之前，这里再也没有什么城市出现。这说明，今长春市与金代的小城子没有继承的关系。也就是说，今长春市不是由金代的小城子古城发展而来的。所以，我认为，长春市奋进乡的小城子（宽城子）与今长春市起源无关。

四　长春市起源于清朝嘉庆年间建置的长春厅

清初，今长春市一带是蒙古族郭尔罗斯前旗的游牧地。按照清政府的规定，该地区不准内地民人逾界前往开垦。其后关内汉族农民冲破禁令，

---

[1]《辽东志》卷1，"古迹"。

来此开垦土地，从事农耕。乾隆五十六年（1791年），郭尔罗斯前旗扎萨克公恭格拉布坦为了增加收入，以其游牧之地招流民垦种，收取地租。"初不知有履亩绳丈之制，地多租少，流民利之，故至者日众"①。嘉庆四年（1799年），吉林将军秀林查办，凡得熟地265648亩，并在今长春市南约20公里处形成一个颇大的居民点——长春堡。为了管理前来这一带开垦的关内汉族农民，清政府于嘉庆五年（1800年）在长春堡地方设置长春厅，设理事通判和巡检等官，建衙署于长春堡之东，名曰新立城。长春厅直属吉林将军管辖，下辖沐德、抚安、恒裕、怀德四大乡。在长春厅设置之始，清政府就规定，"除已垦熟地及现居民户外，不准多垦一亩，增居一户"②。但这种主观的规定并不能阻止长春一带开垦发展的趋势，尽管清政府三令五申，但前来这里垦种的汉族人口依然急速增加。到了嘉庆十一年（1806年）续往垦荒的流民"又增至七千余口之众"③。嘉庆十三年（1808年）又"续经查出流民三千一十户，内有开垦地亩者，亦有未经开垦者"④。嘉庆十五年（1810年），长春厅又"查出新来流民六千九百五十三户"⑤。出现了"每查办一次，辄增出新来流民数千户之多"，"是查办流民一节，竟成具文"的局面。⑥

道光五年（1825年），清政府把长春厅治所迁到原治所以北水陆交通便利、地势更加优越的宽城地方，即今长春市区。迁治后，长春成了赴奉天的通衢，省城西北的门户，发展更加迅速。到了道光二十四年（1844年），长春已成为一个"民人交杂，公事繁重"的城市，同治四年（1865年），由商人捐资建长春城，"筑板为墙，高一丈余，周二十里，门六，东曰崇德，南曰全安，西曰聚宝，北曰永兴，西南曰永安，西北曰乾佑，池深一丈"⑦。长春已成为一个有相当规模的城市。

长春地区的开发，长春城市的兴起，首先要归功于蒙、汉、满等族人

---

① 《吉林通志》卷29，《食货志》2，第11页。
② 《清仁宗实录》卷164，第31—32页。
③ 同上。
④ 《清仁宗实录》卷196，第16页。
⑤ 《清仁宗实录》卷236，第2—3页。
⑥ 同上。
⑦ 《吉林通志》卷24，《舆地志》12，"城池"，第2页。

民。在长春厅设治之前,这里已是一个蒙、汉杂处的地方。嘉庆五年(1800年)设立长春厅时,吉林将军秀林为了管理上的方便,曾奏请将长春堡界内居住的蒙古族人迁出,另择善地安置。对此,嘉庆皇帝非但没有同意,而且申斥说:"该处本系蒙古等游牧之所,岂有转令迁出之理,秀林不晓事体,著传旨申饬。"① 这个政策,有清一代没有改变。随着长春厅的建立,满族官员、士兵、旗民以及其他族人,相继来到这里,同汉、蒙各族人民一起,共同开发这个地区,促进长春城市的兴起和发展。

在清代开发长春地区的过程中,郭尔罗斯前旗蒙古王公之功也是不可没的。如果没有郭尔罗斯前旗扎萨克公恭格拉布坦于乾隆年间的招民垦荒,如果没有该旗扎萨克公鞼克托克托瑚等蒙古官员不顾清政府的禁令,继续招民"开垦田地"②,长春地区的经济开发就不可能那么顺利。

总之,长春地区的经济开发,汉民人口的急剧增多,促使清政府设立长春厅,而长春厅的建立,又促使一个政治、经济、文化中心的地方城市长春的兴起。今日的长春市,是由昔日的长春厅发展起来的。所以,我认为,把嘉庆五年(1800年)作为长春城市起源的标志,是符合历史事实的。

(原载《社会科学探索》1998年第1期)

---

① 《清仁宗实录》卷71,第7—8页。
② 《吉林通志》卷3,"圣训三",第10—11页。

沈阳市何时开始建城考

史学界关于沈阳市建城问题的几种主要看法

关于沈阳市开始建城问题，历来就有不同看法。这是由于历史文献记载过于简略，没说清楚，所以，人们在研究这一问题时，分歧较大。但也有一点是比较一致的，那就是大多认为沈阳建城始于候城县的建立。为了说明问题，现将有关的一些说法，列举于下：

清代历史地理学家李兆洛写道："候城，西汉，县，辽东郡。东汉，县，幽州辽东郡。东汉，县，幽州玄菟郡。今盛京奉天府承德县北。"[1] 承德县为奉天府附郭县，"承德县北"即今沈阳老城之北。

1930年出版的刘钧仁著《中国地名大辞典》也说："沈阳，汉置候城县，东汉因之。"[2]

1987年出版的佟冬主编的《中国东北史》也认为："候城，今沈阳境内。"[3]

1988年出版的谭其骧主编的《中国历史地图集释文汇编·东北卷》也写道：西汉辽东郡"候城（中部都尉治），今辽宁省沈阳东南二十里古城子"[4]。

1990年出版的王绵厚、李健才著《东北古代交通》认为，汉代"候

---

[1] 李兆洛：《历代地理志韵编今释》卷9下，埽叶山房校刊，光绪十四年。
[2] 刘钧仁：《中国地名大辞典》，北平研究院1930年版，第627页。
[3] 佟冬主编：《中国东北史》第1卷，吉林文史出版社1987年版，第329页。
[4] 谭其骧主编：《中国历史地图集释文汇编·东北卷》，中央民族学院出版社1988年版，第10页。

城，应置于今沈阳市东陵区浑河之上柏官屯汉城，或沈阳东南古城子。两地都有汉魏遗物发现。其中尤以上柏官屯古城，地控小辽水（今浑河）之险，更北逼近辽东故塞，在军事交通上其地望有近塞障候之势，宜置为中部都尉治所，比较适中"①。

1993年出版的《中国大百科全书·中国地理卷》"沈阳市"条则认为："沈阳因位于沈水（浑河）之北得名，战国时为燕国重镇，名候城。"②

1999年李仲元在《辽宁大学学报》第四期发表的《古候城考》也说："沈阳古城即是战国燕将秦开所设辽东郡属下之候城县，设置于公元前299—前297年之间"。"候城遗址就在沈阳老城中心"。

以上是100多年来我国历史学家关于沈阳建城问题的几种主要看法，其中有共同点，也有不同点。其一，沈阳建城始于辽东郡候城县的建立，这是共同点。至于候城位于今沈阳何处，则又有不同的看法。其二，关于候城初置的时间，有的认为是汉代，有的认为是战国时。本文所要探讨的是候城究竟始建于何时的问题。

候城建置不始于汉代

候城这个名称，最早见于《汉书·地理志》，因此，许多研究者便把候城县初设时间定在汉代。有的学者更进一步指出："候城的建立时间应确定是在汉武帝元封四年，即公元前107年，较为合适。"因为"汉武帝元封四年开边拓郡，候城才有可能建城"③。

我认为以上的看法值得商榷。

《史记》卷57《绛侯周勃世家》记载：汉高祖十二年（公元前195年），"燕王卢绾反，勃以相国代樊哙将，击下蓟，……屠浑都，破绾军上兰，复击破绾军沮阳，追至长城，定上谷十一县，右北平十六县，辽西、

---

① 王绵厚、李健才：《东北古代交通》，沈阳出版社1990年版，第39页。
② 《中国大百科全书·中国地理卷》，中国大百科全书出版社1993年版，第438页。
③ 《关于沈阳建城时间专题论证会纪要》，1999年沈阳市社科联打印稿。

辽东二十九县，渔阳二十二县。……勃既定燕而归，高祖已崩矣"。这里记载周勃"定燕"、"定上谷……辽西、辽东"中的"定"字，是平定的意思，不是建立的意思。所以，这段记载中所说的周勃"定辽西、辽东二十九县"，不是说周勃建立辽西、辽东 29 县，而是说周勃平定当时已经存在的辽西、辽东 29 县。也就是说，辽西、辽东 29 县在公元前 195 年以前就已经设立了。虽然《周勃世家》没有记载这 29 县的名称，但《汉书·地理志》却载有辽东 18 县、辽西 14 县的名称。该书记载说："辽东郡，秦置。"其下开列了所辖 18 县的名称，"候城"即在其中，按其顺序为"襄平、新昌、无虑、望平、房、候城、辽队……"①。候城排列于第六。这说明，周勃平定的辽东、辽西 29 县其中就有候城县。由此可见，把辽东候城县建置的时间定在汉武帝元封四年（公元前 107 年），显然是定得晚了。

主张候城县建于汉代的学者，主要是根据《汉书·地理志》的记载："辽东郡，秦置，属幽州。户五万五千九百七十二，口二十七万二千五百三十九。县十八：襄平、新昌、无虑（西部都尉治）、望平、房、候城（中部都尉治）、辽队、辽阳、险渎、居就、高显、安平、武次（东部都尉治）、平郭、西安平、文、潘汗、沓氏。"②对于这段记载，从字面上，既可以理解为汉代的辽东郡及其所属诸县，为秦朝所建，也可以理解为汉的辽东郡是继承秦制而来，而其属下的县是汉朝开始建立的。主张候城始建于汉代的学者就是持后一种认识的。前面我们已经说过，公元前 195 年周勃定燕王卢绾反叛之时，辽东郡早已存在县的建制。那么，辽东的这些县是不是公元前 195 年之前汉王朝开始设置的呢？如果是，汉王朝始建候城说便可成立，如果不是，汉王朝始建候城说便不能成立。

现在让我们来看一下秦朝灭亡以后的辽东局势。公元前 207 年，秦朝灭亡，在此前后，辽东形成了割据局面。割据势力更迭频繁，实际上处于战争动乱之中。公元前 209 年，韩广被燕人拥立为燕王，控制辽东。公元前 206 年，项羽封韩广为辽东王，封原燕将臧荼为燕王。臧荼杀韩广兼并

---

① 班固：《汉书》卷 28 下，《地理志》第八下，上海古籍出版社 1986 年版。
② 同上。

其地。刘邦为了拉拢臧荼，也承认他为燕王。公元前202年，刘邦击溃项羽后，臧荼立即叛汉，出兵与刘邦争天下。刘邦亲率太尉卢绾击败臧荼，封卢绾为燕王，辽东便为卢绾所割据。事实上，汉朝的势力直接控制辽东，最早也只能从周勃定燕之后算起，而当时，辽东早已设县。所以，辽东设县不是从汉代开始的。

辽东设县不始于汉代还可以从以下的事实得到证明。

《史记》卷6《秦始皇本纪》记载：秦始皇二十五年（公元前222年）灭燕，二十六年（公元前221年）灭齐，统一了中国。当时丞相王绾等建言："诸侯初破，燕、齐、荆地远，不为置王，毋以镇之，请立诸子。"也就是说，要在燕地实行分封制。对此，廷尉李斯表示反对，他说周封子弟、同姓甚多，造成了诸侯互相攻伐，周天子不能禁止。建议天下"皆为郡县"，认为这是"安宁之术也"[1]。秦始皇同意李斯的建议，在全国实行郡县制度，其中包括燕的辽东、辽西等五郡在内。关于这一点，还有以下记载可资证明：秦始皇三十四年（公元前213年），"始皇置酒咸阳宫，博士七十人前为寿，仆射周青臣进颂曰：他时秦地不过千里，赖陛下神灵明圣，平定海内，放逐蛮夷，日月所照，莫不宾服，以诸侯为郡县，人人自安乐"[2]。以上记载说明，秦在燕国的土地上，的确实行了郡县制度。同时也再次证明，汉周勃定燕时，辽西、辽东29县，不是汉王朝设立的。因此认为辽东郡候城县始建于汉代的说法，也是不能成立的。

候城县始建于战国时的燕国

辽东郡的设置，不始于秦朝，而始于战国时的燕国，史有明文，没有争议。问题在于辽东郡燕时是否已经设县。关于这一点，史无明文。但从秦时辽东、辽西郡已设29个县（《汉书·地理志》记载辽东郡设18个县，辽西郡设14个县）看来，辽东郡辖区是很广大的，在如此广大的地域里，燕时辽东郡以下如果不设县或其他行政管理机构是根本无法进行统治的。

---

[1] 司马迁：《史记》卷6，《秦始皇本纪》，上海古籍出版社1986年版。
[2] 同上。

而且历史文献记载也证明，燕国的确实行了郡县制度。根据之一，《战国策·秦五》记载："赵攻燕，得上谷三十六县"①。可见燕国的上谷郡有36县。也就是说，燕国的郡下设有县。根据之二，《资治通鉴》《周纪三·赧王上》记载：燕昭王以乐毅为上将军，率兵伐齐，"燕师秉胜长驱，齐城皆望风奔溃"。"六月之间，下齐七十余城，皆为郡县"②。《战国策》也记载："昌国君乐毅为燕昭王合五国之兵而攻齐，下七十余城，尽郡县之，以属燕"③。齐国是战国时代没有实行郡县制度的国家，乐毅"下齐七十余城，皆为郡县"，这实际上是把燕国所实行的郡县制度推行到了齐地。东北史专家金毓黻在《东北通史》中写道："实则，战国之世，各国多设郡县，而燕设辽东、辽西二郡更有明文，秦于东北之地，不过仍燕之旧惯耳。"④ 也就是说，秦朝在燕设置的郡县，是沿袭燕国的旧制而来的。这个看法是合理的。考古资料也证明，沈阳建城始于战国时期。

20世纪50年代以来，沈阳市区陆续发现战国时的墓葬和遗址。70年代，"在沈阳故宫大政殿前面和沈阳公安分局院内发现战国至汉代文化遗迹，被确认为当年的居住址。出土了一大批战国到汉代的板瓦、瓦当等建筑材料和陶质日常生活用具残片"。1993年，在沈阳故宫北墙外宫后里东亚商业广场工地，发现战国至汉魏时代的城墙遗址。"城墙遗址为东西走向，属城址的北墙。城墙共进行三次修筑。其中始修年代为战国时期。暴露长度在20米以上。第二次和第三次修筑属汉魏时期，是在战国城墙基础上依次加宽筑成。第二次修筑城墙暴露长度在120米以上。第三次修筑城墙因施工单位早些时候破坏，所剩残墙长约30米"。"在城墙遗址北侧相应位置还发现了当年的护城河遗址"。此外，还发现了大量战国和汉魏时代的板瓦、筒瓦、瓦当等建筑遗物，其中绳纹瓦当为首次发现。⑤ 这说明，早在战国时期，沈阳市区已有城池存在。李仲元的《古候城考》，以

---

① 刘向集录：《战国策》卷7，《文信侯欲攻赵以广河间》，上海古籍出版社1978年版，第284—285页。
② 司马光：《资治通鉴》卷3，《周纪三·赧王上》，岳麓书社1990年版。
③ 《战国策》卷30，燕2。
④ 金毓黻：《东北通史》卷2，东北大学东北史地经济研究室编印，1941年，第9页。
⑤ 以上考古发现皆引自沈阳市文物管理办公室《沈阳宫后里座实考》，《中国地名》1998年第2期。

考古发现与文献记载相结合，论证了新发现的这座古城，就是战国时燕国候城的遗址。① 这个结论，令人信服。

存在的问题是：候城县究竟始建于哪一年？对于这个问题，根据文献记载和考古材料，现在还是难以说得准确。推断候城始建年代，首先要弄清楚辽东郡是哪一年设立的。记载燕国设置辽东郡的是《史记》卷110《匈奴列传》的这段话："赵武灵王亦变俗胡服，习骑射，北破林胡，楼烦，筑长城，自代并阴山，下至高阙为塞，而置云中、雁门、代郡。其后，燕有贤将秦开，为质于胡，胡甚信之，归而袭破走东胡，东胡却千余里。与荆轲刺秦王秦舞阳者，开之孙也。燕亦筑长城，自造阳至襄平，置上谷、渔阳、右北平、辽西、辽东郡以拒胡。"②

赵武灵王变俗，胡服骑射，是在公元前307年，筑长城是在公元前300年。燕将秦开袭击东胡，燕筑长城，设辽东等五郡，都是在赵筑长城之后。燕昭王是公元前311年即位的。公元前300年正是燕昭王十二年。燕昭王死于公元前279年。所以，一般都把秦开破东胡，燕筑长城，设辽东等郡，定在燕昭王在位时期。燕昭王是齐国杀燕王哙之后即位的。当时威胁燕国的是南方的齐国和北方的东胡。燕昭王即位之后，励精图治，进行改革。为了缓解东胡的威胁，他把贤将秦开送去东胡为人质。公元前295年，燕昭王以乐毅为亚卿，公元前284年乐毅攻克齐国。这些都有明确的年代记载。唯独秦开破东胡，燕筑长城，建辽东等郡，没有具体年代记载，研究者只能靠分析来定年代。

因为《史记》卷43《赵世家》记载赵武灵王二十六年（公元前300年）"复攻中山，攘地北至燕、代，西至云中、九原"③。所以，研究者一般都把赵筑长城，置云中、雁门、代郡定在这一年，即公元前300年。对于秦开破东胡，置辽东等郡究竟在什么时候，宋代吕祖谦《大事记解题》卷四写道："秦开不知当燕何君之世，然秦舞阳乃开之孙，计其年，或在昭王时。"④ 因此，他把秦开破东胡，燕置辽东等县的时间也定在周赧王十

---

① 李仲元：《古候城考》，《辽宁大学学报》1999年第4期。
② 《史记》卷110，《匈奴列传》。
③ 《史记》卷43，《赵世家》。
④ 吕祖谦：《大事记解题》卷4。

五年，即燕昭王十二年（公元前 300 年）。

清人黄式三（1789—1862 年）《周季编略》也写道：周赧王十五年，"燕将秦开破东胡，东胡却地千里，燕置上谷、渔阳、右北平、辽西、辽东郡"①。

其后，金毓黻在其所著《东北通史》中写道："吕祖谦《大事记》，黄式三《周季编略》，系此事于周赧王十五年，为燕昭王十二年，适当燕国发愤自雄之日，殊为近理，兹从之。"② 顾颉刚、章巽编的《中国历史地图集》（1955 年出版），也把赵置云中、雁门、代郡，燕置上谷、渔阳、右北平、辽西、辽东郡，都定在公元前 300 年。此说并为尔后诸多学者所采用。

但由于《史记》卷 110《匈奴列传》记载赵武灵王筑长城、置云中等县，"其后"，秦开才破东胡，燕才置辽东等郡，所以，有些学者则把秦开破东胡，燕置辽东等县的时间定在公元前 300 年之后，有的甚至定在公元前 284 年燕将乐毅破齐之后。例如杨宽的《战国史》说："燕设渔阳、辽东等郡，可能是在燕昭王、燕惠王陆续设置的。"③ 佟冬《中国东北史》也把秦开破东胡，燕设辽东等郡的时间定在公元前 284 年燕将乐毅破齐 70 余城之后。④ 但是这些说法，也都只是属于推测，并没有确凿的史料依据，只能作为一种看法，不能算是定论。实际上，要准确地指出燕建辽东郡在哪一年，在目前是根本不可能的。

根据《史记》卷 110《匈奴列传》和《史记》卷 43《赵世家》，可以确定赵筑长城、置云中等郡是在赵武灵王二十六年，即周赧王十五年，燕昭王十二年，即公元前 300 年。秦开破东胡，燕置辽东等是在"其后"。"其后"，究竟是指什么时候？仁者见仁，智者见智，未有定论。但秦开破东胡、燕置辽东郡等事的上限绝不早于公元前 300 年，这是完全可以肯定的。所以，从宋代吕祖谦到现代诸多学者，都把此事定在公元前 300 年，而定为别的任何一年，也都只能是属于主观的臆测，是没有任何史料依据

---

① 黄式三：《周季编略》卷 8（上），浙江书局刊，同治十二年，第 47 页。
② 金毓黻：《东北通史》卷 2，东北大学东北史地经济研究室编印，1941 年，第 8—9 页。
③ 杨宽：《战国史》，上海人民出版社 1980 年版，第 536 页。
④ 参见佟冬《中国东北史》第 1 卷，吉林文史出版社 1987 年版，第 233—234 页。

的。因此，在新的有关历史资料发现之前，与其主观地推测，还不如沿用宋代以来的说法，姑且把燕置辽东郡的时间定在公元前300年。

燕国实行郡县制度，候城县为辽东郡所属，候城遗址在今沈阳市区，其建置时间，可视为与辽东设郡同时，也就是说，沈阳市开始建城的时间大约是在公元前300年或稍后。

（原载《中国边疆史地研究》2000年第2期）

边疆科技研究

关于西域回回炮及其东传的研究

一

元人苏天爵选编的《国朝文类》记载说：元代的军器，"其精者有西域炮、折叠弩，皆前世所未闻"[①]。"西域炮"也叫"回回炮"，是元代对西域伊斯兰国家一种发射石弹、石头攻击城堡和防守要塞的武器的称呼。这种武器在西亚、中亚、欧洲、非洲等地通称为射石机。由于中国古代的炮也是"以机发石"，其功能与伊斯兰国家的射石机极为相似，因而在伊斯兰国家的著作中，也称中国古代的炮为射石机。

回回炮是通过什么途径传入中国的呢？《元史》记载说："阿老瓦丁，回回氏，西域木发里人也[②]。至元八年（1271年），世祖遣使征炮匠于宗王阿不哥，王以阿老瓦丁、亦思马因应诏，二人举家驰驿至京师，给以官舍，首造大炮，竖于五门前，帝命试之。"[③] 又载："亦思马因，回回氏，西域旭烈人也[④]，善造炮"[⑤]，至元九年十一月（1272年12月），"创作巨石炮来献"[⑥]。由于这种"巨石炮"是由西域回回人传入的，因而《元史·世祖纪》、《元史·刘整传》、《宋史·兵志》等均称之为"回回炮"；

[①] 苏天爵：《国朝文类》卷41，《军器》。
[②] 木发里，冯承钧认为即《元史》"西北地名附录"中的"毛夕里"，即今伊拉克北境之摩苏尔（Mo-Suil）。
[③] 《元史》卷203，《阿老瓦丁传》。
[④] 拉施特：《史集》卷2，余大钧译，商务印书馆1985年版，第343页记载，亦思马因为大马士革人。
[⑤] 《元史》卷203，《亦思马因传》。
[⑥] 《元史》卷10，《世祖纪》七。

元《国朝文类》、《明史·兵志》等则皆称之为"西域炮"。亦思马因献巨石炮时，元军正在围攻宋朝的襄阳和樊城。由于这种武器的威力超过当时元军所使用的同类武器，因而忽必烈立即派遣亦思马因赴襄阳军中助战。正如忽必烈所期望的，回回炮在攻打樊城和襄阳的战斗中，以猛于常炮的威力，使宋朝官兵为之震惊，使元军迅速获得胜利。《元史·阿里海牙传》记载："西域人亦思马因献新炮法，因以其人来军中，[至元]十年（1273年），为炮攻樊城，破之。移其攻具以向襄阳，一炮中其谯楼，声如雷霆震城中。城中汹汹，诸将多逾城降者。"《元史·亦思马因传》也载："国兵攻襄阳未下，亦思马因相地势，置炮于城东南隅，重一百五十斤，机发，声震天地，所击无不摧陷，入地三尺。宋安抚吕文焕惧，以城降。"

关于元军用回回炮攻打襄阳一事，拉施特的《史集》也有记载："早先在汉地没有富浪人的射石机，巴阿勒伯和迪马失克（大马士革）的一个射石机匠，从我国（伊朗）去到了该处。他的儿子阿木·伯克儿、亦不剌金·马合谋，以及他的助手们，建造了七架庞大的射石机，去攻取该城。""军队架起了射石机攻堡，摧毁了城楼"①。回回炮的功能和特性，宋人郑思肖说："其回回炮法，本出回回国，甚猛于常炮，至大之木，就地立阱。炮石大至数尺，坠地陷入三、四尺。欲击远，则退后增重发之，欲近，反迫前"②。《元史》记载回回炮的优点是："用力省而所击甚远"③。

如果我们拿宋人的炮和回回炮作比较，就不难发现，回回炮比宋炮优越得多。宋代《武经总要》记载了15种炮，即单梢炮、双梢炮、五梢炮、七梢炮、旋风炮、手炮、虎蹲炮、拄腹炮、独脚旋风炮、旋风车炮、卧车炮、车行炮、旋风五炮、合炮和火炮。

单梢炮，一炮40人拽索，一人定放，能把二斤重的石弹，放出50步外。④

双梢炮，一炮百人拽索，一人定放，能把25斤重的石头，放出80步

---

① 《史集》卷2，第343页。
② 郑思肖：《心史·大义略序》。
③ 《元史》卷10，《世祖纪》一。
④ 参见曾公亮《武经总要》卷12。

外。这种炮还可放火球、撒星石等。①

五梢炮，一炮157人拽索，二人定放，能把70—80斤的石头，放出50步外。②

七梢炮，一炮250人拽索，二人定放，能把90—100斤的石头，放出50步外。这是宋炮中发石最重的炮了。③

旋风炮，一炮50人拽索，一人定放，能把三斤重的石头，放出50步外。④

虎蹲炮，一炮70人拽索，一人定放，能把12斤的石头，放出50步外。⑤

至于手炮，则只能发射半斤重的石头。⑥

冯家升先生曾将回回炮与宋炮作了比较，他说："为什么宋人的抛石机不能发射一百斤以上的石头，而伊斯兰教国家的抛石机却能发射那么重的石头呢？原因是宋人的抛石机梢头有几个人定放，后头拉索子的要几十人或几百人，抛二斤重的石头也要四十人，试想这么多人，人手一条索子，用力哪能一致？用力松紧也很难一致。至于伊斯兰教国家的抛石机，前头有几个人或几十个人定放，后头的'后座'或'对量'，只用少数几个人操纵机关。'后座'或'对量'，往下一压，梢头安放的石头就随竿抛出掷入空中，由空中而下坠入城堡中。"⑦冯先生的这段话是很有道理的。

亦思马因等制造的射石机，可以发射150斤重的石头，或数尺长的石头，而且"用力省而所击甚远"⑧，确实是一种得力的武器。元朝政府鉴于回回炮在攻城中的重要作用，因此，在至正十一年（1351年）建立了回回炮手总管府，命亦思马因为回回炮手总管。同年，亦思马因病死，其

---

① 参见曾公亮《武经总要》卷12。
② 同上。
③ 同上。
④ 同上。
⑤ 同上。
⑥ 同上。
⑦ 冯家升：《火药的发明和西传》，上海人民出版社1978年版，第58页。
⑧ 《元史》卷10，《世祖纪》一。

子布伯袭职。至正十八年（1358年）建立回回炮手都元帅府。二十一年（1361年）改回回炮手都元帅府为回回炮手军匠上万户，以伯布之弟亦不剌金为万户，以阿老瓦丁为副万户。

根据上面所引《元史》等书的记载，无论是过去或现在，研究者几乎无例外地认定：回回炮的东传是从1271年亦思马因和阿老瓦丁来华开始的。应该说，这结论是有其可信性和说服力的。但是我们从一些历史文献记载中发现，这种几乎成为定论的流行说法是值得怀疑的。蒙古人使用和吸取西域炮法，恐非始于亦思马因来华，而是更早，似可追溯到成吉思汗西征的时候。下面我们就来探讨这个问题。

二

当成吉思汗的军队为统一蒙古各部而驰骋于辽阔无际的蒙古草原的时候，他们所使用的兵器主要是弓箭。其后南下与金作战，遇到了攻打城堡要塞使用何种武器的新问题。为此，成吉思汗曾询问部属唵木海："攻城略地，兵仗何先？"唵木海回答说："攻城以炮石为先，力重而能及远故也。"[1] 成吉思汗听了非常高兴，即命唵木海为炮手。与此同时，成吉思汗还"募能用炮者籍为兵"[2]。1214年，他派木华黎南攻金朝，指示说："唵木海言攻城用炮之策甚善，汝能任之，何城不破"[3]。并授唵木海金符，任命他为"随路炮手达鲁花赤"[4]。成吉思汗不仅是"攻城以炮石为先"说的信奉者，而且还是它的实践者。由于他的重视，炮便成为蒙古兵攻城略地的主要武器。成吉思汗西征时，他的军队中就有许多炮手和造炮工匠。据记载，炮水手军民诸色人匠都元帅薛塔剌海"从征回回、钦察、畏吾儿、康里、乃蛮、阿鲁虎、忽缠、帖里麻、赛南诸国，俱以炮立功"[5]。蒙古军在西征时使用中原制造的炮是毫无疑问的。但在使用中原炮具的同

---

[1] 《元史》卷122，《唵木海传》。
[2] 《元史》卷151，《贾塔剌浑传》。
[3] 《元史》卷122，《唵木海传》。
[4] 同上。
[5] 《元史》卷151，《薛塔剌海传》。

时，是否也使用西域炮具？关于这个问题，由于中国文献对于成吉思汗西征事迹的记载过于简略，难以据之得出结论，幸好有13世纪伊儿汗国波斯人志费尼撰写的《世界征服者史》，详细地记载了成吉思汗西征各个战役使用武器的情况，可供我们进行分析研究。现摘录有关记载于下：

（1）成吉思汗进入不花剌城，"驱迫不花剌人去攻打内堡。双方战火炽热。堡外，射石机（mangonels）矗立，弓满引，箭石齐飞；堡内，发射弩炮（ballista）和火油筒"①。这说明成吉思汗军队使用的是射石机也就是抛石机，对方使用的是弩炮。

（2）成吉思汗军队包围撒麻耳干城，"城里城外的军队集合起来，准备战斗，他们紧束战袍，杀到晚祷时刻。射石机（mangonels）和弓弩齐发，矢石横飞"②。这说明双方使用的都是射石机。

（3）蒙古军队包围了花剌子模城（玉龙杰赤），"他们忙于为攻城准备木头、射石机（mangonels）、投掷器等武器"。蒙古军"用弓弩和射石机（mangonels）聚歼百姓"③。这说明蒙古军队使用的是射石机。

（4）拖雷进兵你沙不儿，"他先派出一支大军，带着射石机（mangonels）及［其他］武器，兵临沙的阿黑，虽然你沙不儿位于一个多石地区，他们仍从几程远的地区搬运石头，随身带去。他们的石头像庄稼一样堆成山，连十分之一都没有用上。你不沙儿的百姓见事态严重，……尽管他们在城头有三千把弩在发射，架有三百台射石机（mangonels）和弩炮（ballista），还准备有相当数量的檽木和石油，可是他们的腿已发软，他们已士无斗志"④。这说明蒙古军队使用的是射石机，对方使用的是射石机和弩炮。

（5）蒙古人进兵忽毡，城堡的守将是帖木儿灭里。蒙古军使用"弓弩和射石机（mangonels）"。帖木儿灭里逃到毡的和巴耳赤，兀鲁失亦都（即成吉思汗的长子术赤）"遂在毡的城沿河两岸布置兵力，结舟为桥，

---

① ［伊朗］志费尼：《世界征服者史》上册，何高济译，内蒙古人民出版社1980年版，第122页。
② 同上书，第137页。
③ 同上书，第146—147页。
④ 同上书，第205—206页。

备好弩炮（ballista）"①。这说明当时蒙古军队不仅使用了射石机，也使用弩炮。

（6）成吉思汗转向塔里寒，"该地的城堡叫讷思来忒忽，……蒙古军包围城堡，开动许多弩炮（catapult）"②。蒙古兵抵达范延，该地居民进行抵抗，"双方均使用弓矢、弩炮（catapult）"③ 蒙古兵进抵毡的城下，"军士忙着填塞城濠，对着它架设撞城器、弩炮（catapult）和云梯"。当蒙古人将云梯架上城头时，城内居民"发动一架弩炮（catapult）。可是一块沉重的石头落到地面，打碎了那架就是发射它的那台弩炮上的铁环"④。

从上引记载可以看出，当时蒙古军队攻城时使用了 mangonel（射石机、抛石机）、ballista〔（拉丁文）弩炮、投石器〕和 catapult（弩炮）；对方也使用了这些武器。这些武器虽然都是发射石头的器械，但它们之间是有所不同的。

射石机（抛石机）是一种利用重锤重力发射或依靠物体张力抛射石头的投射器，主要用于围攻城堡和防守要塞。重锤射石机利用杠杆原理，可以围绕固定在机架两支柱间的轴上下自由转动。在杠杆的短臂上固定有一个重物（重锤），杠杆长臂有装石袋，使用时用绞车把杠杆长臂拉向机架底部，并向石袋装弹。抛射时，急剧将杠杆长臂放开，装弹的石袋快速升起，重锤完全落下时，石弹从石袋中沿约 45 度角飞出。中世纪时，伊斯兰国家和欧洲国家都使用这种武器，它可将 60 斤左右的石弹抛 140—210 米远，可将 200 斤左右的石弹抛 40—70 米远。⑤

弩炮则不同，它是由扭绞纤维绳的弹力带动的弹射器。武器在公元前已出现，威力比射石机大。中世纪时，弹射器可将 60 斤的石头投掷 850 米远，可将 300—900 斤的石头投掷 250—400 米远。⑥ 我国古代的炮，据

---

① 〔伊朗〕志费尼：《世界征服者史》上册，何高济译，内蒙古人民出版社 1980 年版，第 108—109 页。
② 同上书，第 154 页。
③ 同上。
④ 同上书，第 103 页。按：中译本对 catapults 有时译为弩炮，有时译为射石机，有时译为投石机，极不一致，今一律改译为弩炮。
⑤ 房立中主编：《世界兵器博览词典》，学苑出版社 1990 年版，第 24—25 页。
⑥ 同上。

《武经总要》记载，它是一种利用杠杆原理，以人力拉拽索子发射石弹的器械。由此看来，它应属于射石机一类，而不是弩炮。

如上所述，成吉思汗西征时，蒙古军队不仅使用了射石机，还使用了弩炮。从文献记载中，我们无法判断他们使用的射石机是中原型的还是西域型的，但从成吉思汗一贯重视新式武器的使用这一点判断，最大的可能是兼而有之。至于他们使用的弩炮，则可断定完全是中亚、西亚的兵器。按照元人称呼西域人亦思马因等人制造的射石机为回回炮或西域炮的惯例，我们同样可以称呼成吉思汗西征时蒙古军队使用的伊斯兰国家的弩炮和射石机为西域炮或回回炮。其实，关于成吉思汗西征时曾使用回回炮一事，在中国文献中早已有人提到，只是说得不十分明显罢了。宋人郑思肖在《心史》一书中记载：樊城先破，鞑贼尽杀樊城军民，积叠骸骨，架为高山，使襄阳望见，胁吓其心。贼打回回炮入襄阳城，摧折楼阁甚猛，文焕意怯。又襄阳粮绝军尽，文焕亦怨而叛。又载：其回回炮法，本出回回国，甚猛于常炮，至大之木，就地立臼，炮石大数尺，坠地陷入三、四尺，……尝以此炮攻于阗国，彼国以梭榈皮结网悬覆城上，攻不入，竟止。[①]

从上引记载中，可以看出，宋末已有人认为，蒙古军队使用回回炮不是从攻打樊城、襄阳开始的，而是早在成吉思汗西征时就已经使用它攻打于阗了。不过，关于蒙古兵以回回炮攻打于阗之事，我们未见其他文献记载。我怀疑这是宋人传闻之误，把蒙古军队攻打忽毡误为攻打忽炭（于阗）了。《世界征服者史》记载：蒙古军队围攻忽毡时，忽毡守将"帖木儿灭里已造好十二艘密封的船，蒙上湿毡，外涂一层揉有醋的黏土，留有窥视孔作为发矢之用。每天拂晓，他派六艘这样的船，向一方驶去，他们进行激战……蒙古人试图阻止这类骚扰，但未见成效，尽管弓弩和射石机都使用过了。"[②] 这段记载所描述的情形，与郑思肖的记载颇有相似之处。当然，我们还不能据此断定郑思肖所记于阗（忽炭）就是忽毡之误。但是

[①] 郑思肖：《心史·大义略序》。
[②] [伊朗] 志费尼：《世界征服者史》上册，何高济译，内蒙古人民出版社 1980 年版，第108 页。

我们可以认为，他所记蒙古军使用回回炮始于成吉思汗西征，而不始于围攻樊城、襄阳，这一点，倒是合乎事实的。

关于成吉思汗西征时，蒙古军队使用的西域攻城武器的来源，我认为主要来自两方面：其一，得之于收缴敌方的兵器。《世界征服者史》记载：蒙古人进兵忽毡，忽毡守将帖木儿灭里"把辎重、财物器用，分载于他准备逃亡时使用的七十艘船上"。逃亡时，由于蒙古军直追不舍，"他这方面则打发辎重先行……日益强大的蒙古人抢去他的辎重"①。《多桑蒙古史》也载：成吉思汗攻下撒麻耳干后，"将康里、波斯人分置两处，聚康里人于平原中，收其兵械马匹"②。在战争中或战役结束后，胜利者收缴敌方武器，古往今来，莫不如此。回回炮是当时中亚、西亚使用的重要武器，当然也在收缴之列，这是不言而喻的。

其二，组织当地技师、工匠制造。成吉思汗西征时，曾残酷地屠杀当地无数居民，但对于有一技之长的技术人员和工匠，则一概不杀。"蒙古兵侵入一地，各方并进，分兵屠诸乡居民，仅留若干俘虏，以供营地工程或围城之用"③。这说明，成吉思汗不杀工匠主要是为了军事上的需要。回回炮既是有巨大攻击威力的武器，为了攻城略地，蒙古军利用被俘技师工匠制造回回炮，势所必然。此外，"成吉思汗曾去中国、波斯两地募有工师，制造当时所用之战具"④。当时波斯最重要的战具是射石机、弩炮和火油筒（石油喷射器）。成吉思汗西征时所使用的弩炮、火油筒和射石机，其中一部分应该就是当地的技师工匠和从波斯聘请来的技师工匠制造的。

三

成吉思汗西征时，曾把大批工匠分给亲属或遣送到蒙古地区。例如，攻下撒麻耳干后，"三万有手艺的人被挑选出来，成吉思汗把他们分给他

---

① ［伊朗］志费尼：《世界征服者史》上册，何高济译，内蒙古人民出版社1980年版，第109页。
② ［瑞典］多桑：《多桑蒙古史》上册，冯承钧译，商务印书馆1936年版，第106页。
③ 同上书，第158页。
④ 同上。

的诸子和族人"①。攻下花剌子模城（玉龙杰赤）时，"他们将居民一下子全部驱到野外，从他们中间将十万名左右的工匠分出来，押送到东方去"②。这里所说的"东方"，即指蒙古地区。《多桑蒙古史》记载：蒙古兵攻下花剌子模城后，"遂命驱民尽出城外，令技师工匠别聚一所，其从之者，遣送蒙古，皆得免死。然有不少匠人惮远谪，以为居民可以免死，因混处其中而不出，蒙古兵分居民配诸队间，以刀锹矢尽屠之"③。这些遣送到蒙古的技师工匠，以及后来跟随成吉思汗东来的技师工匠，对蒙古的百工技艺包括兵器的发展，起了非常重要和非常明显的作用。

宋理宗端平初年（1235—1236 年）出使蒙古的宋朝官员徐霆和宋理宗绍定五年十二月（1233 年 1 月）出使蒙古的彭大雅，他们两人曾合著《黑鞑事略》一书，书末附有嘉熙丁酉（1237 年）徐霆写的后记，他说："霆初归自草地，尝编叙其土风习俗，及至鄂渚，与前纲书状官彭大雅邂逅，各出所编，以相参考，亦无大辽绝，遂用彭所著者为定本，间有不同，则霆复疏于下方。"④彭大雅在书中记载了蒙古国的各种军器，"有环刀，效回回样，轻便而犀利，靶小而偏，故运掉也易"，"攻城则有炮"，等等。徐霆在彭大雅的这段记载后疏云："霆尝考之鞑人，始初草昧，百工之事无一。而有其国，除孳畜外更何所产，其人稚朴，安有所能，止用白木为鞍桥，鞴以羊皮，镫亦刻木为之，箭镞则以骨，无从得铁。后来灭回回，始有物产，始有工匠，始有器械，盖回回百工技艺极精，攻城之具尤精"⑤。在这里，徐霆强调了回回百工技艺和"攻城之具"对蒙古地区手工业特别是兵器工业的巨大影响，回回的"攻城之具"，指的就是伊斯兰国家的射石机、弩炮这类发射石头的攻城器械。这说明，成吉思汗西征后，西域的炮术已传入了蒙古地区。

---

① ［伊朗］志费尼：《世界征服者史》上册，何高济译，内蒙古人民出版社 1980 年版，第 140 页。
② ［伊朗］拉施特：《史集》卷 1，第 2 分册，余大均译，商务印书馆 1985 年版，第 297—298 页。
③ ［瑞典］多桑：《多桑蒙古史》上册，冯承钧译，商务印书馆 1936 年版，第 117 页。
④ 彭大雅、徐霆：《黑鞑事略》，载《王国维遗书》第 8 册，上海书店出版社 1996 年版，第 257 页。
⑤ 同上书，第 231—232 页。

13世纪30年代，蒙古兵攻金国汴京、蔡州时，蒙古兵所用之炮威力之大，已远非金朝之炮所能比拟。《金史》记载蒙古兵围攻金朝汴京时蒙、金双方用炮情形如下：金朝"龙德宫造炮石，取宋太湖灵璧假山为之，大小各有斤重，其圆如灯球之状，有不如度者，杖其工人。大兵（指蒙古兵）用炮则不然，破大砘（即大石磨）或碌碡（即石碾）为二、三，皆用之。攒竹炮有至十三梢者，余炮称是。每城一角，置炮百余枝，更迭上下，昼夜不息。不数日，石几与里城平。而城上楼橹，皆故宫及芳华玉溪所拆大木为之，合抱之木，随击而碎"①。

蒙古兵使用之炮的巨大威力，使汴京朝野震惊，金朝皇帝逃往归德，接着又从归德逃往蔡州。蒙古军紧追不舍，围攻蔡州城。金帅富珠里中洛索率精锐五百，夜出西门，欲烧毁蒙军炮具，但未成功，蔡州陷落，金朝皇帝自焚而死。蒙古军进攻汴京、蔡州所用之炮，其炮石之大，"破大砘（即大石磨）或碌碡（即石碾）为二、三"；攻击力之强，"合抱之木，随击而碎"，不数日，炮石几与里城平。这说明当时蒙古炮术已大大超过中原地区，这一巨大进步，是和回回"攻城之具"的影响分不开的。《明史》记载："元初得西域炮，攻金蔡州时，始用火，然造法不传，后亦罕用"②。"始用火"，是不是事实，尚待考证，但其所记蒙古兵用西域炮攻蔡州城，却是值得给予充分重视，而不应该轻率地加以否定。

四

回回炮虽然在成吉思汗西征时就开始使用，随后又传入蒙古地区，但其在中原地区的广泛传布和使用却是在元军攻打襄阳之后。

由于回回炮在攻打襄阳时显示出宋炮无法相比的巨大威力，因而引起了南宋政府的震惊和对这种前所未见的新式武器的重视。1273年南宋政府便令各州县仿制回回炮和研究对付回回炮的方法。结果是青出于蓝而胜于蓝，"沿边州郡因降式制回回炮，有触类巧思，别置炮远出其上，且为破

---

① 《金史》卷113，《赤盏合喜传》。
② 《明史》卷92，《兵志》四。

炮之策尤奇"①。位于战争前线的淮南西路和淮南东路制造回回炮的成绩尤佳。南宋灭亡后，元朝政府并没有因为战事结束而不再重视回回炮的制造，相反，它下令"括两淮造回回炮新附军匠六百，及蒙古、回回、汉人新附人能造炮者，俱至京师"②，以加强制造回回炮的力量。元朝政府先后建立了回回炮手都元帅府和回回炮手军匠上万户府，以加强对回回炮手和制炮工匠的管理，并派人到地方传授炮术。直到至治三年（1323年），元朝政府还遵照元世祖忽必烈的旧制，派遣回回炮手万户赴汝宁、新蔡等地教习炮法。③ 元末明初，回回炮仍然是战争中的一种强有力的武器。1367年，朱元璋的大将徐达围攻平江时，就"命将士每卫取所制襄阳炮昼夜轰击"④。这里所说的襄阳炮，就是回回炮，因其在围攻襄阳大显威力而得名。

　　回回炮在我国军事史上曾大放异彩，回回炮的东传是回族在我国军事技术史上的重要贡献。

（原载《中国边疆史地研究》1993年第4期）

---

① 《宋史》卷197，《兵志》十一。
② 《元史》卷10，《世祖纪》七。
③ 《元史》卷28，《英宗纪》二。
④ 《明通鉴》，前编，卷4。

中国边疆研究史

中国边疆史地研究概述

（1949 —1990 年）

　　中国边疆史地学是一门既古老又年轻的学科。说它古老，是因为我国自古以来就有重视边疆史地学的传统，《禹贡》、《山海经》、《穆天子传》、《史记》、《汉书》，都可视为开中国边疆史地学风气之先的名著，其后历代史书和地志之类的著作，有关边疆史地的记述，更是汗牛充栋，并且出现了一批研究边疆史地的名家。说它年轻，是因为运用马克思主义研究中国边疆史地学才刚刚起步，对这门学科的研究对象、任务、方法和意义的认识还处在摸索阶段，还未形成一套完整的科学理论体系。但可以断言，中国边疆史地学绝不是简单地等于边疆地方史加边疆地理学。如果那样简单，它就没有自己的特点，就不可能成为一门独立的学科。中国边疆史地学应该同其他学科一样，有自己独特的研究对象。那么，中国边疆史地学的研究对象应该是什么呢？关于这个问题，目前学术界认识不一。但有一点可能是不会有争议的，那就是中国边疆史地学应该着重研究中国疆域的发展和变迁，包括中国边界的发展和变迁。本文所要涉及的，也就限于这个范围。

一

　　既然中国疆域史是中国边疆史地学的主要研究对象之一，那么，如何认识和确定中国历史上的疆域，就成了边疆史地研究者必须弄清楚的重大问题。关于这个问题，早在 20 世纪 50 年代至 60 年代，我国史学界就曾经展开过热烈的讨论，但由于"左"的思想的影响，讨论没能继续进行下去，问题没有真正解决。近十多年来，随着学术自由讨论风气的逐渐形成，人们又重新探讨这一问题，虽然文章没有前次那么多，但气氛活跃，富说理性，也更有深度。归纳起来，有以下几种不同的看法：

一种意见认为，中国历史上的疆域，应以今天中华人民共和国的疆域为基础。因为中国历史是中华人民共和国各族人民的历史，历史上"有在中原地区的汉族政权，有在边疆地区的少数民族的政权，这些政权，都是中国的"。所以，要讲中国历史上的疆域，"就是要以我们中华人民共和国的疆域为基础，不应该把过去王朝统治地区来作为咱们中国的疆域"①。"各族人民在历史上曾经活动的地区，都可以算是我国不同时期的疆域范围"②。

一种意见认为，中国历史上各个时期的疆域，应以清代鸦片战争以前的疆域为基础。这种看法和前一种看法有一致的地方，那就是都认为伟大祖国是各族人民共同缔造的，"不能把历史上的中国同中原王朝等同起来"。不一致的是不主张以中华人民共和国的版图为基础，而主张以"清朝完成统一以后，帝国主义入侵中国以前的清代版图"作为"历史时期的中国范围"。"不管是几百年也好，几千年也好，在这范围内活动的民族，我们都认为是中国历史上的民族；在这个范围之内所建立的政权，我们都认为是中国历史上的政权"③。"按照马克思主义关于殖民地民族解放运动的理论，都是以资本主义破坏其独立以前的疆域确定其历史疆域的，中国自然也应该如此"④。

另一种意见主张以中国历史上历代王朝的实际疆域为中国历代国土范围。认为以上两种看法否定了我国统一的多民族国家的形成有一个历史发展的过程，混淆了"作为中国史研究对象的空间范围"和"历史上中国疆域的范围"这两个性质不同的问题。作为中国史研究对象的空间范围，当然应该以今天中华人民共和国的疆域为范围，由此上溯，凡在这个疆域内的各族人民的历史，都属于中国史应该讲述的对象。但确定历史上的中国的疆域，"则不能搬用上溯法去括套，而应以我国历史上历代王朝的实

---

① 白寿彝：《中国历史上的疆域问题》，《历史知识》1981年第4期。
② 翁独健：《民族关系史研究中的几个问题》，《中央民族学院学报》1981年第4期。
③ 谭其骧：《历史上的中国和中国历代疆域》，《中国边疆史地研究导报》1988年第3期。
④ 陈连开：《论中国历史上的疆域与民族》，《中央民族学院学报》1981年第4期。

际疆域为历代国土范围，因王朝统治范围的不同而历代国土有所变更和伸缩"①。

还有一种意见认为，历史上的中国就是历史上我国统一的多民族国家，它所管辖的地区就是它的疆域。历史上统一的多民族国家只有一个，"诸如秦、汉、西晋、隋、唐、元、明、清等政权，它们就是我国历史上统一时期的祖国（中国），它们所管辖的地区就是当时中国的疆域"②。

总之，近10多年来关于历史上中国疆域问题的讨论比前次已经深入得多，但分歧仍然很大，这与对"历史上的中国"的含义理解不同有关。国家的疆域是和国家相联系的，但国家有统一也有分裂的时期，如何确定历史上的中国疆域，这是个十分复杂的问题，不可能一蹴而就，还需经过长期讨论，才有可能逐步取得共识。

二

中华人民共和国成立至今，虽然还没有出版过一部系统地全面地论述中国疆域发展、变迁的著作，但这并不等于说这个领域的研究成绩不大。事实上，有关这方面的论著，就其数量和质量，都是以前所不能比拟的。谭其骧主编的八卷本《中国历史地图集》（中国地图出版社1983—1987年版），就是一部反映中国历代疆域的皇皇巨著。这是上百位学者经过三十个寒暑艰苦努力的结晶，特别是其中的边疆图幅，更有许多超越前人的成就，是部里程碑式的著作。费孝通《中华民族的多元一体格局》（《北京大学学报》1989年第4期），研究了中华民族形成的历史过程，提出了多元一体格局的思想，虽不是直接论述历代疆域问题，但实际上包含了对历史上中国疆域发展的看法，有重要的学术价值。

在中国断代疆域史和地区疆域史研究方面，成绩也很突出。范文澜的《自秦汉起中国成为统一国家的原因》（载《范文澜历史论文集》，中国社会科学出版社1979年版）、王宗维的《论秦汉统一多民族国家的形成、巩

---

① 孙祚民：《建国以来中国民族关系史若干理论问题研究评议》，《东岳论丛》1987年第1期。
② 周伟洲：《历史上的中国及其疆域、民族问题》，《云南社会科学》1989年第2期。

固和发展》(《西北大学学报》1989年第1期)、田继周的《秦汉多民族国家的形成和汉族人们共同体的发展》(《云南社会科学》1986年第4期)等,对秦汉统一多民族国家形成的原因、秦汉的疆域范围和管理机构,进行了深入的研究。顾诚的《明帝国的疆土管理体制》(《历史研究》1989年第3期),探讨了明帝国管理疆域的行政系统和军事系统,指出军事系统的都司、卫、所负责管辖全国一半以上不属行政系统管辖的疆土,是明代体制的一个重要特点,而这个特点是向来为治明史者所忽视的。牛平汉的《清代政区沿革综表》(中国地图出版社1990年版),以清代档案为主,结合其他文献资料,详尽地展示了有清一代的政区地理沿革,其完备和精密都超过了前人的同类著作。马大正主编的《中国古代边疆政策研究》(中国社会科学出版社1990年版),是一本由14位专家撰写的专题性论集,对先秦至清代前期的治边政策作了系统的分析研究,受到了学术界的重视。在地区疆域史研究方面,东北、西北、西南、西藏和台湾等地区的研究成果令人瞩目。

(一) 关于东北疆域的研究

张锡彤、王钟翰、贾敬颜等的《中国历史地图集释文汇编·东北卷》(中央民族学院出版社1988年版),对历代东北的疆域范围、城镇、邑聚、山隘、关津、山川、湖泊、政区治所、政权辖境、部族分布等,作了缜密考证,颇多创见,是东北历史地理和东北疆域研究的重要成果。张博泉等的《东北历代疆域史》(吉林人民出版社1981年版),通过历代王朝对东北地区的统一和管辖,第一次系统地概述了从夏朝至清朝中期中国东北疆域的发展。孙进己、王绵厚、冯永谦等主编的《东北历史地理》第1卷、2卷(黑龙江人民出版社1989年版),对东北地区原始时代的人群分布遗址,对夏、商、周至隋、唐的民族分布与行政建置及民族建置等,进行了详细的考述,提出了许多新看法,受到了学术界的称赞。

唐、辽、金、元各朝东北疆域范围、行政机构、统治政策和管理措施的研究,也取得了进展。孙玉良的《唐朝在东北民族地区设置的府州》(《社会科学战线》1986年第3期)、王金炉的《辽代疆域考略》(《东北地方史研究》1987年第1期)、吕光天等的《辽金两朝对贝加尔湖地区和黑龙江流域的统治》(《学习与探索》1985年第3期)、丛佩远的《元代库页岛诸民族》(《民族研究》1989年第4期)等，就是这方面的代表作。

明代东北疆域的研究，主要集中在对奴儿干都司及其所属卫、所的研究上。杨旸等的《明代奴儿干都司及其卫所研究》(中州书画社1982年版)，叙述了奴儿干都司及其卫所的设置、体制、辖地变迁和明王朝的民族政策，并在前人研究的基础上，对188个卫所的地理位置作了详尽的考证，是新中国成立以来明朝东北疆域研究最重要的新成果。它同杨旸的另一部著作《明代辽东都司》(中州书画社1988年版)是姐妹篇。这两本书的出版，把明朝的东北疆域史的研究向前推进了一大步。

论述清朝统一黑龙江、乌苏里江流域及对该地区实行管辖的论文最多。曲瑞瑜、王慎荣、周雷等的《清入关前对东北的统一》(载《苏修的谎言和历史的真相》，人民出版社1977年版)，李治亭的《论清太宗对黑龙江流域的统一》(《北方论丛》1983年第4期)，徐景学的《浅论清代东北边疆的管理》(《学习与探索》1980年第1期)，关克笑、杨余练的《清代三姓都统在1860年以前对边疆各族的管辖》(《中俄关系研究通讯》1980年第2—3期)和丛佩远、赵明岐的《清代东北噶珊制度》(《学术研究丛刊》1987年第1期)，都颇具功力。前四篇是对老题目的新研究，有所深入；后一篇则是填补空白之作，对清政府管理黑龙江下游和乌苏里江流域少数民族的噶珊制度进行了全面的分析研究，很有新意。

对在清朝统一黑龙江流域起过决定性作用的达斡尔领袖巴尔达齐的研究，也取得了新的进展。自20世纪50年代以来即流行两个巴尔达齐之说，古清尧从巴尔达齐所属村屯、部别和名号三方面考察，得出了只有一个巴尔达齐的结论，论据充分，颇具说服力。①

(二) 关于西北疆域的研究

20世纪70年代以来，西北疆域的研究一直是热门课题。任一飞、安瓦尔的《新疆地区与祖国内地》(中国社会科学出版社1980年版)，比较

---

① 参见古清尧《两个巴尔达齐说新辩证》，《民族研究》1986年第4期。

系统地论证了新疆自古以来就是中国领土的组成部分。论证同一主题的还有张德阶的《略论历代王朝对西域的经营》(《武汉教育学院学报》1987年第1期)、马国荣的《新疆自古以来就是祖国不可分割的一部分》(《新疆社会科学研究》1987年第16期)等。这些论文对于驳斥国外某些学者歪曲我国西部疆域形成的论调和加强国内各民族的团结都有一定的意义。

对历史上中原王朝西北疆域的研究，主要集中在汉、唐、清三代。

卢苇的《论两汉西域都护府》(《新疆历史论文集》，新疆人民出版社1978年版)，对汉王朝统一西域地区的经过、西域都护府的设立、西域都护府的管辖范围及其所起的作用等进行了论述，说明从西汉起，巴尔喀什湖以东以南和帕米尔广大地区已归入中国版图。屯田是两汉经营西域的重要措施。马国荣的《浅谈汉代的西域屯田》(《西域史论丛》第1辑，新疆人民出版社1985年版)、彭慧敏的《两汉在西域屯田论述》(《新疆大学学报》1985年第1期)，探讨了两汉在西域屯田的过程和作用，认为屯田对巩固汉政府在西域的统治和促进边疆开发起了重要作用，其业绩光照史册。刘光华的《汉代西北屯田研究》(兰州大学出版社1988年版)，对两汉在西北屯田进行了比较全面的论述，对西汉的边疆问题和对策，对两汉的屯田和作用，都提出了自己的看法，是目前研究两汉屯田比较完备的一部著作。

乌孙是汉代西北边疆最大的地方王国，一向为西域史研究者所重视。近些年来，我国对乌孙的研究取得了明显的进展。王明哲、王炳华的《乌孙研究》，利用中苏考古发现资料，结合历史文献记载，对乌孙历史的一些重要问题，提出了自己的看法。关于乌孙首府赤谷城的位置，历来众说纷纭，近经学者们研究，看法已比较一致，一般都认为赤谷城位于伊塞克湖东南，但对其具体地点，则尚有分歧，林干、余太山认为在今温宿西北610里的纳伦河上游[1]，苏北海则认为在别迭里山隘西北的伊什提克[2]。关于乌孙西迁后的境域，马国荣等认为，乌孙"分布于今伊犁河到天山一

---

① 参见林干《乌孙及其与西汉王朝的关系》，《新疆社会科学》1982年第3期；余太山：《乌孙考》，《西北史地》1988年第1期。

② 参见苏北海《汉代乌孙居地考》，载《西域历史地理》，新疆大学出版社1988年版。

带"①;苏北海则认为,乌孙的境域包括"西部天山及伊犁河南北直至巴尔喀什湖、塔尔巴哈台为止的广大地区"②。

唐代西北疆域的研究,主要集中在对安西、北庭两都护府及其所属府州的研究上。杨建新、卢苇的《唐代的安西、北庭两大都护府》(载《新疆历史论文续集》,新疆人民出版社1982年版),林超民的《安西、北庭都护府与唐代西部边疆》(《文献》1986年第3期),对这两个都护府的建立、辖区范围、管理措施作了探讨,认为这两个都护府的建立,结束了西域的分裂局面,加强了西域与内地的政治、经济、文化联系,对于保卫边疆,维护国家统一和促进民族团结,都起了重大的作用。吴玉贵的《唐代安西都护府史略》(《中亚学刊》第2辑),以近10万字的篇幅,全面地论述了安西都护府从设置到废弃长达一个半世纪的历史沿革,并着重探讨了安西都护府的废置与突厥、吐蕃、突骑施等少数民族政权盛衰的关系,是一篇突破前人窠臼,很有特色的论文。孟凡人的《唐北庭都护府建置沿革》(载《北庭史地研究》,新疆人民出版社1985年版),论述了庭州、金山都护府、北庭都护府的建置和辖境。卢苇的《唐代中国和大食在中亚地区斗争的发展和变化》(载《西域史地论丛》第2辑,新疆人民出版社1985年版),第一次系统地论述了7世纪至8世纪100多年间唐朝和大食在中亚地区进行的一场曲折而复杂的斗争,有助于人们对这段历史的认识。

8世纪中叶崛起于中亚的突骑施汗国,也引起了研究者的重视,薛宗正对这个汗国的形成、发展和衰亡进行了全面研究,指出这个汗国是唐朝属下的一个边疆民族自治政权。③苏北海认为,突骑施汗国是哈萨克族历史上第一次建立的汗国,现在国内外学者把它列入西突厥之内是不符合历史事实的。④

此外,近10多年来对于安西、北庭都护府所属都督府、州和山川、湖泊的考证也取得了很大成绩。苏北海在《西域历史地理》一书中提出了

---

① 纪大椿主编:《新疆历史词典》,新疆人民出版社1993年版,第75页。
② 苏北海:《汉代乌孙居地考》,载《西域历史地理》,新疆大学出版社1988年版。
③ 薛宗正:《突骑施汗国的兴亡》,《历史研究》1984年第3期。
④ 苏北海:《论哈萨克族建立的唐朝突骑施汗国》,《新疆大学学报》1987年第3期。

许多新看法，值得重视。关于安西四镇之一的碎叶究竟在哪里的问题，曾经有过各种说法，后经学者们深入研究，一般认为在今吉尔吉斯斯坦楚河上游托克马克附近。张广达的《碎叶今地考》（《北京大学学报》1979 年第 5 期），经过缜密考证，得出了唐代碎叶即今吉尔吉斯斯坦托克马克西南 8 公里处的阿克·贝希姆古城的结论。近来，钟兴麟提出新说，认为哈密三堡又名碎叶，即唐碎叶镇治所。① 苏北海发表《唐代中亚碎叶城的历史地位》（载《西域历史地理》，新疆大学出版社 1988 年版），再次证明安西四镇之一的碎叶城，位于托克马克附近。

我国历史上的西北疆域是清乾隆时最后确定的。清初西北地区为我国厄鲁特蒙古准噶尔部所据。钮仲勋的《准噶尔西北疆域考》（载《中俄关系史论文集》，甘肃人民出版社 1979 年版）对 17 世纪中叶以前和 18 世纪中叶准噶尔西北疆域的变动作了考证。罗致平、杜荣坤等的《准噶尔史略》（人民出版社 1985 年版），系统地论述了准噶尔汗国的兴亡和清政府对西北地区的统一，是一部研究清代前期西北疆域的力作。赵春晨的《十八世纪中期清朝统一新疆地区的历史意义》（载《新疆历史论文集》，新疆人民出版社 1978 年版），认为清政府重新统一新疆地区，结束了明末清初的割据局面，这无论是对维护国家独立和领土完整，还是对新疆地区的社会发展，都有重要的意义。

光绪年间新疆建省，是近代新疆的一件大事，研究者一致认为，新疆建省是清政府为了抵御沙俄扩张和巩固自己在新疆的统治而在行政建置上进行的一次重大改革，它加强了新疆各族人民的友好往来，促进了新疆的经济发展，有利于抵抗外来侵略，有利于维护祖国的统一。②

西北边疆历史人物研究方面，左宗棠在新疆的作用和评价问题，引起了热烈的讨论，发表论著之多，为前所未有。论者一致肯定左宗棠粉碎英俄帝国主义瓜分新疆的阴谋，对新疆的光复与发展，起了重要作用。但对他的评价则存在不同的看法，有人说他是"杰出的爱国主义者"，"伟大

---

① 钟兴麟：《唐代安西四镇之一的碎叶位置新探》，《新疆大学学报》1986 年第 3 期。
② 参见沈传经《论新疆建省》，载《新疆历史论文续集》，新疆人民出版社 1982 年版；纪大椿：《论清季新疆建省》，《新疆社会科学》1984 年第 4 期；齐清顺：《新疆建省及其历史意义》，《西域史论丛》第 1 辑。

的民族英雄";有人则认为这些是溢美之辞,并不符合左宗棠的本来面目。左宗棠毕竟是封建地主阶级的一分子,不宜评价太高。①

(三) 关于西南疆域史的研究

方国瑜的《中国西南历史地理考释》(中华书局1987年版),是作者几十年研究西南地区历史地理的重要成果。该书阐述了历史上各个时期西南地区的行政机构设置、疆界划分,对政区地名、居民分布地名和山川地名,包括一些古代曾属中国、后因边境线变动而划到国界之外的地名作了详细的考释,对国外学者有关西南历史地理的不实之论,也根据确凿的历史资料加以澄清。尤中的《中国西南边疆变迁史》(云南教育出版社1987年版),第一次系统地全面地论述了秦汉至清各个时期西南边疆的变迁,考察了中缅边界、中老边界和中越边界西段的演变。黄国安等的《中越关系史简编》(广西人民出版社1986年版)第一编,论述了秦至五代时期中国历代政府对交趾、安南的管辖。此外,还有不少研究者对元明西南地区的土司制度和清代的改土归流进行探讨。李干认为,元朝实行土司制度,对巩固祖国的统一,促进民族融合与经济发展均起到积极作用。② 陈权清则认为,土司世袭制是一种反动腐朽的制度,并且还有明显的分裂割据倾向,不利于全国统一局面的巩固,尽管它的出现和推行有特定的历史条件,但终究是落后于整个历史时代,改土归流是历史的进步。③ 李世愉对雍正朝的改土归流给予很高的评价,认为其功业实不下于秦始皇的废诸侯而立郡县。④ 吴永章的《中国土司制度渊源与发展》(四川民族出版社1988年版),系统地论述了秦汉至清代历朝政府对包括西南边疆在内的南方地区的治理。

(四) 关于西藏地区的史地研究

由多位藏史专家编写的《藏族简史》(西藏人民出版社1986年版)是

---

① 参见张德学《为什么不宜将左宗棠评价太高》,《湖南师范学院学报》1984年第4期。
② 参见李干《略述元代土司制度中的几个问题》,《民族研究》1984年第4期。
③ 参见陈权清《明清改土归流述略》,《湖南师范学院学报》1983年第3期。
④ 参见李世愉《试论清雍正朝改土归流的原因》,《北京大学学报》1984年第3期。

一部值得重视的专著，书中对元、明、清诸朝对西藏的统治，民国政府对西藏的经营管理，都有详细的论述。邓锐龄的《元明两代中央与西藏地方的关系》（中国藏学出版社1988年版），深入浅出地阐明了元朝统一西藏和元、明两朝在西藏的管理措施。王忠的《中央政府管理西藏地方的制度的发展》（《历史研究》1959年第5期），论述了13世纪中叶西藏归入元帝国版图到西藏和平解放之后，中国历代中央政府对西藏地区的管辖。

论述元朝管理西藏的体制的有陈庆英的《元代乌思藏萨迦政权及其与蒙古皇室的关系》（《青海社会科学》1986年第3期）、仁庆扎西的《元代管理吐蕃的中央机构宣政院》（载《藏学研究文集》，民族出版社1985年版）和沈卫荣的《元朝中央政府对西藏的统治》（《历史研究》1988年第3期）等。仁庆扎西认为，帝师并非吐蕃的最高统治者，西平王奥鲁赤及其子孙实际上一直统治着吐蕃。陈庆英认为，否认萨迦（萨斯迦）政权的观点是不正确的，元廷通过控制萨迦政权对西藏进行了有效的统治；萨迦政权与后来建立的乌思藏宣慰司并不是一个机构，而是分属于当时西藏的两个行政系统。沈卫荣则认为，元代管理西藏的并非萨斯迦地方政权，而是中央的宣政院和地方乌思藏宣慰司、乌思藏十三万户。韩儒林的《元朝中央政府是怎样管理西藏地方的》（《历史研究》1959年第7期），对元朝中央政府如何管理西藏以及西藏地方行政区域如何划分等问题，作了阐释。

论述明朝管理西藏的论文有吴钧的《从〈西番馆来文〉看明朝对藏区的管理》（载《藏族学术讨论会论文集》，西藏人民出版社1984年版），作者认为，明朝在藏区派官设治，行使主权，实行了封建社会制度下的区域自治。孟庆芬的《试论明代乌斯藏的僧官制度》（载《中国民族史研究（一）》，中央民族学院出版社1987年版），认为明朝政府在西藏实行的僧官制度，进一步加强了对乌思藏地区的控制，使各教派及地方势力均统一于中央。

清朝中央政府对西藏的管理，比明朝更进了一步。王辅仁的《略论清朝前期对西藏的施政》（载《清史研究集》第2集，人民大学出版社1982年版）把清代前期对西藏的管理分为五个阶段论述，说明了清政府对西藏施政的逐步加强。柳升祺、邓锐龄的《清代在西藏实行金瓶掣签的经过》

(《民族研究》1982年第4期），论述了清政府确定达赖喇嘛等大活佛转世灵童的金瓶掣签制度的建立和实施情况。此外，还有多篇探讨清代驻藏官员的设置及其职权的论文。①

（五）关于台湾地区史地的研究

20世纪80年代出版了施联朱的《台湾史略》（福建人民出版社1980年版）和陈碧笙的《台湾地方史》（中国社会科学出版社1983年版）两本著作。前者揭示了几千年来台湾地区的历史概貌，着重阐述了台湾与祖国大陆的密切关系。后者以丰富的历史资料，深入地研究了从原始社会到1945年的台湾历史，并在一些问题上，提出了自己的见解，是新中国成立以来论述台湾历史最详尽、最重要的著作。陈国强的《郑成功驱逐荷兰侵略者收复台湾的伟大斗争》（《厦门大学学报》1962年第1期），论述了荷兰殖民者侵略台湾的暴行，论述了郑成功收复台湾的重大意义。

大陆移民台湾问题也受到了研究者的重视。潘君祥的《郑成功时期的移民和台湾垦治》（《社会科学》1983年第6期），王蒲华的《清代福建人口向台湾的流动》（《历史研究》1983年第2期），认为福建人口移居台湾，对该岛的开发起了不可估量的作用。

关于康熙统一台湾问题，陈在正认为，从荷兰殖民者手里收复台湾的郑成功，与从郑成功后裔手中统一台湾的康熙帝，他们的地位是敌对的，但从巩固东南海疆、维护祖国统一的角度来看，他们的事业是互相继承的。郑成功、康熙帝都是中华民族历史上的伟大人物。②李尚英的《康熙统一台湾的历史作用》（《学习与思考》1983年第5期）、王政尧的《略论康熙统一台湾及其影响》（《华南师范大学学报》1983年第2期），都肯定了统一台湾对维护祖国独立，加强大陆与台湾的经济、技术、文化联系，促进台湾经济发展的重大作用。

关于台湾建省问题，陈在正的《台湾建省方案形成过程的考察》

---

① 顾效荣：《清代设置驻藏大臣简述》，《西藏研究》1983年第4期；国庆：《清代驻藏大臣浅探》，载《藏族史论文集》，四川民族出版社1988年版；吴丰培：《清代驻藏官员的设置和职权》，《中央民族学院学报》1981年第1期。

② 陈在正：《论康熙统一台湾》，载《清代台湾史研究》，厦门大学出版社1986年版。

（《历史研究》1987年第5期），认为，台湾建省是在海疆危机日益严重的形势下实现的，目的主要是为了加强海防，以抵御外国资本主义的入侵，因而具有爱国的性质。杨彦杰的《清政府与台湾建省》（载《清代台湾史研究》，厦门大学出版社1986年版）、刘锡银的《刘铭传与台湾建省》（载《刘铭传在台湾》，上海社会科学院出版社1987年版），分别对清政府、刘铭传在台湾建省问题上的态度和作用作了考察。

三

在我们伟大祖国疆域形成的过程中，边疆地区曾先后出现过一些少数民族建立的王朝和汗国，对于这些王朝、汗国的历史，过去一般研究得很不够，这同汉文资料缺乏，研究者需要掌握多种语言有关。可喜的是，近些年来涌现出一批有才能的边疆史地研究者，他们不怕困难，勇于开拓，使边疆地区少数民族王朝史研究出现了空前活跃的局面。

（一）关于渤海国的研究

近10多年来，渤海史研究蓬勃发展，硕果累累，在我国边疆诸王朝史的研究中，占有特别突出的地位。

在学术著作方面，1984—1987年短短几年间，出版了王承礼的《渤海简史》（黑龙江人民出版社1984年版），朱国忱、魏国忠的《渤海史稿》（黑龙江省文物出版编辑室1984年版），李殿福、孙玉良的《渤海国》（文物出版社1987年版）等三部学术著作。这几部著作都全面地论述渤海国的兴亡，渤海国的疆域，渤海国的政治、经济、文化和外交，但又各有自己的重点和特点，反映了我国渤海国史研究的新水平。

在学术论文方面，其数量之多，探讨问题范围之广，也是前所未有的。下面集中介绍几个有争议的问题。

渤海的民族构成问题，论者意见比较一致。一般认为，渤海地方辽阔，民族构成相当复杂，粟末靺鞨是渤海王国的主体民族。但对于靺鞨的族源问题，则有不同看法。孙进己等提出新说，认为粟末靺鞨不属勿吉、女真系统，而是源于濊貊。① 大多数学者不同意此说，杨保隆指出，无论史书记载还是考古发现，皆表明靺鞨称号与貊貉无涉，它是由勿吉转音而来。粟末靺鞨等部属肃慎系统，而非濊貊族。②

渤海国的疆域，由于文献记载过于简略，虽经国内外学者的长期研究，但一些府、州的位置仍然很难确定。近几年来，学者们在研究中比较注重渤海古城遗址的实地调查和文物考古资料的利用，发表了一些受到人们重视的论文，其中有孙进己的《渤海疆域考》（《北方论丛》1982年第4期）、陈显昌的《论渤海国的疆域》（《学习与探索》1985年第2期）和王承礼的《渤海的疆域和地理》（《黑龙江文物丛刊》1983年第4期）。这些论文，论述了渤海疆域的发展过程，考订了渤海府、州的位置和疆域范围，提出了一些新的看法。但分歧仍然很大。例如，关于渤海率宾府的位置，有人认为在今俄罗斯滨海地区乌苏里斯克，有人则认为在东宁县大城子。又如安远府，有人认为在渤海国的东部，即今兴凯湖东岸；有人则认为在渤海国的西部，今吉林省西部。总之，关于渤海国的疆域，还有许多问题尚待进一步研究。

（二）关于喀喇汗王朝史的研究

在过去很长的一段时间里，喀喇汗王朝史的研究几乎没有取得什么进展，这与汉文文献很少记载有关。从20世纪80年代初起，我国学者开始大量利用穆斯林史料和国外研究成果，兴起了一股研究喀喇汗王朝史的热潮，并取得了较好的成绩。其中魏良弢的研究成果最引人注目，他从1982年开始，陆续发表了一系列关于喀喇汗王朝的论文，撰写了一部《喀喇汗王朝史稿》（新疆人民出版社1986年版），对喀喇汗王朝的起源、国名、疆域、民族、政治兴衰、社会经济、科技文化等，进行了全面的研究，填补了我国喀喇汗王朝史研究的空白。刘戈的《喀喇汗朝与萨曼王朝关系简述》（《新疆历史研究》1986年第1期）、《喀喇汗王朝与中亚伽色尼王朝政治关系简述》（《新疆社会科学》1987年第3期）等论文，另辟蹊径，

---

① 孙进己：《渤海的族属》，《学习与探索》1982年第5期。
② 杨保隆：《新旧唐书〈渤海传〉考辨》，《学习与探索》1984年第2期。

探讨了喀喇汗王朝与邻国的关系。

在研究喀喇汗王朝史的过程中,我国学者一致认为,喀喇汗王朝史是中国历史的一部分,但对这个王朝的起源和国名,存在着不同的看法。

喀喇汗王朝的起源问题,有的学者认为组成这一政权的主要是割禄(葛罗禄)、样磨和九姓乌古斯[1],有的学者认为是葛罗禄[2],也有人坚持我国传统说法,认为起源于西迁回鹘。[3]

喀喇汗王朝的国名问题,也有多种意见。有人称其为"喀喇汗王朝",因为该王朝统治者有"喀喇汗"、"阿尔斯兰喀喇可汗"等称号。[4] 在突厥语中,"喀喇"是"黑"的意思,所以也有人称这个王朝为"黑汗王朝"。[5] 有人不同意上述意见,认为"喀喇汗"是汗号,不是国号,应根据中国文献记载,称该国为"回纥国"或"西回鹘国"。[6]

(三) 关于西辽史的研究

我国对西辽史的研究,兴起于20世纪80年代,出现了20多篇论文和一部专著。在相关论文和著作中,都体现了"西辽是辽朝的继续"这一观点。还有人提出,应像称北宋和南宋为"两宋"一样,称辽朝和西辽为"两辽"。对西辽史进行全面研究的,应首推魏良弢的《西辽史研究》(宁夏人民出版社1987年版),该书汇集了作者多年的研究成果,对西辽的政治、疆域、民族、经济、文化、宗教等进行了比较深入的探讨,是继梁园东译注《西辽史》之后的又一部重要著作。西辽的疆域,史籍上缺乏明确的记载,邓锐龄的《西辽疆域浅释》(《民族研究》1980年第2期)、魏良弢的《西辽史研究》中的《疆域》,在这方面作出了重要的贡献。

此外,周良霄的《关于西辽历史的几个问题》(《中华文史论丛》1981年第3辑)、陈得芝的《耶律大石北行史地杂考》(《历史地理》1982

---

[1] 新疆社会科学院民族研究所:《新疆简史》第1册,新疆人民出版社1980年版,第155页。
[2] 参见耿世民《喀喇汗朝历史简述》,《新疆社会科学》1982年第1期。
[3] 参见魏良弢《关于喀喇汗王朝的起源及其名称》,《历史研究》1982年第2期。
[4] 同上。
[5] 参见王小甫《从回鹘西迁到黑汗王朝》,《西北民族论丛》1983年第2辑。
[6] 参见章巽《桃花石和回纥国》,《中华文史论丛》1983年第2辑。

年第 2 辑)、余大钧的《耶律大石创建西辽帝国过程及纪年新探》(载《辽金史论集(一)》,上海古籍出版社 1987 年版),都有自己的独到见解。

(四) 关于察合台汗国史的研究

研究察合台汗国史,需要掌握多种外文,难度较大、涉足者少,近几年来,涌现出刘迎胜、田卫疆等研究者,打破了这一领域多年沉寂的局面,取得了明显的进展。刘迎胜广泛搜集中外有关资料,撰写了《早期的察合台汗国》(《新疆社会科学》1984 年第 2 期)、《阿里不哥之乱与察合台汗国的发展》(《新疆社会科学》1985 年第 5 期)、《元代蒙古诸汗国的约和及窝阔台汗国的灭亡》(《新疆大学学报》1984 年第 2 期)、《都哇家族汗位继承权的确立——元武宗时察合台汗国政治史研究》(《新疆大学学报》1985 年第 2 期)、《察合台汗国的分裂》(《中国社会科学院研究生院学报》1986 年第 4 期)等一系列论文,对察合台汗国的建立、发展和分裂,进行了系统的考察,成绩斐然,受到学术界的赞扬。

田卫疆的贡献主要在东察合台汗国史研究方面。他的《14 世纪末至 15 世纪初的东察合台汗国》(《新疆社会科学》1988 年第 4 期)、《15 世纪东察合台汗国历史探幽》(《民族研究》1988 年第 5 期)、《满速儿、赛德汗时期的东察合台汗国史述略》(《新疆历史研究》1987 年第 2 期)、《准噶尔部的南下与东察合台汗国的覆灭》(《新疆大学学报》1989 年第 1 期)等一组文章,比较系统地论述了东察合台汗国从建立、分裂到灭亡的历史。

总的来说,目前我国对于察合台汗国史的研究主要是在政治史方面,经济、文化等领域的研究仍然相当薄弱。

四

关于边界和海疆问题的研究,由于各种原因,在相当长的一段时间里,几乎处于停顿状态。从 20 世纪 70 年代起,因为对外关系的实际需要,边界和海疆问题研究的重要性和迫切性逐渐为人们所认识,少人问津的情况开始有所改变。近几年来，在有关部门的关怀下，改变了过去的一些做法，为研究者创造了一些有利条件，从而使边界和海疆问题研究进入了一个新的发展阶段。

（一）关于中俄中苏边界问题研究

在中国边界史研究中，中俄中苏边界问题研究成绩最为突出。余绳武、徐曰彪、吕一燃合写的《驳谎言制造者——关于中苏边界的若干问题》（《历史研究》1974年第1期），阐明了黑龙江、乌苏里江流域自古以来就是中国领土；《尼布楚条约》从法律上确定了中俄东段边界；沙俄入侵以前中国西部边界在巴尔喀什湖；有关中俄边界的一切条约都是沙俄强加给中国的不平等条约。这篇文章发表后，受到了学术界的重视。随后出现了大量的专著和论文。戴逸的《1689年的中俄尼布楚条约》（人民出版社1977年版）和刘民声、孟宪章的《17世纪沙俄侵略黑龙江编年史》（中华书局1989年版），对早期沙俄侵略我国东北边疆和《尼布楚条约》的签订作了深入的研究。佟冬主编的《沙俄与东北》（吉林文史出版社1985年版）和西北大学等单位合编的《沙俄侵略中国西北边疆史》（人民出版社1979年版），分别论述了沙俄通过一系列不平等条约，割占了我国东北、西北边疆的大片领土。余绳武主编的四卷本《沙俄侵华史》（人民出版社1976—1990年版），论证了汉、唐至清历代王朝的东北、西北疆域，探究了沙俄侵略中国边疆、吞并中国大片领土的历史事实，对有关中俄边界的一系列条约的签订经过、主要内容和边界走向，进行了深入的分析研究，在资料搜集和史实考证方面也超过了前人。复旦大学历史系编写的《沙俄侵华史》（上海人民出版社1986年版），也是一部全面研究沙俄侵略中国领土的著作。

在论文方面，杨建新的《沙俄最早侵占的中国领土和历史上中国的疆域问题》（载《中俄关系史论文集》，甘肃人民出版社1979年版）认为，17世纪20年代沙俄在中国柯尔克孜族地区修建城堡、武装殖民的活动，是沙俄最早对中国领土的侵略。傅孙铭的《十九世纪沙俄对华领土扩张的社会基础》（《东北师范大学学报》1982年第1期）探讨了沙俄对华扩张领土的内在原因。郑绍钦的《清代沙俄侵吞中国西北边陲史实考》（《世界历史》

1982年第1期），揭示了沙俄侵占巴尔喀什湖以东以南大片中国领土的事实。吕一燃的《清政府对阿勒坦诺尔乌梁海的管辖》（《中俄关系问题》总第27期，1989年4月），论证了被沙俄侵占的阿勒坦诺尔乌梁海地区是中国固有的领土。

唐努乌梁海是未经任何条约规定而被沙俄强占的中国领土。马曼丽的《从乌梁海问题看沙俄对中国的侵略》（载《中俄关系史论文文集》，甘肃人民出版社1979年版），荣丽贞的《沙俄是怎样窃占中国唐努乌梁海地区的》（载《中俄关系史论文集》，甘肃人民出版社1979年版）、康右铭的《沙皇俄国对唐努乌梁海地区的侵略》（《中亚学刊》1987年第2期），阐述了沙俄对唐努乌梁海渗透和强占的经过。帕米尔地区，19世纪末年为沙俄武力侵占，至今仍为中苏边界的一个悬案。黄盛璋的《我国历史上的帕米尔》（《新疆社会科学》1982年第2期）、吕一燃的《中国历代王朝对帕米尔地区的管辖》（《中国边疆史地研究报告》第5辑，1990年6月），论证了帕米尔自古以来就是中国的领土和帕米尔未定界的由来。刘存宽的《中国帕米尔争议的历史背景》（《社会科学战线》1982年第3期）、董志勇的《19世纪英俄瓜分中国帕米尔地区述略》（《中国边疆史地研究报告》1987年第1辑），对英俄私分帕米尔作了深入的研究。

（二）关于中朝边界问题研究

中朝边界问题，至今还很少有人研究。杨昭全《中朝界务史略》（《中国边疆史地研究报告》1989年第3、4辑）用5万多字的篇幅，对有清一代的中朝界务作了细致的研究，是近年来有关中朝边界最有分量的著作。此外，还有寥寥可数的几篇关于清末"间岛"交涉的论文。

（三）关于中印边界问题研究

近几年来发表了几篇颇有深度的论文。杨公素的《中印边界问题的真相》（《中国边疆史地研究报告》1989年第4辑），对中印之间的传统习惯界线，英国私自划定中印边界的"麦克马洪线"，以及1950年以后印度进一步侵占中国领土和中印边界交涉等问题，进行了系统的研究，引起了学术界的重视。柳升祺的《1929年版〈艾奇逊条约集〉第14卷何以有两种不同版本?——兼评西姆拉会议（1913—1914）》（《中国藏学》1990年第1期），通过考证，证明1929年出版的《艾奇逊条约集》第14卷是真书，1938年出版的是伪书。伪书对1913—1914年西姆拉会议的事实进行了全面的篡改，主要目的是为了歪曲中印边界问题的历史真相。金宗英的《1899年英国建议划定中印西段边界照会问题》（《中国边疆史地研究报告》1987年第1辑），指出此项照会要求正式划定新疆与克什米尔之间的中印边界，它建议的边界线远在印度今天主张的边界线之南，中国政府当时没有接受，这段边界线一直没有正式划定。

（四）关于中缅边界问题研究

余绳武的《有关猛卯三角洲的一些历史情况》（《中国边疆史地研究报告》1988年第2辑），指出猛卯三角洲原为中国领土，19世纪末被英国强行租占，1960年中缅签订边界条约，根据友好互让的精神，解决了包括该三角洲在内的全部中缅边界问题。张振鹍的《近代史上中英滇缅边界"南段未定界"问题》（《中国边疆史地研究报告》1988年第2辑），指出了1894年和1897年中英条约关于中缅南段边界的约文本身的矛盾，致使难以保证这段边界的实际勘定。1940年，英国利用日本发动侵华战争的时机，封闭滇缅路，迫使中国同它签订划分这段边界的换文。直到1948年缅甸独立，这段边界始终没有竖立界桩。金宗英的《麦克马洪线与中缅北段边界问题》（《中国边疆史地研究报告》1989年第3辑），对中英之间关于中缅北段边界交涉和麦克马洪在西姆拉会议中玩弄的伎俩进行研究，指出麦克马洪线关于东段的划法，企图把尖高山以北，除独龙江外的恩梅开江与迈立开江流域据为己有。西姆拉条约是非法的、无效的，背着中国中央政府搞的英藏秘密换文与麦克马洪线，更是非法的、无效的。谢本书的《片马问题考察与研究》（《中国边疆史地研究报告》1989年第4辑），论述了中国政府对片马地区的管辖、英国侵占片马的经过以及1960年中缅对片马问题的最终解决。

（五）关于中越边界问题的研究

中越边界形成于宋代，1885年中法战争后，中法签订了一系列关于中越边界的条约。李国强的《中越陆路边界源流述略》(《中国边疆史地研究导报》1989年第1期),概述了中越边界形成的过程,指出中越边界条约使中越边界走向有了明确的规定,但也使清政府丧失了许多土地。萧德浩的《北部湾问题刍议》(《中国边疆史地研究报告》1989年第3辑)和刘文宗的《是海上边界线还是岛屿分界线——评越南当局对1887年〈中法续议界务专条〉第三款的解释》(《中国边疆史地研究报告》1989年第4辑),论证了北部湾是中越两国共有的海域,在历史上中越两国从未划分过北部湾的边界。1887年《中法续议界务专条》第三款划分的是芒街附近海中岛屿的归属,越南政府把它说成为划定中越海上分界线是毫无根据的。李德潮的《白龙尾岛正名》(《中国边疆史地研究报告》1989年第3辑)指出,白龙尾岛原名夜莺岛,我国渔民称之为浮水洲岛,也称海宝岛。白龙尾岛是法帝国主义印支殖民当局的所谓命名。千百年来,我国渔民在该岛劳动生息,1955年,中国人民解放军解放该岛,建立党政机构,1957年交给越南。文章认为,法国侵略的中国领土,不能构成独立的越南拥有主权的理由。

(六) 对于香港问题的研究

20世纪80年代以前非常薄弱,近七八年来,由于与英国进行收回香港的交涉,社会上急需了解这方面的情况,于是有关论著也就应运而生了。余绳武、杨诗浩《中英有关香港的三个条约问题》(1983年10月10日《人民日报》),对英国通过不平等的《中英南京条约》、《中英北京条约》、《中英展拓香港界址专条》强行割占和租借香港全岛、南九龙和"新界"在内的香港地区的过程进行剖析,指出英国的侵略行径严重地损害了中国的主权和领土完整。丁名楠《英国侵占香港的经过》(《近代史研究》1983年第1期)、陈胜粦的《香港地区被迫"割让"与"租借"的历史真相》(《学术研究》1983年第2—3期),论述内容基本相同,但各有特色。

英国强占九龙新界,在中英关系史上是个重要问题,以前很少有人专门研究,近来情况有所变化,发表了多篇论文。刘存宽的《英国租借九龙新界始末》(《西北史地》1988年第3期)、刘蜀永《九龙半岛、九龙巡检司、九龙城史事考略》(《西北史地》1988年第2期),大量利用英国和中国档案资料,对九龙新界问题作了深入的探讨,填补了这方面的空缺。

(七) 关于澳门问题的研究

澳门是由葡萄牙殖民者通过不平等条约获得"永居管辖"权的中国领土,在中英收回香港谈判的同时,收回澳门问题也提到了日程上来。在这种形势下,有关澳门历史的论著相继问世,数量之多,为前所未有。戴裔煊的《〈明史·佛郎机传〉笺正》(中国社会科学出版社1984年版),以《明史·佛郎机传》为纲,参考中外文资料,对有明一代葡萄牙殖民者占据中国澳门的经过作了详细的注释,是一部很有学术价值的著作。黄鸿钊的《澳门史》(香港商务印书馆1987年版),费成康的《澳门四百年》(上海人民出版社1988年版),元邦建、袁桂秀的《澳门史略》(香港中流出版社1988年版),都全面叙述了澳门的历史。除专著外,还发表了许多有价值的学术论文。王昭明《鸦片战争前后澳门地位的变化》(《近代史研究》1986年第3期),对鸦片战争前明、清政府对澳门的管辖,鸦片战争后葡萄牙殖民者获得"永居管理"澳门的经过,作了分析研究,是一篇颇有学术价值的论文。郑永福《历史上的澳门问题》(《河南大学学报》1987年第1期),指出清政府在允许葡萄牙"永居管理"澳门的条约上,仍然坚持澳门主权属于中国,那种认为《中葡和好通商条约》签订之后,葡萄牙对澳门有完全主权的看法是错误的。

(八) 关于南海诸岛的研究

南海诸岛的研究,近几年来相当活跃,发表了大量论文,从各方面论证西沙群岛、南沙群岛历来就是中国领土,驳斥了越南关于南沙、西沙的种种谬论。林金枝的《西沙群岛和南沙群岛自古以来就是中国的领土》(《人民日报》1980年4月7日),陈可畏、邓自欣的《南海诸岛是我国的领土,决不容许别国侵占》(《中国边疆史地研究报告》1987年第1辑),黄盛璋的《南海诸岛历来是中国领土的历史证据》(《中国边疆史地研究报告》1990年第5辑),以大量的历史资料证明,由于中国人民在南海中航行、生产和生活,最早发现了这些岛屿,并加以命名和经营开发;中国政府对这些岛屿实行管辖，行使主权，中国是这些岛屿唯一的主人。何纪生的《海南岛渔民开发经营西沙、南沙群岛的历史功绩》(《学术研究》1981年第1期)，以大量的文献记载和文物资料证明，我国渔民长期以来在南海捕捞海产品，在西沙、南沙群岛上盖房建庙、挖掘水井、种植椰树和农作物，为开发经营南疆宝岛作出伟大贡献。此外，研究南沙群岛归属问题的有吴凤斌的《南沙群岛历来就是我国领土》(《中国边疆史地研究报告》1989年第4辑)，林荣贵的《历代中国政府对南沙群岛的管辖》(《中国边疆史地研究导报》1990年第2期)，李国强的《南沙群岛的过去和现在》(《中国边疆史地研究导报》1989年第3期)，都以确凿的证据，阐明了南沙群岛长期以来就是中国的领土。

对于越南张冠李戴，企图把我国西沙群岛说成是越南记载中的"黄沙群岛"，把我国的南沙群岛说成是越南文献记载中的"长沙群岛"，我国学者进行了有力驳斥。戴可来的《漏洞百出，欲盖弥彰——评越南有关西沙、南沙群岛归属问题的两个白皮书的异同》(《光明日报》1980年6月9日)，韩振华、吴凤斌的《驳越南当局所谓黄沙、长沙即我国西沙、南沙群岛的谬论》(《人民日报》1980年8月1日)，韩振华的《罢葛鐄、罢长沙今地考》(《中国边疆史地研究报告》1989年第3辑)，戴可来、于向东的《〈抚边杂录〉与所谓"黄沙"、"长沙"问题》(《国际问题研究》1989年第3期)，以大量事实证明，越南历史图籍中所说的黄沙、长沙都是越南近海中的一些岛屿、沙滩，同我国西沙、南沙群岛是风马牛不相及的。

(九) 关于钓鱼列岛的研究

钓鱼列岛是台湾的附属岛屿，至晚在明代已划入中国版图。19世纪末年，该列岛为日本侵占。1945年第二次世界大战结束后，钓鱼列岛理应同台湾、澎湖列岛一样归还中国。

但日本无理地宣布其对该岛拥有主权，于是钓鱼列岛问题成为中日间的一个悬案。于福顺、刘耀祖编的《钓鱼列岛历史资料》(《中国边疆史地研究报告》1987年第1辑)，摘录中外文献63种，对钓鱼列岛的地理形势、主权归属、中日交涉等问题，分门别类地加以编排，并加上一些按语与说明，是一份带有研究性质的资料。

杜继东《钓鱼岛等岛的历史和现状》（《中国边疆史地研究报告》1990 年第 5 辑），对钓鱼列岛历史上的主权归属和今天的中日争端作了概述。

边界和海疆问题研究的进展，除了已发表的论著外，正在撰写的专著有周伟洲的《英俄侵略西藏史与中印东段边界问题研究》，董志勇的《英国侵略新疆史与中印西段边界问题研究》，杨昭全的《中朝界务史》，萧德浩等的《中越边界史》，吴天颖的《钓鱼岛等岛屿归属研究》，吕一燃等的《近代中国边界史》等。这么多有关中国边界问题的专著同时进行编写，这在中国历史上尚属第一次，它说明我国学者对边界问题研究的关切，同时也反映了中国边界研究蓬勃发展的势头，这是令人欣慰的。

五

回顾新中国成立以来中国边疆史地学的研究历程，可以 1970 年为界分为前后两个阶段。

1970 年以前主要是采取内部研究方式，研究成果不公开发表，仅供内部参考，结果是"门前冷落车马稀"，问津者少矣！

1970 年以后，由于国内外形势发展的实际需要，唤起了人们对边疆史地学重要性和迫切性的认识，边疆史地研究开始呈现出前所未有的蓬勃发展之势。这主要表现在：（1）中国社会科学院成立了中国边疆史地研究中心，协调和促进了中国边疆史地研究的发展；（2）中国边疆史地研究中心主编了《中国边疆史地研究丛书》和《中国边疆史地资料丛刊》等五种丛书，创办了《中国边疆史地研究》和《中国边疆史地研究报告》两种期刊，为边疆史地研究者提供了发表研究成果的园地；（3）国家社会科学基金会成立了边疆史地临时评议小组，鼓励和资助中国边疆史地研究项目；（4）在北京、西安、大连、黑河等地召开了多次中国边疆史地学术讨论会，有力地推动了边疆史地研究的开展；（5）中国边疆史地研究队伍逐步扩大，出现了一批生气勃勃的有才能的中青年研究人才；（6）开辟了新的研究领域，纠正了重视陆疆忽视海疆的偏向，发表了大量有价值的学术论文与专著。可谓硕果累累、春色满园。但也有明显的不足之处，这主要是：研究古代疆域史的多，研究与现实关系密切的近代边界问题的少；微观研究多，宏观研究少；铺叙史实的多，理论探索的少。此外，主观臆断，曲解历史事实，以证明自己看法正确的也是有的。但瑕不掩瑜，总的形势是喜人的，边疆史地研究经过一段冷落之后已迎来了它的春天，正在逐步地走向繁荣，我们对这门学科的发展前景充满信心。在这里，我愿意对今后如何进一步开展边疆史地研究的问题，提几点不成熟的意见：

第一，要加强对马克思主义关于国家领土与边界问题理论的研究。在马克思、恩格斯、列宁的著作中，有不少有关国家领土、边界的文章，其中有论述边界产生和发展的，有批判资产阶级形形色色边界理论的，有评论现实或历史上发生的边界事件的，还有对社会主义时期共产党人应该如何认识和对待边界问题的。马克思主义经典作家的这些论述，对指导我们研究中国边疆史地学无疑是十分重要的，但我们过去对此注意不够，甚至很生疏。

第二，要提倡实事求是的科学态度。研究边疆史地问题，常常会碰到一些与国家领土主权或边疆少数民族有关的敏感问题，这就要求我们要坚持实事求是的科学态度。只有这样，才能得出合乎科学的结论，才能对解决问题有所裨益；切不可因为某种原因，故意歪曲或篡改事实，来证明自己观点的正确，造成混乱，贻害国家和社会。

第三，要贯彻"百家争鸣"的方针，支持和鼓励在科学研究上的大胆探索。有关疆域和边界方面的论著，只要有理有据，有学术价值，就应该让它有发表的机会；真理愈辩愈明，不同意见的争论，有利于学术的发展，没有不同意见的争论，只能使这门学科停滞不前；把疆域史和边界史研究看成禁区或准禁区，都是不可取的。

第四，要加强边疆史地研究人才的培养。近两三年来，我国边疆史地研究人员虽然略有增加，但研究人员日趋老化，后继乏人的现象仍然没有改变，应该采取各种措施培养人才，建立一支有较高学术水平的边疆史地研究队伍，以适应我国边疆史地研究发展的需要。

第五，要出版《国外中国边疆史地资料译丛》和《国外中国边疆史地研究译丛》。边疆地区，不论是历史的还是现实的，涉及的对外关系都比较多，在国外保存着许多有关中国边疆地区的档案，这是研究中国边疆问题的极好资料。近些年来，我国边疆史地研究取得显著成绩的领域，大多与引进国外资料和研究成果有关。如果我们下决心翻译出版一批国外有关档案资料和著作，供国内学者利用，这将使中国边疆史地研究大为改观。

第六，要加强边疆史地实地考察，这是我们先辈行之有效的一个方法。有些问题，特别是边疆地理，没有实地考察，没有感性认识，单靠文献记载，是很难有真知灼见的。

（原载《中国边疆史地研究》1991年第1期）

爱国者谢彬及其中国边疆史地研究

谢彬（1887—1948年）原名作法，字兰桂，号晓钟，以笔名谢彬著闻于世。他反对封建帝制，追求民主共和，是一位资产阶级民主主义革命者。他学问渊博，勇于探索，撰写了许多开拓性的著作，是近代中国的著名学者。他热爱祖国，关心国家领土主权，关心边疆安危，潜心研究边疆问题，是民国时期为数不多的杰出的边疆史地学家之一。

一　反对封建专制，追求民主共和

谢彬出生于湖南省衡阳县金兰寺区石坳乡尤溪村的贫寒家庭，自幼聪慧，勤奋好学，在宗族长辈的资助下，才得以入学读书。谢彬少年时，中国正处于革命与反革命激烈搏斗的前夜，一面是帝国主义的加紧侵略和清政府的腐败统治，中国面临着亡国灭种的危险；一面是以康有为为代表的君主立宪派和以孙中山为代表的革命民主派先后兴起，传播资产阶级民主主义思想，唤醒了沉睡的神州大地。就在这样的社会背景下，谢彬由传播封建文化教育的旧式私塾，进入了仿效西方资产阶级教育的清泉高等小学堂学习，这对他开阔眼界，接受新思想，起了决定性的作用。随后，谢彬加入了孙中山创立的中国同盟会，开始走上了资产阶级民主主义革命的道路。辛亥革命以前，谢彬究竟进行了哪些革命活动，由于缺乏资料，我们并不十分清楚。1916年，谢彬路过广西桂林时曾回忆说："辛亥（1911年）之秋，余以党务来桂（桂林）。"[①] 谢彬是革命党同盟会的会员，这里说的"党务"显然就是中国同盟会的事务。由此可以断言，在辛亥革命爆

[①] 谢彬：《丙辰粤桂观兵》，载《短篇游记》，启知书局1933年版，第154页。

发前夕，谢彬曾经奉命到桂林进行革命活动。

1911年，武昌起义，各省响应，当时正在衡阳南路师范学校就读的谢彬积极参加了刘恩普领导的衡阳起义，并被推举负责起草起义文告，[①] 为推翻清政府的封建专制统治，为实现民主共和国的政治理想，贡献了自己的力量。

1912年1月1日，中华民国临时政府在南京成立，孙中山被选为临时大总统。清朝末代皇帝溥仪被迫退位，结束了中国沿袭两千多年的封建帝制。谢彬为辛亥革命的胜利欢欣鼓舞，并为自己作为一名中国革命者而感到自豪。他回忆说："辛亥之秋，滞留沪上，见俄党人，无不羡我成功之速，而自怼其无能。"[②] 但是由于中国资产阶级先天的软弱性，辛亥革命的胜利成果却被北洋军阀袁世凯所窃夺。

1913年，袁世凯派人刺杀国民党代理理事长宋教仁。孙中山先生发动"二次革命"，讨伐袁世凯。讨袁失败后，谢彬东渡日本，进入早稻田大学专攻政治经济学。据谢彬的朋友黄觉说，谢彬本来是"以辛亥革命功，由湖南省政府资送留美"，后因"讨袁之变，辍费，转东瀛"[③]。在日本，谢彬结识了许多追求民主政体反对独裁专制的湖南籍留学生，由于志同道合，他们很快便成为知心朋友和革命同志。

1914年，孙中山在日本创立"中华革命党"，"以扫除专制政治，建立完全民国为目的"，"以实行民权、民生两大主义为宗旨"，重新组织革命力量，继续进行反袁斗争。谢彬立即响应孙中山的号召，加入中华革命党，为反对袁世凯的专制统治，为实现民主共和国的政治理想而继续奋斗。

1915年12月，袁世凯复辟帝制，改中华民国为中华帝国，以1916年为洪宪元年。袁世凯背叛民国，帝制自为，引起了全国人民的反对。梁启超、蔡锷、唐继尧等组织护国军讨伐袁世凯。孙中山发表讨袁宣言，号召

[①] 屈子健著《辛亥衡阳光复经过》一文说：辛亥九月，刘恩普在衡阳发动起义，"当推南师谢晓东（钟）负责发电之责"。这里所说的"发电"，指的就是起草衡阳起义文告，通电全国。参见《湖南文史资料》第10辑。

[②] 谢彬：《新疆游记》，中华书局1923年版，第120页。

[③] 黄觉：《中国邮电航空史·序》，载谢彬《中国邮电航空史》，中华书局1933年版，第1页。

人民进行反袁斗争。西南各省宣布独立，并在广东肇庆建立了护国军军务院，作为反袁护国运动的最高领导机关。这时，身居上海的谢彬积极投入这场反袁斗争，他和"沪上湘人，均主倒袁逐汤"①。这里所说的"汤"，指的就是依附袁世凯的湖南都督汤芗铭。1916年5月，谢彬应护国军军中友人和同学的邀请，从上海奔赴肇庆参加反袁斗争。他路过广州时，友人陈质夫曾问他："此行愿任何事？"谢彬回答说："若有机会，能领一军躬临火线，与逆军一拼血肉，于愿已足，升官发财，则非所望。盖余持躬甚严，平生对于富贵利达，恒取随缘主义，决不愿钻营取巧，卑污苟贱，去求物质上之快乐，而受精神上之痛苦。"②寥寥数语，反映了谢彬的革命抱负和高尚情操。

在肇庆，谢彬往晤在护国军军中任职的湖南友人和往日留学日本的同学。同学易枚丞告诉他，此间湘人也都主张"倒袁逐汤"。湖南同乡第一混成旅旅长"嵩公（程子楷）将率队由韶（关）、连（县）进攻郴（县）、桂（林），兼负攻赣左翼之任务。一俟准备完成，即行开拔前进。湘军由黔入湘，近已进驻靖县。颂云（程潜）已另组护国军湖南总司令部，……办事人才，异常缺乏，迭函此间，请多介绍人去"。"此间同学，前本促君来肇担任都司令部军法职务，湖南既急需人办事，君能敬恭桑梓，舍此而就彼否"？谢彬认为同是"倒袁逐汤"的革命事业，因此毫不犹豫地立即答应："义当前往相助。"③

不久，袁世凯在众口唾骂声中死去。消息传到肇庆，当地军民无不大喜欲狂，额手相庆，"以为袁死万事皆了，黄金世界，即在目前"④。谢彬不这样看，他认为："袁被天诛，不劳我师旅，本大快事。然我辈革命主旨，则在铲除专制政体，建设法治国家，并以民治代官治为归宿，此非具有相当实力，不能办到彻底。民国以来，所有专制暴政，腐败官治，果袁世凯个人能之乎？法治推翻，民治无望，又果袁世凯个人为之乎？稍加思索，即知胥有无数小袁世凯同恶相济，赞助袁世凯，甘受袁之颐指气使，

---

① 谢彬：《丙辰粤桂观兵》，载《短篇游记》，启知书局1933年版，第126页。
② 同上书，第121页。
③ 同上书，第126—127页。
④ 同上书，第135页。

威迫利诱，出全力供袁奔走，而后袁始毫无忌惮，背世界潮流、时代精神以逆行耳。今者，大袁世凯虽遭天谴，而无数小袁世凯仍均无恙，其必本袁遗志，续施专制，行官治，以自固其既得地位与权利，绝不容有法治民治之产生。倘至是时，吾人起而争之乎，抑让其横行乎？争之而力有未能，让之而前功尽弃，反不若袁世凯未死，目标犹存，吾人犹可号召全国，借培实力，与彼决一最后之雌雄，能多杀一小袁世凯，即于法治民治之进行，减少一分阻力。而今袁氏既死，目标已去，吾人无再扩张实力之地步，空口高谈法律，何能完成革命事业！"① 谢彬的这些宏论，反映出他对时局的清醒认识，以及对民主主义革命的追求。这种思想境界，是那些以去袁为满足的护国运动领袖们所望尘莫及的。

1916年6月7日，谢彬从肇庆启程返回湖南参加驱逐汤芗铭的斗争，但在途中，湖南政局已发生重大变化，汤芗铭在湘军和桂军的进攻下，仓皇逃遁，谢彬参加逐汤斗争的愿望没能实现。8月，总统黎元洪任命谭延闿为湖南省长兼督军，谢彬暂时在湖南督军公署任职。

1916年10月，财政部任命谢彬为特派员，前往新疆和阿尔泰地区②调查财政问题。谢彬的新疆、阿尔泰之行，历时一年又两个月，行程46000余里，除了完成财政部的任务外，他还以资产阶级民主主义者的眼光，考察了新疆、阿尔泰的历史、民族、政治、经济、文化、外交等方面的情况，写成了一部洋洋30多万字的《新疆游记》。在书中，作者针对新疆社会经济比较落后的现状，提出了发展现代交通，开设现代银行，着力经济开发，大力兴办教育等有利于新疆资本主义发展的建议；针对帝国主义侵略新疆的历史和现状，作者又提出了一些巩固国防和维护国家领土主权的建议。所有这一切，都反映了作者关心边疆建设和反对帝国主义侵略的爱国主义思想。

《新疆游记》是一部有重要学术价值和现实意义的著作，伟大的资产阶级民主革命先行者孙中山曾给予高度的评价，他说，作者"述其足迹所经，观察所及，以飨国人，使知国境之内，尚有此广大富源，未经开发

---

① 谢彬：《丙辰粤桂观兵》，载《短篇游记》，启知书局1933年版，第135页。
② 当时阿尔泰是直属中央政府的行政区，不在新疆的范围之内。

者","其兴起吾国前途之希望,实无穷也"①。孙先生对谢彬在风尘仆仆之中犹能完成如此一部巨著,表示赞赏和钦佩,他说:"自民国创建以来,少年锐进之士,多汲汲于做大官,鲜留心于做大事者,乃谢君不过财部一特派员,正俗语所谓芝麻绿豆之官耳,然于奉公万里,风尘仆仆之中,犹能从事于著述,成一数十万言之书,以引导国民远大之志,是亦一大事业也。如谢君者,诚古人所谓大丈夫哉!亦吾所钦为有志之士也。"②

谢彬从新疆归来后,于1919年来到上海,执笔于《民心周报》、太平洋杂志社,后又任中华书局特约编辑、大厦大学教师和孙中山先生的经济顾问。在上海期间,谢彬在编辑、教学之余,撰写了好几部与现实密切相关的著作,从而奠定了他在中国学术界的地位。

谢彬在从事笔耕的同时,仍然密切地注视着中国政治形势的发展,他看透了北洋政府是一个祸国殃民的政府,在它的统治下,"国权日损,国势日就凌夷,国民生计,日陷于悲境"③。1926年,谢彬走出宁静的书斋,投身轰轰烈烈的北伐战争,先后任国民革命军第六军、第八军秘书长,湖南省政府秘书长,陆海空军抚恤委员会委员,军衔至中将。④北伐之后,谢彬告别仕途,退隐家乡,从事著述,1947年在船山中学任教,1948年9月20日逝世。

二 关心祖国安危,潜心研究边疆问题

谢彬是近代中国的著名学者,他的主要成就不在政治方面,而在学术方面。他学识渊博,兴趣广泛,勤奋敏捷,著述很多。他的《民国政党史》、《中国邮电航空史》、《中国铁道史》等书,都是开拓性的著作,曾博得时人的好评,有的直到今天仍不失其重要参考价值。谢彬不仅在中国近代政党史、近代交通史研究方面成绩斐然,而且在中国边疆史地研究领域也有突出的贡献。

---

① 孙文:《新疆游记·序》,载谢彬《新疆游记》,中华书局1923年版。
② 同上。
③ 谢彬:《中国铁道史》,中华书局1934年版,第1页。
④ 杨家骆:《民国名人图鉴》第2卷,1937年词典馆版,第49页。

谢彬的边疆史地著作，从其取材和编写形式上看，大致可分为两大类：一类是以游记的形式编写的，逐日记载作者旅程中的见闻、感想和心得；一类是以文献记载为主要资料来源的历史著作。前一类著作以《新疆游记》、《云南游记》最为著名，后一类著作有《中国丧地史》、《国防与外交》、《西藏交涉略史》、《蒙古问题》等。这些著作因与国家领土主权密切相关而为世人所重视。

下面先谈他的边疆游记。

谢彬"生性好游"[①]，从少年时代起，就有山水之好，他在衡阳、武昌和日本求学期间，"暇辄就其山水之佳者，一一游览而坐玩之，虽盛暑严寒，不以为苦也"[②]。谢彬是近代中国著名的旅行家，他的足迹遍及全国，并曾南游越南，北历西伯利亚。他一生写了很多游记，关于边疆的主要有两部，即《新疆游记》和《云南游记》。同别的游记一样，《新疆游记》和《云南游记》不乏湖光山色、名胜古迹、繁华都会、地方风情之类的描写，但这不是这两本书的主要内容和值得称道的地方，这两本游记的特点和价值，在于作者以其边疆史地研究者的眼光，考察和记述新疆、阿尔泰、海南岛和云南等边疆地区的地理、历史和现状，并提出许多有益的建议。

实地考察和进行社会调查，是谢彬研究边疆史地的重要方法。

1916年和1917年，他在新疆旅行期间，每到一处，都无一例外地进行实地调查。他利用财政部特派员这一特殊身份，会见各级地方官吏，接触社会上层人士，不论是省长、厅长、道员、县知事还是社会绅商或少数民族头人，都成了他调查访问的对象。他勤于观察，善于调查，不是有闻必录，而是有选择地记下最重要的见闻和心得。他重视实地调查，但也从不忽视文字材料的价值。为了探究西北国境丧失之颠末，他沿途借阅有关界务的书籍就不下40余种。[③] 在迪化（乌鲁木齐），他如饥似渴地阅读"勘界各档"、"史志档册"。事实上，无论到什么地方，他总是尽最大努

---

① 谢彬：《壬戌还湘旅程》，载《短篇游记》，启知书局1933年版，第65页。
② 谢彬：《壬戌西湖一周》，载《短篇游记》，启知书局1933年版，第33页。
③ 谢彬：《新疆游记》，中华书局1923年版，第110页。

力去搜集当地的图籍档案，包括各种统计数字。因此，他的《新疆游记》内容异常丰富，实地调查材料与文字记载交相辉映，涉及面广，诸如新疆的山脉河流、历史沿革、民族习俗、政治经济、财政金融、文化教育、军事国防、外交界务等，在书中都有比较充分的反映，有的甚至记载得细致入微。

由于《新疆游记》主要是作者见闻的记录，所以，有许多重要材料是其他书中见不到的。例如该书对民国初年阿尔泰地区的建制、财政、交通、防务、外交、户口、牧界等的记述，其全面与精详，在当时几乎是独一无二的。这些记述，直到今天，仍然是研究阿尔泰地区史的重要资料。

谢彬是个经世致用的学者，他不仅把自己观察、调查所得写入《新疆游记》，同时还对如何开发新疆、建设新疆、巩固国防等问题，提出了不少颇有见地的看法和建议。例如，他针对"新疆全省学校，不及东南之一府"，全年教育经费，只相当于湖南一省立中等学校之经费的状况，建议"大兴新疆教育"，以改变新疆教育之落后状态，认为这亦是"国家之要政也"[①]。又如，他建议整顿新疆金融，以避免外国控制和操纵新疆金融的危险局面。他说："新疆全省岁入，未逾三百万两，而无准备金之纸币，发出乃达八百万余，即无对外之贸易，与俄道胜银行之操纵，……亦难维持额面价格，活泼金融，不亟设法收回半数，以减少纸币供给之数，筹设银行，以主金融根本之计，将来物价腾贵，市场萧条，税收减少，财政愈形支绌，民生日益凋敝，即英俄不我亡，而我亦无自存之望也。"[②]再如，他建议修造公路，行驶汽车、台车，改变新疆交通落后局面，他说："京绥全路将次竣工，海兰铁路，成约修筑。新省当由蒙古草地至绥远，或由哈密、肃州至兰州修造马路，行驶汽车、台车，与之衔接，缩短关内外联络程途，有事则征兵馈饷，无今日迟滞之虞；无事则运销盐、煤、石油，为新省辟无穷之利。"[③]又说："程途缩短，交通便捷，关内资本家、企业家、劳动家，势必争来此土，开洪荒蕴蓄天府之区，为利国实边之举，即

---

① 谢彬：《新疆游记》，中华书局1923年版，第262页。
② 同上书，第306—307页。
③ 同上书，第131页。

不幸而有对外战争事，本省调兵应敌，关内拨队来援，各项输送，皆甚快捷，决无今日道路迢遥，交通阻滞，坐而待亡之忧。故余以便利交通，为开发新疆第一要务。"①此外，他还建议中国在阿尔泰地区自办邮局而保主权。他写道，"又承化寺至吉木乃一路邮权，且为俄领事所侵去，亟宜设法自行开办"，"方足以保主权而重交通"②。如此等等。因此，《新疆游记》除了内容丰富、材料新颖外，还有较高的学术价值和现实意义，确非一般寻常游记所可比拟。湖南教育家曾熙读后赞扬说，《新疆游记》"所书皆实"，"其建议之宏远，记事之精密，尤为自来规画新疆者所不及"③。

《新疆游记》最初载于《时事新报》，随后《地学杂志》、《民心周报》、《上海晚报》、《湖南日报》等相继转载。1922年，经作者重加整理，交中华书局出版。《新疆游记》出版后，大受读者欢迎，其后多次再版，并被译成外文。由于该书是一部有学术价值的著作，所以，"治地学者多取以为参考"④。

《新疆游记》的卓越成就和获得好评，增强了谢彬研究中国边疆史地的兴趣和信心，这对他后来的治学生涯产生了很大的影响。

《云南游记》是谢彬继《新疆游记》之后的又一部力作。《云南游记》的写作是和一个偶然的机会相联系的。1923年，全国教育联合会决定在昆明召开会议。会前，云南教育会派遣何逊江、庆松泉到上海接待各省赴会代表。中华书局设宴招待庆、何二人，席间谈及谢彬曾东游日本，北历西伯利亚，南遍珠江流域，西登天山，有《新疆游记》、《全国一周》（《全国一周》虽与边疆史地有关，但属导游指南之类，并非学术著作）诸书问世，颇受治地学者所重视。庆、何对谢的成就表示钦佩，并通过陆费逵邀请他赴云南参观教育联合会和到各校演讲。谢彬愉快地接受邀请，于1923年9月28日离开上海，取道广东、香港、越南等地，而至云南。《云南游记》就是这次旅行的产物。

《云南游记》全书20余万言，对广州、香港、琼州和云南的教育、矿

---

① 谢彬：《新疆游记》，中华书局1923年版，第128—129页。
② 同上书，第339页。
③ 曾熙：《新疆游记·跋》，载谢彬《新疆游记》，中华书局1923年版。
④ 谢彬：《云南游记》，中华书局1924年版，第1页。

产、风俗、名胜古迹等，都有翔实的记述。该书不仅可作为旅游之指南，尤可供治历史、地理者之参考。从边疆史地学的角度看，书中最值得注意的是关于西沙群岛和云南界务的论述。

西沙群岛是南海中我国四大群岛之一。谢彬途经海南岛时，当地人民正在进行反对日人谋占西沙群岛的斗争。在爱国主义热情的促使下，谢彬根据调查得来的材料，并参考群籍，写了《琼崖游记》五篇，其第一篇就是《西沙群岛地理及交涉》。在这篇文章中，作者除了记述清政府和国民政府对该群岛的管辖外，还着重记述了以下几方面的情况：（1）日本人串通广东奸商冒称中国资本，骗取广东省政府准其在西沙群岛设立"西沙群岛实业公司"，开采鸟粪层；（2）琼崖各界人士通电、集会和编演《西沙惨剧》，进行反对日人谋占西沙群岛的斗争；（3）广东省政府注销"西沙群岛实业公司"成案和日人盘踞西沙不去等情况。这些记载，描述生动细致，有的可与文献记载相印证，有的可补文献资料之不足。在文章中，谢彬呼吁全国各界积极支援琼崖人民的斗争，他写道："西沙群岛，为我南方国防主权所在，现应收回自行经营，即无经济上之利益，亦应由国库特拨经费，设官疆理，不能任叫外人自由盘踞。琼崖各界，对于西沙群岛，刻正奋起力争，期达收回目的，全国国民，应予一致援助，俾得早观厥成。"① 谢彬《琼崖游记》之作是为唤起国人，"以期群抱筚路蓝缕，以启山林之宏图"，开发琼岛与西沙，"用保主权而固国防"②。这种爱国热忱，令人肃然起敬。

云南界务，是谢彬云南之游注意的另一个问题。他到昆明后，即赴云南省外交司，拜访雨梅参事，向他详询中英、中法界务问题，并请他派人"捡给各项参考资料"③。云南外交司给谢彬以很大的帮助，除了派人为他抄录各项界务档案外，还派人为他描绘薛福成呈送总理各国事务衙门的《中缅界图》。此外，谢彬还广泛搜集有关云南界务的其他图籍和当地人士的口碑。在此基础上，他写了《片马问题之历史与地理》、《片马交涉之

---

① 谢彬：《云南游记》，中华书局1924年版，第26—27页。
② 谢彬：《国防与外交》，中华书局1926年版，第303页。
③ 谢彬：《云南游记》，中华书局1924年版，第119页。

经过及补救策》两篇文章。

片马位于云南西部，高黎贡山以西，野人山以东，元代属云南行省云龙甸军民府，明代属茶山土司，清代属永昌府保山县登埂土司。1900年，英帝国主义武装侵占片马附近之茨竹、派赖等寨，遭到当地人民的反抗。1911年1月，英军悍然占领上片马、下片马、鱼洞、古浪、岗房等茶山九寨。清政府和国民政府曾先后多次向英交涉，要求英军撤出中国领土，但英国侵略者置若罔闻，致使片马问题成为悬案。

谢彬《片马问题之历史与地理》一文，主要是撮录保山县闵为人的《沦滇缅西南北之界务》、《致云南咨议局转呈督宪书》、《过高黎贡山记》、《茶山游记》、《小江记》等有关文献，并参证其他图籍和口碑编写而成的。该文对片马的历史沿革、地理形势、历史管辖作了颇为详细的论述。《片马交涉之经过及补救策》一文，则是根据外交文件等资料，对英人侵略片马地区的由来、中英历年交涉的经过以及我国在对英交涉中应持的理由和证据，进行了比较全面的分析研究。

谢彬对片马问题的研究，在揭露英帝国主义侵占中国领土、帮助中外人士了解片马问题的真相方面，起了积极的作用。

谢彬不仅十分关心国家的领土主权问题，同时也十分关心边疆地区的开发。在《云南游记》中，他对开发云南普思沿边十二版纳非常重视。他详尽介绍了十二版纳的地理形势、历史沿革、各猛土司、民族人口、气候物产。并着重指出这一地区在国防上的重要性，他说，普思沿边十二版纳，环布云南边境，"其幅员之广远，山川之险阻，土壤之肥沃，物产之丰富，实足屏蔽普思，拱卫云南省防"[1]。他对云南当局未能注意开发这一边境要地深感可惜，他大声疾呼："此十二版纳，沃野千里，经元、明、清三朝先后惨淡经营，留遗迄今，是诚天造地设，资吾人以开发者也。主滇政者，应急起而疆理之"[2]。他希望边境繁荣、国防巩固的心情是多么的急切啊！

谢彬的边疆历史著作，集中研究了三个问题，即边界领土问题、近代

---

[1] 谢彬：《云南游记》，中华书局1924年版，第154页。
[2] 同上。

西藏问题和近代蒙古问题。现分述如下：

(一) 边界领土问题

关于边界领土问题，谢彬除了在《新疆游记》和《云南游记》中有所论述外，还专门写了一本《中国丧地史》（中华书局1925年版），叙述清朝极盛时的版图，本国领土的丧失、藩属土地的丧失、外国在华的行政管理地域和军港租界地域等，涉及范围相当广泛。但其中最重要的是阐述列强对中国领土的蚕食鲸吞，这包括俄国占领中国黑龙江、吉林、新疆和科布多等沿边一带；英印占领拉达克等地及英国租占香港、九龙；葡萄牙租居澳门；日本割占台湾和澎湖列岛等。此外，书中还涉及一些悬而未决的疆界问题。

谢彬是抱着痛国土之沦丧和忧国忧民之心撰写《中国丧地史》的。他沉痛地写道："愚述《中国丧地史》竟，执笔欲为结论，不禁嘿然神丧，悲从中来，莫知所云。呜呼！吾先民艰难缔造惨淡经营之锦绣河山，竟为强邻次第蚕食，将及于尽。自兹以往，吾大中华民族子孙，其去分隶于各强国统治权之下者，为期匪遥。质之共管宣传之现势，证之当年丧地之史实，恐将及身亲见之矣。"[1] 他说他写这本书的目的之一是"盖欲邦人自兹以往，胥有明了领土领海之观念，具知保持领土领海之利益，起而团结民族，竞事拓殖，移本部各省过剩之人民，以实满蒙、新疆、康藏之荒野，令边防不致空虚，内争因而终止已尔"[2]。他呼唤国人以史为鉴，在此危急存亡之秋，不可妄自菲薄，而应振作精神，"进求所以自强之道"，使中国富强起来。[3]《中国丧地史》出版后，中华书局向读者推荐说，该书对于"列强之侵占，国境之变迁，靡不详载，阅之不特可以知祖国缔造之艰难，并可发愤图强，为外交之一助"[4]。这个评价，是比较实事求是的。

当然，此书也有它的缺点，特别是对"藩属"的叙述，明显地带有"天朝上国"的思想影响。书中的有些提法，既不确切，也与事实不相符。

---

[1] 谢彬：《中国丧地史》，中华书局1925年版，第145—146页。
[2] 同上书，"绪论"，第1—4页。
[3] 同上书，第146—148页。
[4] 推荐谢彬《中国丧地史》之广告，载谢彬《国防与外交》，中华书局1926年版。

但无论如何,《中国丧地史》是我国最早的全面论述中国近代边界问题的著作之一,它对于国人明了近代中国丧地的缘由,激发读者的爱国主义思想,是有很大帮助的。

(二) 近代西藏问题

所谓西藏问题,实际上就是英国侵略中国西藏的问题。从1904年英军入侵西藏以后,英国在西藏的势力与日俱增,到了20世纪一二十年代,西藏完全变成了英国的势力范围,并有进一步变成英国殖民地的危险。有鉴于此,谢彬于1921年在《民心周报》上发表了《西藏问题》和《西藏问题之研究》两篇文章[①],前者属短评,目的在于引起国人注意;后者主要阐明两个问题,其一是论证"西藏领土主权自始属我",其二是叙述英人侵略西藏和中英交涉的经过。在文章的最后,谢彬写道:"幸望邦人君子,共筹肆应之方,树立国民外交之帜,西藏领土主权,或可少保须臾也呼!"显然,捍卫国家领土主权,是谢彬研究西藏问题的目的。

1925年,谢彬又写了一篇名为《中英藏案交涉颠末》的长文,这是谢彬的得意之作,其后经过修改增订,1926年由中华书局出版,书名为《西藏交涉略史》。此书一开头就指出,英人之经营西藏,不啻日人之经营南满、东蒙,但其表现不像日本那么露骨,以致国人视线皆集中于东北,而忽略于西藏。他沉痛地提醒国人说:"实则西藏危急之情形,何尝稍逊于东北,前藏之拉萨,后藏之札什伦布,则遍驻英兵及印兵,藏地重要商务,则全在英人掌握,印藏铁路,则将越大吉岭而达江孜,沿路矿山,概划入英人开采范围。强迫藏人改习英语,否则不以齐民视之,种种规划,无不视为彼之领土然,我所有者,不过名存实亡之主权而已。"[②] 该书系统地叙述了英国侵略西藏的历史,包括早期英国和西藏地区的接触,中英缔结关于西藏的条约,清朝末年达赖出走后的中英交涉,民国初年的西姆拉会议,民国七年以后的中英藏案交涉等重要史事。作者认为,今后同英国交涉西藏问题,最基本点是要坚持西藏为中国领土的一部分,英国不得加

---

① 《民心周报》1921年第2卷第23、25期。
② 谢彬:《西藏交涉略史》,中华书局1926年版,第1页。

以侵略，如果英国同意，"则即与英缔约，双方永远遵守，否则直拒绝之，俟之国势隆盛之日，再用实力以收回之可也"①。

（三）近代蒙古问题

蒙古问题的提出，是从1911年沙俄策动外蒙古封建主"独立"开始的。十月革命后，外蒙取消自治，还政中华民国，外蒙问题一度得到解决。1921年，俄国白匪恩琴在日本的支援下攻陷库仑，拥哲布尊丹巴呼图克图重登汗位，这样，外蒙问题又成为中国边境的一大问题，谢彬的《外蒙问题之研究》（载谢彬《国防与外交》，中华书局1926年版），就是在这样的背景下撰写的。该文回顾了1911年以来中俄关于外蒙的交涉，揭露了日本帝国主义的反苏侵蒙政策和勾结白匪恩琴入侵外蒙的罪行。同时，对皖系军阀西北筹边使徐树铮、奉系军阀蒙疆经略使张作霖只顾私利，争夺地盘，以致酿成白匪盘踞外蒙的局面加以谴责。

其后，外蒙形势发生变化。1924年5月31日，苏联代表加拉罕与中国外交总长顾维钧于北京缔结《中苏解决悬案大纲协定》。在协定中，苏联政府承认外蒙为中华民国之一部分，并声明一俟中苏双方商定撤退驻外蒙苏军的期限和办法后，苏联政府便从外蒙撤退它的全部军队。谢彬对协定中的这些规定表示欢迎，但他观察当时形势，认识到要实现这些规定并非易事，所以他写了《最近之蒙古问题》（载谢彬《国防与外交》，中华书局1926年版）一文，全面介绍蒙古人民政府与苏联的关系，外蒙的最高权力机关和党派，人民政府的内政、军政、教育、宗教、交通、实业、生计、财政和金融，"以为留心蒙事者之参考"。后来，作者以这篇文章为基础，增加了清朝的对蒙政策和俄国的对蒙政策等内容，以《蒙古问题》为书名，于1930年由商务印书馆出版。蒙古问题是一个比西藏问题更为复杂的问题，限于当时的历史条件和作者的认识水平，书中有些提法未必妥当，这是可以理解的。

谢彬是一个爱国者，在他的边疆史地论著中，贯穿着一条爱国主义思想的红线。这首先表现在他强烈地反对帝国主义的侵略。他反对沙俄侵略

---

① 谢彬：《西藏交涉略史》，中华书局1926年版，第30页。

中国东北、蒙古和新疆，反对英国侵略西藏和云南，反对日本侵略东北和制造间岛问题。[①] 他抚今追昔，痛国土之沦丧，指出：伊犁西路属地六十有二，今除霍尔果斯外，尽皆属俄，可叹也！[②] 又说，"那林河流域，昔日皆我疆土"，而今属俄，扼我天山南北要冲，"披览图籍，不禁泫然"[③]！他对英俄在新疆扩张势力，表示了极大的关注，忧虑地说，伊宁北关，"俄商群聚，俄领事署即在此间"，俄人"直视［为］彼国领土，华人尚梦梦也"[④]！又说：疏勒北关外，"英俄籍商，错处杂居，陈肆而贾，俨同租界"[⑤]。他纵观新疆大势，认为，自中俄分界以后，伊犁一带，以无关山险要可守，如不及时筹谋，一旦有事，新疆必非我有。因此，他建议在乌苏屯扎重兵，为伊犁后援；在博罗塔拉、果子沟、登努斯口诸处，重设关隘，以固门户；开通道路，以利输送；于特克斯、崆古斯、哈什三河流域，筹设县治，移民实边，"庶几进可以战，退可以守"[⑥]。他不仅主张移民开发新疆，同时还主张在东三省、外蒙古、热河、察哈尔、绥远、西藏、云南等边疆地区，通通实行移民实边政策，借以加强民族团结和巩固国防。

谢彬痛恨一切媚外卖国行为，他对袁世凯一心只想复辟帝制，不顾边境安危，十分气愤，指责说："袁氏梦梦，不知乘欧战期间，力图自强，转谋子孙帝王私利，死有余辜矣！"[⑦] 对于不顾国家民族尊严唯外人之命是听的官吏，谢彬也无情地给予鞭挞。例如，喀什道尹常笃生，颇有民族骨气，办理外交事务，力护国家主权，不稍退让，触怒了英、俄帝国主义者，英、俄领事向新疆省长和北洋政府外交部提出撤去常笃生喀什噶尔道尹职务的要求，腐败的北洋政府顺从地照办了。对此，谢彬评论说："夫任命文武官吏，乃一国最高统治权之发动，议会而外，无旁人置喙之余地。我国对于外交官吏，率以外国公使领事意旨为进退，丧权辱国，莫此

[①] 参见谢彬《间岛问题》，载《国际与外交》，中华书局1926年版，第236—249页。
[②] 谢彬：《新疆游记》，中华书局1923年版，第152页。
[③] 同上书，第126页。
[④] 同上书，第155页。
[⑤] 同上书，第208页。
[⑥] 同上书，第152—153页。
[⑦] 同上书，第157页。

为尤。"①

对于不屈服帝国主义势力的官吏，谢彬则表示了极大的敬意。1917年，他到皮山，了解到前任皮山县知事蔡潄涛，因遭英俄领事和以媚外为能事的喀什噶尔道尹张应选的迫害，愤而投水捐生，谢彬无限感慨地说，"其情可悯，其志足嘉"，其"事迹不可没"。他不仅在自己的著作中用充满感情的笔调记载了蔡知事的事迹，同时还嘱咐时任皮山县知事"纪其事于碑，立之池上，以风懦吏"②，明确地表示了自己的所爱和所憎。

在谢彬的边疆史地著作中，像上述这类的爱国主义思想到处可见。这是他留给后人最宝贵的遗产，人们将永远怀着敬仰的心情，记住这位爱国学者和他在边疆史地研究中所作出的杰出贡献。

（原载《衡阳师范学院学报》2007年第4期）

---

① 谢彬：《新疆游记》，中华书局1923年版，第134页。
② 同上书，第233—234页。